Georges VERMARD

La Tradition Hermétique

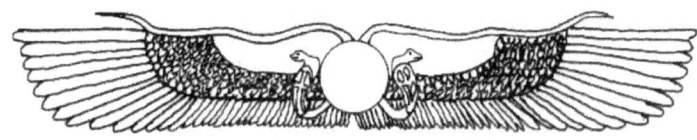

L'Our'ma

TOME II

Roman

OMNIA VERITAS

Georges Vermard

La Tradition Hermétique
L'Our'ma
Tome II/3

Publié par
Omnia Veritas Ltd

OMNIA VERITAS

www.omnia-veritas.com

© Omnia Veritas Ltd – Georges Vermard – 2017

Tous droits réservés. Aucune partie de cette publication ne peut être reproduite par quelque moyen que ce soit sans la permission préalable de l'éditeur. Le code de la propriété intellectuelle interdit les copies ou reproductions destinées à une utilisation collective. Toute représentation ou reproduction intégrale ou partielle faite par quelque procédé que ce soit, sans le consentement de l'éditeur, de l'auteur ou de leur ayants cause, est illicite et constitue une contrefaçon sanctionnée par les articles L-335-2 et suivants du Code de la propriété intellectuelle.

L'intuition a guidé cet ouvrage.

L'intuition est à la conscience supérieure

ce que l'instinct est au cérébral

et le réflexe au corps.

PRÉSENTATION	3
CHAPITRE X	6
CHAPITRE XI	42
CHAPITRE XII	80
CHAPITRE XIII	123
CHAPITRE XIV	155
CHAPITRE XV	201
CHAPITRE XVI	241
CHAPITRE XVII	276
CHAPITRE XVIII	325
GLOSSAIRE	359
DÉJÀ PARUS	364

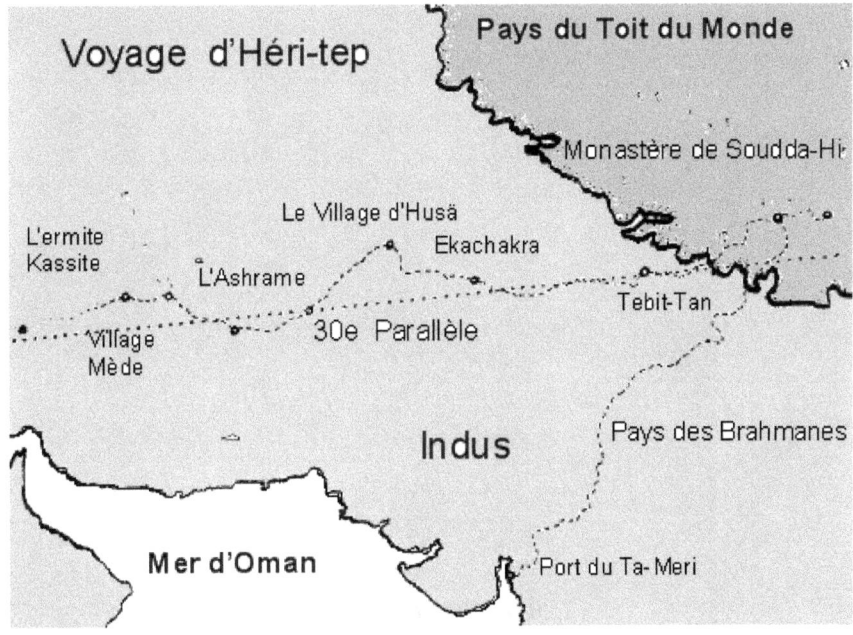

Le voyage d'Héri-Tep - l'**Our'ma** - Tome II -

La ligne droite en pointillé, représente le 30ème parallèle.

La petite ligne matérialisée représente l'itinéraire du voyage.

Au monde d'hier...

À celui de demain...

Présentation

L'Our'ma

*V*ous avez lu Héri-tep, le premier tome de cette trilogie. Peut-être cet ouvrage aura-t-il su exhorter votre sensibilité pour aborder « L'Our'ma » ?

À l'exemple de l'ouvrage précédent, ce second tome se réfère d'une Tradition Primordiale, divulguée aux origines de nos connaissances. En ces temps lointains que nous évoquons, les dieux que vénéraient les hommes n'étaient pas ces références abstraites, ces figures idéelles liées à des craintes ataviques, tels que nous les dépeignent avec complaisance les cérébralités officielles. Nos enseignants en la matière, obnubilés par le savoir acquis, s'ingénient à ignorer avec un mépris affiché tout ce qui ne relève pas de leurs fondements professionnels, le plus souvent axés sur de captieux consensus.

À l'antithèse de ces iniques préjugés, qui rabaissent certaines disciplines scientifiques à des lobbies cartellisés, les dieux étaient, pour les êtres humains d'alors, d'intemporelles entités incorporées à la nature des choses, généralisées de nos jours sous le terme d'animisme. Les dévotions, suscitées par ces dieux, répondaient à des critères aussi communs que peuvent l'être les rapports que nous avons aujourd'hui avec l'argent. Même extase devant les sommes énoncées, mêmes sacrifices devant le fléchissement des intérêts, même respect pour ces sanctuaires actuels que sont les « banques ».

Mêmes dévotions empressées pour les Grands Prêtres de la finance ou ceux dont les gains et la prospérité défient la décence.

Si, dans les âges, l'humanité parvient à passer son cap d'adolescence à risque, elle se rira de son absence de lucidité, comme nous sourions aujourd'hui à la naïveté antique. Contrairement aux opinions reçues, le panthéisme ne se résumait pas à ces carnavalesques épouvantails que l'on nous dépeint. Plutôt symbolisait-il les états de fluctuations de la pensée, voguant entre la présence intuitive d'un Principe Créateur Universel et l'ambivalence craintive des supputations humaines. Ces dieux fondateurs, que certains rejettent avec cette suffisance qui caractérise l'ignorance, étaient à l'origine bien réels et pourvus de l'omniscience que nous sommes à même d'attester en nos recherches.

Selon les critères contemporains, le bannissement des dieux serait lié à l'émergence fulgurante de nos capacités intellectuelles, face au crétinisme avéré des penseurs antiques. Notre cerveau cependant ne s'est pas dimensionné d'un gramme depuis le paléolithique, tandis que notre mémoire s'amenuisait depuis l'assistance des apports technologiques.

Nous avons opté jadis pour un hénothéisme de bon aloi, lequel est devenu graduellement un polythéisme conquérant, puis un monothéisme sectaire, pour être aujourd'hui un amalgame galvaudé, avili, lorsqu'il n'est pas, à l'opposé, exacerbé et dangereux. Désorienté par ces contradictions, nous nous sommes engagés aux cours des siècles dans toutes sortes de déviations spirituelles, qui furent autant d'aventures sacrilèges, lorsqu'elles ne furent pas criminelles.

À l'opposé de cette dégradation, des millénaires durant, les dieux ont été « l'arche » reliant un Souverain Principe à la nature du temporel. Hélas, l'évolution aidant, les hommes crurent séant de se passer de cette arche médiatrice, jugée par eux superfétatoire. Alors que dieux et déesses, délaissés, regagnaient les régions célestes, nous, les êtres supérieurs, épris de logique darwino-cartésienne fortement teintée d'hédonisme épicurien, tendions alors à établir un *dialogue d'égal à égal avec l'Entité Suprême. Mais les sentiers lumineux d'hier, qui menaient à « **lui** », se sont effacés sous l'action des âges et du pragmatisme matériel. Ce qui eut pour effet de nous isoler du courant universel, en nous plaçant face à nous-mêmes, c'est-à-dire devant ce consommateur inassouvi, saturé d'inconséquence, qu'est devenu l'homme du XXIème siècle.*

Ce second ouvrage n'est autre que la continuité du périple d'Héri-tep, Grand Prêtre Égyptien. Ses aventures devraient nous conduire à une réflexion plus approfondie sur ce qui est essentiel et ce qui ne l'est pas. Si la quête d'Héri-tep porte à la réflexion, alors fasse que notre conscience relativise cet excès de matérialisme inhibant. Envisageons une logique nouvelle, digne de cet appareil cognitif dont nous prétendons avoir été gratifiés. Si, comme on le prétend, notre cérébralité est issue d'un subtil dosage entre l'intuitif et le discursif, alors, ami lecteur, expérimentons-le pour visiter l'ailleurs.

Chapitre X

Trois mois s'écoulèrent. On était en Teshrit et les grosses chaleurs s'amenuisaient en pays de Kalam. Héri-tep logeait en une demeure radieuse, que le Roi avait mise à sa disposition le temps de son séjour entre les deux fleuves. Bien que située intra-muros, cette demeure était éloignée des venelles passantes. Un parc ombragé environné de cèdres séculaires scellait la quiétude monacale du lieu, les caméristes indigènes au service du gouvernant observaient une courtoise discrétion empreinte de dévouement.

Depuis cette nuit mémorable où la fiction avait pactisé avec la réalité, le Grand Prêtre tentait de refouler ses souvenirs en son génie créateur. Aussi s'employait-il avec une patience de caméléon à de minutieux tracés architecturaux ! À d'autres moments, il aimait à gagner la terrasse de l'observatoire du lieu où il était fraternellement accueilli par Ehûa-Brâme, le très savant astrophysicien de Sumer. Le temps qui lui restait était employé à parfaire sa pratique des langues orientales et à entretenir sa forme physique. Ses cartes de voyage se trouvaient annotées de moult renseignements, avantageux à lui faciliter ce long périple vers l'inconnu. Les préparatifs de départ étaient avancés et la période d'achèvement se limitait maintenant à quelques jours.

Le regard satisfait, Héri-tep prit du recul pour contempler la maquette en plâtre de la pyramide qu'il venait de réaliser.

- *Quelle admirable chose, Seigneur Maître !* Il sursauta à peine aux intonations aigrelettes de cette voix. Peut-être commençait-il à s'habituer aux entrées furtives de Kanu, le vieux maître de castes !

- *Rappelle-moi veux-tu, quelle était sa hauteur à l'origine ?* Questionna le compagnon de Kalam.

- Avant que les âges ne la décollettent, elle avait 280 coudées au-dessus de son socle. Elle était la pyramide la plus haute du monde. Et je te fais promesse, Maître Kanu, qu'elle le redeviendra... avant la fin de ce siècle. Le Grand Prêtre se rapprocha du vieillard, il adopta un ton plus confidentiel : *Je suppose que tu viens du Palais, et que tu es porteur de nouvelles ?*

- Oui, Héri-tep, j'ai eu un second entretien avec le Roi ! Sa Majesté m'a confirmé avoir consulté, en personne, les vestales des cités frontalières, celles dont, jusque-là, il n'avait pu recueillir le témoignage. Hélas, les dires de ces dernières sont analogues aux précédentes déclarations. Aucune d'elles n'a jamais entendu parler de Nadjelda. Par ailleurs, le Roi m'a certifié que pas une seule n'égalait en beauté la Nin-Dingir. Ce qui exclut, tu en conviendras, toute tentative de dissimulation.

Héri-tep eut un sourire attristé. Ses yeux cherchèrent parmi les lumières tamisées de la baie, les tonalités océanes qu'il ménageait en son cœur : *Nadjelda, ma merveilleuse et fugitive ivresse, est-il possible que tu te sois ainsi évanouie en l'absolu. Ne t'es-tu pas évaporée tel un parfum aux vents chauds du Sud ?*

- Kanu s'avança au plus près de son ami. Sa main aux longues veines bleues se posa sur l'avant-bras d'Héri-tep : *Il ne fait pour moi aucun doute, Maître, que les rapports que tu assures avoir eu avec cette entité, relèvent plus de la hiérogamie que de l'idylle de circonstance.*

- Je ne suis pas un dieu, Kanu, défais-toi de cet idée. Cette femme était vibrante d'émotion, de chair et de sensualité. Il n'y avait en notre relation aucun empirisme imaginaire ou un je ne sais quoi que l'on pourrait qualifier d'utopique. Nous étions heureux l'un de l'autre... que te dire de plus...

- Le compagnon, Maître du devoir, eut un sourire entendu : *Nos légendes décrivent les amours coupables des déesses avec les héros. Y aurait-il abjection à ce que désormais tu aies pris rang parmi eux ?*

Un serviteur aux pas feutrés vint interrompre leur conversation : *Maître, le haut personnage à la barbe fleurie est là. Il demande à être reçu par ta Seigneurie !*

- Kanu redressa au mieux son échine courbée par les âges : *Quel est donc ce personnage enrubanné de la grâce des fleurs ?*

- Héri-tep sourit : *Il s'agit là du Grand Sanga. Mon Maître valet le surnomme « Barbe fleurie ». Il n'y a là rien d'irrespectueux !*

- *Non, il se peut même que ce soit le signe d'une grande culture. Je prends congé de toi et reviendrai au matin nouveau.*

Kanu plaça la main sur son cœur et s'éloigna à pas lents, en longeant les couloirs d'albâtre du patio. C'est alors que Yasna se précipita dans le hall de réception. Ce n'était point là son naturel. Il portait l'habit des Maîtres de caravane. Son teint était pâle et son souffle court. Un bracelet de charge cerclait son bras. Pressentant quelques contrariétés, Héri-tep vint au-devant de sa personne :

- *Que se passe-t-il, ami, ta nature me parait en grand émoi ?*

- *À dire vrai, je suis anxieux ! Sommes-nous seuls ?*

- En quelques enjambées, le Grand Prêtre alla vérifier au-delà du couloir : *Parle sans crainte !*

Le Pair des Pairs franchit la distance qui le séparait du balcon de la baie. Une fois encore, son regard balaya les monts arides qui s'élevaient au loin : *À l'époque des faits, la chose m'était apparue peu importante, je n'avais pas jugé opportun de t'en informer.*

- *Mais, de quoi discoures-tu, Yasna... Je t'en prie, reprends ton souffle, quel est l'objet de cette fébrilité ?*

- *Je veux te parler des Amorrites, l'une de ces peuplades du couchant, hostiles à Sumer. Ils ont attaqué, il y a de cela quelques mois, une caravane en partance pour Byblos en terre de Canaan. À la suite de cet incident, le conseil du Roi décida que des cohortes* armées escorteraient les gens du voyage. Il y eut divers affrontements et, depuis, les événements ont pris une certaine l'ampleur.

Les rebelles se sont adjoint des sémites du pays d'Amourrous et même des Élamites... ces traîtres ! Aujourd'hui, ils représentent une force de plusieurs dizaines de milliers d'hommes bien armés et, semble-t-il, décidés à déclencher un conflit. La métropole et les villes alliées doivent prendre des mesures d'urgence. Ce pourquoi... je suis venu m'enquérir de ton conseil, notre héros.

Avec une attention soutenue, le Grand Prêtre n'avait pas quitté le Grand Hiérarque des yeux : *Une guerre ?*

- *C'est plus que probable !* avança Yasna spontanément.

- Héri-tep fit quelques pas sous la loggia de glycine qui prolongeait la baie : Ces *gens... ont-ils un meneur... un chef ?*

- *Ils sont sous la férule de chefs écervelés que l'on dit impitoyables... J'ignore leurs noms !*

- *Y a-t-il une raison qui justifie ces agissements, quelles sont leurs motivations... ou leurs revendications ?*

- *La jalousie, sève de toutes les rancœurs, mon frère, la haine viscérale accumulée contre nous. Ces nomades hérétiques sont un danger permanent pour Sumer. Je ne suis point naïf, je sais ce qu'augurent leurs conduites. Un jour, que j'espère lointain, nous disparaîtrons sous la poussée de ces peuples satellites. Notre ancestrale, notre édénique civilisation sera mise à sac. Et ceci, par des chefs pillards incultes qui n'aspirent qu'au lucre, sans souci d'élévation, dans l'ignorance des lois, des mythes et des dieux.*

- Héri-tep plaça une main amicale sur l'épaule de son ami : *Quel est l'arbre millénaire qui n'ait abrité de son ombre, la jeune pousse qui le verra tomber ? Toi et moi savons que rien en ce monde n'échappe à la loi des cycles.*

- Yasna gagna un fauteuil de jonc, dans lequel il laissa choir sa masse corpulente. *Je me suis bien souvent posé la question, Héri-tep : Est-il souhaitable qu'une civilisation, qui se veut accomplie, s'impose au reste du monde, en cherchant à préserver ses gènes, sa religion, sa culture, son idéologie. Est-il ou non logique, que ses élites prônent leur différence et protègent farouchement leurs valeurs ?*

Ou alors, nous faut-il estimer équitable que, parvenu à un certain stade d'évolution, il y ait régression de ce système de pensée. Dès lors, serait-il admissible qu'une humanité grégaire et mécréante, s'approprie par des manœuvres insurrectionnelles un mode de culture susceptible d'accroître ses états de conscience au détriment de ce qui est... Je te l'avoue humblement, je n'ai pas la réponse !

- *Selon moi, Yasna, les deux sont à bannir. L'idéal est que cette société ou ethnie, que tu qualifies d'élite, progresse, ainsi que tu le conçois, rayonne, lutte, tente de se maintenir, va... et s'éteigne. Toutes ces grandes civilisations, dont l'Histoire garde le souvenir, auront été, leur existence durant, des stimulants, des références, des motifs d'ambition pour les populations moins évoluées. À leur chute, elles deviennent les ferments, les composts des moissons nouvelles. Une ruine n'est jamais un amas de pierres ordinaires, mon frère. Le vestige impose à l'homme ce qu'il a été ou ce qu'il se doit d'être. Les hommes s'effacent, mais l'impulsion donnée par leur œuvre demeure !*

Visiblement peiné par cette interprétation, Yasna se leva, le visage rubescent, les lèvres tremblantes :

- *Insinuerais-tu qu'il faille demeurer passif devant ces hordes d'hérétiques ? Insinuerais-tu qu'il faille se terrer comme des couards, alors même qu'ils saccagent nos cités ? Et cela sous l'insinuant prétexte... que tout est cycle... dans la nature des choses ?*

- *Je suis navré que mes propos te laissent préjuger d'une telle opinion, Yasna. La lutte fait partie intégrante de l'individualité. Il va de notre devoir de vivre ou de mourir pour des idées. Mais il est* digne, si ce n'est loyal, d'accorder le même droit à celui contre lequel on lutte.

- Le Grand Sanga passa une main vibrante le long de son front humide : *Oublie cette saute d'humeur. Prêtre et soldat sont décidément des rôles inconciliables. Un homme tel que moi, qui hésite entre son devoir et sa conscience, est déjà éloigné de son devoir.*

- Héri-tep eut à l'adresse de son ami un sourire affectueux : *Que puis-je faire, mon frère... je me mets à ta disposition ?*

D'un geste vif, Yasna déroula sur la table un rouleau qu'il maintenait serré contre sa poitrine. Il s'agissait d'un relevé topographique des zones concernées :

- *Il s'avère urgent que je me rende là où sévit l'hostilité, et j'apprécierai que tu m'accompagnes.*

- *En tant qu'ancien esclave martyrisé ou en tant que héros glorifié ?*

Héri-tep avait l'intention évidente d'attiédir le sérieux de cette situation. Yasna fronça les sourcils :

- *Tu as le choix... être mon bouclier ou mon conseiller ?*

- *Je serais un piètre bouclier !* grommela le Grand Prêtre entre ses dents.

- *Alors, sois mon conseiller ! Nous partirons dans deux jours escortés de La Garde. Le Tartan rassemble une armée de conscription... Que Girsu le tout-puissant nous assiste !*

***

Le Ciel avait des tons de soufre aux nuances opalescentes que l'astre déclinant dardait de ses lances de cornaline. Les quadriges filaient bon train sur la piste damée de boue sèche. Devant eux, l'horizon brasillant marquait les limites extrêmes du pays de Kalam. Au-delà était le désert, domaine des entités mythiques, dont Pazuzu, l'ailé défenseur de l'arbre de vie, n'était pas le moindre. Venaient s'ajouter les vents de Nergal, haleine de feu, synonyme de soif et de mort. C'était aussi le refuge des amorrites. Lorsque ceux-ci commettaient leurs exactions, ils se fondaient parmi ces infinis dunaires comme vipères des sables en les sables.

Les séditieux ne se différenciaient guère de ces peuplades d'Akkad, ligueuses des cités de Sumer. Aussi fallait-il les prendre les armes à la main en flagrant délit de pillage pour qu'ils puissent être châtiés. Le fait était rarissime, la connaissance du terrain et l'extrême mobilité de leurs effectifs leur permettaient de se dérober à toutes formes de châtiments. Ces dissidents trouvaient peu d'échos favorables parmi la population. L'opinion générale considérait que cette catégorie d'insoumis, vivant de razzias et de rapines, adultérait volontiers honneur, lois et religions. Aussi préférait-elle payer la dîme au monarque, plutôt que de revendiquer une autonomie génératrice de troubles.

C'est ce qui agréait à cet obséquieux Satrape, sous la tente duquel ils venaient tous deux de pénétrer. L'homme révéra le Grand Sanga, puis s'inclina devant le héros Zu-En, dont la réputation dépassait les frontières :

- *Cette demeure est vôtre, vos nobles Éminences ! Vôtres sont mes sujets ! Vôtre, ce territoire, des hauts de l'Euphrate ! Vôtre, ces cheptels... et ces...*

- Yasna, coupa court à ces prolixes excès de civilités : *Abrège tes salamalecs, je te prie... que sais-tu, sur ces rebelles ?*

L'homme mit tant d'empressement à répondre, qu'il leur apparût anticiper sur la question :

- *Des milliers, révérend Pair ! Ils sont des milliers, mais ils craignent d'être défaits au cours d'une bataille rangée. C'est pourquoi, ils préférent ce harcèlement continu. Lequel a pour intention avérée... de lasser vos troupes !*

- *Vos troupes* ! Reprit à voix dominante le Grand Sanga.

- *Je voulais dire...* **Nos troupes**, *bien évidemment, Révérend Pair.*

- *Qui est leur chef ?*

- *Nur-Nisaba... Un être ambitieux, au demeurant... non dépourvu d'un certain discernement.*

- *Selon toi, ces dissidents, ont-ils des alliés sûrs, susceptibles de constituer un danger pour le Royaume ?*

- *Ils le prétendent, Seigneur ! Bien que ce roitelet d'Akkad, ce Nur-Nisaba soit encore loin d'avoir rallié à sa cause la totalité des Princes du Couchant. Notamment l'un d'eux, le plus en vue, le plus convoité, dont les troupes s'élèvent à six mille sujets. D'aucuns prétendent que ce chef des six mille est vénéré par ses guerriers tel un dieu. Il convient également de dire que les phalanges dont il dispose sont remarquablement entraînées au combat.*

- Intrigué par certains rapprochements ayant trait aux mots vaillance et rouerie, Héri-tep en homme attentif s'immisça en la conversation : *Connaîtrais-tu le nom de ce Prince des six milles, dont tu fais état ?*

- *Oh ! Il est... plus brigand que Prince, Noble Zu-En, ce genre de faits d'armes n'autorise point cet engouement débridé que le peuple... accorde à...ce...*

- Exaspéré par ces infinies rondeurs de langage, Yasna interrompit de nouveau son informateur : *Venons-en au fait, veux-tu ! Le Zu-En te demande quel est le nom de ce chef ?*

- *Ce chef... enfin... cet aventurier, ce meneur devrais-je dire, dont je m'apprêtais à vous dépeindre le caractère fantasque, se fait appeler... tout au moins... l'appelle-t-on... Réman... ou encore Raman.*

- *Je fleurais la chose !* s'exclama à voix haute Héri-tep : *Il y a peu, j'ai eu affaire à cet homme, c'est un guerrier redoutable, il a pour* défaut d'être cruel, tout en étant pétri d'orgueil, mais il est intelligent et sait parfois se montrer généreux !

- Le Pair des Pairs n'exigea nulle autre information, mais le ton de sa voix devint incisif : *Parlons franc ! Peut-être n'est-il point trop tard pour rallier à notre cause ce Raman ? Avec l'adhésion hypothétique d'un tel personnage, y aurait-il opportunité à ce que les événements tournent en notre faveur ?*

- *Loin de moi l'intention d'objecter aux aspirations de Vos Éminences, que les dieux se sont plus à pourvoir de toutes qualités ! Toutefois, s'il m'était donné d'instruire un point de vue, je dirais que l'homme qui nous préoccupe possède un esprit cauteleux, il est réputé rétif à toute alliance. Est-ce que sa cupidité légendaire l'emporterait sur sa vanité ? Personne ne peut le dire, mes Seigneurs... En admettant que ce soit le cas...* Le Satrape eut un petit rire railleur. *Je ne suis pas certain que les trésors que renferment...* ***nos*** *temples, suffiraient à assouvir son appétence.*

- Quelque peu déconcerté, Yasna, la voix interrogative se tourna vers Héri-tep : *Cet homme... est-il aussi vénal et corrompu qu'il y paraît ?*

- Le Grand Prêtre eut un sourire semi-approbateur : *Certes, il l'est, à n'en point douter ! Mais avant tout, Raman est un joueur rusé et arrogant. À nous de lui faire valoir que ses propres intérêts vont dans le sens des nôtres. Cela peut infléchir sa décision, et avoir pour conséquence de sauver le Royaume au lieu de l'anéantir.*

- **Folie !** Réfuta Yasna : *Je ne saurais favoriser les services d'une canaille en puisant allègrement dans le trésor royal. Ce serait pure insanité, alors même que notre courageuse armée n'a pas de quoi se pourvoir en denrées de première nécessité. Ignorerais-tu, mon frère, qu'un Royaume désargenté est un Royaume diffamé, abjuré par tous... et fatalement astreint à une fin précoce !*

- *Je n'ignore rien de cela, Yasna ! Connaissant l'individu, tu m'autoriseras à parfaire mes idées sur cette question. Quoi qu'il en* soit, ce n'est point le lieu d'en débattre, le mieux est de remettre à plus tard cet entretien, ne penses-tu pas ?

Ils sortirent et, sur un signe de l'officier d'ordonnance, le quadrige de commandement s'avança jusqu'à eux, suivie par les douze chars d'escorte placés en ordre de marche. D'un geste désinvolte, le Pair des Pairs retira une bague ouvragée de l'un de ses doigts :

- *Prends cette pierre en récompense de ta fidélité à Kalam. Probablement, aurons-nous encore besoin de tes services... Allons, maintenant !*

Le sourire satisfait, le Satrape cassa jusqu'à terre sa verbeuse opulence. Le cortège prit la piste la plus orientale. Le Ciel virait au mauve, pigmenté de petits nuages brillants saupoudrés d'écarlate. La poussière soulevée par les chars fuyait sur le bas-côté, à l'image de ces buissons essouchés qu'un vent sauvage poussait à vagabonder parmi les dunes.

- *Peux-tu m'expliquer...* s'égosilla Yasna dans le fracas des roues, *où tu espères dénicher un tel pactole pour payer ce coquin de Raman ?*

- *C'est une question... une question de conviction !* hurla Héri-tep, sans détourner le regard de la ligne d'horizon.

- *Ah, je n'ai jamais vu une once d'Or... dans les convictions !*

***

Quelques semaines s'écoulèrent avant que des émissaires puissent prendre rendez-vous avec ce foudre de guerre qui régnait sur les six mille, ce prince des dunes, ainsi le nommait-on.

On ressentait une atmosphère moite, sous ce marabout grossièrement tissé de fibres végétales et de poils de chameau. Les brûle-parfums placés à l'entrée ne parvenaient qu'imparfaitement à ventiler l'odeur des suifs et des peaux mal tannées qui rehaussaient les tentures. Les chefs de tribus aux traits frustes, qui occupaient le lieu, appartenaient à divers essaims insoumis ou dissidents. Le faciès austère, la plupart se tenaient silencieux, le dos appuyé contre l'armature ou assis à l'orientale sur des poufs de cuir fauves. Dehors, éparpillés aux grés d'abris improvisés pour se protéger des bourrasques du vent, leurs hommes patientaient. Le regard inquiet, les paumes de mains chevillées aux gardes des alfanges, ils semblaient guetter le moindre incident pour intervenir.

Raman s'engouffra comme vent sous toile et c'est à peine si les deux lanciers en faction eurent le temps d'écarter les cantonnières perlées qui démarquaient l'entrée du marabout. Il y eut à l'intérieur un mouvement de houle, une partie de l'assistance courba d'instinct le buste, l'autre demeura impassible. Un instant, le chef des six milles, parut se sustenter de ce silence faussement respectueux qui confortait son ego, puis, la confusion aidant, il marmonna quelques mots à l'adresse de ceux qui affichaient sur leur faciès un ressentiment :

- *Voilà bien, qui démarque le respect que l'on vous porte !*

- *Ou la défiance... en laquelle on vous tient !* répliqua le Grand Prêtre d'une voix peu amène.

Les regards des deux hommes s'affrontèrent. Abasourdi, à la reconnaissance de la voix, Raman marqua un étonnement expressif. Mais, très vite, son sens inné de la médiation le poussa à réagir et, dans la seconde qui suivit, il afficha un sourire convivial :

- *Tiens...Héri-tep ! Par Pazuzu et ses démons, je te donnais mort à mille contre un. Que fais-tu là en si brillant cartel ? Je t'imaginais les os à jamais blanchis, enfoui en cet impitoyable désert. Les dieux auraient-ils ailé tes sandales ?*

- *Nullement !* assura le Grand Prêtre. *Si c'était le cas... où trouverais-je le mérite d'exister ?*

- *J'entends que tu n'as rien perdu de ta verve. Arou et moi pensons souvent à toi et à tes pitreries équestres.*

- *On est toujours le pitre de quelqu'un, si ce n'est des hommes... ce peut être des dieux !*

En une réaction subite, le garde du corps de Raman enserra le manche de son sica.

- *Du calme, Shahâm... du calme ! Héri-tep, vois-tu, est le seul homme chez qui je tolère de manier l'ironie à mon endroit. Cet Égyptien est le plus honorable, le plus courageux et le plus savant que je connaisse. Mais, ce n'est pas, il s'en faut, le plus adroit... Voyez, il invite son ami, et ses premières paroles sont pour le fustiger !*

Ces propos déclenchèrent une hilarité quasi-générale. Profitant de cet avantage, Raman enchaîna aussitôt :

- *Pourrais-tu me dire, ce qu'est devenu mon présent... je veux parler de Saki ?*

- *Mort !* dit à voix basse Héri-tep.

- *Et Tan ?*

- *Mort, également !*

- *Je ne me préoccupe pas du sort de Yasâra, les femmes ne sont-elles pas uniquement conçues pour le plaisir du guerrier... Ta haute science, Héri-tep, en discernerait-elle un usage différent ?*

- *En Égypte, nous considérons depuis des millénaires, que les dieux ne peuvent désavouer la moitié du genre humain. Et en ce qui concerne le plaisir, nous avons la faiblesse de penser qu'il est moins guerrier que partagé... lorsqu'il est consenti, ce qui n'est pas toujours le cas !*

- *Tiens donc, moraliste, alors comment se fait-il que ta saine conception de l'existence soit intéressée par les services... d'un réputé bandit ?*

Ses hommes rirent de cette allusion. Héri-tep inspecta le plafond ajouré du marabout, puis son regard se posa de nouveau sur Raman :

- *Nous aimerions, le Grand Sanga et moi, te parler seul à seul. Ou en comité restreint, si tu redoutes de notre part quelques... violences !*

Raman éclata d'un rire arrogant, tout en mimant sur ses lèvres un « brrr »... de crainte. Puis, sur un geste de lui, la totalité des officiers quitta la tente du conseil. Après quoi, la délégation de l'Armée royale sortit à son tour.

Identifiable à son pectoral de charge, le Grand Sanga demeura seul aux côtés d'Héri-tep. Raman marqua une courte hésitation, puis, il lui parut plus avisé d'incliner la tête devant celui qui incarnait l'esprit de la tradition sumérienne. Face à cette marque inattendue de respect, le Grand Hiérarque réagit incontinent.

- *Ne te méprends pas, honorable Raman, je ne te tiens nullement pour subalterne, mais pour un allié potentiel de Sumer.*

- Le chef des six milles eut un regard défiant, que vint étayer un sourire plus narquois que satisfait : *Il y a un vieil adage qui prétend, que la fourrure de la complaisance ne saurait dissimuler la griffe de la duplicité ?*

- *Cesse, je te prie de conjecturer sur nos sentiments !* S'insurgea le Pair des Pairs. *Un comportement déloyal de notre part serait indigne des prêtres que nous sommes. N'avançais-tu pas, à l'instant, qu'Héri-tep est un homme honorable ? Dis-toi qu'en ces pourparlers, j'engage la parole d'Hirib-Nanzu, Roi de Kalam.*

- *En ce cas... propose, Révérend ! Tout en sachant que pour mes oreilles, les mots n'ont de valeur, que s'ils tintent comme or sur trébuchet. Héri-tep te dira que j'opte rarement pour les sentiers scabreux. Moins encore pour les marécages... et ceux de Sumer sont réputés !*

- Le Grand Prêtre entreprit de déboîter l'extrémité de son bâton, qui ne le quittait plus. Il reprit au vol la phrase de Raman en lui tendant une main ouverte. *Sauf si ces sentiers sont pavés de cailloux convaincants, à l'exemple de ce spécimen !*

Hélas, le Grand Prêtre maîtrisa mal la rapidité de son geste, une des petites boule en or s'échappa de sa main, glissa sur le tapis, pour finir par heurter en sa course la botte de Raman.

- *Tu vois*, grommela celui-ci, *combien j'avais raison de parodier… sur ta maladresse ?* Le sourire épanoui, le chef des six milles prit alors un plaisir sensuel à faire rouler la pépite sous son pied : *J'ai le regret de vous dire, qu'il en faudrait bien davantage pour entamer une discussion sérieuse.*

- *J'en ai plus qu'il serait décent que tu en exiges, mais moins il est vrai, que tu pourrais… en rêver.*

- *Parlons franc, vous souhaitez que je vous prête main-forte contre cette chienlit déferlante ? C'est ça… **Hein** !*

- *Je te laisse la responsabilité d'une telle formule*, feignit de s'indigner Yasna : *Mais, dans le contexte, ce n'est pas loin d'être ça… Oui…*

- Raman ramassa le petit caillou jaune qu'il soupesa en connaisseur : *Ce sont là des ventres creux, capables de se battre pour des idées, non pour des idéaux, et cette différence m'effraie particulièrement. C'est la raison pour laquelle j'ai hésité à m'allier à eux, leur esprit versatile ne convient pas à mon tempérament de rassembleur… de guerriers, leur couteau est toujours à portée de gorge.*

Mais, ne vous y trompez pas, mes Sieurs Prêtres ! Un jour, ils seront vainqueurs, ils crèveront de leurs dents de pierre les greniers à grains de Kalam, ils se ceindront de vos étoles dorées. Pour le moment, il leur manque un chef ! Une sorte de généralissime audacieux, capable d'élaborer des plans… d'exprimer des stratégies, et surtout… d'aplanir leurs querelles. Le chef des six milles marqua un silence, tout en caressant de l'extrémité de son doigt la pépite qu'il tenait dans le creux de sa main. *À dire vrai… cette adjonction ne m'inspire guère, pour l'instant !*

- *Ne confondrais-tu pas contestation et rébellion ? Il est notoire que nous avons affaire à des impies, capables des pires forfaitures.*

- Oh… il en est des forfaitures, Mon Seigneur, ce qu'il en est des infortunes de la sédition. Il suffit que le vent tourne, pour que l'abominable terroriste d'aujourd'hui, devienne sans pondération, le patriote adulé de demain. Question de vainqueur ou… de vaincu !

- *Trêve de spéculation ! Sumer est en danger, nos villes peuvent être sauvées du pillage… grâce à ton ralliement !*

- Raman afficha une moue embarrassée, puis, se ravisant, il tourna vers Héri-tep un regard interrogateur : *Trouve l'or, l'Égyptien ! Car mes hommes ne se battront que pour le jaune. Ensuite nous verrons ?*

- D'un geste rapide, il fit disparaître la pépite dans l'une de ses poches cavernes, puis, l'air perplexe, il se ravisa : *Si nous parvenions à nous entendre, je vous informe qu'à titre personnel, je n'accepterais rien de vous, ni or ni louanges. Si je juge bon d'intervenir, je le ferais en toute liberté de jugement. Disons… pour le plaisir du risque. À moins que ce ne soit… sait-on jamais… par pure éthique !* Le chef des brigands n'attendit pas une éventuelle réaction des deux prêtres, il fit voler le lourd rideau de perles et disparut parmi la foule de ses adeptes qui se pressaient au dehors.

***

Soulevée par des milliers de bottines, une poussière ocre languissait tel un nuage au-dessus des compagnies. Elle encollait à la peau des hommes et dessinait d'étranges bigarrures sur les visages tendus par l'effort.

Vision cauchemardesque que ces centaines de mules aux toisons incarnates, ployant col et échine sous les véhémentes injonctions des charroyers. Ce tumulte s'accompagnait d'une angoissante cohue qui révulsait le site. Cornes, trompes et timbales disputaient leurs sons dissonants aux braiments, claquements de cravache, injonctions et chocs d'armes que convoyaient des grincements d'essieux. Courbés sous le faix, des mercenaires aux harnois maculés tiraient des paillassons d'assaut, d'autres se sanglaient de rouelles ou se bardaient de cuirasse végétale. En retrait du camp, des phalanges s'essayaient à la manière de porter les coups. Alors qu'au loin, des groupes à demi nus ensablaient des faisceaux d'osier ou clayonnaient des buissons pour enrayer la charge des bêtes. Tout un peuple était impliqué dans les préparatifs de l'affrontement, animé qu'il était par la haine paroxystique de l'ennemi du soi.

Un équipage en bel arroi traversa l'affluence, pour venir se ranger près des buttes. Le Tartan, créature corpulente, en descendit. Il était escorté de près par des hommes en armes. Tous gravirent l'éminence, au sommet de laquelle était réuni l'État-major des cités de Sumer. Les casaques des généraux n'avaient point été épargnées par la poussière. Les sourcils ocrés du généralissime accentuaient son regard obombré de taureau impétueux :

- *Vaillance et honneur, mes glorieux compagnons !* Tonna celui-ci d'une voix de stentor, puis il adjoignit sur un timbre plus vibrant encore : *L'armée de conscription arrive, elle est à quelques lieux d'ici !* Il paracheva après une reprise d'haleine : *Nous sommes en nombre suffisant, mais assurément moins entraînés au combat que ces scélérats contre lesquels nous allons devoir agir. J'entrevois qu'il nous faudra ruser, en plaçant nos troupes d'élites en garniture de rang, de manière à faire illusion de nos forces.*

- *Ne vous en offusquez d'aucune façon, Gouverneur !* S'interposa le Prince de Lagash. *Mais je présume qu'un tel subterfuge ne saurait tromper la sagacité de nos adversaires, et qu'il risque d'être facilement éventé.*

- *Ne serait-il point judicieux,* affirma à son tour le Seigneur d'Uruk, *de procéder différemment ? Pourquoi ne pas maintenir nos troupes aguerries en réserve, de manière à ce qu'elles forcent l'ennemi au moment opportun ?*

Le Tartan grommela entre sa barbe roussâtre quelques mots peu amen bien qu'inintelligibles puis, le pas résolu, il se dirigea vers l'un de ses officiers d'état-major. Ce dernier consultait obstinément ses cartes, avec une sorte d'ostentation appliquée dans le devoir de réserve.

- *Qu'en pense mon officier principal du commandement ? Ces craintes que tu viens d'entendre, proférées par les Princes, te paraissent-elles justifiées ou non ?*

- S'étant placé en position de respect, cet homme de confiance salua le généralissime son poing fermé sur sa poitrine : *Souffre, Ô Sublime Tartan, que je me joigne à l'avis des Princes des cités. Les Amorrites se révèlent plus élevés en nombre qu'on ne l'avait prévu. Nous venons d'apprendre que des phalanges Élamites et Amalécites appuient leurs flancs. De surcroît, au cours de ces dernières vingt-quatre heures, de nombreux mercenaires les ont ralliés. Ils viennent d'Anatolie, attirés par le pillage de nos temples, lesquels, disent-ils, regorgent d'or et de pierres précieuses ! Derrière eux traîne une multitude de vagabonds Gutis et Hapiroux, tous envieux des richesses de Sumer. Ces tribus d'écornifleurs sont prêtes à tout !*

- Le général commandant la Garde, un petit homme rabougri, estima judicieux d'intervenir : *Noble Tartan, leur généralissime Nur-Nisaba est persuadé que les plateaux de l'équilibre penchent en sa faveur, sinon il n'aurait pas envisagé l'affrontement. Il reste à lui prouver qu'il a tort. Seulement, à dire vrai, Distingué Tartan... la victoire est loin d'être acquise !*

Sous ses moustaches de braise, le butor des armées de Kalam rugit alors telle une forge. Son abattoir de main s'affala bruyamment sur les cartes poussiéreuses, laissant sur la surface de l'impact une auréole blanchâtre autour de ses doigts :

- *Qu'est-ce que j'entends ? Renonceriez-vous par crainte... avant même d'avoir combattu ?* Des murmures désapprobateurs s'élevèrent au sein de l'état-major. N'en tenant nullement compte, le Tartan poursuivit sur un ton fougueux : *Ne m'avez-vous point assuré qu'un Prince des états du Sud était disposé à nous prêter main-*

forte ? Où se tiennent ses quartiers où sont ses foudres d'hasts, ses combattants pugnaces, ses ânes de montagne ? **Où sont-ils** ?

- Derrière la colline ! précisa un officier en tendant la main vers l'Ouest. *Nous apercevons les fumées de ses campements.*

- *Si ce foudre de bataille tient à participer à la victoire, comment se fait-il qu'il soit si loin ? Quelles sont ses intentions ?*

Unanimes, les regards convergèrent vers Héri-tep, lequel à l'aide d'un bambou équipé d'une lentille de verre, était occupé à inspecter le relief du futur champ de bataille.

- La voix du Tartan se fit doucereuse, tous le virent mimer une révérence malhabile : *Noble Zu-En, aurais-tu la bienveillance de nous confier ton opinion sur notre vision des choses ?*

- *Comme toi, Gouverneur, je suis dans l'expectative ! Ce dont je suis convaincu, c'est que le chef des six mille n'interviendra pas tant que ses hommes ne seront pas dûment stipendiés pour leur participation.*

- *Et qu'en est-il à cet égard ?*

- *Nous attendons le retour d'une délégation que j'ai envoyée sur les lieux d'un supposé trésor. Oui... l'emplacement m'a été révélé par une personne digne de foi. Je n'ai pu, toutefois, vérifier de mes yeux l'exactitude de cette information !*

- Ayant placé sa main à l'endroit du cœur, le général en chef adopta un ton confidentiel : *Supposé trésor ! Permets-moi de te dire, Noble Zu-En, qu'en la circonstance, cela me paraît on ne peut plus hasardeux comme argument... de triomphe !*

- *C'est notre unique chance de sauver Sumer et je ne me suis pas posé la question de savoir si je devais ou non la tenter !*

- *Pardonne mon insistance, mais quand serons-nous informés de l'authenticité de cette... de ce... enfin, de ce qui t'apparaît comme étant l'ultime ressource à notre victoire ?*

- Je l'ignore, c'est la raison principale de notre inquiétude. Cela fait quatre jours que la délégation est partie, sans que l'on sache ce qu'il est advenu. Le Grand Sanga en personne est allé à la rencontre du chargé de mission... Les deux équipages ne devraient plus tarder.

- Regardez ! *Ils déploient leurs effectifs... l'ennemi commence à déployer ses forces*, clama un jeune officier d'état-major. V*oyer... cette poussière... là, à droite ?*

Tout le monde se hissa de son mieux pour visualiser l'étendue de la zone d'affrontement.

- C'est ahurissant, constata le Seigneur de Larsa, *face à une telle conjuration, il va de soi que nous serons défaits. Qui plus est, si ce Raman prend le parti de l'ennemi... alors... nous risquons d'être retournés comme fourmis sous grêle !*

- *Assez !* Tonitrua le Tartan : *Je n'accepte pas ce genre de remarque défaitiste ! Que faites-vous des augures, ne nous tiennent-ils pas pour vainqueurs ?*

- Le Grand vaticinateur eut un sourire mitigé : *Non point vraiment, Sublime Tartan. L'augure insinue que, par la grâce, nous pourrions peut-être conjurer le sort... Ils n'expriment nulle victoire décisive et moins encore... éclatante... Votre Sublimité.*

- **Mes Seigneurs, en avons-nous besoin ?** Trancha d'une voix pressante Héri-tep. *Dois-je vous rappeler que la vocation de Sumer n'est nullement conquérante. Que nous importe de pulvériser les forces adverses, contentons-nous de les repousser. Pour l'heure, l'essentiel, n'est-il point de préserver avec nos vies notre patrimoine culturel ? Ensuite, nous aurons le temps de nous préoccuper de plausibles récidives.*

Les paroles de tempérance émises par le Grand Prêtre furent submergées par des cris d'allégresse, procédant de milliers de poitrines. Tous se précipitèrent aux remparts. Là-bas, dans la poussière ocrée des lointains, émergeait la houle tapageuse et tonitruante de l'armée de conscription.

- *Les nôtres... ce sont les nôtres qui arrivent... Voyez comme ils sont nombreux... Regardez... Regardez !*

Le Grand Prêtre se hissa à son tour sur le muret. Il chercha à sonder l'étendue de ces brumes érugineuses, qui montaient trépidantes vers de cruelles destinées.

***

Dès l'aube du lendemain, tous purent constater que les armées belligérantes avaient restreint leur espace de confrontation. Pendant la nuit, des escarmouches avaient eu lieu parmi les factions avancées, et les premiers blessés avaient été acheminés vers les Ashipus, afin qu'ils tentent de soulager leurs souffrances.

Le Grand Prêtre était inquiet. Il rendit visite aux victimes, contrôla les effectifs et s'assura du stockage des denrées prophylactiques. Bandages, alcool, sel, salpêtre, graisses, terrines de miel et cendres de soude, étaient entassés sur des chariots prêts à être repliés vers l'arrière. Après avoir longuement prodigué ses conseils, Héri-tep s'apprêtait à regagner la butte, lorsqu'il fut rejoint par une escouade de cavaliers. Il reconnut parmi eux, ses deux amis Yasna et Kantus.

- *Enfin, le voilà !* s'écria le Pair des Pairs en apercevant la blanche capeline d'Héri-tep parmi les hommes-médecine. *Nous avons voyagé toute la nuit, et nous te cherchions désespérément ! Il nous faut maintenant juger rapidement de la situation.* Il ajouta en s'efforçant de diriger sa monture vers le haut de la butte : *La chose n'a pas été facile, Kantus te rendra compte de ses péripéties.*

- Le scribe sauta prestement du charroi. Il vint placer un genou à terre, devant Héri-tep : *Maître Vénérable, pardonne ce retard je te prie, les événements ne se sont pas déroulés comme nous l'avions espéré. Il nous a fallu improviser pour mener à bien notre mission !*

- *Oui ! Je m'en doute, Kantus, mais venons-en au fait : avez-vous découvert « la cache » en question ?*

- Permets que je te décrive rapidement nos mésaventures, Maître ; à la tombée du jour…

- Je réédite ma question Kantus… Avez-vous découvert ce trésor ?

- Oui, Maître. Lorsque nous sommes arrivés aux murailles de la cité, sans halte aucune, nous nous sommes rendus au temple d'Ishtar. En partant du péristyle, j'ai compté trois piliers de la rangée de gauche et, en suivant tes instructions, la quatrième dalle vers l'Orient.

À partir de là, Maître, les choses se compliquèrent sérieusement. La dalle en question ne voulait en rien céder sous la poussée de nos barres à mine. Nous avions peu de moyens et étions passablement découragés. En outre, malgré les très officiels cachets apposés sur nos tablettes, les sommités religieuses du temple crièrent à la profanation. Il fallut en référer au Roi lui-même, et obtenir de Sa Majesté un détachement d'hommes en armes, pour pouvoir poursuivre nos travaux.

- Mon pauvre ami, je ne pensais pas te contraindre à autant de tourments !

- Nous n'étions pas au bout de nos difficultés, Maître. Malgré les poussées exercées, la dalle en question, d'un poids énorme, s'obstinait à demeurer en place. Nous allions renoncer, lorsque je me suis rappelé l'une de nos conversations. Elle avait trait, aux propriétés du triangle 3-4-5, celui-là même que tu affirmes être affecté à Isis l'Égyptienne ? J'en déduisis qu'il pouvait exister une relation entre la cachette et ce triangle sacré. Je cherchais alors à déterminer un axe qui coïnciderait avec les joints du dallage. L'ayant trouvé, je visualisais en coudées une diagonale de valeur 5, pour établir mon rapport 3-4. Mon explication, te paraît-elle simple, Maître, à moins qu'elle ne se révèle par trop confuse… Je crains que tu ne me suives ?

- Je fais d'énormes efforts en ce sens, Kantus. Poursuis rapidement, je te prie !

- *Oui, Maître. J'obtins donc un angle de 90°, à la pointe duquel je remarquais une pierre disjointe, par rapport aux autres. La chose m'intrigua, car elle dépassait le pan du mur sur presque un demi-pouce. Après avoir effectué diverses pressions sur les trois angles, quelle ne fut pas alors notre surprise, de constater que la dalle elle-même, qui jusque-là résistait à nos efforts, se soulevait légèrement ! À tel point, qu'il nous a suffi ensuite de la basculer. Comme nous le supposions, Maître, elle livra passage à une petite cavité creusée dans la roche !*

- Le Grand Prêtre fit preuve d'une attention redoublée : *Bien joué Kantus... Bien joué... Alors, qu'as-tu fait ensuite ?*

- *Ensuite, Maître, j'ai ordonné à l'un de mes hommes de descendre par l'ouverture et d'observer prudemment ce que recelait l'endroit.*

- *Bon ! Alors tu as ramené les pièces d'or ? C'est ce qui se trouve sous le couvert de ces deux chariots... n'est-ce pas ?*

- *Non... enfin... oui... à ceci près, Maître...* D'un geste large, Kantus rejeta la bâche qui recouvrait les caisses. On devinait des objets volumineux, soigneusement calés à l'aide de faisceaux de paille. *À ceci près Maître... qu'il ne s'agit pas d'or en vrac, de pièces, enfin comme tu le pensais ! Il s'agit de sta... ta... tatuettes. Sans doute ont-elles une grande valeur sans doute... Maître... sans doute ?*

- Les membres un peu tremblant, le Dubshar soutira d'un caisson garni de paille la maquette en or d'un navire égyptien, constitué de lamelles finement assemblées. *J'ai compté cinquante-six rames et quatre-vingt-dix bonshommes... enfin des matelots à demi-nu égyptiens. Regarde, Maître ! Il y a quelque chose d'inscrit sur l'avant de ce navire hauturier... Ce sont des caractères propres à ton pays... Je ne sais pas les lire !*

Les mains vibrantes, Héri-tep se saisit de la maquette que lui tendait Kantus, il plissa les yeux, pour mieux déchiffrer ces hiéroglyphes inscrits à la proue. Son cœur alors, se mit à battre violemment « Meskétiou ».

- Ça... ça va Maître, tu ne parles pas ?

- Le Grand Prêtre observa un silence méditatif. Oui, Kantus, ça va ! C'est l'émotion... Il y en a d'autres... des bateaux... comme celui-là ?

- Des bateaux, non, Maître, c'est le seul ! Mais il y a un cobra et un léopard, regarde, comme ils sont beaux !

- Ce... ce n'est pas... il ne s'agit pas d'un léopard, Kantus, c'est... un guépard !

- On voit que tu as étudié les animaux, Maître. Il y en a d'autres, regarde cet hippopotame et ces deux chevaux. L'un est blanc et arrogant, l'autre est gris vilain et court sur pattes... Va-t-on savoir pourquoi ?

- Tu es attristé Maître ? Si... si, je vois bien, tu as les yeux qui larmoient sur ces figurines.

- Ce n'est rien... Kantus, peut-être les paupières irritées par cette damnée poussière rouge !

- Ça, c'est un anneau de galérien en or, regarde ! Drôle d'idée, d'autant qu'il n'y a pas le galérien... y a que l'anneau !

- Drôle d'idée, en effet Kantus.

- Regarde : une déesse léontocéphale, elle est égyptienne probablement. Tu connais son nom, sans doute, Maître ?

- Oui, je pense qu'au point où nous en sommes, Kantus, un lion ne doit pas être loin !

- Tiens... Ben oui, Maître, le voilà, il est fier, n'est-ce pas ? Et ça, c'est une fibule sumérienne, elle devait agrafer la parure d'une femme de la noblesse.

- Ému, Héri-tep retint un moment entre ses doigts ce bijou, semblable à celui qu'il avait détaché de la toge de Nadjelda. *Oui ! Un objet semblable appartenait à la plus ravissante... et à la plus mystérieuse des femmes... que j'ai connue.*

- Bien sûr Maître, on peut toujours rêver et imaginer des personnages derrière tout ça ! Regarde, il y a encore ces statuettes représentant un vieillard et un enfant. Le vieillard paraît être aveugle et l'enfant est d'une maigreur pitoyable... *Tu vois !*

- Je présume qu'il s'agit là d'un grand Sage, qu'accompagne son petit disciple ?

- Oui, ça se pourrait très bien ! À t'écouter parler, Maître, on imaginerait que tu as déjà vu ces objets, que tu les connais ? *Vois, il y a encore cette flèche et toutes ces petites pièces. C'est tout de même un authentique trésor, tout cela... hein Maître !*

Le Dubshar amena à lui un sac boursouflé d'objets. Héri-tep plongea sa main à l'intérieur, il en retira une quantité de miniatures. Certaines étaient en or, d'autres en argent. Il y avait là, des pyramides, des étoiles, des outils, des instruments de mesure en quantité. Le tout voisinait avec la représentation des cinq polyèdres réguliers en or fin, d'un grand raffinement.

- C'est vraiment original...tu ne trouves pas, Maître, ça ressemble aux pièces d'un jeu... d'un jeu mystérieux ?

- Un jeu ! Ce n'est pas déraisonnable de le penser. Mais il manque la planche carrelée représentant le temps, sur laquelle devraient se positionner ces pièces.

- Elle est là, Maître. C'est un damier à carreaux or et argent. J'ai compté 64 cases. Si c'est un jeu, il doit être compliqué. Il me fait penser au carrelage rouge et blanc du dallage des Lunes pour l'élection du Zu-En... *Tu vois ce que je veux dire !*

- Héri-tep adopta une attitude résigné en l'impéritie : *Oui, Kantus, je le pressens aussi comme un jeu, dont on a accès au gain que lorsqu'on s'est affranchi des règles.*

- *Ouah là, c'est compliqué ce que tu avances là, Maître... si c'est ça leur mise, que peuvent-ils espérer de plus que cet or ?*

- *Une transmutation inversée, Kantus ! Imagine que ce jeu récolte plus d'or encore qu'il n'en détient, cela en le confiant... au destin.*

- *Oui, peut-être ! À condition que le destin soit honnête, Maître !*

Héri-tep ne trouva pas les mots pour réfuter ce poncif. Il se contenta de relever la tête, le regard absent. Le Scribe entrouvrit alors les lèvres avec l'intention de questionner plus avant celui qu'il considérait comme son précepteur, mais une certaine convenance intuitive le fit se taire. La mine déconfite, il prit alors le parti de rejoindre les gens employés au déchargement des caisses.

Resté seul en compagnie de son trésor, Héri-tep fut interpellé par un puissant appel intérieur qu'il n'avait encore jamais ressenti. Sans presser le pas, il alla s'asseoir sur le timon de l'un des charrois que l'on venait de dételer. L'émotion aidant, il infléchit son corps vers le sol et enserra sa tête entre ses deux mains, s'efforçant alors de pénétrer les arcanes non explorés de son moi pensant :

- ** *Nadjelda où que tu te trouves, pour l'amour du Ciel, quelle est la signification de tout ceci ? Tu m'avais parlé d'un trésor... soit, mais aucunement d'une rétrospective figurée de ma vie ! Chercherais-tu à troubler mon esprit... à me confondre auprès des miens, à me blesser de mille épreuves... réponds-moi, puisque c'est toi qui l'as suggéré ?*

- ** *Je perçois ce qui t'affecte, Héri-tep... J'en suis désolée. Mais, permets-moi de te dire que ta question contient en elle-même sa réponse !*

À l'énoncé claironnant de cette voix intérieure, le Grand Prêtre sursauta sur son siège. Il balaya du regard son environnement, tous étant affairés alentour, personne ne se souciait des réflexions impénétrables du héros Zu-En.

- ** *Oh, c'est… c'est formidable de t'entendre comme ça ! Mais, Nadjelda ne parle pas aussi fort… pas aussi fort… tout le monde va se demander ce qui se passe, je vais passer pour un sorcier ventriloque !*

- ** *Calme-toi Héri-tep ! Personne ne peut m'entendre si ce n'est toi. Mais si tu le désires, au lieu de te claironner mes pensées, je te les chuchoterais ?*

- ** *Non… non, c'est bien Nadjelda… un peu surprenant tout de même…oui…c'est… !*

- ** *Je suis de nouveau en toi, Héri-tep, ou plutôt… en nous ! Réfléchis, mon aimé, il fallait que tu aies un choc émotionnel important pour que tu daignes, enfin, considérer la partie omniprésente et complémentaire de toi-même… moi en l'occurrence.*

- ** *Nadjelda, jusqu'ici je ne pouvais me résoudre à entretenir ce type d'échange, disons-le… irrationnel. Nous nous sommes connus, souviens-toi, dans des conditions particulières ! Maintenant, il m'arrive de douter du caractère authentique de nos ébats. C'était un rêve, un rêve merveilleux, certes… mais un rêve, n'est-ce-pas ?*

- ** *Rêve ou pas, c'est dans le doute que naît la foi, Héri-tep. Depuis notre rencontre dans le labyrinthe de la pyramide, as-tu une seule fois tenté de communiquer avec moi, n'en avions-nous point convenu d'un vibrant et commun accord ? C'est toi le vivant pensant… pas moi !*

- ** *Honnêtement, je ne croyais pas que cela fut possible, Nadjelda, et même, pour ne rien te cacher… nécessaire.*

- ** *Nécessaire !*

- ** *Oui… Comment le dire ! J'espérais encore que tu fusses autre que moi-même, pour garder intact l'espoir de te retrouver, de te* serrer de nouveau dans mes bras... Voilà ! Que te dire de plus... Tu as préféré être une chuchoterie, c'est un choix restrictif !

- ** Mon pauvre amour, dans les douloureuses circonstances où est placé Sumer, tu devrais pourtant mieux saisir l'importance de ma démarche et l'opportunité de cet apport matériel dont je t'avais entretenu, lors de mon incarnation corporelle. Je veux parler du trésor.

- ** Précisément Nadjelda, sur ce sujet, m'est-il possible de disposer de ce présent, tel que je l'entends ?

- ** Il t'appartient, Héri-tep ! J'apprécierais que tu le considères comme un cadeau de mariage. Il ne subsistera, hélas, que le temps d'une interrogation, mais s'il nous permet de renouer le dialogue, le but sera atteint. Nous ne serons plus jamais seuls... toi et moi !

- ** Nadjelda, quand pourrai-je correspondre de nouveau comme je le fais ? Interroger cette partie féminine que tu incarnes, enfin... que tu habites... que tu... Ce n'est pas facile, cette ubiquité corporelle... ce double en soi du moi en toi, tu vois ce que je veux dire ?

- ** Tu accéderas au dialogue intérieur, seulement lorsque tu te seras démis de cette parcelle d'orgueil inhérente à ton moi profond. Dès lors, la chose ne te posera plus de problèmes. En attendant que s'effectue cette conversion, je ne pourrai pas te communiquer mes impressions, lesquelles pourtant ne manqueraient pas de t'être utiles. Néanmoins, d'autres occasions se représenteront, Héri-tep, il te suffira de penser fortement à moi. Maintenant, agis selon ta conscience, mon aimé. Je serai avec toi... jusqu'à la fin du monde !

- Je te remercie, ce trésor corrobore mes convictions intimes.

- C'est bien ainsi, je n'ai fait là que mon devoir... Maître !

- Oh ! Je ne m'adressais pas à toi, personnellement, Kantus. C'était... néanmoins je te remercie pour ce travail. La situation est claire maintenant, il faut que tu te mettes en relation au plus vite avec les fondeurs de métaux du Royaume. Ces pièces devront être *fondues, puis réparties en calculis d'un demi-pouce de large. Fais vite, Kantus, c'est urgent, il en va de la survie de ton pays.*

- Quel dommage, Maître, d'anéantir tant de beautés, pour satisfaire aux appétences d'un bandit !

- Sache Kantus, que l'or a toujours pour prix le sang. Mais il est écrit qu'à la fin des temps, le rouge et l'or s'équilibreront dans la vérité du disque de lumière ! À condition que des gens comme nous s'y emploient.

Une voix tranchante aux accents gutturaux suspendit brusquement leur dialogue. Yasna qui s'était absenté pour juger de la situation, revenait en verve, accompagné de son escorte.

- Dis-moi vénéré Zu-En ! Crois-tu que cette canaille de Raman peut se satisfaire de ces pacotilles de boudoir ?

- Héri-tep redressa de son mieux sa nature affectée par les émotions : Ne m'as-tu point assuré, que tu allais compléter ces objets, que tu prétends de salon, avec les reliquats de ta fortune personnelle, Yasna ?

- C'est chose faite, Zu-En ! J'ai glané ce que j'avais en mes coffres et largement puisé, tu peux me croire, en les aumônières de la noblesse. Mais ne nous leurrons pas, mon frère, le tout constitue à peine la solde d'une armée en campagne. Il s'agit de six mille hommes, avides de gains. Raman peut négliger ce pactole et agir selon ses humeurs.

- Ce serait bien dans sa nature, en effet ! confirma Héri-tep en opinant gravement de la tête.

- Soyons lucide, mon frère, si en optant pour la neutralité, il refuse de participer aux combats, nous risquons fort de perdre une bataille. Mais si, par esprit de conquête, il se joint aux tribus Amorrites, leurs déferlements conjugués nous aplatiront comme galette.

- Yasna marqua une légère pause. Son faciès hautain afficha une impression de déchirement. Son regard d'oiseau de proie devint étrangement fixe : *Plus que la mort elle-même*, reprit-il sur un ton apaisé, *nous devrons redouter la fin de notre civilisation. C'est pour cette raison, mon frère, mon ami... mon très cher ami, qu'en ta qualité d'étranger, tu ne resteras pas un instant de plus parmi nous !*

- Héri-tep leva vers le Pair des Pairs un visage indigné. En un silence presque douloureux, il étreignit de sa large poigne son bâton de patriarche. **Que dis-tu** ? *Me jugerais-tu indigne d'être à vos côtés dans le péril que vous encourez ! Moi dont vos mœurs et traditions ont fait de mon image un héros ! M'encouragerais-tu à fuir... comme un couard ?*

- *Garde-toi de formuler des sottises. Je veux te sauver la vie, insensé que tu es. Cette guerre n'est pas ta guerre. Tu as fait ce qui était en tes possibilités et bien au-delà. Les dieux en ont décidé ainsi !*

- Excédé par la détermination de Yasna, le Grand Prêtre n'hésita pas à l'empoigner par les deux épaules : *Moi seul décide de mon existence... Que peux-tu préjuger du raisonnement des dieux, laisse ceux-là dans leurs rôles et les hommes à leur devoir !*

- *Tu déraisonnes, Héri-tep ! Serais-tu infidèle à tes engagements, à l'Our'ma, à ton Roi, à ton peuple, à ta mission... Cette guerre n'est pas la tienne... te dis-je !*

- *Comme s'il était une guerre qui était mienne, j'exècre les guerres, Yasna ! Mon intention n'est pas de combattre, mais de soigner les blessés qui seront nombreux... de part et d'autre. Que penseront les hommes, si le Héros qu'ils imaginent n'est pas à leur côté dans l'épreuve ?*

- La voix du Grand Sanga parut soudain s'emporter comme gerbes de feu sous le vent : *Je n'ai ni le temps, ni l'intention de discourir de mes décisions, qu'elles t'agréent ou non ! Si tu refuses, je te ferai encorder tel un goret et déporter aux frontières de Kalam...* **Je le ferai, oui** !

- Kantus à genoux dans la poussière se cramponnait aux robes des deux hommes, il les exhorta d'une voix implorante : *Par Hutu le juste, ne vous querellez point, mes Pairs Vénérables. N'affirmiez-vous en d'autres temps, que l'on obtient les grâces du Ciel par la paix du cœur ?*

- **Bien** ! Conclut de manière péremptoire Héri-tep. *J'admets que les circonstances ne permettent pas semblable débat. Je me soumettrai à tes intentions... tu n'as qu'à décider.*

- *Viens dans mes bras, mon frère. Tu me remplis d'aise d'opter ainsi pour la raison. Nous n'avons plus une minute à perdre, l'affrontement est imminent.*

- Yasna se retourna vers un proche de sa suite : *Ludgirra ! File à l'état-major, exige de l'officier d'intendance qu'il prépare trois attelages aux roues ajourées. Je les veux équipés de coursiers véloces, prompts comme gazelles aux vents. Fais vite, le temps presse !*

Soudain, sur les hauts de buttes, une rumeur hérissée de hurlements figea de crainte les équipages. Était-ce les fronts de bandières qui déjà procédaient à l'assaut ? Les sourdes clameurs du combat s'épandaient aux quatre échos et la mouvance des cohortes s'imbibait de ce flux grondant que distille le danger. L'ennemi était là, il bramait sa frénésie aux vents putrides des marécages, des milliers de piques, de casques, de boucles et de croches, s'ébrouaient en d'incisifs éclats. Là-bas, dans la plaine, les lentes reptations des phalanges ourlaient le sol, comme autant d'écailles acérées.

Fébrile sous ses hauberts de liège, le cœur fouetté par la crainte de l'épreuve, la vieille civilisation de Sumer s'apprêtait à défier une fois encore le spectre de son destin.

***

Il fallut plus de temps que prévu pour réunir trois attelages de qualités. À quelques pas, des chevaux au sang vif, harnachés de phalères miroitantes étaient tenues aux brides par des auriges aguerris. Les premiers combats eurent lieu autour des crêtes. Désormais, il devint malaisé d'emprunter l'imbroglio des pistes marchandes. Elles étaient surchargées d'éclopés, de couards, de vétérans, de carrioles bringuebalantes ou de traîneaux de cuves. Un grand nombre d'animaux errants, au comportement affolé, filaient de jambes en bosquets geignant de crainte dans la bruyance du chambardement.

Les trois chars croisèrent un cortège de ribaudes affluant des banlieues citadines. L'âpreté au ventre, elles s'acoquinaient volontiers à la soldatesque se référant de la logistique. Le pire était d'éviter ces bandes de drilles, traînant sur les arrières, pour la plupart issues des armées belligérantes, déserteurs, espions, renégats de toutes sortes et traîtres à toute cause. Ils surgissaient parfois, la javeline au poing, au détour d'une piste ou de derrière un rocher. À maintes reprises, il avait fallu toute l'habileté des conducteurs de chars et des tireurs à l'arc pour obvier à leurs guet-apens.

Maniables et rapides, les attelages rattrapèrent le flot des réfugiés qui fuyaient la zone des combats. Cet amalgame loqueteux était composé de pieds, de pattes, de brocs et de traînes, dont les onduleuses processions mêlaient leurs éclats aux ombres du couchant. Qu'elles fussent à pied, en charrette ou montées sur des mules rossinantes, ces formes dépenaillées s'écartaient à regret devant la fougue des chevaux de batailles. Il y avait là tout un monde vitupérant, éructant injures et quolibets, ces sempiternelles expressions de la haine des gueux.

Héri-tep remonta cette cohue sauvage, l'esprit anxieux, le cœur étreint par l'urgence. Que pouvait-il faire devant l'infortune de ces populations soumises aux tourments du conflit ? Combien de fois souhaita-t-il s'arrêter, pour soulager celle-là ou pour aider celui-ci. Mais l'emprise du temps exerçait sont diktat, l'arrachait à sa compassion et l'emportait sur les ailes d'un sort qu'il ne dominait plus. Il lui apparut qu'en ces périodes tragiques, la destinée seule était initiatrice des différences.

C'est seulement à la nuit tombante que les équipages du Grand Prêtre parvinrent aux portes d'Eridu. Le lendemain, dès l'aurore, l'un des Princes fit conduire le Héros jusqu'aux remparts de la cité d'Ur.

La ville était en effervescence, la population mobilisée, les milices en armes, et l'on dirigeait à grand renfort de jurons des tombereaux de pierres sur les fortifications. Çà et là, des tâcherons assemblaient d'étranges machines aux longs bras de cèdre. Elles avaient pour fonction de projeter à distance des godets emplis de goudron brûlant. En tout lieu, des centaines de soldats s'entraînaient au combat, alors qu'à l'intérieur des temples, on multipliait les imprécations et les sacrifices en faveur des dieux. À maintes reprises, le Grand prêtre dut montrer patte blanche pour se diriger vers le palais. Enfin introduit en même temps qu'une délégation de notables, il fut chaleureusement accueilli par le monarque. Lorsque Sa Majesté apprit l'imminence de la bataille et le manque d'effectifs de ses armées, elle se prit à douter de la victoire. Elle ordonna en l'instant même que l'on accélère l'acheminement des vivres et que l'on amplifie les moyens de défense sur le haut des remparts. Ainsi empêché en sa progression, l'ennemi triomphant ne pourrait point prétendre à une victoire aisée.

Le pas pesant, les traits affligés, le souverain des quatre cités entoura affectueusement le bras de son Héros ! Sa Majesté se sentit soudain animé d'une expression verbale, teintée d'un lyrisme que devait susciter l'émotivité :

- Si les événements devaient se dérouler tels que nous l'appréhendons... Alors, Héri-tep, je ferais de toi, le témoin privilégié de mon peuple. Si notre civilisation venait à disparaître sous la poussée sauvage de ces hordes, je souhaiterais, Ô Héri-tep ! Que tu clames en pays lointains, combien furent grandes nos vertus.

Je souhaiterais que tu attestes auprès de ceux qui pourraient douter de sa ferveur, que jamais la civilisation de Sumer ne fut relapse aux causes du sacré.

Je souhaiterais, Ô Héri-tep, que tu loues ses lois, dépeignes son courage, que tu révèles sa connaissance profonde de la symbolique éternelle et sa fidélité à la Tradition Primordiale.

J'aimerais que tu informes l'élite de ces mondes éloignés de l'invasion déferlante de cette plèbe iconoclaste, qui livre brutalement au néant le patrimoine culturel de toute une humanité.

Cette surprenante logorrhée plongea le Grand Prêtre en une réflexion alarmiste. Cependant, il fit promesse au Roi de louer les mérites de sa civilisation et de flatter en tout lieu l'attachement particulier qu'il portait à ses mœurs, à sa culture et à sa population laborieuse. Puis, il ajouta sur un ton plus confidentiel :

- Il m'aurait été d'un grand honneur, Votre Majesté, de combattre à vos côtés. Le Pair a cependant exigé que je poursuive mon voyage, à l'encontre de toute autre conduite.

- Nous avons été instruits des décisions du Pair et nous les approuvons. Il nous a été rapporté que tu estimes moral de te déposséder de ton pactole de Héros. Afin d'engager des mercenaires à la cause de Kalam... Nous savons cela aussi !

- Votre Majesté, les révélations ayant trait à ce trésor relèvent d'un véritable mystère, et les objets précieux qui le composent... d'un mystère plus grand encore.

- Non, Héri-tep, non il n'y a pas de mystère ! Nous l'aurions gardé secret, si les évènements n'étaient pas devenus ce qu'ils sont ! C'est Nous, Notre Majesté, qui fit réaliser chacune de ces pièces par nos artisans joailliers. C'est Nous, Héri-tep, pour te remercier de ton exceptionnelle contribution aux valeurs de Kalam.

- Héri-tep se montra abasourdi par cette révélation : *Je crains... ne pas... ne pas saisir pleinement, le pourquoi de cette initiative... Votre Majesté ?*

- La réponse est on ne peut plus simple, Héri-tep. Nous avions à la base l'intention de gratifier notre Héros d'un pactole. Pactole que

nous estimions nécessaire à la poursuite de son voyage. Toutefois, ayant jugé de sa modestie, suivie d'un possible refus venant de sa personne, nous nous sommes astreints à agir dans le silence.

- Soit, Votre Majesté ! Vous me voyez flatté par ce témoignage d'estime. Mais alors, comment expliquer la particularité de ces pièces, évoquant certaines périodes de ma vie ?

- Oh, ce ne fût pas là le plus malaisé ! Il nous aura suffi de nous informer auprès de tes proches, pour qu'ils nous retracent les affres de ton voyage. Je vais t'en donner la preuve...

Le monarque claqua en la paume de sa main. Un conseiller se détacha de l'ombre pour réapparaître quelques instants plus tard. Il était porteur d'une œuvre ouvragée de vingt pouces de haut, reposant sur un coussinet. *Comme tu peux l'observer, cet ensemble représente une cage, à l'intérieur de laquelle se tient un homme accroupi. L'objet, n'évoque-t-il rien à tes yeux ?*

- Certes, Votre Majesté, ce souvenir m'est cruel ! Mais, ne l'avez-vous point suffisamment dulcifié, par vos constantes et multiples marques d'estime ?

- Nous avons cependant gardé cette pièce par-devers nous. Car elle nous est apparue soudain comme le plus éloquent emblème de l'obscurantisme, dont on doit se prévenir.

- Il est vrai qu'entre la déchéance et la gloire, il n'y a qu'un souffle, Votre Majesté. Toutefois, je ne m'explique point comment vous fûtes informé de la cache à l'intérieur du temple... Serait-ce ?

- Oui, Héri-tep, lors de notre entretien, la Nin-Dingire a instruit notre Majesté de l'existence de ce trésor, de cette cache sous les dalles, et de son désir de voir se réaliser ce projet. C'est elle qui a tenu à ce que nous personnifions chaque lingot d'or, afin, m'a-t-elle précisé, que cela stimule ta réflexion dans un domaine particulier, dont toutefois, elle n'a point dénié me faire part. En tant que Roi, nous n'avons eu d'autre mérite que de veiller à la bonne exécution de ce souhait.

- Sa Majesté quitta son attitude protocolaire, pour adopter un comportement plus intime : *Puisqu'il est question de l'incarnation de cette déesse, il me tardait de te dire que certaines enquêtes ont abouti. Nos services nous ont rapporté qu'une femme d'une grande beauté voyageait en caravane en la période de temps considérée. Selon nos informateurs, elle était accompagnée de dames prophétesses. Son léger accent sémitique laissait supposer une origine du Nord-ouest de l'Euphrate. Depuis, cette femme s'est évanouie en la nature de nos royaumes, sans que quiconque n'ait pressenti le dessein de son voyage.*

Le Grand Prêtre pensa à une magicienne qui lui était chère, mais il ne fit part au Roi de ce sentiment. *Ce ne fut qu'un corps... Croyez-vous, Votre Majesté ?*

- *Nous ne le pensons pas ! Si elle avait occupé un esprit mal fait, la Nin-Dingire aurait eu moins d'aisance verbale qu'elle n'en avait, lors de nos entretiens. Le mystère, Maître Vénérable, ne s'arrête pas à la frontière des réalités, il l'outrepasse allègrement. Peut-être, pour nous faire pressentir qu'il y a, entre l'un et l'autre, moins de différences qu'il n'y paraît !*

***

Quelques instants plus tard, le Grand Prêtre prit congé d'Hyrib-Nanzu, Roi de Sumer. L'esprit dissipé par ce qu'il venait d'entendre, il descendit, l'air pensif, le monumental escalier attenant aux jardins du palais. C'est en cette interrogation qu'il pressentit, intérieurement, qu'il lui serait peut-être utile de consulter un autre type de références, au comportement moins pragmatique que le sien :

- ** *Nadjelda, es-tu là... Nadjelda ?*

- ** La réponse intérieure ne se fit point attendre : *Mon aimé, comment pourrais-je être ailleurs ! Dois-je subodorer que mon opinion ne te serait pas indifférente après cet entretien ?*

- ** Oui…enfin, non… Je… Je pense que ça va aller ! Oui ça va aller Nadjelda… Merci d'être là, aussi présente… aussi… Merci, Nadjelda… bon, maintenant… il faut que je réfléchisse !

Au comble de la confusion, Héri-tep tenta de reprendre ses esprits. Il réalisa qu'il n'avait d'autre possibilité que de se diriger vers le lieu de rendez-vous où, selon le vizir, une escouade de gardes royaux se tenait à sa disposition. Ces derniers avaient reçus l'ordre de rassembler des animaux de bâts et des équipements pour la poursuite de son voyage.

En fin de matinée, les préparatifs achevés, son escorte et lui prirent sans s'attarder la route de Suse, via Lagash. Le parcours était encombré d'un trafic inhabituel dû, sans doute possible, à la gravité des évènements. Par deux fois, ils furent contraints de prendre le bac pour franchir les grands marais, appelés steppes du levant. Ce n'est que trois jours plus tard qu'ils atteignirent les berges du Tigre. Le capitaine du détachement lui certifia, qu'une fois le fleuve franchi, la piste pour Suse était sillonnée par de nombreuses caravanes. Selon les dires de cet homme, à partir de ces limites territoriales, il n'y avait guère de risque à voyager seul.

Lorsque disparurent au loin les derniers membres de son escorte, Héri-tep ressentit une profonde déchirure à quitter ce pays ami versé dans la tourmente. Il ne pouvait se départir d'un sentiment de culpabilité de s'être soustrait à ce drame imminent. C'est l'esprit tourmenté par mille interrogations qu'il embarqua son équipage sur le kelek affecté à ce transport. Tout au long du parcours, il put constater qu'à l'abri des frondaisons s'entassaient des flottilles de radeaux en attente de cargaisons. La chose laissait clairement supposer qu'en cas de défaite, les gouvernants avaient prévu une évacuation partielle des populations de Sumer, vers les territoires d'Elam. Une page de l'Histoire se tournait sans sa participation. C'était là l'implacable loi du destin.

Chapitre XI

Les matinées étaient encore fraîches en ce début de Nissan. Sur les collines proches, Hutu nimbait d'un rose pâle les voiles évanescents de l'aurore. Tout en laissant ses bêtes brouter l'herbe grasse de la plaine Susiane, Héri-tep préféra conserver un instant encore la tiédeur douillette de sa mante. Aucun impératif ne le pressant vers le but, il aurait tôt fait de rattraper le retard auquel les événements l'avaient contraint.

Deux heures plus tard et sans hâte aucune, il reprit sa marche vers la capitale élamite. Il croisa alors un troupeau de ces bêtes à bosses que les Sumériens appelaient « ânes de mer ». Chapeauté d'un admirable couvre-chef, le Maître de caravane, homme disert, s'enquit auprès de sa personne des hostilités dont il avait ouï-dire. Après maintes explications, le Grand Prêtre lui conseilla de bifurquer sur Nippur, de manière à éviter la tragédie du Sud-ouest. On scella ces aimables échanges par la saveur d'un thé au jasmin et chacun poursuivit sa route. Peu après, il croisa un couple accompagné d'un âne blanc, identifiable aux pattes que l'on apercevait sous la charge. Puis ce fut de nouveau le silence des longs voyages, rythmés par l'itératif son des pas sur la piste battue.

Cette guerre de proximité ne laissait nullement les Élamites indifférents. Héri-tep put constater que, de loin en loin, la piste était surveillée par des hommes d'armes retranchés sur des mamelons rocheux. À aucun moment, cependant, le voyageur solitaire qu'il était n'eut à rendre compte de son activité à ces groupes armés postés en faction.

Alors qu'il venait de découvrir une resserre ombragée pour l'étape de la demi-journée, son regard en éveil décela une levée de poussière en direction du couchant. Cela ressemblait à une trombe de vent, commune en ces régions. Toutefois, la base de ce nuage était animée de petits traits verticaux assimilables à une escouade de cavalerie.

Promptement, il éloigna ses bêtes de la piste, afin de ne pas faire obstacle à cette impétueuse chevauchée. Alors même que les premiers galops parvenaient à sa hauteur, il entendit l'un de ces monstres au poitrail éclaboussé de bourbe prononcer clairement son nom. Il s'ensuivit une bousculade telle que des cavaliers furent désarçonnés, le tout en une confusion de gestes et de jurons aux plus lamentables échos. Lorsqu'un instant plus tard les animaux se furent calmés et le nuage quelque-peu dissipé, le reste de la troupe mit pied-à-terre.

Au plus grand étonnement du Grand Prêtre, cette inopportune assemblée se dirigea d'un pas résolu vers l'endroit où il se tenait. Une sorte d'énergumène à la toison échevelée était à leur tête. Mi-boitant, mi-marchant, l'homme à la gesticulation intempestive hurla quelques mots inintelligibles qui ressemblaient fort à d'hostiles injonctions. Sous le coup d'une telle conduite, Héri-tep se mit à redouter le pire. Mais le forcené s'empressa de dénouer le chèche de poussière agglomérée qui lui dissimulait la presque totalité du visage.

- Kantus ! *Par tous les démons du désert... que fais-tu là en pareil équipage ?*

- On a... a rempo... popo la vi... victoire ! *Kalam est sauvé...* **Grâce à toi !**

- Grâce à moi ? Par Addou, dieu des Amorrites, depuis quand gagne-t-on une bataille sans y participer ? Je vous donnais battus à trois contre un !

- C'était... c'était Maître... sans compter sur les hommes de Raman, Maître. Ils ont pulvérisé l'ennemi et fait tant de victimes que la terre, Maître... ne parvenait plus à absorber leur sang !

- Quelle horrible chose ! Et tu voudrais que j'exulte à tant de cruautés ! Raman lui-même aurait-il participé aux combats ?

- Avec l'exaltation et la frénésie d'un foudre, Maître !

- Sans… contrepartie ?

- Le trésor lui fut remis, mais Raman ne daigna pas jeter un regard sous les bâches et leur contenu. Les officiers d'escorte nous contèrent que, pour toute réponse à leur livraison, Raman tira son alfange, qu'il leva au ciel, devant ses troupe rassemblées, en leur criant « préparez-vous à l'affrontement ».

Et sans que la chose lui fût demandée… au moment précis où les nôtres lâchaient pied et que la débandade menaçait d'être générale… dressé sur son pur-sang blanc, il lança ses milliers d'hommes à l'assaut. Les cavaliers prirent ainsi l'ennemi à revers et le réduisirent en pièces, Maître… **en pièces**.

- J'ai de la peine à imaginer un tel revirement de conduite.

- Ce n'est là que pure vérité, Noble Zu-En ! objecta l'officier d'accompagnement. *J'ai moi-même assisté à la bataille ! L'homme qui gronde… était monté sur un coursier blanc à la robe d'éclat, dont les naseaux fulminaient aux clameurs guerrières. Précédant ses hommes de cent pas, ce seigneur pourfendit l'ennemi telle une pierre de feu, sur trois rangs d'attaque. Il fit montre d'une fougue si remarquable et trancha tant de corps, que son étalon en fut baigné jusqu'au garrot. À sa suite, ses cavaliers boutèrent les fronts de piques et sa piétaille massacra le reste. Peu d'ennemis réussirent à déguerpir, Noble Zu-En… peu, vraiment.*

- Héri-tep sentit ses jambes flageoler. Avisant un tertre, il alla s'y asseoir pour tenter d'assimiler ce flot d'information : *Et Raman… qu'en est-il de lui ? A-t-il bataillé de la sorte sans être victime de blessures ?*

Les regards devinrent embarrassés, les lèvres demeurèrent closes.

- Se serait-il fait… tuer ?

- Oui, Seigneur Maître, une javeline l'a atteint ! révéla tristement Kantus. *En ce jour, ses hommes le pleurent tel un dieu.*

- Le Grand Prêtre observa un silence peiné, il fit alors quelques pas en élevant ses bras vers le Ciel en un geste d'impuissance. *Quelles fantasques raisons ont pu pousser cet homme à un tel acharnement ? L'orgueil, la vénalité, le mépris de l'autre ou plus prosaïquement... le goût du risque ?*

- Apparemment, rien de tout cela, Maître ! Raman aurait confié à l'un de ses aides de camp : « C'est le moment de montrer à ce prêtre égyptien qu'agir selon ses propres lois n'a pas toujours pour résolution d'être un scélérat ». Selon cet officier, il aurait alors ajouté : « Il y a plus de satisfactions à étreindre la vie au Soleil qu'à vivre de prières et d'ombres à seule fin que nous soit accordée la félicité des dieux. »

Et encore Maître, juste avant de se lancer à corps perdu dans la bataille, certains l'auraient entendu crier en s'éloignant :

« *Vous direz à ce Maître de Sagesse... qu'Arou, son cheval, s'est bien conduit !* »

- Gagné par l'émotion, le visage d'Héri-tep afficha soudain une pâleur extrême. Il prononça alors quelques mots à voix basse : *Il est salutaire de recevoir une leçon de ceux que l'on a tendance à déprécier. Raman nous rappelle que c'est de la terre qu'émanent les parfums qui encensent l'autel des dieux. Peu de ce qui existe n'est à abhorrer... si ce n'est, parfois, notre façon de préjuger des êtres et de l'éducation reçue.*

- Maître ! Un acte de bravoure, aussi glorieux soit-il, peut-il gommer la conduite d'une vie d'exacteur ?

- Certes, non, Kantus ! Mais, lorsque l'ivraie dissimule le blé, cela ne veut pas dire que la moisson est impossible. Cela signifie seulement qu'elle sera moins aisée à trier, et qu'elle demandera plus de patience pour la panifier. Je constate que la terre a refusé à Raman son dernier trésor et qu'au même moment, le Ciel lui accordait son premier sourire... C'est bien ainsi que je conçois la vie !

- Maître ! Le révéré Pair implore que tu diffères ton voyage. Ur est en fête et Sa Majesté Hyrib-Nanzu nourrit l'espoir de te serrer sur son cœur.

- Je n'ai été en cette affaire que l'instrument du destin. Ma valeur personnelle n'a en rien contribué à sauver Kalam. Exprime, je te prie, la fraternelle estime que je porte au Roi. Rappelle au Pair qu'il fut et demeure mon noble ami. Rien cependant ne modifiera l'intention qui est mienne de poursuivre mon voyage.

- *Tu es le Maître Spirituel dont je rêve*, larmoya Kantus, *j'ai gros cœur à te quitter. Scellons alors les mots de vérité par le manger et le boire.*

- Le Grand Prêtre ouvrit les yeux avec un immense étonnement : *En ce lieu, loin de tout... tu affabules Kantus ?*

- *Pourquoi non, Maître ?* S'insurgea le scribe. *Nous avons accroché en nos selleries de quoi fêter la victoire et le courage des hommes. Regarde, j'ai de la bouillie de sorgho, du pain caroube, du poisson séché. Des melons, des figues, des dattes, de la muscade et de la cardamome. De la galette d'orge au miel et... du vin d'Égypte.*

- *Du vin d'Égypte ! Sapristi, que l'on sorte rapidement les godets, il supporte très mal les secousses du voyage !*

***

À force de palabres, Kantus réussit à vaincre les réticences du Grand Prêtre, lequel finit par concéder à ce qu'il l'accompagne durant quelques étapes. Des dispositions furent prises et, le lendemain, alors que la dizaine d'hommes de l'escorte chargée de mission repartaient pour Sumer, le Maître et l'adepte s'engageaient en sens contraire sur les pistes caillouteuses d'Élam.

Ce ne fut qu'au terme de six jours de voyage qu'ils purent franchir les hautes murailles de la cité de Suse. Ils admirèrent l'imposante Ziggourat revêtu de lapis-lazuli, dont le sommet appelé le

Kukunnum, culminait à plus de cent coudées de hauteur. À l'instar de tout pèlerin fidèle à la tradition, ils rendirent hommage au dieu Gal et à la Déesse Pinikir sur l'autel des acropoles. Ils purent contempler l'originalité de la statuaire et la présence permanente des feux sacrés, brûlant nuit et jour au pied des divinités. Ils constatèrent que la populeuse effervescence des cités élamites ne le cédait en rien aux agglomérations du Tigre et de l'Euphrate qu'ils venaient de quitter.

Le parcours, qu'ils s'étaient tracé, était le plus souvent incertain et accidenté. Leur équipage étant tributaire de la cadence qu'imposaient les animaux de bât. Cela les incitait, par esprit de convivialité, à cheminer conjointement avec des voyageurs, dont le mode d'acheminement était identique au leur. Ainsi côtoyèrent-ils des êtres rustres, d'autres étonnements éveillés et quelquefois imprégnés de sagesse. En esthètes avisés, tous deux apprécièrent dans les agglomérations traversées l'originalité de l'artisanat, la singularité des édifices et les rites sacrificiels inconnus. Les généreux commentaires du Grand Prêtre étaient consignés par Kantus sur des feuilles de parchemins soigneusement classifiés. Le scribe ne dissimulait aucunement son intention d'ouvrir, en Kalam, une école de pensée à l'enseigne du héros Zu-En. Cette postérité, envisagé par Kantus amusait beaucoup Héri-tep, alors que son ambition didactique du moment se limitait à la réflexion qu'imposait la découverte.

Ils parvinrent un jour en vue de Tépé-Sialk, la cité réputée aux murailles quadrangulaires. Ils furent frappés par l'épaisseur de ses trois enceintes et de ses sept portes ouvragées, étincelantes en leurs parures de cuivre. Les bas-reliefs riches de motifs mythologiques ne laissaient aucun répit à l'admiration érudite des deux pèlerins. À la demande du Scribe, le Grand Prêtre déchiffra laborieusement une mention sur le haut d'un portique, Nur-Kibrat « La Lumière du Monde ». Ils en conclurent, le cœur réjoui, que la spiritualité n'avait pas de frontières.

Un autre jour, alors qu'ils venaient de franchir le sommet d'une colline dominant une agglomération, ils furent témoins d'un gigantesque incendie. Les fumées s'élevaient en épaisses volutes jusqu'aux nuages, qu'elles teintaient de leurs noirceurs. Quelques voyageurs, le regard effaré, observaient comme eux le dramatique spectacle qui leur était offert.

- *Vaut mieux y emprunter la sente que contourne la ville !* Hasarda un homme qui avait le parler juste des gens du labeur.

- *Pourquoi cette excessive prudence ?* Questionna Héri-tep.

- *Hé ben, quand ceux de la ville y trouvent pas ceux qu'ont mis le feu, y prennent les gens que passent et ceux qu'voyagent. « C'est eux qu'ont fait...que disent...et p'y...ben, les empalent vivants...tout nus ! Ouais, qui font ça ceux-là, y en a plus d'un à qui c'est arrivé cette chose... !*

- *Dis-moi, caravanier,* s'enquit Kantus, avec des trémolos dans la voix : *où dis-tu que se trouve ce chemin... de contour ?*

Deux jours plus tard, tous deux passèrent près d'un atelier de gravures. Parmi les glyptiques exposées figurait l'effigie d'une déesse au lion, que l'on avait placée là, près d'une fontaine au pied des montagnes. En ce signe particulier, Héri-tep vit une sorte de frontière poreuse reliant un monde à un autre, le Scribe prit soin de le mentionner sur ses tablettes.

- *Cette déesse d'Élam, Maître ! Serait-ce celle que vous appelez Sekhmet en Égypte ?*

- *Ho, il m'arrive même de l'appeler Ouâti...* ajouta Héri-tep avec un large sourire. *Je trouve que c'est plus intime !*

- *C'est vrai !* confirma Kantus. *En tous les cas, c'est plus doux à entendre.*

***

Cela faisait maintenant trente-six jours qu'ils parcouraient le pays d'Élam et bientôt dix jours qu'ils avaient entrepris d'escalader les montagnes de Zagros, premiers remparts de l'Asie insondable. Le scribe ne parlait aucunement de retourner vers Sumer, ce qui, compte tenu de la distance, inquiétait quelque-peu Héri-tep. Leurs mules peinaient sur ces layons escarpés où le moindre faux pas pouvait entraîner une chute mortelle. De temps à autre, Kantus activait les braises de la cage à feu composée d'herbe sèche et de charbon de bois. Cette cassolette en fonte qui cahotait sur le dos de l'une des mules était munie d'un couvercle et percée de trous d'aération. Elle répandait alentours une odeur agréable, tout en éloignant de leur équipage les insectes inopportuns.

Par son relief et l'ampleur de sa végétation, ce pays exhibait sa différence avec les rives nonchalantes de la vallée du Nil. Héri-tep jugeait ces contrées éprouvantes par les mouvements de terrain et les interminables méandres des pistes. À l'approche de la nuit, certaines roches se dentelaient de menaçantes mâchoires. Elles affichaient des gueules ricanantes qui étaient autant d'invites à rebrousser chemin. Il fallait que les voyageurs s'astreignent à braver ces profondeurs sylvestres, à gravir ces sentiers humides, à franchir ces cours d'eau grondants et glacés. L'obscurité chutait dans la pénombre et Rê ne brillait que sur les sommets dénudés par la foudre.

Parfois, contre toute attente, l'appréhension s'évanouissait : le Ciel prenait des tons cléments. Le Grand Prêtre et son disciple demeuraient alors de longues minutes à contempler les caprices de la lumière à travers les ombrages. Kantus prenait plaisir à écouter le Maître décrire avec élégance l'opalescence des petits matins, qu'il opposait aux féeriques camaïeux des couchants. Sans cesse sollicités par les émois de la découverte, leurs regards effleuraient la parure des cimes ou convoyaient la mouvance des brumes aux enfonçures des vallées. Aussi, étaient-ils tour à tour transis par la froidure et baignés de moiteur, quand ils n'étaient pas imbibés de l'humidité sirupeuse des bruines le long des sentiers couverts. En ces lieux, la nature semblait supporter avec résignation ces mutations climatiques. Elle engendrait une foule d'animaux bizarres, abondamment cornus, mais généralement peu agressifs. Ils avaient rencontré des meutes de chiens sauvages, de curieux fennecs aux courtes oreilles, de grosses gazelles au pelage moucheté et des oiseaux minuscules. Ils avaient de fréquentes et rapides entrevues avec des lapins aux longues pattes, que le Grand Prêtre appelait sekhàt et que Kantus s'exerçait à chasser de sa fronde.

En ce milieu de journée, l'un de ces curieux animaux rôtissait paresseusement entre deux fourches de bois tendus. Le marmiton improvisé ne cessait de ronchonner à l'encontre de ces volutes tourbillonnantes qui le poursuivaient de leurs assiduités. D'un revers de main, il frotta ses yeux irrités par les fumaisons.

- Pourquoi donc, Maître, faut-il que l'homme ait autant de difficultés à se nourrir ? L'animal, lui, est moins éclectique en ses goûts !

- Pour survivre, l'animal n'a que quatre obligations, Kantus. Se nourrir, construire son gîte, protéger son territoire et procréer.

- Ce sont également des nécessités humaines, Maître ?

- Indubitablement, mais combien d'autres viennent se greffer sous formes d'exigences, d'attraits ou d'inspirations. L'homme a des sentiments plus diversifiés que l'animal. Il est dans l'ordre des choses que ses difficultés aillent croissant avec ses désirs, et que ses désirs croissent avec ses capacités. C'est la première règle de la nature, la plus estimable, celle qui oriente l'état de conscience.

- Ô, mon Maître ! Me pardonneras-tu jamais d'avoir tant insisté pour te suivre ? Ne me suis-je point honorablement comporté jusqu'ici ? Ai-je en quoi que ce soit restreint ta progression ou enfreint un seul de tes conseils ?

- En rien assurément, Kantus. Cependant, si tu désires gravir les sentiers de la sagesse, il ne s'agit pas seulement d'écouter ceux que tu considères Sages. Il te faut appliquer leur mode de vie, imiter leurs façons d'être, il te faut agréer à leurs pensées et à leurs attitudes.

- Je m'y emploie quotidiennement, Maître. Aurais-je omis quelques détails, que tu aurais à cœur de me reprocher ?

Héri-tep roula avec précaution le papyrus où était tracé son itinéraire. Il apparut au scribe que le Grand Prêtre se complaisait à entretenir un silence, au lieu de se hâter à formuler une réponse positive.

- *M'aurais-tu surpris, toi honorable Dubshar de palais, à manger de la chair animale ?*

- Kantus sentit monter en lui une confusion coupable : *Je n'ai aucune certitude... peut-être en effet, Maître. Je dois te préciser que je ne suis nullement responsable de mes choix alimentaires, j'ai été élevé de la sorte... oui... et j'ai toujours consommé de... de...* Kantus ne termina pas sa phrase. Son regard se posa sur cet affreux mammifère rongeur qui ne parvenait pas à rôtir convenablement. D'un violent coup de pied, il envoya rouler sur la roche le juteux objet de son appétence :

Voilà, Maître ! Jubila-t-il avec un sourire épaté. *J'espère, maintenant, que tu es satisfait de ma réaction ?*

- *Non point, Kantus ! Aurais-tu observé chez-moi, une forme d'irascibilité pour manifester une rancœur ?*

- Le scribe baissa la tête. Il demeura un instant silencieux : *Je reconnais que j'ai agi par impulsion... Maître, oui... je crois que c'est ça... par impulsion !* Kantus parut consulter une voix intérieure, puis il rabattit ses mains sur le sommet de son crâne. *J'ai un long chemin de connaissance à parcourir... N'est-ce pas, Maître ?*

- *Oui !* confirma Héri-tep en détachant un morceau de viande qu'il porta à sa bouche. D'autant, ajouta-il, *qu'il nous faut redescendre à flanc de colline et grimper sur l'autre versant, avant la nuit !*

- Kantus n'en crut pas ses yeux : **Que vois-je, Maître !** *Tu manges la chair de mon lapin...tu manges... tu... tu ?*

- *Enfin, voilà que tu remarques que je n'en mange pas, parce que j'en mange. C'est bien ! Cela prouve que tu es sur le chemin... Reste toutefois à le parcourir.*

- *Ô, Mon Maître, se plaignit Kantus, je crains de ne rien n'entendre aux enseignements de l'esprit.*

Héri-tep ne répondit pas immédiatement. Il continua à mastiquer le morceau de viande qu'il tenait à la pointe de son couteau. Léchant alors une à une les extrémités de ses doigts, il déclara sur un ton de connaisseur :

- *Succulent, Kantus… hum… succulent ! Vois-tu, Kantus, un principe n'a de valeur que lorsqu'il laisse une porte ouverte à l'exception. L'exception permet la comparaison, chasse le doute et réactive le principe tout en ne fermant jamais la porte à une seconde exception, pour le plus grand agrément de ce même principe.*

Ce soir-là, le scribe ne cessa d'enserrer sa tête entre ses mains, et les oiseaux mêmes ne l'entendirent plus.

***

Depuis trois jours, ils n'avaient pas rencontré un seul être humain. Aussi furent-ils surpris lorsqu'une procession d'onagres bâtés, déboucha au détour du sentier qu'ils empruntaient. Une dizaine d'hommes accompagnaient ces animaux lourdement chargés.

- *Ce sont des marchands élamites !* Annonça le scribe à mi-voix. *Nous n'avons rien à craindre !* ajouta-t-il, comme pour rassurer sa nature inquiète.

Les couffins sanglés aux flancs des bêtes débordaient de récipients en terre cuite, dont les surfaces peintes affichaient des motifs ocrés. Les marchands déclarèrent regagner la plaine, après avoir pratiqué négoce avec les montagnards. Ils avaient échangé des perles d'agate, du sel gros et des épices contre du miel de montagne, des breloques en corne et des peaux d'ours. Ces objets, denrées et ustensiles étaient ensuite revendus par d'autres itinérants sur les marchés d'Élam.

Le Maître et son disciple apprirent qu'ils se trouvaient depuis peu sur le territoire des Parsuas. Ces gens de voyage les informèrent qu'il y avait en ce pays de nombreuses enclaves où s'étaient implantées des tribus Scythes, issues du nord septentrional. Leurs peuplades étaient composées de guerriers Sakas, Madas et Diryas, tous opposés aux Élamites, gens des plaines, qu'ils méprisaient. Avant d'être poussés par des courants migratoires, ces peuples orgueilleux se considéraient comme les seigneurs des steppes anatoliennes. Aussi les tenait-on encore pour farouches et peu enclins à communiquer ! Ils toléraient, à ce qu'il était dit, la proximité de ceux des vallées, tout en refusant leurs mœurs et l'assujettissement à leurs idoles. Héri-tep profita des connaissances topographiques de ces nomades pour rectifier ses cartes de voyage et se faire préciser la fiabilité des sentiers sur leur futur itinéraire.

La question habituelle fut posée à Kantus de savoir s'il profiterait de l'opportunité qui lui était offerte de regagner les plaines. Mais celui-ci afficha un mépris pour le retour à la facilité qui effleurait l'héroïsme. On échangea alors quelques friandises et chacun s'éloigna le cœur satisfait, en se souhaitant bonne étoile.

***

Quelques jours plus tard, alors que le Grand Prêtre et son disciple se trouvaient au repos sur une éminence dominant un Lac, un bien curieux incident se produisit.

Le scribe alla remplir les outres d'eau, à quelques mille pieds en contrebas. Un temps appréciable s'écoula et, malgré la proximité de l'endroit, le disciple ne réapparut pas. L'inquiétude d'Héri-tep grandit lorsqu'il aperçut, à l'orée d'une clairière, des hommes en armes qui s'éloignaient. La distance, hélas, ne lui permettait pas de distinguer si Kantus se trouvait parmi eux. Cependant, la coïncidence était suffisamment troublante pour qu'il cherchât à s'enquérir de la situation. Ayant alors attaché ses mules au tronc d'un arbre, il enfourcha la monture du scribe et, l'esprit anxieux, il entreprit de parcourir les abords du lac. Rien d'anormal n'ayant retenu son attention, il poursuivit en explorant les alentours, fourrageant sans répit sous-bois et bosquets. À la nuit tombante, il lui fallut se rendre à l'évidence, le scribe avait disparu et aucune trace de lui ne subsistait. Après réflexion, le Grand Prêtre rejeta l'idée d'une fugue. Ce n'était point la manière d'agir de Kantus et, si tel avait été le cas, il ne serait pas parti sans sa monture. Aux flancs de celle-ci, étaient encore accrochés son arc et sa pèlerine. Cette simple constatation excluait tout abandon prémédité et moins encore improvisée.

Le temps passa. Héri-tep s'inquiéta de plus en plus du sort de son protégé. Il alluma un feu et, tout en buvant une infusion d'herbes amères, il se fit le reproche de ne pas avoir été assez ferme en ses prises de décisions. Connaissant les dangers du parcours, comment avait-il pu accepter qu'un jeune homme inexpérimenté l'accompagne en ce périple ? Sans l'euphorie de cette victoire et la verve qu'avait occasionnée ce vin d'Égypte, le scribe n'aurait jamais obtenu son accord. Après tout, le destin se moquait bien des jérémiades humaines. N'était-il pas plus sage de demeurer stoïque et soumis à la volonté des dieux ? Sur cette réflexion, le Grand Prêtre s'endormit.

Au matin, la situation était identique. Aussi décida-t-il de poursuivre son chemin tout en restant vigilant au moindre indice. Bientôt, le milieu du jour fut atteint, sans que sa marche vers l'Orient n'eût réellement progressé tant sa détresse était grande. À deux pas de la sente, une clairière verdoyante attira son attention. Il laissa paître ses bêtes, et lui-même se mit à cueillir quelques-uns de ces fruits bleus qui abondaient dans les sous-bois. Sa marche nonchalante le dirigea vers le murmure d'une fontaine proche. Le paysage était idyllique. Cet endroit devait être fréquenté car des traces d'activités humaines étaient apparentes. Une eau limpide serpentait entre d'énormes blocs de roches, pour s'égailler plus loin en l'abondance végétale. Les réflexes amoindris par cette nuit d'inquiétude, Héri-tep s'étendit sur la mousse accueillante. Assurément se serait-il assoupi s'il n'avait été tiré de sa somnolence par de singuliers borborygmes. Ceux-ci étaient accompagnés de chuintements et de petits clapotis.

Ayant relevé le buste, il avisa à trente pas à peine un vieillard chenu, dont le corps voûté était maintenu par deux étançons. Le vieil homme s'occupait maladroitement à remplir une cruche, et les difficultés rencontrées le poussaient à manifester son infortune. En ces marmottements persistants, le Grand Prêtre crut discerner un idiome dérivé du mède. Confiant, il se risqua alors jusqu'à lui :

- *Aurais-tu besoin d'aide, que je puisse subvenir ?...*

L'impotent vieillard sursauta à l'intonation soudaine de cette voix. Conscient toutefois de son précaire équilibre, il prit posément appui sur la margelle de pierre, avant péniblement d'effectuer un demi-tour sur lui-même.

- *Ne crains aucune agression !* S'empressa d'ajouter Héri-tep, en adoptant avec un sourire l'attitude la plus convaincante qui soit : *Je ne suis qu'un simple voyageur, prêtre de surcroît... Je n'en veux nullement à la chair et moins encore aux métaux !*

- *Oh... ma chair est bien décatie !* rétorqua le vieil homme, non sans humour. *Quant aux métaux... j'en ai moins que pied de libellule sur un jonc. En ces lieux, jeune homme, on n'en a nul besoin. Il ne me reste de souffle que pour méditer sur les choses de la nature.*

- *Ce raisonnement est celui d'un Sage.*

- *Oh... sage... sage... quand on n'a plus de jambes, on est bien tenu à l'être. Il faudrait être bigrement madré pour courir le guilledou à l'âge du tremblons !*

- *Passe-moi ta cruche, veux-tu ? Je vais te porter sur mon dos jusqu'à ton habitation !*

- *Mon habitation... Tu me prends pour un Nabab ? Peut-être résides-tu toi-même à Suse, dans l'un de ces pièges à écureuils, qu'ont d'étages, plus que les arbres ont de branches ?*

- *Non...nullement... je suis Égyptien en voyage !*

- *Égyptien... Égyptien du pays des légendes ? Oh... alors... je veux bien que tu me portes jusqu'à tes pyramides.*

Une heure plus tard, Héri-tep alluma un feu devant la cavité rocheuse qui servait d'abri à cet original troglodyte.

- *Ne vois-tu jamais personne ?* Questionna le Grand Prêtre.

- *Suivant les jours... Les femmes montent du village deux ou trois fois le mois, elles lavent ma robe et baignent mon corps. Elles sont jeunes, ça les fait rire de voir mon zizi en queue d'cerise ! À part cela, je n'ai plus guère d'activité, je cueille des airelles, et pour les fêtes, je prépare les tiges d'Haoma... Je vois peu de monde, tu sais ! Quelques ours, parfois, viennent me renifler la place, mais quand ils voient que je suis vieux et handicapé, y vont flairer ailleurs, par respect sans doute ! La nature est plus intelligente qu'on ne le croit...*

- *Aurais-tu entendu parler d'un jeune étranger que d'aucuns auraient entrevu ou rencontré, dans le jour d'hier ?*

Le vieillard s'efforça d'agrandir ses petits yeux sombres, écaillés de mauve. *Un petit mat, avec force barbe et cheveux boule en frise ?*

- *C'est cela même !* Avança avec empressement Héri-tep. *Que sais-tu de lui, Vieillard... Parle, je te prie ?*

- *Je ne l'ai vu, mais les bûcherons m'ont dit qu'une tribu kassite s'était saisie d'un tel homme. Probablement vont-ils le juger, après quoi, ils découperont ses chairs en morceaux pour les donner aux chiens. Si ceux-là en veulent... ce qui n'est pas certain.*

- *Tu galèjes, Vieil Homme ? Cet étranger est un ami, il est innocent de toutes choses... pourquoi le punir tel un criminel ?*

- *Oh ! Je pense que s'il avait simplement tué un homme, on n'en ferait pas toute une affaire. La chose paraît plus grave... à ce qu'ils ont dit !*

- *Plus grave... ce ne peut être, voyons ! Je suis un être moral et il ne quittait pas ma personne d'une empreinte. Jamais je n'aurais toléré la moindre vilenie... Saurais-tu me dire ce qu'on lui reproche ?*

- Le vieillard hocha du crâne, tout en affichant un visage pénétré de gravité. *Je crois savoir qu'on l'accuse d'avoir uriné sur l'ourlet de robe de la divinité, ce n'est pas banal cette chose !*

- Uriné... uriné sur l'ourlet... *Quel ourlet ? Et ils vont le condamner pour avoir... pour...* Le Grand Prêtre ne termina pas sa phrase, il reprit sur un ton plus calme. *Le lac... l'écume du lac... serait-il sacré, ce lac ?*

- C'est l'un des douze... le septième d'Anahita, déesse de l'eau et l'un des plus vénérés. On pisse dans les temples chez toi, l'Égyptien ?

- *Non ! Mais pour qu'ils ne risquent pas d'être condamnés à tort, nous veillons aux comportements des étrangers, Vieillard. Surtout, lorsque ceux-ci sont ignorants de nos coutumes.*

- *Respecter un pays, l'Égyptien, n'est-ce point précisément, s'informer de ses coutumes... avant de les violer ?*

- *Nous nous y sommes employés, Vieillard ! Mais elles sont si singulières que l'on ne peut assimiler en un voyage autant de pratiques tribales. Sais-tu que beaucoup de gens en Égypte se prosternent en ma présence. Je n'ai point remarqué que tu l'aies fait... vieillard ?*

***

Cette population kassite lui apparut plutôt sympathique. Les enfants avaient des visages de lune, constellés de taches de rousseur. Les hommes étaient grands, musculeux, leurs yeux de myosotis embellissaient leurs visages. Les femmes étaient plantureuses avec des teints de lait et des regards d'orage ; leurs cheveux en gerbes brochaient au vent sur leurs épaules nues. Elles surgissaient du milieu de la foule et allaient effleurer d'une main preste la robe de l'ermite. Puis, le corps plus souple que fouet, elles s'éclipsaient, fugaces, telles des loutres. Le vieillard portait peu d'attention à leur manège. Confortablement calé sur un bâti de selle, l'échine voûtée, l'œil éteint, il semblait avoir abandonné son corps aux cahots du parcours. En ce jour de fête, l'abondance des attelages créait des encombrements. Le mufle écumeux d'un bovin vint fortuitement humecter son pied rachitique.

- **Quelle cohue !** marmotta-t-il, comme s'il venait d'être réveillé par l'incident. *Tourne à gauche et grimpe la rampe qu'est devant, ça tire davantage, mais par là on rejoint aussi la place !*

Héri-tep orienta le licol de la mule, afin qu'elle bifurque vers les chaumines aux toits d'éteule. La côte était rude, mais après avoir franchi un porche, ils débouchèrent sur la grande place. En ce lieu la foule était nombreuse, les sacrificateurs du dieu Haoma venaient de donner la mort à un étalon blanc aux pâturons noirs. L'événement avait provoqué l'affluence des prêtres et des mages régionaux.

- **Tiens !** fit remarquer le vieil homme, en tendant le bras en direction d'un tas de grumes, empilées sous un chêne. *C'est là qu'ils jugent les blasphémateurs. Laisse tes bêtes à l'accroche de ces arbres qui longent le mur et suis-moi !*

Instruit de maints avatars, Héri-tep eut comme une hésitation à abandonner ses montures et couffins aux infortunes du maraudage. L'ermite se retourna alors l'air courroucé.

- *Il n'y a nul voleur en ce pays...Ils tiennent trop à leurs couilles !*

- *Où allons-nous ?* interrogea Héri-tep.

- *Voir si le Rab-Mag est disposé à nous recevoir.*

- *Quel est cet homme ?*

- *Le supérieur des mages !* Informa l'ermite, tout en hissant son corps douloureux sur ses deux cannes en noisetier.

Le pontife des tribus kassites ne les fit guère attendre, mais l'entretien fut bref. Il en résulta que l'on ne pouvait minimiser la gravité de l'incident. Kantus serait jugé par le Comité des Sages. S'il était reconnu coupable de ce qu'on lui reprochait, on lui ferait boire trente-six onglettes d'Haoma. Après quoi, il serait étranglé au fer, puis dépecé avec ménagement. On tendrait ensuite sa peau sur des perches, tel qu'on le faisait pour les chevaux. Fidèle à la coutume, on brûlerait ensuite ses chairs et l'on jetterait ses os aux chiens. Tout manquement ou toute dérogation à cet usage résulterait d'une inconvenance aux mœurs.

En proie à l'horreur de cette impitoyable énumération, ils durent patienter jusqu'au soir pour voir siéger le tribunal. L'heure venue, une population bourdonnante s'assembla autour du grand chêne, situé au centre de la place. Les visages graves des observateurs, qu'exhortaient leurs chuchotements intimes, laissaient supposer que l'affaire était sérieuse et que l'ultime sentence allait être prononcée.

Peu de temps s'écoula avant que Kantus n'apparaisse entre deux gardiens casqués de cuir à cornes. Un carcan disposé sur son cou, liait ses bras étalés en croix. Ses cheveux étaient défaits, son teint hâve, son regard morne, une saleté repoussante maculait sa robe de bure.

- *Maître !* hurla-t-il en apercevant le Grand Prêtre au premier rang des témoins ! *Sauve-moi, Maître ! Je suis innocent de ce dont on m'accuse... innocent... innocent te dis-je !*

- Bien que bouleversé par le tragique de cette scène, Héri-tep s'efforça de dominer son émotion : *Demeure serein, Kantus ! Imprègne-toi de la volonté d'Enlil, elle est meilleure et plus clémente que la justice des hommes !*

- *Ce sont des mots, ça !* Si c'est sa volonté, ils vont me découper en tranches et donner les morceaux aux chiens... mes gardes me l'ont dit... aux chiens !

D'un coup de son glaive porté à plat sur l'épaule, l'un des hommes d'armes fit taire le prévenu. Au même instant, un mouvement de foule abrégea l'entretien. Le tribunal fit son entrée. L'austère procession des juges ne laissait guère augurer de leur clémence.

Le procès fut rondement mené. Les Maghavans, ainsi étaient-ils nommés, firent preuve d'une probité louable. Avant de prononcer leur verdict, ils demandèrent à l'ermite « Oreille des dieux » de s'exprimer. Les juges remarquèrent que, à l'encontre de ses habitudes xénophobes, le vieux Sage paraissait se faire un devoir de défendre ces étrangers. Le corps ployé sur ses béquilles, l'ascète s'avança. Au fond de son regard sourcilleux brillait une certaine exaltation qui contrastait avec l'impassibilité de sa physionomie. Il désapprouva cette tentative de jugement, en appuyant ses paroles d'un ton moralisateur, ce qui eut pour effet de subjuguer le Grand Prêtre.

- *« Honneur à vous nobles juges. Le ressenti intuitif et l'écoute du cœur sont des inspirations plus convaincantes à mes yeux, que celles qui consistent à déceler dans la barbe... les vices de l'âme.*

Ce gosse, car c'en est un, ne peut-être qu'innocenté du crime dont on l'accuse. Vous ne pouvez comparer, sublimes Maghavans, ces deux voyageurs, gens d'éthique et de foi, à ces vagabonds mercantiles qui nous viennent des plaines de Susiane. Ceux-là mêmes, dont les obscurs desseins gagneraient à être éclairés par la lumière de nos lois.

Une miction d'hérétique, dans le voisinage d'un Lac réputé divin, mérite, certes, un blâme. Mais ce soulagement peut relever d'une méconnaissance, au pire d'une immaturité d'esprit ! Et en ce cas, le délit ne peut être comparable, à celui qui consisterait par défi sacrilège à s'épandre intentionnellement en les eaux mêmes.

Aux abords où a eu lieu cet... épanchement, la déesse Apia, ne filtre-t-elle point les impuretés afin de réjouir les sources, tel l'Haoma soignant les blessures de l'âme ? Il faut, Nobles Juges, savoir distinguer la sottise de l'affront et l'ignorance du blasphème. Au plus jeune de son âge, l'accusé fut forcément instruit du rôle sacré de l'eau, puisqu'en Mésopotamie, son pays d'origine, les fleuves et les puits sont protégés de tels crimes par des codes sévères.

En outre, ce jeune homme est compagnon clerc auprès du Maître enseignant, présent à mes côtés. Celui-ci, croyez-moi, est droit de cœur et juste en paroles. Ce sont des gens missionnés, qui sur ordre de leur souverain, se rendent « en pays du Toit du Monde ». Ils vont y accomplir un devoir spirituel. Ils sont humbles, dévots et respectueux des coutumes qu'ils apprennent à connaître dans les pays qu'ils côtoient.

Ce n'est point ta pitié qu'ils implorent, Noble Rab-Mag. C'est ta justice... *Celle des kassites, nos ancêtres héros chevelus des terres d'hyperborée ! C'est aussi la clémence de ceux qui savent faire couler le sang de la félonie et cicatriser les plaies... de l'innocence. »*

Qu'une telle plaidoirie ait ou non influé sur la sévérité des juges, Kantus fut blanchi séance tenante des charges qui pesaient sur lui ! Le tribunal conclut que la déesse Anahita n'avait pu être offensée par un acte non délibéré, qui se situait aux limites de son périmètre sacralisé. Sur-le-champ, le scribe fut réhabilité et disculpé de toute intention sacrilège.

La fête solsticiale vint alors à point nommé laver l'affront que Kantus avait subi. À son grand émoi, les femmes dont le rôle était de procéder aux préparatifs, s'employèrent à le dévêtir. Dans l'affolement des premiers instants, le scribe interpella Héri-tep en lui faisant remarquer que l'on attentait gravement à son intimité, si ce n'était à sa vertu. Contre toute attente, celui-ci fit mine de ne point entendre ses doléances, préférant s'entretenir obstinément sur l'utilité de la symbolique des mœurs, plutôt que de se hâter à son secours. Conforté par ce comportement, les femmes, alors, ne laissèrent aucun répit au scribe. Elles baignèrent et lavèrent son corps aux cendres et plantes savonneuses, puis l'enveloppèrent de palmes fraîchement coupées. Après quoi, l'ensemble de la population Kassite oignit Kantus, en le gratifiant du titre honorifique de « Génie Vert ». On promena l'élu improvisé dans toute la bourgade. Enfin, pour consacrer pleinement à la tradition, neuf fois on l'immergea dans l'eau sacrée du lac.

Le crépuscule venu, après avoir largement inondé d'ambroisie les chairs animales, les guerriers étendirent, sur les grilles en fonte du foyer, les carcasses enrobées des trois buffles considérés sacrés. Le peuple des sept tribus implora alors la justice de Papaios et chacun goûta aux chairs succulentes du divin incarné. La soirée fut bruyante, il y eut beaucoup de chants, de danses de rires et d'ambroisie gouleyante. Après quoi, la fatigue aidant, la tête ivre de ce rayonnant festin, les noctambules allèrent les uns après les autres s'étendre à même le sol d'une immense cahute.

La nuit s'avança. Brisé par cette avalanche d'émotions, Kantus dormait à poings fermés, mais, depuis un moment déjà, il se sentait gêné au niveau des côtes. Il aurait souhaité dégager son bras ne serait-ce qu'un instant pour pouvoir repousser ce qui exerçait sur lui cette pression contraignante. Hélas, son corps était si las et son esprit si vide qu'il ne trouvait pas en lui la force nécessaire à exécuter le moindre mouvement. Ce fut pire lorsqu'il perçut à hauteur de sa joue un souffle haletant et chaud. Cela devint intenable au niveau de l'oreille, car la chose lui provoquait un chatouillement irrépressible.

Il se dit qu'à force de volonté, s'il parvenait à dédoubler son corps, il pourrait voir ce qui le gênait, tout en continuant à reposer en paix. Mais le projet s'avérait par trop métapsychique pour être envisageable. Il lui fallait au moins ouvrir un œil... il le fit en un effort surhumain :

- *Tu dors... toi... hein ?*

- *Oui... je dors... et si possible, moi encore dormir beaucoup !*

- *Tu toujours sommeilles comme ça... dis donc, paresseux !*

- *Pas paresseux... moi beaucoup événements et moi beaucoup sommeil... la nuit !*

Quel drôle de question, se dit-il confusément. Certes, cette voix féminine ne s'exprimait pas de manière très limpide, mais elle avait le mérite d'utiliser sa langue. Il fit un effort pour visualiser ce qui le requérait à ce point. Il y avait là un visage ou ce qui lui ressemblait, il était si près du sien, qu'il ne put distinguer que deux yeux bleus miroitant à la lumière des torches. Il referma aussitôt l'unique œil qu'il avait entrouvert. Ouf ! Il s'agissait sans doute d'un léger cauchemar... il pouvait se rendormir !

- *Hep...tu réveilles-toi...t'es une vrai marmotte ?*

Ah... Ça, c'en était trop... Qu'avait-il fait à cette démone pour qu'elle vienne ainsi tourmenter son sommeil ?

- *Héolà, j'appelle moi... j'ai dix-huit d'âge et toi... t'as combien au tien... t'es vieux encore beaucoup ?*

- *Non... pas... très, beaucoup... Non !* Réussit à articuler Kantus. *Que me veux-tu... Héolà ?*

- *Chut ! Pas si fort... te vas réveiller ton père... à côté qui dort !*

- *Ce n'est pas mon père, c'est mon maître... Que me veux-tu, Héolà ?*

- *Les filles dans la tribu, elles ont tiré au sort, pour toi... c'est moi sur qu'elle elle est tombée... l'agate. Je suis obligée de faire plaisir du corps pour moi... avec toi !*

- *Obligée... à faire quoi dis-tu ?*

- Cette fois Kantus était tout à fait réveillé. Elle était jolie, Héolà, avec son sourire d'enfant et ses cheveux vrillés en gerbes de blé. *Tu n'y penses pas, voyons... au milieu de tout le monde, là, comme ça... à côté de mon maître ?*

- *Non... ! Je connais petit endroit, tout près... un peu plus loin, par ici, nous serons kré kré tentille.*

- *Je ne veux pas...je suis candidat à la prêtrise et je dois être maître de mes impulsions se...sexu...elles !*

La main d'Héloà s'était glissée sous les vêtements du scribe.

- *C'est quoi... un... une pulsion ?*

- Impulsion... non... que fais-tu Héolà... C'est insensé, voyons... insensé ! Si tes co... de copains de tribu me prennent à te faire volupté, cette... cette fois, ils... ils vont me découper ce que tu caresses.

- Le tarif, pas marié, c'est trois coups de fouet... mais nous ferons pas prendre, si tu cries pas si fort !

- Non, je ne peux pas faire ça... je ne peux pas... non !

- Si toi refuse... je viole toi, devant tout le monde et tant pis les coups de fouets.

- Et si je te fais un enfant, hein... ou deux peut-être... ou plus, qu'est-ce qui se passera... hein ?

- Ça, c'est le mien d'affaire. Nous les femmes on connait les plantes pour qu'y en a pas le bébé. Et si y a l'enfant, ce fait rien... tout le monde y rira bien de la blague avec toi !

- Mais enfin, Héolà, les hommes autour de toi sont beaux, athlétiques, ils ont les yeux clairs. Moi, je suis petit, crépu, chétif, j'ai une barbe... alors que personne n'en porte chez toi.

- Héolà, lui appliqua une main preste sur la bouche : *Justement, ça excite-moi, ça... Alors, tu décides où je viole toi ?*

- *Non, ne fais pas ça... je vais te suivre, Héolà. Mais pas longtemps, parce qu'il faut que je te dise... je n'ai encore... jamais fait avant... tu comprends ?*

- *Oh, c'est pas problème ça... moi aussi, je l'ai été vierge... avant que de l'être plus... !*

Aux premières lueurs de l'aube, Héri-tep eut quelques difficultés à réveiller le scribe. La tête encore lourde des excès de la veille, l'œil endormi, les deux étrangers virent l'ermite s'avancer en claudicant au milieu des corps toujours sommeillant.

- *Filez maintenant*, leur souffla-t-il en s'assistant d'un geste large de sa canne, *inutile de laisser place à de nouvelles querelles !*

- Sans plus d'explications, Héri-tep tendit au vieil homme la bride de l'une de ses mules. *Elle s'appelle « U » comme l'herbe de Sumer. Je n'oublierais jamais, Vieillard, ta grandeur d'âme.*

- *Moi pareillement !* répondit l'ermite. *Tu m'as appris que quelque chose de bon pouvait venir des fleuves. Que les dieux des Scythes, des Mèdes et des Massagètes continuent de guider vos pas en ces régions sauvages.*

- L'esprit somnolent, Kantus le cœur soudain reconnaissant reprit d'une voix convaincue. *Que « U » remplace tes pieds de guingois... Vieillard !*

- Devant une telle impudence, le Grand Prêtre ne sut comment réagir. Les prunelles riboulantes, l'ermite conspua à voix contenue. *Veille sur cette innocence, autrement je ne donne pas cher de ses os. En ces contrées, les gens sont susceptibles, ils dépècent volontiers les insolents, histoire de leur apprendre les manières.*

Héri-tep et Kantus plièrent bagages à la hâte et bridèrent de façon sommaire leurs montures. Le cheval était en tête, l'unique mule suivait, le dos lourdement chargé. Au terme d'une longueur de chemin, le Grand Prêtre se tourna vers le scribe avec la ferme intention de procéder à certaines remontrances, mais devant la mine déconfite de celui-ci, il se ravisa :

- *Serais-tu malade... Tu as le teint blafard et d'immenses cernes sous les yeux ?* Kantus fit non de la tête. *Il est vrai*, reprit Héri-tep, *que la journée d'hier a dû être... éprouvante pour toi ?*

- *La journée... et la nuit, Maître... et la nuit !*

- *Oh...ça ! C'est parce que tu n'as pas l'habitude de ces nattes de crins. À les voir, elles nous apparaissent rudes d'aspect... Mais au toucher, le contact est duveteux et lorsque l'on s'étend dessus, leur moelleux masse agréablement les reins.*

L'esprit soupçonneux, le disciple suivit du regard les bottines du Maître, qui s'éloignaient, allègres et légères sur la piste du levant.

***

Quelques jours plus tard, ils arrêtèrent leurs attelages près d'une fontaine. Son eau rafraîchissante allait contribuer à soulager leurs pieds endoloris par de longues heures de marche.

Après un frugal repas, le corps adossé à un bloc de pierre, Héri-tep se remit à l'ouvrage qu'il avait entrepris la veille au soir. Il s'agissait pour lui de tailler le plus droit possible à l'aide de son coutelas, une mesure de 1 mètre juste avec encoche à distance d'une coudée. Mais pour Kantus, en proie à des considérations d'ordre psychologique, cette application à la tâche était de peu d'intérêt, d'autant qu'elle mobilisait l'intégralité des facultés pensantes de son Maître, ce qui lui semblait aberrant. Aussi avait-il parfois des attitudes inconstantes et désapprobatrices, qui se manifestaient par des regards en coulisse à l'endroit de celui-ci.

Les jours passèrent. Le scribe devint taciturne. Avait-il présumé de son adaptabilité à un effort répétitif ? Les rigueurs du climat, les nombreuses difficultés de parcours, avaient entamé ses capacités de résistance. La chance, il faut le dire, ne l'avait pas particulièrement favorisé. Peu de temps après avoir évité le pire avec les tribus kassites, il avait malencontreusement heurté de la tête un abeillier suspendu à une branche basse. L'affolement dont il fit preuve activa la répression des insectes, à tel point qu'une heure plus tard, sa tête était conforme aux courges potagères de Kalam. Aussi, fallut-il toute la science du Grand Prêtre pour qu'il ne passât pas de vie à trépas. Il y avait aussi ses velléités intellectuelles qu'il ne parvenait pas à concilier avec ce surcroît d'efforts physiques, elles le frustraient et inclinaient sa nature à un comportement réfractaire. Après tout, s'il avait suivi ce maître qu'il vénérait, c'était pour apprendre de lui ce qu'il ignorait, et non le regarder élaguer indéfiniment un bout de bois. Héri-tep, ce jour-là, subodora les pensées acrimonieuses de son disciple. Tout en continuant à façonner son bâton, il entreprit avec un rien de malignité à inciter le scribe à émerger de cette situation :

- Dis-moi, Kantus, fais-tu en sorte de faire se mouvoir tes méninges autant que tes pieds en ce parcours ?

- Maître, il est vrai que tu ne m'exhortes aucunement au travail, mais je n'ai de cesse de calculer toute sorte de choses, pour entretenir mes facultés mentales.

- C'est bien, peut-on savoir à quel science se réfère ce mental ?

- Ho, c'est variable, Maître ! Hier, j'ai calculé de combien de pas nous avions avancé sur le sentier du levé au couché, 28 647 pas, Maître.

- Et à quoi cela te sert-il de connaître ce nombre faramineux de pas ?

- À rien, Maître, seulement à occuper mon esprit pour qu'il demeure vigilant en vue de choses plus importantes. Il n'y a pas grande diversité à parcourir ces chemins, les buissons, les cailloux, le ciel, le soleil, encore et toujours ! Que veux-tu que je calcule ? Le diamètre du Soleil peut-être en le comparant aux nuages !

- Héri-tep fit un effort pour ignorer l'aigreur de ce langage. Oh, ce serait une excellente idée, car les résultats serviraient peut-être à décupler tes connaissances. Si tu prétends toujours monter cette « école de savoir » à mon nom, comme tu l'as laissé entendre à plusieurs reprises, tu ne pourras te contenter de rapporter à tes élèves le nombre de pas que tu auras-parcourus en ma compagnie. Si c'est le cas, je doute fort que tu te les fidélises... tes élèves.

- Maître, il me semble que je paraîtrais tout aussi fou de leur dire que j'ai calculé le diamètre du Soleil, simplement en côtoyant celui-ci du regard le long du chemin.

- Bien évidemment, se réjouir de la lumière de l'astre ne suffit pas. Il faudrait que tu te consacres à un minimum d'opérations, deux ou trois au moins pour obtenir un bon résultat !

- Tu te moques de moi Maître. Deux ou trois opérations de calcul et je découvrirais là sur ce chemin, une approximation du diamètre solaire !

- Non, Kantus, pas une approximation, son diamètre au mètre près ! Car le mètre je te l'ai dit est de toute éternité. Héri-tep avait prononcé ces mots sans détourner son regard du minutieux ciselage qu'il avait entrepris.

- Je vois, tu as décidé de me ridiculiser, Maître, parce que tu me juges inintelligent, et tu te complais alors en l'ironie pour endiguer ta déception d'avoir misé sur mes capacités. Mon cœur est gros de souffrance, tu sais !

- Bien, je m'en vais le soulager, ton cœur. Prends ton boulier, ton fusain, ta planche à tracer et prête attention à ce que je vais te dire.

- Ce n'est pas une plaisanterie... Maître ?

- Non, c'est une initiation aux Constantes Universelles d'un très haut niveau... Es-tu prêt ?

- Je le suis, Maître, va pour le Soleil, après tout...

- Bien, les apports que nous allons utiliser sont simples : Saurais-tu étaler les chiffres jusqu'à neuf, Kantus, en plaçant la virgule après le « 1 » ?

- Tout ça commence bien, Maître, sans doute as-tu décidé de me rabaisser, en pensant que je ne peux guère aller au-delà de cette énumération ?

- Par Thot et tous les dieux, comment peux-tu prêter à ton Maître de telles intentions ? N'est-ce point à l'ennéade dont je fais allusion ? Cette computation n'était-elle pas utilisée par les Shem'sou Hor, ces intimes des dieux ? M'aurais-tu pris en flagrant délit de mensonge depuis que nous nous connaissons ?

- Certes non, mais là vraiment... je... et ben, je t'écoute Maître. Alors 1,23456789 sur mon boulier... voilà, Maître !

- C'est bien, mets ce nombre de côté, donne-moi le diamètre de « 4 » et divise l'alignement des « 9 » chiffres par ce diamètre. Tu trouves combien ?

- 0,969627354, Maître, je doute que ce soit le Soleil ?

- Le doute est permis. Maintenant multiplie ce nombre par deux et cherche sa racine cela fait bien 1,392571258 ?

- Oui Maître, c'est ça... c'est... oui !

- Et bien maintenant tu n'as plus qu'à multiplier ce nombre par un million pour découvrir le diamètre exact du Soleil, Kantus.

Kantus qui avait placé son boulier sur ses genoux, s'activa à pousser les petits disques avec dextérité. Puis il leva vers son précepteur un regard effaré *1 392 571, 258 kilomètre, c'est... çà, Maître !*

- C'est le diamètre du Soleil au mètre théorique près. Tu vois, c'est simple, et autrement plus intéressant à connaître que tes 28 747 pas, énonça Héri-tep, tout en appliquant un œil à l'extrémité de son bâton pour vérifier si celui-ci était bien droit.

- Mais, mais Maître, mais c'est incroyable, c'est... d'où nous vient cette référence invraisemblable, sensationnelle, inimaginable prodigieuse... de précision... c'est... Maître ?

- Des dieux, Kantus, des dieux... je te l'ai dit, ils étaient à l'origine des temps. Leur science reposait sur les grandes constantes de l'univers. Ils ont donné des rudiments à nos aïeux qui les ont véhiculés d'âge en âge jusqu'à nous. Il n'y a aucun mérite à cela, si ce n'est de croire en eux. C'est mon cas ! Et tu sais, il faudra des millénaires aux hommes du futur pour confirmer cette valeur à l'aide de leur science dite expérimentale. Regarde, mon bâton... n'est-il pas impeccable maintenant... hein, droit comme un diamètre ?

Le Dubshar eut un sourire benêt que ne lui connaissait pas Héri-tep. Son regard s'égara dans la végétation alentour, comme s'il la découvrait pour la première fois. Il y eut alors plusieurs minutes de silence :

- Au point où nous en sommes, c'est dommage que je ne sache pas à combien de kilomètres, il se trouve de la Terre, ce Soleil. Si c'était le cas je me sentirais le plus érudit du monde, après toi, bien sûr, Maître.

- Ho, si cela peut te satisfaire, ce n'est guère plus compliqué, reprends ton boulier.

- Je plaisantais, Maître ! Tu sais aussi cela, en plus du diamètre exact du soleil, la distance en laquelle il se trouve de la Terre ?

- Je ne fais là que répéter bêtement ce que l'on m'a enseigné, Kantus. Bon, allons-y, si tu devais adjoindre un nombre à un cercle quelconque pour le symboliser, quel serait-il ?

- Un nombre qui illustre un cercle…hum…360, puisqu'il y a 360 degrés de chacun 72 ans fragmentant le grand cycle de 25 920 ans.

- Bien vu, il y a combien de chiffres en ce nombre ?

- De chiffres en… 360 et ben 3, Maître.

- Ce qui signifie que ce nombre doit être divisé par 3, Kantus. Cela fait combien…alors ?

- Et ben ça fait…120… C'est tout bête !

- Bon, garde ce nombre un instant sous le coude. Peux-tu me donner la racine de la moitié du nombre pi ? C'est bien 1,253314137 multiplie ce résultat par 1 million.

- Un instant, Maître, 1 253 314,136…voilà !

- Et bien il te faut multiplier ce nombre par la division des 360 en 3 soit les 120 évoqués il y a un instant, moins le rayon du Soleil.

- J'ai comme de la chair de poule sur mes bras, Maître, c'est normal ? 1 253 314,136 multiplié par 120 égale 150 397 696,3 moins le rayon du soleil 696 285,631 puisque nous prenons son milieu, égale 149 701 410,7 km ou 149 millions de kilomètres. C'est ça... Maître !

- Oui, c'est ça Kantus, c'est la distance moyenne Terre-Soleil, aux périodes équinoxiales par exemple.

- Maître, je sens monter en moi un orgueil exubérant, démesuré. Il envahit ma nature... Maître. Que dois-je faire ?

- Ho, ce n'est rien, tu n'as qu'à aller placer tes deux mains dans ce bouquet d'ortie, cela va immédiatement te rendre très humble à la réalité des choses. La vie, Kantus, est au service de la conscience, et l'infatuation de soi occupe toujours le volume de ce que nous ignorons. Et comme tu ignores encore beaucoup de choses...c'est normal que tu aies beaucoup d'orgueil !

***

Trente jours de marche périlleuse portèrent leurs pas au bord de l'abîme rocheux, dominant la vallée de Dacht-I-Lout. Le dos plaqué à la paroi, ils contemplèrent un instant ce panorama aride, légèrement brumeux, qui s'étalait vers l'Orient. Aux limites de l'horizon, une chaîne de montagnes baignait l'étang du Ciel de ses tons mauves. Le vent sauvage, qui tourmentait le plateau, les obligea à tenir nouées leurs pelisses.

Kantus, dont les possibilités physiques s'épuisaient, mit cette pause à profit pour aller se recroqueviller le corps au creux d'une roche. Le col remonté jusqu'au milieu des joues, il resta ainsi replié sur lui-même en une attitude de semi-prostration. Ayant observé la scène, le Grand Prêtre eut une moue de déconvenue, tout en se gardant de réflexions désobligeantes à son égard. Les choses, décidément, ne s'amélioraient guère pour le scribe. À peine était-il rétabli de son désarroi psychologique qu'il advint un autre malheur. Lors d'un cheminement sur un important dénivelé, il chuta dans une ravine. À la suite de quoi, son bras en écharpe fut un moindre mal. Demeurait l'enflure de ses pieds, peu accoutumés à être martelés par les pierres. Si l'on ajoutait à cette infortune la toux persistante qui l'accablait, due à l'humidité des nuits, il ne faisait aucun doute que cette situation ne pouvait se prolonger. Héri-tep était perplexe, fallait-il brusquer le tempérament du scribe, l'exhorter à poursuivre par le raisonnement ou au contraire, l'inciter à lâcher prise ? Le Grand Prêtre était en proie à un dilemme. Il s'éloigna de quelques pas pour que Kantus ne l'entende point soliloquer :

- ** *Nadjelda, je ne sais si tu es là... si tu es là... je...*

- ** *Crois-tu qu'il me soit si facile de m'éclipser facilement de toi, Héri-tep ?*

- ** *Peut-être pas, en effet, Nadjelda... Voilà, j'ai un problème avec...*

- ** *Kantus... oui... je sais !*

- ** *Je n'en puis plus... à cet âge, ce n'est pas facile, crois-moi... Ils ont leur caboche et j'ai beau m'efforcer de donner l'exemple... rien n'y fait... Comprends-moi, Nadjelda, je ne voudrais pas me mettre en colère, mais, il ne s'écoule pas une heure... une heure, sans que... enfin... sans qu'il... ne fasse d'effort, comprends-tu ! C'est excessif... c'est trop... je n'en puis plus... je... je !*

- ** *Héri-tep, mon aimé, calme-toi ! T'es-tu seulement demandé si Kantus n'était pas le premier à souffrir de cet état ? À regretter, de ne pas être à la hauteur de ses aspirations ?*

- ** *Ses aspirations, cela m'étonnerait, il manque de présence d'esprit, de courage, d'attention, d'initiatives, de persévérance... de...*

- ** *Moi, je le trouve bien plus courageux que toi !*

- ** *Que moi... Tiens donc... Elle est bonne celle-là ! Tu lui trouves plus de qualités que je n'en ai... C'est ça ?*

- ** *Non, justement pas ! C'est pour cela qu'il m'apparaît plus courageux. Car, avec moins de qualités naturelles, il fait presque aussi bien que toi. Il vivait dans un palais, il s'est jeté dans l'inconfort. Il était de santé délicate, il a dominé son mal. Il était de nature soignée, il a toléré des vêtements loqueteux. Il craignait la souffrance, il a affronté l'aventure. Et surtout, pour apprendre de toi, il a tout abandonné au risque de tout perdre.*

- ** *Aujourd'hui il est au bout de ses possibilités, et c'est précisément l'instant que tu choisis pour lui porter l'estocade... j'ai honte... honte !*

- ** *Non... non, Nadjelda, n'aie pas honte... N'aie pas honte... Je vais arranger ça... Ce n'était somme toute qu'un malentendu... Je te quitte, parce qu'il est de mon devoir de lui parler :*

- **Kantus**... *Kantus tiens, bois ce breuvage, mon fils ! Je l'avais conservé pour toi en ce flacon de grès, il est composé de miel et d'herbes à rire, pour te donner du courage, de la bonne humeur... et du discernement, Kantus... C'est important, mon petit Kantus, le discernement !*

- Le scribe écarquilla des yeux de hulotte en mal de vision : *Ça ne va pas Maître... tu es souffrant ?*

- *Tout va bien Kantus... Pourquoi cette question ?*

- Le disciple ne répondit pas, il but une gorgée et détourna son regard vers le bas de la falaise. Aux confins, s'étalait le désert de Kermân que leur équipage s'apprêtait à franchir : *Maître, est-ce que la traversée de ces étendues de rocailles sera plus pénible que la progression dans les djebels ?*

- *C'est autre chose, Kantus. Mais pour ne rien te cacher, il nous faudra encore supporter la chaleur, la soif, le souffle continu du vent, la fourbure et le choc douloureux des pieds sur les roches.*

- Le Dubshar abaissa la tête, ce programme lui paraissait être au-dessus de ses forces : *Ce désert sera mon sépulcre ! Maître, ma bonne volonté ne suffira pas à triompher de ces achoppements à répétitions, je ne peux plus lever les jambes !*

- *Ta santé, en effet, ne te permet pas de poursuivre, Kantus. Cependant, je crois discerner une solution. À peu de jours de marche en direction du Nord-est, où nous allons, se trouve un monastère isolé. Je pourrais te laisser aux bons soins de cette confrérie.* Anéanti par l'épreuve, le scribe ne protesta pas. Le Grand Prêtre crut bon d'ajouter avec une expression malicieuse : *Les voyages sont profitables aux manifestations de l'esprit. Mais l'ascèse est un excellent exercice pour l'élévation de l'âme !*

- *Maître, je regrette l'obstination dont j'ai fait preuve à vouloir te suivre, ce comportement était insensé. Mon manque d'expérience a fait que je n'ai pu pressentir la multiplicité des périls à triompher. Je n'ai pas su évaluer mes capacités à les surmonter... Voilà le résultat !*

- Héri-tep sourit et plaça une main sur l'épaule du scribe. *Ne te culpabilise pas, Kantus. Je me sens plus fautif que toi ! Je te laisserai le peu d'or qu'il me reste. Cela, afin que tu puisses envisager d'acheter ta place dans une caravane marchande. Tu seras alors sous la protection des transhumants jusqu'à l'embouchure du golfe. En ces lieux, tu trouveras forcément une embarcation en partance pour Sumer. Le négoce est intense près des côtes et tes capacités pour compter les ballots de marchandises rendront de grands services !*

- *Et toi, Maître, es-tu déterminé à poursuivre malgré les difficultés croissantes qu'il te faut sans cesse défier ?*

- *Mon cher petit, les obstacles rencontrés expriment les contingences liées à l'évolution humaine. L'absence de difficulté entraînerait un processus dégénératif, pour les êtres que nous sommes. Sans les difficultés, nous deviendrions très vite semblables à des larves... avant de nous diluer dans le néant.*

- Dans le néant !

- Dans le néant... oui ! On peut admettre, vois-tu, une théorie en trois points : L'aptitude à triompher de l'adversité engendre la confiance en soi, l'optimisme et l'espérance en des lendemains plus prometteurs. Tu conviendras qu'il en résulte un éveil des facultés et une mobilisation des capacités. Ces considérations provoquent notre énergie vitale, tout en générant l'intérêt que l'on porte à la vie.

Enfin, l'analyse des causes résultant d'éventuels échecs enrichit notre expérience, et le cycle ainsi se perpétue, pour le meilleur équilibre des êtres perfectibles que nous sommes.

Si tu as le désir, Kantus, d'élever ton âme pour plaire aux dieux, il te faut inéluctablement tenter de dominer les épreuves qui te sont spécifiques. Le nouveau-né ne connaît-il pas la souffrance en franchissant les deux colonnes de la vie ? Si la nature veut que cette première expérience passe par la douleur, c'est pour que nous puissions voir en cette acte symbolique le parcours nécessaire à notre évolution. L'homme n'a de cesse de se mesurer aux tribulations existentielles, c'est en affrontant l'adversité qu'il peut ambitionner d'autres destins.

Vaincre, pour le végétal, c'est une capacité ; pour l'animal une nécessité ! Mais pour l'homme, Kantus... c'est un devoir ! En conclusion, je te remercie d'avoir montré autant de courage en ce périple. Je suis fier de toi... Oui, Kantus... fier de toi !

Le regard interloqué, la bouche entrouverte, les jambes flageolantes, le scribe n'en croyait pas ses oreilles : *Maître, je... je ne sais...*

- Ne proteste pas... nous le pensons vraiment !

- **Nous...** *Mais je ne le pense pas, moi !*

- Nous... nous, je veux dire, l'ensemble des gens qui t'estiment, hommes et femmes... Bon... Si nous voulons atteindre le plateau avant la nuit, il nous faut descendre et contourner la falaise.

Kantus suivit, un instant encore, les circonvolutions des pieds du Grand Prêtre autour du foyer. Cherchant sans bien savoir pourquoi à déceler en ses semelles éclatées quelques indices de comportement. N'y parvenant pas, il tourna ses yeux vers le Ciel et les immobilisa en une persistance vague.

***

Le lendemain de ce jour, tous deux remarquèrent que les sabots du cheval et ceux de la mule étaient passablement endommagés. S'étant concertés sur les risques encourus, ils en déduisirent d'un commun accord que ceux-là ne pourraient résister plus longtemps aux irrégularités du terrain. Ils se mirent alors en quête d'échanger leurs animaux auprès d'une tribu nomade rencontrée. En contrepartie, ils héritèrent de Kuenne, un chameau à longs poils. Depuis peu, le paysage s'était considérablement modifié et ce mastodonte bosselé, fort apprécié en ces régions du monde, aurait sans doute une bien meilleure aptitude à affronter les plateaux rocailleux qu'ils allaient devoir parcourir.

- *Tu vas te hisser sur la bête, Kantus ! Moi je marcherai aux flancs et je guiderai à la longe.*

- Le regard incrédule, le scribe parcourut le périlleux relief de l'animal. Ce pelage terne, ces longues dents jaunes et ce regard torve de hibou empaillé, n'étaient pas du tout faits pour le rassurer. *Si cela ne t'affecte outre mesure, Maître, je préférerais marcher à tes côtés. Selon ta conception, Maître, ne me faut-il point souffrir pour évoluer ? J'adhère à cette vision des choses.*

***

Le reste du parcours se déroula sans incident, si ce n'est une confrontation tumultueuse avec un lynx irascible, sur le territoire duquel ils avaient pénétré. D'une manière générale, le moment du coucher leur procurait toujours une certaine anxiété. Lorsque l'un d'eux dormait, il était nécessaire que l'autre s'astreigne à entretenir le feu, pour éloigner les rôdeurs indésirables. Le plus souvent, il s'agissait de chats sauvages, de loups errants ou d'ours en maraudes. Ces angoissants grouillements se mêlaient aux cris des rapaces qui déchiraient de leurs appels stridents la paix de la nuit.

À la cadence imposée par le handicap de Kantus, les deux hommes mirent le tiers d'un mois pour traverser ce désert de rocaille jonché d'épineux. Au terme d'une marche harassante, ils parvinrent au pied du massif Sahad sur les contreforts duquel s'appuyait le monastère. Il s'agissait d'un agglomérat de casemates, regroupées autour d'un Chahar-Tag que dominait un dôme d'une blancheur éclatante. Alentour, des ruisseaux cascadaient, alors qu'à flanc de pente, des chèvres lainières à longues houppes parsemaient les pacages.

Ils furent reçus avec bienveillance. Le lieu était accueillant. Le Grand Prêtre se plut à demeurer quelques jours parmi ces moines à la vie austère et aux mœurs rustiques. Aussi consacra-t-il l'essentiel de ses journées à l'étude de son parcours et à l'usage des divers dialectes qu'il allait être appelé à pratiquer. Quant à Kantus, il se trouvait versé en un univers paisible. Celui-ci contribuait à rééquilibrer son mental et régénérer sa nature physique. Il avait été entendu qu'à la saison nouvelle, le scribe accompagnerait les transhumants vers les pâturages du golfe, d'où il trouverait aisément à s'embarquer pour Sumer.

Au terme d'un séjour au calme relaxant, Héri-tep se fit devoir de reprendre son itinéraire, vers l'orient lointain. Kantus, larmoyant, agita longtemps sa main jusqu'à l'horizon des crêtes, serrant sur son cœur ce bâton fraîchement taillé d'un mètre juste, qui était, lui avait précisé son maître, la mesure des dieux.

***

De nouveau seul, Héri-tep apprécia d'être ainsi dégagé de cette responsabilité. Le jeune homme, il est vrai, était de bonne compagnie, mais son manque d'endurance et son peu d'expérience nécessitaient une attention constante, au détriment de réflexions plus profitables.

Son chameau et lui remontèrent ainsi vers le septentrion, en longeant la barrière occidentale, en direction des grands lacs. Kuenne était désormais son unique compagnon. Pour lui permettre d'évoluer librement, le Grand Prêtre adopta le système utilisé par les gens des steppes. Celui-ci consistait en une longue laisse accrochée à une gaule que l'on maintenait sur ses épaules telle une canne à pêche, ce qui laissait le corps libre et l'aisance des mouvements.

Les paysages traversés étaient abondamment irrigués. Les cours d'eau déversaient leurs flots vifs au gré des pentes. La terre cependant demeurait pauvre. Pour l'essentiel, elle était composée de plantes herbacées, auxquelles s'associaient des îlots de conifères. Çà et là s'érigeaient d'élégants peupliers dont les silhouettes agitées peignaient inlassablement les nuages. Les lointains se troublaient parfois de nuées cendreuses, soulevées par des hardes d'animaux sauvages, notamment des onagres aux courtes oreilles. Ces grands ânes ne différaient guère des chevaux des steppes à crinière de jais. Une fois seulement, ils avaient croisé des chameaux en liberté, ce qui avait eu pour résultat de faire frémir les babines de Kuenne.

Au terme de douze jours d'une marche exténuante, ils parvinrent à proximité des grands lacs. Héri-tep savait qu'en ces régions vivaient les mèdes, une tribu subordonnée au peuple arya. Les mœurs des mèdes différaient de ceux des kassites dont ils étaient cousins. Il avait appris que les rigueurs du climat contraignaient ces peuplades à un semi-nomadisme. À l'approche de l'hiver, les mèdes gagnaient le Sud du Zagros, mais à la bonne saison, ils parcouraient les hauts plateaux à la recherche de chevaux sauvages. Ces natifs des grands espaces avaient l'adresse et le courage requis pour les capturer. Ils avaient aussi, disait-on, l'art de les domestiquer. En ces contrées oubliées, la plus noble conquête de l'homme représentait un négoce appréciable. Les mèdes pourvoyaient en équidés les parsis, une tribu méridionale du golfe, en échange de quoi, ceux-là, leur fournissaient tissus, épices et onguents pour les femmes.

Les moines avaient instruit le Grand Prêtre des croyances de ce peuple, dont ils se disaient eux-mêmes issus. Les religieux avaient longuement dépeint les coutumes des mèdes, leur sens de l'hospitalité et leur obsession du devoir de conscience. Aussi, ne fut-il point surpris à l'approche de leur campement, de voir venir à lui quatre cavaliers harnachés. Ils étaient vêtus de longues agnelas et casqués de bonnets à poils. Hautains, mais accueillants, ils prièrent le Grand Prêtre de dévoiler son identité et le but de son voyage. Ils voulaient savoir si celui-ci possédait des dons originaux, susceptibles de les distraire. En ce cas, précisèrent-ils, beaucoup de gratitude lui serait témoignée. Pour toute réponse, Héri-tep explora sa giberne, il en soutira un sicle d'argent frappé aux armes de Sumer. Un instant, il le tint en sa main ouverte. Les guerriers aussitôt mirent pied-à-terre, les yeux agrandis en une attention soutenue. Visiblement, les mèdes cherchaient à discerner chez cet imberbe au teint bistre quelques facultés insolites, susceptibles de les ravir. Héri-tep ferma sa main, puis la rouvrit… La pièce d'argent avait disparu ! Nullement crédules, les Mèdes lui retournèrent les doigts et fouillèrent le sol alentour. C'est alors que l'homme du Nil ôta sa coiffe : sur son crâne chauve luisait l'objet du mystère. Après un silence de stupéfaction, une conversation animée s'engagea entre les quatre hommes. Apparemment, la tête dépourvue de cheveux les avait plus étonnés encore que la disparition de la pièce. Aussi décidèrent-ils de guider cet enchanteur jusqu'aux yourtes des mages, qu'ils appelaient les Maghavans.

Chapitre XII

Le temps d'une demi-lune, Héri-tep bivouaqua en invité de marque sous les huttes de peaux cousues des cavaliers mèdes. En ce court séjour, il apprit à estimer ce peuple simple, sincère, aux comportements parfois puérils, mais droits, laborieux et généreux. Leurs chefs, les Maghavans, bénéficiaient de privilèges oligarchiques importants. Cependant, ils n'abusaient jamais des pouvoirs qui leur étaient concédés, plutôt se bornaient-ils à entretenir la menace de châtiments exemplaires ! Ces sanctions extrêmes n'étaient appliquées qu'en de rarissimes circonstances et cela satisfaisait au respect des lois ! Les rituels religieux laissaient une place prépondérante à la lumière, dont les symboles archétypaux étaient le soleil le jour et le feu la nuit. Bien ou mal constituaient les notions d'une juste parité, équilibrée par l'agneau de la tolérance et le fléau de justice. Quelques tribus Parsis du sud rendaient un culte au feu, à travers la religion naissante d'Ahoura Mazdä, qu'ils attestaient seigneur de la vie et maître omniscient de la nature.

Les jours passaient et l'intransigeante loi du temps imposait une nouvelle étape sur le chemin de la quête. C'est ainsi qu'un frais matin, escorté d'une quinzaine de cavaliers, Héri-tep reprit la route de l'Indus. Les mèdes l'informèrent qu'aux extrémités de la plaine, le terrain allait changer de configuration. Aussi, lui fut-il conseillé de troquer son fidèle Kuenne contre un robuste hémione aux sabots grimpeurs. Jolôk, tel était le nom que lui avaient donné les mèdes, était un animal discipliné. Il suivait son maître à distance sans qu'il soit besoin de lui tenir bride sur le cou.

Un membre de la tribu, expert en l'art du bois, confectionna un harnais adapté à la cage à feu, qu'il fixa ingénieusement sur le dos de l'hémione. Si l'efficacité dissuasive de la cage à feu demeurait douteuse, les effluves répandus dispensaient alentour la bonne odeur des herbes à prier. Les mèdes recommandèrent au Grand Prêtre d'entretenir le foyer par un apport régulier de brindilles résineuses.

Les fumées, lui dirent-ils, éloignaient les génies malfaisants qui envoûtaient les cœurs des animaux. Ce que lui-même interpréta de manière plus rationnelle par une crainte atavique du feu.

Les chamanes médecins, avec lesquels il avait sympathisé, lui remirent un pot de terre, en lui précisant que son contenu renfermait de la graisse de putois. Afin de garantir sa sécurité, il devait s'en enduire le corps aux endroits de la transpiration. Cette odeur putride avait la réputation d'éloigner les indésirables autant que les désirés. Le pot ayant été débouché, Héri-tep se posa la question de savoir s'il ne préférait pas être dévoré vivant, plutôt que de répandre sur son corps cette épouvantable odeur. Aussi préféra-t-il reboucher le pot, et remettre à plus tard la mise en pratique de ce conseil.

Au sortir du village, le convoi passa à proximité d'un dakhma, sorte de tumulus surmonté d'une tour, au sommet de laquelle la tribu déposait ses cadavres. Une très vieille coutume voulait que la terre ne soit point souillée et le feu profané par les dépouilles putrescibles. Aussi confiait-on aux vents et aux oiseaux le soin de digérer ces chairs sans âme. L'œuvre accomplie, les os blanchis étaient poussés dans le puits central. Supposés satisfaits, les dieux alors tournaient leur regard vers l'enfant à naître.

Au-delà du dakhma s'étendait l'immense steppe qui les séparait des montagnes du Kandahar. C'était le dernier massif montagneux avant la vallée de l'Indus. Le Grand Prêtre et ses généreux convoyeurs, parcoururent cette plaine sauvage sans rencontrer âme humaine. Les rivières furent traversées sur des ponts de bois rudimentaires, que liaient des cordages effilochés par l'usure du temps. La plupart de ces passerelles ployaient dangereusement sous le volume des charges. Un âne de mer resta ainsi suspendu les pattes dans le vide, jusqu'à ce que l'on trouve le moyen de le sortir de là.

Au cours des haltes, les pisteurs qui leur servaient d'escorte chassaient les grandes outardes qui nichaient en ces régions. Les hémiones sauvages, eux aussi, étaient les victimes désignées des redoutables fouets à boules, que les cavaliers lançaient en tourbillonnant dans les pattes de ces animaux. Encore choisissaient-ils d'instinct ceux qui, blessés ou trop âgés, n'avaient plus la force de soutenir le rythme des galops. Les jeunes guerriers revenaient, riant de ces chevauchées infernales, en traînant dressé sur des perches le produit de ces traques. Pour banaliser leurs actes, ils prenaient à témoin les nombreux bucranes qui jalonnaient le parcours. Ces effrayants regards scrutaient de leurs orbites vides l'immensité du ciel, comme pour happer aux âges ce qu'ils n'avaient eu le temps de vivre.

Le neuvième jour, le convoi atteignit les contreforts de la prémontagne. Pour guider au mieux cet enchanteur des plaines du couchant, les mages accompagnateurs ne cessaient de tracer de leurs doigts tendus l'itinéraire des cimes que celui-ci se devait d'emprunter.

Là-haut... proclamaient les Maghavans, ne résident que les âmes vertueuses, habiles à se confondre avec les neiges. Leurs fragrances, disaient-ils, dissuadent la sagacité des démons. À l'opposé, les consciences impures créent de redoutables intempéries, entraînant les avalanches de boue et de pierres.

Un soir à la tombée du jour, ils parvinrent aux pieds des contreforts montagneux. C'était le lieu où les guerriers mèdes devaient prendre congé de l'homme au crâne de poterie. Dans une vaste prairie que mangeait la voûte du ciel, on alluma les sept feux de l'adieu afin que les flammes chaudes de l'amitié prennent le relais du jour. Héri-tep et les mages s'allongèrent sur l'herbe dans l'attente d'un événement cultuel improvisé.

Surgirent alors du relief environnant des silhouettes emmaillotées d'herbes folles. Légères comme le vent des dunes, ces jaillissantes allégories du surréel déchiraient de leurs cris acérés le profond de la nuit. Les doigts gerbés de brandons ardents, le corps toupillant, ils hélaient les clartés astrales, en jetant des graines de chanvre sur les pierres chaudes. Leurs regards s'inspiraient de vapeurs de rêves où s'animaient d'obsédantes images, que chassaient en de grandes arabesques leurs mains tourmentées d'étincelles.

Jusqu'à Lune haute, le rituel se poursuivit dans le dessein d'implorer la protection des dieux. Puis, vint l'instant où les mages, aux doigts blanc de craie, bénirent l'élu Haoma, celui qui s'apprêtait à gravir les cimes éternelles. La nature maintenant diluait ses ténèbres. Fusant de quelques failles invisibles, une brume errante cerna les noctambules échevelés. Les cœurs d'airain mollirent dans les mantes de laine. Les flammes timides regagnèrent les tisons. Alors que loin, très loin dans la plaine, le hurlement des loups plaignait à la nuit glacée.

***

« *Quatre jours de marche !* avait dit le Rab-Mag. *Du pied des massifs rocheux, tu apercevras l'ashram des Aryens. L'ermitage ne se distingue guère des falaises, mais tu le repéreras au feu qui brûle nuit et jour, au cœur de la paroi. En ces lieux, se trouvent les adeptes du Grand Enseignement. Ces érémitiques à l'existence monacale ont été prévenus de ta visite !* »

Malgré ces précisions rassurantes, jusque-là nulle lueur n'avait scintillé en la nuit. Héri-tep était inquiet. Plus il gagnait en altitude, plus la nature devenait hostile. Elle se flanquait de roches tranchantes, se hérissait d'épines, grondait en ses torrents, quand elle ne montrait pas griffes et dents. Aussi progressait-il avec précautions, conscient que l'accident le plus bénin, pouvait avoir de dramatiques conséquences.

La veille, il avait été témoin d'un combat implacable, et depuis, il ne pouvait se démettre de la vision de ce cerf dévalant la pente, un loup empalé sur ces bois. Acculé à la roche, le pauvre cervidé avait été rejoint par la meute, qui l'avait abattu de ses crocs. Ce n'était pas la première fois, bien sûr, qu'il voyait la nature régler ses comptes, mais le plus souvent cela se passait à distance. La montagne privilégiait ces situations de proximité. Elle projetait le voyageur de la place du spectateur averti à celle de la victime potentielle. Cette déduction lui fit retirer arc et carquois du troussequin de l'hémione.

Au cinquième jour, à la nuit venue, Héri-tep se mit en quête de trouver un promontoire pour se tenir à l'abri d'éventuelles agressions. Ayant avisé un amas rocheux, il entreprit de le contourner pour voir s'il répondait à ses souhaits.

C'est alors qu'un grognement terrifiant le fit se jeter sur le talus. En un éclair de temps, il scruta les environs, essayant de localiser la direction d'où venait cette menace. Ce qu'il vit le figea de crainte : à dix pas de là, dressé sur ses pattes arrière, la gueule béante, l'œil illuminé d'éclats blêmes, un ours gigantesque leur barrait la route. Jolôk, dont la terreur n'avait d'égal que la sienne, donna un tel coup de jarret que sa longe cassa net. Il n'y avait pas un instant à perdre ! Le cœur battant, Héri-tep s'activa à gravir l'éboulis à proximité du sentier. Sans doute n'en aurait-il jamais eu le temps, si son compagnon d'infortune n'avait fait, malgré lui, diversion. Avant qu'il ait pu amorcer une tentative de fuite, l'hémione reçut un si violent coup de patte, que l'avant de son corps se souleva de terre.

Malgré ce choc effroyable, le brave Jolôk se récupéra tant bien que mal. En zigzaguant, il parvint à franchir la dizaine de pas qui le séparait du bord de la plate-forme. Le passage étant libre, il s'y engagea en un galop salvateur. Mais un monstre, plus impressionnant que le premier, surgit de derrière les roches. Emporté par son élan, l'hémione heurta de plein fouet l'énorme masse de poils. Les deux animaux roulèrent dans un enchevêtrement de bagages et de bois brisés. Plus rapide que l'équidé, l'ours se releva. Avec la fougue d'un chat sauvage, il bondit sur Jolôk, le forçant à abattre ses antérieurs et lui laboura le ventre de ses redoutables griffes. Démantibulée par la chute, le courageux animal ne tenta pas une nouvelle fois de se soustraire à son destin.

Bientôt, il ne fut plus qu'un amas de chair molle sous les gueules dévorantes des deux monstres. La rage au cœur, les membres fébriles, Héri-tep banda son arc. Ces deux gros balourds allaient lui payer cher la vie de son compagnon !

C'est alors que, surgissant de nulle part, apparurent deux oursons à la démarche maladroite. Sans se préoccuper de l'inconduite parentale, les compères escaladèrent les bagages gisant à terre.

De leurs petites pattes griffues, ils retirèrent d'un sac à demi éventré plusieurs pots de miel et autres galettes d'orge, que lui avaient offerts les mèdes. À peine les deux larrons eurent-ils entamé leur repas, que l'un d'eux se prit malencontreusement le museau à l'intérieur d'un jonc de terrine. En geignant, il se roula d'abord dans l'herbe. Puis, le pot dégoulinant sur le nez, dressé sur ses postérieurs, il entreprit de faire le tour de la plate-forme, en se dandinant sur ses deux pattes arrière à la manière d'un drôle. Une fois de plus la nature imposait sa raison à la raison. Le Grand Prêtre grommela en lui-même avant de laisser choir son arc sur le sol. *« Peut-être devrais-je songer à ma survie, au lieu d'envisager une vengeance qui n'est pas de mise. »*

Il dut néanmoins attendre que les ours eussent abandonné leur proie et se fussent suffisamment éloignés pour quitter son éminence rocheuse. Le vent lui étant favorable, avec réticence, il entreprit la désescalade qui lui permit d'atteindre les lieux du drame.

Parmi les restes sanglants de la carcasse, il récupéra des cartes et de menus objets. Les oursons avaient mâchonné la peau des sacs, mais l'essentiel subsistait. Sous la cendre renversée de la coupelle, demeurait un faible tison qu'à force de souffle et de patience, il réussit à ranimer. Il noua son sac avec une corde et jeta le tout d'un geste dépité sur son épaule. Le cœur en berne, un javelot serré en sa main moite, il décida de marcher jusqu'à la nuit. C'est alors que, dans la grisaille ambiante, il aperçut à bonne hauteur de la falaise qui lui faisait face, un point brillant. S'agissait-il de l'ermitage ?

« Ce ne serait pas raisonnable de chercher à l'atteindre ce soir, se dit-il à lui-même, l'urgence, c'est de trouver un endroit pour la nuit ! »

À peu de distance de là, se dressait un massif rocheux, en partie désolidarisé de l'escarpement. L'ayant escaladé, il s'installa sur le replat situé à son faîte et entreprit de raviver en la coupelle les quelques tissons encore rougeoyants. Bientôt, une fumée blanche épaisse s'infiltra à travers le volume de la végétation, pour gagner rapidement la hauteur des arbres.

Le corps emmitouflé dans ses fourrures, le cœur blessé et le regard absent, il fut vite fasciné par ces flammèches virevoltantes qui ne faisaient que lécher les grosses bûches sans réellement les consumer. Confusément, il sentait qu'une fatigue insurmontable s'immisçait en ses membres fourbus.

En quelques instants, des visions cauchemardesques l'assaillirent. Il sombra malgré lui en un univers supplicié, fait de hululements sinistres et d'inquiétants bruissements. Crocs incisifs et lèvres gluantes de sang succédèrent à des truffes d'hyènes ricanantes, que dominaient des gueules récurrentes d'hippopotames aux chicots d'écume. De la fange jaillissait une inextricable végétation, au pied de laquelle se mirent à grouiller lézards et reptiles. Bâton levé en masse d'arme, le héros solitaire piquait devant, ruait derrière, assommait là, pour mieux pourfendre ici. Mais le mal, cette hydre éternelle, resurgissait sans cesse, assisté par mille cohortes d'ombres démoniaques.

Devant les forces conjuguées de la fatalité, le bâton patriarcal devint une arme illusoire. C'est alors que des rapaces aux becs d'airain se ruèrent pour taillader ses chairs, pendant qu'un ours aux babines salivantes enserrait de son souffle glacé l'ultime pulsion de sa gorge.

En cet instant précis, Héri-tep bascula dans le gouffre du temps. La chute fut brutale, cruelle, impitoyable. Les terres métaboliques dispersèrent ses os, le soufre brûla ses chairs, l'air dissémina son esprit. Seule la rosée du matin se plut à protéger son âme, pour abreuver de ses œuvres les fruits du soleil.

***

Oh ! Que sa tête était douloureuse. En s'estompant, les ténèbres laissaient place à une lumière diffuse, apaisante.

La souille infâme en laquelle il avait versé se transformait en un nid de soie. Son cœur était charmé par cet appel langoureux venu des régions célestes. Il entrouvrit les yeux… Était-il vivant ou mort ? Reposait-il sur une roche, près de son feu ou voguait-il sur les ailes de Maât ? Il n'éprouvait nul besoin de mouvoir son corps, sa tête uniquement le préoccupait. Peut-être était-elle placée entre deux branches ou deux énormes pattes ?

Oui… Il les reconnaissait tout à coup ! C'étaient celles du gros Tabzuk… bâtonné… Voilà… Il venait d'être bâtonné ! Maintenant il se souvenait, la mine, Lousaro, le petit porteur de soupe et le merveilleux, l'admirable Saledou. Cette ombre, d'ailleurs, qui se mouvait devant lui, n'était-ce point Saledou… ce corps osseux, légèrement voûté, ces gestes d'une infinie douceur ?

- *Héri-tep, tu nous reviens, mon frère… m'entends-tu ?*

- *Oui, Sallédou, je t'entends… Je ne t'ai jamais oublié, tu sais ! Je t'annonce que je suis mort ! Oui, au cours de mon voyage, j'ai été tué par un ours… Un grand. Celui-ci aura profité de mon sommeil, pour me coincer la tête entre deux branches.*

- *Sans doute, aurais-tu souhaité une mort plus paisible ?*

- *Oh… Toutes les morts se valent, puisque par définition elles ont la même finalité… Ce sont les vies qui diffèrent ! Je crains de ne pas avoir eu assez de temps, pour mener la mienne à bien ! Oh… ma tête… j'ai mal !*

- *Serais-tu à même de m'expliquer comment il se fait que les morts puissent avoir mal à la tête ?*

- *Ta question est pertinente, Sallédou, pertinente… Attends un peu… C'est difficile ! Il y a longtemps, vois-tu, que j'ai appris ce poème… Trop longtemps, attendez… Attendez, mes juges les dieux, ne vous éloignez pas, je ne vous ai jamais reniés. Un instant, je vous prie, avant de peser mon âme. Voilà, la musique… commence ainsi :*

La demeure que nul ne peut quitter après y être entré. Sur la route, d'où l'on ne revient pas. La demeure dont les habitants privés de lumière sont vêtus comme des oiseaux, étant au séjour des ténèbres…

- *Que dit-il… Révérend Père ?*

- Le Père Supérieur se retourna à demi : Il récite une élégie.

- Une élégie, Révérend Père ?

- Oui ! Une Ode en la langue des Mésopotamiens. Je crois reconnaître un fragment des épopées.

- Ceci est étrange pour un Égyptien ?

- Non... Point vraiment, père soignant ! Cet homme est l'un des esprits les plus éclairés de notre temps. Le choc n'en a pas moins ébranlé ses méninges. Ressurgissent peut-être des bribes incohérentes de son immense savoir.

- Est-il gravement touché ?

- Je ne le pense pas, il n'y a pas de fracture, et la plaie au cuir chevelu a abondamment saigné... ce qui est bon signe.

- Que pense notre Père des diverses blessures sur l'étendue de son corps ?

- Rien d'inquiétant, des ecchymoses, notre homme est costaud... Pour la tête, il faut attendre ! Je vais m'absenter. N'oublie pas, mon frère, de lui donner les potions aux heures de lune et de changer les compresses... S'il venait à retrouver sa lucidité, préviens-moi !

***

Au soir du deuxième jour, le Zaotar, le prêtre officiant chargé des soins, traversa à petits pas comptés la terrasse qui le séparait de la grotte sanctuaire. Nus pieds, il s'avança jusqu'au maître-autel, au-dessus duquel était suspendu un imposant disque d'or. Face au feu purificateur, témoin permanent de la lumière divine, se tenait le Père Supérieur de l'ashram. Avec des gestes réguliers, celui-ci livrait à la flamme des pincées d'écorces résineuses. L'essence parfumée grésillait au contact des braises et répandait des senteurs enivrantes.

- *Révérend Père, pardonne mon intrusion, le frère du lointain couchant s'est éveillé.*

Le Père ermite cessa de réciter ses mantras. Il demeura un instant silencieux. Après s'être courbé à trois reprises face à la vasque de flammes, il tourna vers le moine un regard dépourvu d'activité.

- *A-t-il seulement prononcé une parole intelligible ?*

- *Je ne saurais trop dire, Révérend Père, tant il m'a étonné ! À peine avait-il repris conscience qu'il s'est mis à énumérer, sans omission, la totalité des plantes rentrant dans sa composition médicinale. Cela Père, en ayant simplement humecté ses lèvres dans le breuvage. La chose est...enfin, je veux dire... à peine imaginable, Père !*

- Le Supérieur de l'Ashram eut un sourire malicieux : J'entends *qu'il va tout à fait bien, alors.*

- *C'est probable, Révérend Père, c'est probable, car il a été jusqu'à préciser, que nous devrions ajouter deux pour cent d'écorce d'acacia broyé, associé à une ramure d'andouillers de cervidés et qu'il nous faudrait faire chauffer le tout, dans un bain de tém... de... t...*

- *Bien... bien... Père !* interrompit le Staotar. *Notre homme est rétabli. Je lui rendrai visite après l'office du soir.*

Le Père soignant se courba obligeamment, et reprit à petits pas dansés le chemin de la grotte.

Un tube de bambou venait de vibrer à la vingt-et-unième fraction du jour. Dans une cavité faiblement éclairée, se trouvait fixé à la paroi rocheuse un svastika au mouvement lévogyre. À deux pas de là, Héri-tep, une compresse posée sur le crâne, consultait avec intérêt les précieux rouleaux traitant d'exégèse et de discipline doctrinale. Des feuillets en peau de gazelle étaient empilés sur des étagères de rondins et la grotte entière se trouvait imprégnée de leur senteur vieillotte.

- *L'histoire du monde avant le monde !* Énonça d'une voix frémissante le Père Supérieur. *Ce sont les textes élamites les plus anciens que l'on connaisse.*

- *Ah, Révérend Père*, s'attrista Héri-tep, *voilà que je te donne souci de mon existence, avant même qu'il m'ait été donné de me présenter à toi.*

- *Si tu n'avais eu l'idée salutaire d'allumer un feu provocant force panaches, tu serais trépassé à l'heure qu'il est. Comment se fait-il que tu aies cherché refuge sur un rocher ? Ainsi perché en telle éminence, un corps sommeillant ne peut que chuter, ce qui advînt. Serais-tu à ce point naïf ?*

- *Pardonne ce manque de discernement, Père. Mon émotion était telle que j'avais l'obsession de me soustraire aux dangers que représente cette faune sylvestre à laquelle je suis peu accoutumé. Je ne pouvais me douter qu'elle me poursuivrait de ses particularités jusque dans mes rêves.*

- *Sache, mon frère, qu'il n'y a nulle hauteur où l'homme peut ambitionner être à l'abri des Daêvas, de leur hargne et malignité. Surtout... prétendent les textes, lorsque le spiritualiste a procédé à l'ascension... N'est-ce point doublement ton cas, mon frère ?*

- Cet humour incisif du père déclencha le rire d'Héri-tep : *Si ce n'est l'ascension du Ciel, c'est à n'en point douter celle de mon rocher... oui, Rêvèrent Père !*

Les deux Prêtres s'installèrent face à une minuscule lampe à huile. Ils parlèrent longuement du pays d'Égypte, de ce voyage, de l'ermitage éloigné des hommes. Mais aussi de ce peuple Scythe issu des terres hyperboréennes, cette ethnie aryenne à laquelle les moines disaient être attachés. Il remarqua que le Staotar joignait fréquemment les mains à la manière unanime des Sages. Les mains jointes rappelaient au Grand Prêtre ce geste universel enseigné dans le secret des temples égyptiens. Il se remémora aussitôt l'ordonnance de leur nombre :

Main droite à l'est 0-1-2-3-4 - Main gauche à l'ouest 5-6-7-8-9.

Les deux mains jointes doigts liés 90-81-72-63-54 = 360

« Le Cercle de Lumière. »

- *Notre érémitisme est généralement bien perçu. A l'instar de ceux qui ont conçu les Ziggourats d'Élam, nous recherchons les hauteurs purifiées. L'Ashram étant situé entre Ciel et Terre, les mèdes, avec lesquels nous sympathisons, affirment volontiers que nous sommes des entités intermédiaires.*

- *C'est incontestable, vous êtes le lien, Père ! Dis-moi, ce culte du feu, dont vous vous référez, qu'en est-il exactement ?*

- Le Staotar replaça délicatement sur l'étagère le parchemin glissé en son tronc de buis. *Il ne saurait être question d'adorer le feu, pour lui-même, tu le conçois mon frère, mais il est porteur de Lumière, il est l'expression terrestre du Soleil, pourvoyeur de vie. Et les supports symboliques sont indispensables à l'espérance humaine.*

- *En Égypte, Rê, le Soleil, est Roi du panthéon. Notre religion est issue en ligne directe de la Tradition Primordiale, elle doit avoir beaucoup de points communs avec la vôtre ? N'est-ce point la résultante d'un numérique sacré qui fait que le Soleil irradie la nature des choses ?*

- *Cela ne fait aucun doute, Héri-tep. Notre communauté adore le monde divin à travers la manifestation de « l'Astre du Jour ». Rien ne nous paraît plus logique, plus noble, plus porteur de mystère, plus évocateur de pureté. À l'instar de ses ancêtres, notre peuple, aujourd'hui, cherche à établir la jonction, entre le sublime et la noèse. Je veux parler de cet intuitif, qui influe sur les réactions de notre état de conscience. Le cœur humain, Héri-tep, ne peut se tourner vers le néant, il lui faut un support visible, un témoin symbole de sa foi... Nos aïeux ont choisi le Soleil !*

- *Qu'adviendrait-il si d'aventure au cours des âges, une civilisation en défaut de connaissance, venait à dissocier l'aspect de ces trois éléments, pour vénérer le seul pouvoir du feu ?*

- *Nous pourrions craindre alors que ce dernier, ainsi isolé de ses deux autres critères, ne devienne un redoutable instrument, entre les mains d'adeptes aux pratiques irresponsables.*

- *Appréhenderais-tu Père, la manière d'être en ces âges du futur, entreverrais-tu une dégénérescence, une déperdition des préceptes de base ?*

- *Si nous n'y veillons... les impies auront tôt fait de souiller la flamme, donnant ainsi crédit à Angra-Mainyu, l'éternel esprit du mal. Dans les temps ayant à s'accomplir, il est à craindre, en effet, que des franges de l'humanité ne s'adonnent à des idéologies dominatrices, aux inspirations primaires et que leurs générations sans état d'âme glissent vers un hédonisme pernicieux.*

- *Selon l'opinion que tu émets, la paix spirituelle est loin encore de gagner le cœur de la généralité des humains. Verrais-tu là une déperdition graduelle du phénomène de connaissance ?*

- *C'est l'évidence même, mon fils ! Nous ne sommes pas à la veille de voir s'universaliser la foi, peut-être faudra-t-il compter avec les millénaires ! Ce qui nous incite à penser que « Le disque solaire Symbole des Symboles » doit encore se dissimuler derrière son écran de brume aurorale. Est-il besoin d'ailleurs qu'il révèle ses splendeurs caché ? Seul le connaissant, pur de cœur et d'esprit, doit être instruit de sa réalité divine.*

- *Cette émancipation du paganisme, cette attirance vers le haut à laquelle votre communauté aspire, risque de prendre énormément de temps, Père ?*

- *Oui ! Dans les époques futures, je crains que les religions populaires ne prêchent une ferveur idolâtrique et iconolâtrique. Je crains que les religions ne soient amenées à exalter les emblèmes profanes, à célébrer les mythes en les interprétant ou en les* dénaturant. Si tel était le cas, cela finirait par perturber les réelles inspirations et diviser les peuples de la Terre en autant de tendances, qu'ils ne manqueront pas de qualifier de spirituelles. Hélas, mon frère, on ne banalise point impunément le sacré, sans perturber les références d'harmonies, sans engendrer des phénomènes à caractère irréversible.

Ces échanges entre connaissants d'ethnies différentes épanouissaient le visage du maître de l'ashram. Il observa un court silence avant de conclure :

Le soleil, ce divin cercle, est trop commun pour être adoré, trop naturel pour intriguer l'esprit, trop manifeste pour qu'il lui soit supposé un sens caché. On lui préférera les panoplies eschatologiques, mieux à portée des masses. S'il me fallait synthétiser, je dirais qu'implicitement ou non, la multitude rend hommage à ce qu'elle redoute le plus... la mort !

- Ce point de vue ne pouvait laisser Héri-tep indifférent. Tel Drug contraignant : Arta, il incita le Père à pousser plus loin cette thématique : *Dans le cas contraire, quelle espérance pourrait-on attendre de l'organisation du monde, si elle se mouvait en une spiritualité grandissante ?*

- Le Staotar parut presque étonné par la question : *Est-ce que je sais ? Il en est des êtres ce qu'il en est du sable, mille et mille fragments de poussière pour un seul grain d'or. Cependant, c'est en additionnant ces fragments que les connaissants pourront façonner la coupe, au-dessus de laquelle se penchera le futur. Cette coupe sera toujours prête à désaltérer les nostalgiques de l'ailleurs... ceux qui se refusent à considérer ce monde comme un accident de la nature.*

Le Grand Prêtre établit aussitôt une analogie entre les vertueuses paroles du Père de l'âshram et les principes spirituels d'Ath-Kâ-Ptah.

- *En Ta-Meri, ma terre bien-aimée, il existe une union hiérogamique et allégorique des luminaires. D'une manière générale, ceux-ci président à l'ordre moral. Le croissant de lune devient une nacelle chargée d'espérances, il témoigne de la fonction divine. Il incite l'esprit humain à patienter afin que le disque solaire franchisse les espaces ténébreux du monde inférieur. Après quoi, Rê-Khépri ressurgit triomphant, ceint de l'aura des nombres. Nous vénérons le disque sous le nom d'Iten et la lumière avec Râ. Quant au feu Sethien, il est l'objet d'une attention craintive, mais aussi respectueuse, n'est-il pas le juste équilibre de la nature du bien, que sans lui nous ne saurions estimer.*

- J'ai étudié votre religion, elle est savante, parfois complexe, mais perpétuellement fidèle à la tradition. Elle mène à la connaissance hermétique sans passer nécessairement par l'extase mystique... C'est une autre école... j'admire celui qui, comme toi, en gravit les marches ! Le Père observa un silence méditatif, puis il reprit : *Il est nuit avancée et je crains d'abuser de tes forces, mon fils.* S'étant levé de son siège, il ajouta sur un ton plus faible : *Repose tranquille, ces falaises effraient les Daêvas, ils n'osent approcher le feu sacré de l'Ashram.*

- Héri-tep eut un petit rire réprobateur : *Oh ! Les démons et moi, nous sommes de vieilles connaissances, Père. Malgré tout, je ne pensais pas leur inspirer un tel effroi !*

- Aurais-tu l'audace de le penser ? s'indigna le Staotar.

- Je le crois, père, autrement, auraient-ils attendu que je m'endorme pour me pousser lâchement dans le vide ?

Ayant alors élevé la petite lampe en terre cuite qui leur servait de veilleuse, il la tendit au maître de l'Ashram. *Ce n'est pas la flamme que redoutent les démons, Révérend Père, c'est la foi qu'elle symbolise, et en cela je m'estime abondamment pourvu !*

- Le Père supérieur se saisit de l'objet qu'on lui tendait : *J'apprécie en toi ce courage opiniâtre, cette détermination de solitaire. Que la nuit te soit propice, Héri-tep ! Demain, je te ferai visiter le monastère, tu constateras que nous n'avons rien à envier aux oiseaux... si ce n'est les ailes bien sûr... Encore que... Bonne nuit, mon fils.*

- Bonne nuit, Révérend Père.

Le dos voûté, le petit homme franchit l'ouverture pratiquée dans la roche. Sa forme silencieuse s'estompa rapidement sur la découpe étoilée de la nuit.

***

Les jours suivants, Héri-tep eut l'occasion de s'entretenir avec ces moines sylviculteurs, réputés sages et cultivés. Tous appartenaient à cette intelligentsia Arya, issue des terres boréales. La communauté affirmait descendre de lointains ancêtres au passé prestigieux. Dans leurs évocations, revenaient fréquemment le pays mythique de Thulé, mais aussi l'Asgaard, l'Aryana-Vaêjo : des textes sacrés. Les annotateurs de parchemins évoquaient des contrées édéniques où régnait une synarchie adoratrice du disque solaire. Les vieux manuscrits décrivaient des temples grandioses, ornementés de symboles géants. Les ustensiles du culte étaient en or massif et les fêtes donnaient lieu à des cérémonies somptuaires où la magnificence le disputait à un faste que l'on pouvait estimer superfétatoire.

Sans qu'aucun indice ne l'ait laissé prévoir, tout fut englouti, annihilé en un cataclysme géologique d'une effroyable ampleur. Le pays sombra dans le chaos, alors que d'épaisses ténèbres engloutissaient plaines et monts. Les rares survivants versèrent dans des conditions précaires d'existence. Dans les temps qui suivirent, ces rescapés périclitèrent de lieu en lieu, en un mortifère isolement sociétal.

Des décennies plus tard, quelques regroupements humains appartenant à cette antique mosaïque, la tribu des Ases, tel était leur nom, cherchèrent à trouver refuge au-delà des mers intérieures. Ils fondèrent dans les steppes touraniennes des cités artisanales, sans que les dieux ne leur concèdent le faste à jamais englouti de leurs aïeux.

Les moines forestiers étaient convaincus que ces grands ancêtres avaient commis une série d'erreurs fatales, en n'ayant de cesse de tirer un parti matériel des connaissances acquises. En vulgarisant sans discernement l'accès à des technologies non maîtrisées, en méprisant tout apport philosophique compensateur, en vulgarisant l'aspect technologique comme une finalité existentielle. Alors qu'il était de tradition originelle que chaque individu, se devait de lisser en l'épreuve surmontée, les ailes de sa conscience.

Les lointains descendants de ce peuple banni se vouaient aujourd'hui à une quête appliquée de « La Tradition Primordiale ». Ils se consacraient à l'élaboration de ce temple intérieur, dont le Grand Prêtre louait l'universalité. Aussi considérait-il que ces moines tenaient un rôle essentiel en cet endroit perdu du bout du monde. Ne continuaient-ils pas à préserver et véhiculer l'esprit de tradition à travers les rivalités, les guerres, les pestes et famines. Leur ministère était garant de nombreux éléments du puzzle, que d'autres hommes, en d'autres temps, auraient le devoir de rassembler. L'isolement au sein de l'âshram n'était donc pas un refus délibéré de la société des hommes, mais un fervent appel à une humanité plus responsable.

***

Le temps passa. La mauvaise saison n'était plus très loin. Après soixante jours de fructueux échanges, le Grand Prêtre se fit un devoir de reprendre sa marche vers l'Orient. On le prévint qu'en gagnant de l'altitude, le terrain allait rapidement se dénuder, pour laisser place à des bancs rocheux battus par les vents. L'absence de sentiers allait le contraindre à évoluer le long des crêtes, cette altitude conseillée lui permettrait de baliser plus sûrement son itinéraire. En ces monts sauvages, la faune allait se raréfier et le mieux était d'abandonner ses armes de défenses encombrantes, pour ne garder qu'un bagage restreint.

- La butte était raide, Héri-tep se retourna pour tendre la main au Père de l'âshram. *J'envie ton énergie...* marmotta le Staotar entre deux souffles, *toi Héri-tep dont les jambes ont toujours vingt ans !*

- Elles ont plus du double Révérend Père. Mais il est vrai que je les entretiens, par de petites flâneries d'agrément.

Quelques moines les rejoignirent. L'un d'eux était porteur d'une hotte, qu'il avait lui-même confectionnée à l'intention du céleste voyageur.

- L'Atharvan, prêtre du feu, dressa un doigt en direction de la falaise : *Voyez, mes pairs, comme on voit bien l'âshram d'ici !*

Accolés à la paroi rocheuse, d'imperceptibles moucherons agitaient des sortes d'éventails à paillettes brillantes. Tous les quatre répondirent en levant les bras. Le Maître de l'ermitage se tourna vers ce singulier pèlerin issu de la lointaine Égypte :

- Nous te laissons sur le chemin de connaissance, mon frère, face à l'Orient impénétrable. Qu'il te procure, en le parcourant, une joie semblable à celle que nous avons eu à t'accueillir !

- Héri-tep avait grand-peine à se séparer de ces ascètes érudits aux comportements admirables. Il s'efforça de sourire : *Vous êtes les sombres troglodytes les plus lumineux auprès desquels il m'ait été donné de m'éclairer.*

- Mes frères et moi sommes animés de sentiments plus effroyables encore, à l'adresse de l'incorrigible vagabond que tu es.

- L'Atharvan tendit au Maître de l'ashram le Bareshma. Il s'agissait d'un faisceau de grenadier et de tamarin que liait un ruban. Le Révérend Père s'en saisit de la main gauche et l'éleva au-dessus d'Héri-tep : *Que l'Aramati, (la divine sagesse) accompagne tes pas sur les sentes de ton admirable quête.*

- Ayant placé un genou à terre, Héri-tep baisa le pan de l'étole : *Que l'Arta, l'ordre cosmique, inspire tes pensées et celles de tes frères, Révérend Père.*

S'étant alors chargé de sa hotte de joncs, le cœur gros, le Grand Prêtre gravit la pente à longues enjambées, sans jeter un regard en arrière.

***

Les fougeraies laissèrent place à des paysages austères, dépouillés de végétation. La grandiose solitude, la mouvance du Ciel, la sauvage beauté de ces panoramas, favorisaient sans doute les cultes animistes implantés en ces régions. Ce qui n'était pas incompatible avec l'hénothéisme libertaire que cultivait le Grand Prêtre.

Depuis dix jours qu'il cheminait en solitaire, son regard ne cessait d'admirer cette nature à la fois dépouillée et majestueuse. Seul le froid altérait cette félicité intérieure. Aussi appréciait-il les vêtements capitonnés que lui avaient procurés les moines. Sans ces cuirs et ces duvets laineux, il n'aurait pu résister aux nuits glaciales, que nul creux de roche ne parvenait à tempérer. Le soir venu, il ramassait des branches sèches qu'il rassemblait en un lieu protégé des rafales intempestives, produites par les vents ascendants des falaises. L'amadou offert par le Père lui permettait d'allumer rapidement un feu que le souffle des cimes se chargeait d'attiser.

La faune avoisinante ne représentait pas un réel danger. Depuis le drame dont avait été victime ce pauvre Jolôk, aucun ours n'était apparu en son champ de vision. C'est en toute quiétude qu'il procédait à des arrêts fréquents pour le seul plaisir d'admirer ces petites chèvres sauvages au poil ras qui se plaisaient à bondir à travers les roches avec l'agilité des gazelles. L'avant-veille, il s'était trouvé nez à nez avec un énorme mouflon aux cornes spiralées. Le ruminant s'était approché sans crainte apparente, jusqu'à venir flairer sa pelisse en soufflant bruyamment des nasaux.

Il en avait conclu que cette faune d'altitude qui avait peu de réactions de frayeur en la présence humaine ne devait pas être chassée. Cette déduction l'amena à espérer que c'était pour les mêmes raisons qu'une poignée de loups s'attachait, depuis l'aube, à ses pas. De temps à autre, ceux-là s'éloignaient pour suivre des voies plus substantielles. Puis leur harde revenait, truffes au vent, observer l'événement territorial à deux pattes qu'il incarnait.

Héri-tep était à demi rassuré par le voisinage de ces bêtes réputées féroces. La nuit venue, les loups n'allaient-ils pas l'obliger à entretenir un feu plus volumineux que d'habitude au détriment d'un légitime repos ? La présence persistante de ces carnivores cheminant en meute le poussa, sans grande inspiration, à interroger ce qu'il appelait désormais avec une pointe d'ironie son « intimité ».

- ** *Nadjelda, mon aimée, j'aimerais connaître ton avis sur le comportement quelque peu paradoxal de ces loups ? M'entends-tu ...Nadj... Nadjel...da ?*

- ** *Oui... Héri-tep, pourquoi cette insistance soudaine à t'enquérir de ma présence, craindrais-tu que je me sois assoupie par manque d'activités ? Il me faut te préciser que je ne suis pas spécialement tenue en éveil par l'assiduité que tu mets à sonder mes appréciations, tu es plutôt d'un genre... modéré, il me semble !*

- ** *Serait-ce un reproche que tu formules à mon encontre ?*

- ** *Une constatation tout au plus ! Je te rappelle qu'il y a des millions d'êtres humains sur Terre, et que seulement quelques privilégiés... dont tu fais partie, ont la possibilité de dialoguer avec leur entité complémentaire.*

- ** *Je ne vois pas où est le problème, Nadjelda ?*

- ** *Non ! Alors il me faut te préciser combien je suis affligée par le fait que tu ignores à ce point mon existence. Je pense que tu es atteint d'une crise de paranoïa narcissique, qui se complète d'une phallocratie à ascendance perverse.*

- ** *Perverse... n'est-ce point excessif, Nadjelda ! Voilà que je sollicite humblement un avis, et tu m'inondes de reproches véhéments... Par tous les dieux, qu'ai-je fait, pour mériter pareil châtiment ?*

- ** *Ou plutôt, que n'as-tu point fait ? Depuis l'instant où je me suis révélée en ma condition féminine, j'étais en droit d'espérer de ta part à défaut de respect, un minimum de concertation. Au lieu de cela, je n'ai eu droit qu'à l'indifférence. À ce stade, d'ailleurs, cette indifférence prend une autre connotation, elle s'apparente... au mépris.*

- ** *Au mépris... Nadjelda, comment peux-tu parler ainsi ? N'ai-je point fait appel à toi lorsqu'il m'est apparu qu'un point de vue féminin pouvait aider à l'éclaircissement d'une situation ? Comprends-moi ! Je ne peux pas risquer de t'importuner chaque fois qu'un problème se présente. Surtout s'il m'est aisé de le résoudre. Je veux dire, de manière intrinsèque.*

- ** *Le mot intrinsèque, si je ne m'abuse, est employé dans le sens de ton intimité. Or je fais partie intégrante de ton intimité... c'est précisément ce que tu sembles avoir oublié !*

- ** *Voyons, Nadjelda, tu ne vas pas provoquer entre nous une scène de ménage ! Qui plus est, en l'endroit le plus isolé du monde, au moment précis où j'ai de bonnes raisons de craindre pour ma vie... Te montrerais-tu à ce point cruel et démunie de sentiments à mon égard ?*

- ** *Je mesure combien tu cultives l'art de retourner les situations en ta faveur. Ta crainte des loups est inconsidérée, Héri-tep, les loups ne sont pas des hyènes en manque de nourriture... Les Maghavans ont pris soin de te le préciser... Ils n'attaquent jamais l'homme !*

- ** *Alors pourquoi celui-là vient-il jusqu'à renifler mes sandales ?*

- ** *C'est une louve... Peut-être est-elle simplement admirative... de ta bravoure à côtoyer les cimes ?*

- ** *Je tolère mal ton ironie, Nadjelda, je ne te demande aucunement de me materner ! Simplement, de temps à autre, il ne m'apparaîtrait pas inutile... peut-être même souhaitable, de consulter tes aptitudes intuitives ou, si tu préfères, ta sensibilité féminine.*

- ** *Eh bien, moi, vois-tu, je m'interroge sur le fait de savoir s'il m'est indifférent ou non... que tu te fasses dévorer !*

- ** *Nadjelda, je garde de toi un si merveilleux souvenir. Nous n'allons pas nous quereller, pour une histoire de loups ! Je te promets qu'à l'avenir je consulterai plus souvent cette partie féminine que tu incarnes en moi. Je me reconnais volontiers un certain égoïsme, peut-être même, pourrait-on l'assimiler à un égocentrisme... Oui, je suis de cet avis, je te demande pardon... voilà ! Voilà, Nadjelda, alors, pour les loups, tu disais qu'ils n'étaient pas dangereux ?*

- ** *Bien moins dangereux que moi si, subitement, je décidais de te bouder et de ne faire plus aucun cas de ta personne !*

- ** *Tu ferais ça... Tu ferais ça ?*

- ** *Oui ! Et si je décidais de le faire, et que tu te trouves ainsi privé de ta partie féminine, tu deviendrais vite un rustre personnage sans délicatesse aucune. Xantozor lui-même se montrerait effrayé de ta balourdise et de ta muflerie.*

- ** *Là... Là, vraiment, tu m'affliges, Nadjelda, vraiment, j'ai beaucoup de peine... Seul, isolé en ce monde hostile. C'était rassurant de savoir que l'on était deux. Si tu me boudes, si je dois désormais compter sur mes seules réactions... viriles, enfin je veux dire masculines, je risque d'aller de querelles en drames et... et même...*

- ** *Allons, grand nigaud, n'en fais pas une tragédie... ne vois-tu pas que je plaisante pour te souligner que j'existe, je fais partie de toi, comment voudrais-tu que je ne t'aime pas ? Ce serait de l'auto flagellation... enfin... presque...*

- ** *Tu m'es précieuse, je t'aime Nadjelda !*

- ** *Moi aussi, je t'aime, grand fou... et arrête de soliloquer le nez au vent sur le flanc de cette crête... C'est dangereux.*

Héri-tep était plongé dans ces réflexions, quand son itinéraire l'engagea sur un plateau dénudé battu par le vent des cimes. C'est en ce lieu, pour la première fois, qu'il fit connaissance avec la neige. Brillante, froide et immaculée, elle stagnait par plaques ou adhérait aux anfractuosités des roches. Un souffle lancinant balayait la pente, favorisant l'apparition de bourrasques floconneuses, qui estompaient par intermittence les sinuosités du parcours.

Il était sur le point d'atteindre l'extrémité du plateau, lorsqu'il fut témoin de l'un de ces innombrables drames auxquels se livrait quotidiennement la nature. Du plus haut du ciel fondit un aigle gigantesque, dont l'envergure dépassait largement les six coudées. Le rapace s'abattit sans commisération sur le plus proche des loups. La pente aidant, le canidé fût littéralement soulevé à hauteur d'homme, puis brutalement relâché sur les roches. Alors que la meute apeurée se disloquait, l'aigle se précipita de nouveau sur sa victime, renouvelant ses attaques, jusqu'à ce que le loup ne manifeste plus de réaction. Relevant alors sa tête aux macules blanches, les serres crochetées sur le poil encore frémissant, l'oiseau toisa d'un œil conquérant ce témoin à deux pattes qu'incarnait Héri-tep. Celui-ci étreignit son bâton. Il n'allait pas se satisfaire d'être la victime potentielle d'un volatile aussi impitoyable.

- *Kiel... Kiel !*

La huppe bouffante, le bec glatissant, le royal animal parut boire à l'écho de ces consonances humaines.

- *Kiel... Kiel... Kiel !*

Sur la hauteur dominant le plateau, un pittoresque équipage fit son apparition : deux onagres, sur le dos desquels dodelinaient de curieux personnages. Juché sur l'un des chameaux d'accompagnement, un rustique paryanka, hérissé de perches, ballottait sa charge au rythme de la marche. Un second aigle s'y tenait en équilibre, les ailes à demi déployées.

Héri-tep attendit que l'étrange caravane parvienne à sa hauteur. L'homme en tête du cortège portait la barbe. Son visage était buriné par les intempéries. Un jeune garçon au teint pâle et à l'allure plutôt frêle l'accompagnait. L'un et l'autre étaient emmitouflés dans de longues pelisses qui laissaient peu paraître de leur peau. S'étant approché du lieu du drame, le plus âgé descendit de monture. D'un pas balourd semi trébuchant, il se dirigea vers le rapace toujours agrippé à sa proie. Adoptant alors des gestes prudents, presque cérémonieux, l'homme glissa un manchon de cuir sur la tête du volatile, pour ensuite le soulever avec précaution et venir le placer sur la perche à proximité de son semblable.

Pendant que s'effectuait cette délicate opération, le garçon dirigea sa monture vers le Grand Prêtre. Après avoir relâché le lacet qui lui protégeait le bas du visage, il articula quelques mots en un idiome inconnu. Héri-tep fut surpris par cette voix suave, à l'intonation engageante qui ne correspondait pas au jargon rocailleux des gens de l'endroit. Il rechercha parmi l'éventail de sa linguistique de possibles connotations. Hélas, rien n'était approchant. Voyant sa confusion, le frêle personnage renoua dans la langue de l'Indus, qu'il semblait parfaitement maîtriser :

- *Me comprends-tu dans ce langage... Quel est ton nom ?*

- Les mots, cette fois, furent interprétés instantanément : *Mon nom est Héri-tep, je suis voyageur solitaire en ce pays proche du Ciel.*

- *Moi, je suis Kauneska et lui c'est Pyplomk, il est aiglier en pays des neiges bleues... loin au Nord.*

Le désigné Pyplomk chargea sur son dos la dépouille du loup. Il vitupérait en cet idiome incompréhensible, qu'avait employé précédemment Kauneska. S'étant avancé d'un pas pesant, il laissa glisser aux pieds d'Héri-tep le cadavre de l'animal. Puis, les yeux clos, il plaça sa main à hauteur de sa poitrine, qu'il frappa par trois fois. Le garçon aux longs cils eut un sourire attristé :

- *Il dit qu'il est désolé que son aigle ait tué ton animal intime. Il dit qu'il te dédommagera en sel gemme ou en peaux d'hermines... comme tu voudras ?*

- Ce loup n'était pas attaché à ma personne. Lui et ses congénères persistaient à me suivre depuis l'aube, lorsque je m'arrêtais, ils se couchaient et reprenaient ensuite, sans que je sache pourquoi.

Kauneska se plut à traduire la situation à Pyplomk, lequel à son tour parut prendre un vif intérêt à la narration. Cette description motiva de sa part une réponse détaillée :

- Il raconte, traduisit le garçon, *qu'une légende née en terre des ombres prétend que les chiens des cimes suivent « Les hommes de Lune », tout comme ils suivent leurs meneurs de hardes. Serais-tu... un homme de Lune ?*

- Héri-tep hésita. Je ne sais pas, ce qu'est... un homme de Lune ?

- Pyplomk dit que le chaman, lui, il saura ! Il t'invite en sa yourte qui est à un lendemain d'ici... Tu veux ?

Héri-tep hésita de nouveau :

- Je lui ai dit que tu acceptais, poursuivit Kauneska. *Il te prie d'enfourcher la bastine de la bête à bosses et de maintenir tes pieds joints sur les flancs de cuir.*

***

Le soir venu, la petite troupe avait couvert un appréciable parcours à travers un paysage chaotique aux sentiers inexistants. Les sommets bonnetés de neige s'étaient éloignés et, dans les lointains embrumés, le regard pressentait des vallons plus accueillants.

Le jeune garçon avait les yeux humides des femmes du Sud. Ses prunelles, obombrées par de grands cils, se dérobaient au regard interrogateur du Grand Prêtre. Pyplomk, lui, ne cessait de choyer ses rapaces. Il leur lissait les plumes, les pourvoyait en eau et en nourriture, leur parlait et n'avait de cesse de les consoler pour des chagrins imaginaires. Les peaux des bêtes tuées, jusque-là roulées sur les croupes, furent étalées à même le sol. Elles attiraient d'énormes mouches aux reflets bleutés, que Kauneska chassait avec une répugnance non feinte. Héri-tep retira du feu le cruchon clapotant et versa le liquide encore frémissant dans les trois jattes de terre. Chacun trempa en silence son lin teinté de fleurs d'orient en y adjoignant une coulée de miel. Incidemment, le regard du Grand Prêtre se posa sur les manches du jeune homme. Elles étaient si longues qu'on lui apercevait à peine l'extrémité des doigts :

- *Je m'étonne,* interrogea-t-il, *du contraste qu'il y a entre toi et Pyplomk... Tu es son fils ?*

Kauneska fit un signe négatif de la tête :

- *Tu l'accompagnes souvent lors de ses chasses ?*

- Le garçon but une longue gorgée : *C'est la seconde fois, je ne m'éloigne guère des yourtes... la montagne recèle beaucoup de dangers !*

- *Des dangers ! Quel âge as-tu donc, pour être aussi peu téméraire ?*

- *Dix-sept années et six Lunes !* avança d'une voix feutrée Kauneska.

- *Comment se fait-il, que tu parles si bien la langue de l'Indus, on est à des lieux de marche de ce pays ?*

Kauneska ne répondit pas. Il maintint sa tête inclinée vers sa bolée. Comprenant la gêne que suscitait sa question, le Grand Prêtre n'insista pas. Peut-être aurait-il obtenu une réponse si Pyplomk ne s'était subitement dressé le doigt fléché sur l'horizon.

- **Samana... Samana** !

Kauneska sursauta si fort sur son assise qu'il faillit lâcher son récipient. Loin au septentrion, deux grains d'ombre progressaient parmi les escarpements.

- *Quelles sont ces gens ?* Questionna Héri-tep.

- Le garçon eut un sourire amusé : *Ce ne sont pas deux personnes, c'est le chaman et son bouquetin. Husä est son nom. Il apporte ses soins de yourtes en yourtes. Exerçant son talent d'homme médecine en ces régions, il avait promis de nous rejoindre, pour nous protéger du mauvais œil, le reste du chemin.*

- Avec cette volonté presque physique de ceux qui désirent convaincre, Kauneska plongea résolument son regard étincelant dans celui d'Héri-tep : *Il te faut savoir qu'Husä est habité par le Grand Esprit. Son âme voyage parmi les étoiles et pareillement elle plonge dans les abîmes infernaux... C'est un chaman renommé en Terres du Ciel.*

La pelisse était si longue qu'elle laissait à peine entrevoir des mocassins éventrés par des orteils noueux. Le bonnet en pointe grassement patiné descendait sur le bas de la nuque. Il était ornementé de pendeloques que couronnaient des dents d'ours. Des amulettes en lapis-lazuli bruissaient le long des manches loqueteuses. Sans doute avaient-elles pour fonction d'éloigner les esprits mauvais.

Husä tenait dans une main son tambourin entouré de filasse multicolore. De l'autre, il étreignait une curieuse houssine en forme de queue de poireau. Son visage avait cent ans ou vingt peut-être. Par le teint, il était conforme au miroir de cuivre qui battait à son flanc. Le pourtour violacé de ses yeux accentuait un regard d'halluciné, semblable à celui de ces êtres tendrement épris, dont le visage n'a d'autre reflet que leur état d'âme. Il souriait sans doute, car ses gencives roses luisaient en sa bouche édentée.

Vu que cette créature pittoresque fixait avec intensité son bâton, le Grand Prêtre n'eut d'autre alternative que de le lui tendre ! Husä s'en saisit avec une retenue avisée. Sa main aérienne affleura le relief des Médou-neter qui s'y trouvaient inscrits. Ayant fait choix d'une colonne de hiéroglyphes, de son doigt cireux, il indiqua avec ostentation une série de caractère. Héri-tep lut : « Le lointain marcheur ! » Les yeux écarquillés, une légère trémulation à l'endroit de la lèvre supérieure, le chaman eut alors quelques mots mâchouillés comme s'il se parlait à lui-même :

- Que dit-il... Kauneska ?

- Il dit que c'est toi « le lointain marcheur » et que lui, comme le loup bleu des cimes, il doit préparer ton âme à franchir les sept portes étoilées du Céleste Royaume.

- Interloqué par cette séante traduction, Héri-tep observa un silence plus interrogateur que méditatif, il se tourna alors vers Kauneska : Comment peut-il savoir, Kauneska ? « Le lointain marcheur » est le nom que l'on donne en le pays où je suis né, à la constellation céleste d'Orion, que l'on appelle « Sah ». Serait-il à même de lire et d'interpréter ces hiéroglyphes ?

Le jeune homme interrogea de nouveau le Chaman :

- Non ! Il dit qu'il ne sait pas lire les dessins des dieux... Mais que... qu'il... Kauneska s'interrompit de traduire, médusé et respectueux du moindre mot, il laissa le chaman terminer sa phrase : *Que... dans la transe, les esprits lui parlent, que lui Husä, écoute ce qu'ils disent. Ainsi, peut-il appréhender l'âme des choses !*

Héri-tep se sentit gagné par une langueur étrange. Il était comme drainé par ce regard hypnotique, par cet ensorcelant duo, qu'incarnaient l'homme et son caprin aux yeux d'or. De toute évidence, le chaman absorbait les énergies torpides, qu'il avait invoquées un instant plus tôt. Son corps devenait le jouet de forces centrifuges aux influences sardoniques. Après avoir ramené le tambourin sur son ventre, il le fustigea à l'aide de son os d'outarde. Le faciès grimaçant, le regard extatique, il entreprit alors de caracoler alentour dans un complet désordre de pensée. Le grotesque l'aurait volontiers disputé au phénoménal, si une série de vocables syncopés, ne s'était soudain expectorée de sa gorge haletante.

- Peux-tu me traduire le sens de ses paroles, Kauneska ?

- Apparemment fasciné par le caractère de cette métaphysique, le garçon se mit à commenter les phrases en des tournures évasives : *Le voyageur du Ciel est venu... le loup bleu est mort... l'aigle l'a tué. Il monte, il monte, au nid des neiges… Le voyageur est venu, il apporte la lumière en nos yeux de ténèbres !*

Il s'ensuivit une succession incohérente de mots aux accents dissonants. Puis sans que rien ne le laisse prévoir, Husä stoppa net son état de transe. Les joues creuses, le regard éteint, il s'affaissa sans plus de retenue sur la roche, près de laquelle leur petit groupe s'était abrité du vent. Épris de curiosité, Héri-tep s'approcha de son corps inerte. Le chaman dormait !

***

Dès l'aube du lendemain, la caravane reprit sa marche. Devant eux allaient Husä et son bouquetin. Les deux compères franchissaient fondrières et torrents avec la même prestesse que s'ils avaient évolué en plaine. Infatigable, le cœur en liesse, ce devin aruspice ne s'arrêtait que pour soigner les bêtes ou les arbres, dont il semblait ressentir à distance les états pathologiques.

Pressentait-il un bouleau affecté d'un mal inconnu, il se rendait à son pied tout en invoquant l'esprit de la terre. Le tambourin sonnant, il réconfortait le végétal, par des attouchements ou d'aimables antiennes aux consonances gutturales. Sans doute exaucé par d'obscurs génies, il s'égayait alors en jubilant, les bras levés vers le Ciel, sans que l'on sache si l'arbre était soulagé par ses arguties. Aux dires de l'aiglier, le bouquetin était aussi énigmatique que son maître. Il pâturait seulement à la rosée et personne jamais ne l'avait vu brouter quelques tiges. On affectait de se rire de lui lorsque, à l'instar du chaman, cette malignité caprine se plaisait à dansotter ou donner de la corne à la Lune.

Le jour déclinait quand les quatre voyageurs parvinrent en vue d'habitations. Il y avait là plusieurs yourtes, constituées de billes de bois recouvertes d'écorces de bouleau huilées. Des murets de pierres, disposés en coupe-vent, cerclaient des cours intérieures. Quatre seulement de ces demeures se trouvaient regroupées, les autres étaient réparties sur le vallonnement. De solides gaillards montés sur de petits chevaux aux crins touffus, se tenaient au milieu des troupeaux, comme autant de géants croquemitaines. Plus haut paissaient des moutons, des chèvres aux longs poils et des buffles chapeautés de cornes massives. À leur approche, les habitants sortirent de leurs logis, mais seuls les enfants vinrent au-devant d'eux.

Le foisonnement des couleurs automnales, la majesté des arbres que moiraient les vents, l'impétuosité des torrents, l'abondance des fleurs, donnaient à ce paysage l'agreste attrait d'un paradis oublié.

Il fut décidé qu'Héri-tep prendrait gîte dans une yourte à proximité de celle d'Husä, laquelle se trouvait sur les hauteurs du site. Kauneska logeait au bord d'un ruisseau proche des autres demeures. Quant à Pyplomk, il résidait plus au nord, à une demi-journée de marche. Le chaman étendit ses mains sur lui et ses animaux. Avant de poursuivre vers sa demeure, l'oiselier fit don à chacun de ses compagnons d'une peau de renard des neiges, tout en les remerciant de leurs bonnes pensées. D'un pas pesant, il gagna les crêtes dominantes, escorté par une horde de gamins gesticulants, que ravissaient ces volatiles perchés sur les bêtes à bosses.

L'entrée de la yourte était surmontée d'un énorme bucrane aux orbites inquisitrices. À l'intérieur sévissait une odeur de cuir tanné. Ce fort relent se mêlait aux senteurs des graisses engluées sur les pierres de braises. Au centre de la pièce, une cheminée rudimentaire enclavait un chaudron suiffeux. Les murs étaient composés de paillasses tissées avec des poils de chèvres, et le sol jonché de bourriches de fleurs médicinales. Des étagères rustiques supportaient de nombreux récipients d'argile cuite. Il y avait là un trident de pêche, une aiguière et une quantité de petites statuettes de bois dont la singularité votive échappait au Grand Prêtre.

- *Il demande si la yourte te convient ou si tu préfères la sienne ?* Questionna Kauneska.

- *Remercie-le pour sa générosité, cette demeure me convient parfaitement !*

- Le jeune homme eut un sourire indécis : *Husä doit voyager en direction de la vallée des sources. L'esprit lui a dit d'aller soigner en ce lieu la fièvre des bêtes. Il te donne rendez-vous dans trois nuits en Lune ronde à l'heure de l'oiseau-chat. Je viendrai avec lui,* ajouta le garçon, *pour te traduire sa parole.*

À peine eut-il formulé ces précisions, que le jeune adulateur s'empressa de dévaler la pente, pour rejoindre l'homme médecine, que convoyait en trottinant son caprin enharnaché.

***

Trois jours durant, en la semi obscurité de la yourte, Héri-tep passa son temps à étudier les plantes rupestres dont l'ermite kassite lui avait vanté les propriétés. Il chercha à analyser la dangerosité des poisons que détenaient ces fioles aux configurations tourmentées. Les quelques emblèmes ritualisés que le chaman utilisait l'intriguaient. C'était là, sans doute, des instruments en conformité avec ses procédés thérapeutiques. Après étude, il essaya de décrypter la symbolique de ce bestiaire, en procédant à la classification des objets propitiatoires qui s'y trouvaient entreposés. Il tenta, mais en vain, de deviner les caractères de ces pétroglyphes inscrits sur des galets parfaitement lustrés. Leur signification lui semblait subordonnée à cette géomancie secrète que pratiquait le chaman.

L'heure du rendez-vous approchait, sans qu'un seul membre de cette société pastorale ne soit venu lui rendre visite. Même le jeune Kauneska, avec lequel il était entré à plusieurs reprises en conversation, n'avait à ce jour réapparu. À proximité de la yourte, un mamelon herbeux dominait le site. Héri-tep alla s'y asseoir. L'esprit quiet, le corps détendu, il se laissa imprégner par l'atmosphère de cette fin du jour. Une brume violacée émanait de la terre. Ses nuées grises résorbaient la nature des choses. Elles s'opposaient à cette blonde luminescence qui, pour un instant encore, ravissait les cimes. Déjà, des voiles enténébrés molletonnaient le sentier qu'allait emprunter Husä pour réintégrer son habitation.

L'humidité gagnant ses membres, le Grand Prêtre décida d'attendre le retour de l'enchanteur à l'intérieur de sa yourte. À peine en eut-il franchi le seuil, qu'un chuintement proche le fit tressaillir. Une chouette au vol lourd lui frôla l'épaule avant de se fondre en ce clair-obscur. Il se remémora l'heure dite : de l'oiseau-chat. Son regard n'était pas encore accoutumé à l'obscurité lorsqu'il resta interdit devant la manifestation d'une flammèche. Celle-ci virevoltait au creux de l'âtre, en léchant la paroi suiffeuse du chaudron. Alors que partout ailleurs dans la pièce, la nébulosité déjà recouvrait ses domaines.

Progressant avec prudence, Héri-tep parvint à proximité du foyer. Au fond de la marmite mijotaient des résidus d'humus. Il en émanait une odeur douceâtre sans évocation précise.

Le Grand Prêtre en était à s'interroger sur la nature du phénomène lorsque, à sa stupéfaction, une brindille enflammée s'extirpa de la braise. S'étant élevée à hauteur d'homme, elle alla tour à tour allumer les neuf lampes à graisse disséminées dans les recoins de ce capharnaüm. Avec une nonchalance pâteuse, leur vacillante clarté refléta la patine des bois, tout en baignant d'une aura mythique la robe d'Husä.

Le chaman tourna vers « l'homme au loup » ses prunelles lourdes de mystère contenu. Un sourire crispé conférait à sa physionomie l'estampille de toutes les rouéries. D'un geste courtisan, il invita celui-ci à s'asseoir. Posée sur le sol de terre battu s'étalait une carpette grossièrement brochée. À chacun de ses angles, le chaman plaça une lampe en terre cuite. Ayant alors extirpé une corne d'aurochs d'un coffre en partie démantelé, il en fit jaillir douze galets qu'il jeta sur le tapis. Les cailloux se répartirent en une géométrie aléatoire, sur laquelle il parut méditer. Puis, il tendit à son invité un autre récipient cornu en lequel se tenaient les objets de sa magie, l'incitant ainsi par le geste à imiter sa thaumaturgie. Ces pratiques n'auraient pas particulièrement suscité la vigilance du Grand Prêtre si, à chaque résultat obtenu, Husä n'avait pas fait usage de son tambour. Il frappait celui-ci de pressants galops, comme autant d'appels impénétrables. Un instant encore, puis, les mains du chaman cessèrent de brutaliser son instrument. Il se leva, alla chercher un vase de jade et le déposa avec des gestes onctueux au centre du tapis. Ayant alors extrait d'un fatras de vétilles un pochon en argent, il trempa cet ustensile dans le contenu pour le porter par trois fois à ses lèvres.

- *Soma... soma...* répéta-t-il avec insistance.

Le manche du pochon représentait un serpent lové. Héri-tep réalisa que suivant la formule consacrée, Husä l'incitait à partager « l'esprit du dieu ». Bientôt, il n'eut plus aucun doute, ce breuvage était de composition semblable au Haoma des tribus aryennes. Respectueux des traditions, l'Égyptien ne chercha pas à se soustraire à ce rituel. Cet accord n'était-il pas avant tout consensuel ? Il y trempa les lèvres, en essayant de n'ingérer qu'un soupçon de liquide. À l'instant même où il reposait l'ustensile, un léger mouvement d'air fit osciller les flammes des chandelles. Le regard noyé de l'homme médecine s'orienta vers l'entrée de la yourte. Une silhouette opalescente inscrivit ses formes sur le chambranle de l'entrée. Le faciès impavide, par le geste seul, Husä invita la forme à s'avancer jusqu'à eux. À pas cérémonieux, la vision pénétra leur espace de clarté pour s'immobiliser sous le frémissement des flammes. En cet instant précis, Héri-tep crut être victime d'une hallucination.

Des cheveux longs et lisses, soigneusement apprêtés, entouraient le visage de Kauneska. Son cou et ses chevilles étaient gemmés d'ambre. Une robe de cuir fauve, lacée aux entournures, modelait son corps aux contours avérés. Le regard extasié sous l'emprise de l'étonnement, Héri-tep parcouru ce galbe féminin qui n'avait rien d'équivoque. Les paupières abaissées sur ses longs cils, la jeune femme s'agenouilla près d'eux, étendant sous leurs regards de braise ses jambes longues et fines. L'homme au loup, fasciné par la métamorphose, eut du mal à réintégrer le cérémonial, alors que, selon toute apparence, Husä ne donnait pas l'impression d'en être joué.

Après avoir observé un calme méditatif, à la manière d'un thuriféraire en mal d'équilibre, le chaman flatta à trois reprises la peau de son tambour. Puis, le cou torve, le dos arqué, il entreprit une marche échevelée autour du tapis, de telle sorte qu'il se mit à décrire des cercles en invoquant les esprits. Le rythme s'accentua, devint impétueux, ponctué de locutions interjectives, qu'il plaçait avec soins aux quatre horizons. L'homme médecine effectua ainsi neuf tours, pour ensuite s'arrêter, mains tendues derrière la nuque du Grand Prêtre, comme s'il s'apprêtait à le ceindre d'une invisible couronne. Sa lèvre inférieure frémissante récitait d'obscures logorrhées. Leurs sonorités graves tourmentaient l'atmosphère en un bourdonnement obsédant.

Le regard attisé par l'étrangeté de ce comportement, les prunelles de Kauneska ne cessaient de coulisser d'une ombre à l'autre, révélant une fébrilité contenue. S'étant alors penchée sur l'épaule d'Héri-tep, d'une voix vacillante, elle s'efforça de traduire :

- Il invoque l'esprit de la Terre... Il demande, si celui-ci n'a rien à te reprocher ? Il demande, si tu n'as jamais soufflé le feu pour l'éteindre, mais pour le raviver ?

Si tu n'as point souillé l'eau de la source ?
Si tu n'as point tué l'animal que tu n'y fus obligé ?
Si tu ne t'es point moqué du nez du Saïga ?
Si tu n'as point méprisé l'insecte ?
Si tu t'es ému de la nudité de l'oisillon ?
Il demande à l'esprit... si tu as su parler aux vents ?
Vibrer avec la pierre ?
Prier avec l'arbre mort ?
Si tu as veillé devant l'œuf ?
Si tu as médité devant le coquillage ?
Si tu as été troublé devant la fleur ?
Si les étoiles ont tourné dans tes yeux de voyage ?
Si ta main a nourri l'oiseau, plus que le serpent ?
Si tes pieds ont connu l'épine... tes doigts la crevasse et ton cœur... le galop ?
Parle esprit de la Terre... parle, mon tambour est ton oreille... parle ?

Husä figea son corps tel un pieu, les bras en croix, les paupières closes, la face grimaçante. Il donnait l'impression de défier tête haute les rayons du zénith. Un instant, il resta silencieux à l'écoute privilégiée de ses voix intérieures, puis avec une soudaine impétuosité, il fit sourdre comme fontaine, une série de vocables que la jeune femme s'ingénia à traduire :

- *La Terre répond, elle dit : Celui-là est mon fils aimé, il a germé en mon flanc, il a nombré les étoiles en mon flanc. Fassent les vents, que sa parole soit semée aux quatre angles du monde, il est mon fils aimé !*

La danse reprit, plus frénétique que jamais. À le voir s'agiter ainsi, on pouvait en déduire, sans grandes études, qu'il était atteint du mal épileptique, ou que son corps était possédé par quelque redoutable entité. Mais, à mieux observer, aucun des ustensiles en équilibre autour de lui n'était renversé par ses envolées torrentueuses. À l'opposé, c'est avec une prodigieuse habileté qu'Husä prenait et reposait les multiples objets de son culte, sans jamais en heurter un seul.

Le personnage s'accroupit. Il alla chevaucher une oie grossièrement naturalisée, dont les ailes déployées évoquaient un vol ascensionnel. Des phrases lapidaires aux consonances rauques, émanaient maintenant de sa gorge révulsée :

- *Voilà qu'il monte interroger le dieu Lune,* confia Kauneska le regard extasié, *il va lui demander si l'esprit de la Terre a dit vrai à ton sujet. En cet instant, il décrit son voyage et combien grande est sa crainte d'égarer son âme en les steppes étoilées. Voilà qu'Husä arrive sur l'astre, l'oie se pose dans l'une des nombreuses bouches que possède le dieu Lune. La Terre n'a point menti, atteste le dieu. Celui-là est du pays de sapience, il est fils du Ciel et de la Terre. L'eau de mes étangs a miré ses actes, il est ceint de l'aura des Justes, il connaît mon nom caché... je n'ai aucun pouvoir sur lui !*

Husä grommela quelques mots brefs en sa bouche édentée : *As-tu... pouvoir sur la femme ? J'ai pouvoir sur toutes les femmes !*

Sans ménagement aucun, le chaman se saisit du poignet de Kauneska. Pour autant, il ne diminua pas son débit de parole, mais la fille de l'Indus cessa de traduire. L'envoûteur entreprit alors sauvagement de la dévêtir. Ce fut chose facile, la robe chuta sur le sol, le corps frêle de l'adolescente frissonna à l'éclat incisif des flammes. Il y eut un doux parfum d'huile et de santal qui évinça un instant les odeurs de soufre et de cuir. Kauneska ne devait pas ou ne pouvait pas se défaire de ces doigts crispés qui cerclaient son poignet. En de brusques circonvolutions, le chaman lui fit parcourir des dédales imaginaires. Puis, brutalement, sous les yeux éberlués du Grand Prêtre, tous deux s'évanouirent par une déchirure de la yourte, pour aussitôt réapparaître par l'entrée habituelle. Husä guidait son sempiternel bouquetin à l'aide d'un lien de feuillage, alors que Kauneska se tenait à califourchon sur l'animal, dans le sens inverse de sa marche. Elle avait un air absent, comme engloutie par une nuit de l'âme. Le bouc était solennisé de blanc et de rouge, des clochettes de cuivre reliées par des triangles enjolivaient le toupet de sa robe. Un disque d'or percé en son centre reposait entre ses cornes ourlées de bleu. Husä, le visage compassé par la gravité de l'instant, déposa aux pieds d'Héri-tep le vase de Soma :

- *C'est le cadeau de la Terre !* Traduisit Kauneska d'une voix à peine audible, elle ajouta sur un ton empêché ; *En lui se trouve le bien et le mal que seule distingue ta conscience.* En titubant, elle descendit de monture, les paupières résolument closes :

Mon corps, que voici... est le cadeau du dieu Lune. *Le disque d'or que porte le bélier est le cadeau du Soleil. L'étoile polaire a confié à Husä que, lors de ta naissance, elle t'a nanti d'un cœur à l'image du Ciel qui tourne. Elle ne te donnera rien d'autre, car nul présent en ce monde ne peut être plus désirable pour un humain.*

Le côté extravagant de ces propos décontenança Héri-tep. Il ne pouvait cependant rester spectateur tacite d'un drame dont il était, à son insu, le protagoniste :

- *Kauneska,* dit-il sur un timbre hésitant, e*xplique à Husä que je ne suis pas celui qu'il décrit ! Je me sens solidaire de toute une humanité, je lutte et souffre pour honorer ma condition d'homme, pour être digne de l'attention que pourraient me porter les dieux. Je ne mérite aucune des louanges... dont ses obscurs noumènes me gratifient... dis-lui cela... je te prie !*

Soit qu'elle n'était plus en mesure d'entendre ou qu'elle fut encore sous influence, la jeune femme ne prit pas le temps de traduire les propos réactifs du Grand Prêtre. Elle enchaîna aussitôt :

- *Husä demande s'il peut sacrifier au Soma, car désormais le vase sacré t'appartient !* Elle poursuivit d'une voix anxieuse : *Il faut qu'il effectue un dernier voyage, il se doit de descendre aux Enfers. Le périple est dangereux, sa vision risque d'être souillée par les miasmes accumulés des impuretés humaines. C'est pour toi Héri-tep qu'il descend en ces abysses !*

- *Pour moi.. ! Mais que va-t-il faire en ces lieux d'épouvante... Qu'ai-je à traiter avec les démons, qu'il ne fasse pas cela ?*

- *Husä dit que les démons risquent d'être mécontents de ce que les astres ont révélé sur toi. Il dit que leur colère sera proportionnelle aux vertus affirmées par ceux qu'il a quêtés au Ciel. Il dit que le mal est le juste équilibre du bien. Aussi ne peut-il se passer de consulter ses suppôts !*

- *Les démons, Kauneska, ont pouvoir sur les âmes impies, faibles ou incultes, il m'apparaît osé d'aller les défier ! Tout en admirant sa hardiesse, je crains pour son équilibre mental... Fais-lui par de mon opinion, je te prie !*

La jeune femme traduisit en vain. Husä, dont la défroque venait d'être arrachée par on ne sait quel fâcheux tourbillon, n'était plus mentalement présent. Les forces de l'invisible traînèrent sa carcasse sur la terre battue de la yourte. Induré, le corps tétanisé par la transe, son mental fut soumis aux influences démoniaques. À la clarté morbide des lampes, d'horribles convulsions vrillèrent ses membres. Des pustules apparurent sur sa peau. Ses chairs se boursouflèrent de bosses hideuses. Il émit une plainte apeurée, proche d'un cri de chat battu. Ce vagissement se mua en une poussée coléreuse et hurlante où parurent être expulsées toutes les douleurs du monde. Terrorisé, Kauneska mordit de crainte l'extrémité de ses doigts. Un souffle inexplicable éteignit les neuf lampes. Mais l'obscurité n'était pas totale. Les flammes de l'âtre continuaient de projeter l'ombre hypertrophiée du chaman sur les tentures. Elles créaient une hallucinante fantasmagorie, que Kauneska suivait d'un regard éperdu d'effroi.

Le front du possédé fut plaqué au sol. Ainsi disposé, son corps tourna plusieurs fois sur l'axe de son crâne. Les bras battant l'air, le derrière retroussé en une posture grotesque, son faciès se révulsa. Sa langue était saillante, ses yeux exorbités, son épiderme exsudant. Sa détresse exprimait un infernal tourment et, à plusieurs reprises, ses mains abusées cherchèrent à crocheter une forme illusoire. Sans nul doute possible, la gageure était de triompher de cette magie délétère, de cette conjonction ensorcelante qui s'ingéniait à le persécuter ?

Héri-tep était inquiet, il souhaitait qu'Husä réajuste sa conscience et reprenne le contrôle de son entité. Contre toute attente, à la septième reprise, le chaman parut y parvenir. Un calme oppressant envahit l'atmosphère enfumée de la yourte. Le corps en état de transe, le regard trouble, Husä vint s'asseoir à la place qu'il occupait précédemment. Ses yeux retrouvèrent un semblant de vivacité. Mais Héri-tep décela en eux une brillance hostile à son égard. Lui fallait-il persévérer à défier ces prunelles suppliciées ou s'y soustraire par l'abandon de toute adversité. L'épreuve s'inscrivait-elle dans l'ordre des choses ? Il réalisa alors qu'il lui était demandé d'affronter l'autre versant de son être, celui qu'il s'était toujours refusé à accréditer. Cette présence refoulée concourait à activer les forces obscures qui le provoquaient avec ostentation dans le regard halluciné du chaman.

Frileuse en sa pudeur offensée, Kauneska s'entoura d'une pelisse et vint poser ses pas de louve sur les franges du tapis. Husä conservait sur son siège une roideur cadavérique, ses lèvres tenaillaient des mots inaudibles que la jeune femme guettait d'une oreille agacée.

- *Je ne le comprends plus !* dit-elle, contrite.

- *C'est possible...* murmura Héri-tep, sans quitter ce regard obsédant, *il me tance en ma langue maternelle que tu n'es point censée connaître.*

Réalisant dès lors l'inutilité de son action, Kauneska se contenta d'épier les deux hommes dont les énergies se défiaient en un dualisme silencieux. La sueur imbibait leurs visages. Elle luisait sur leurs muscles et annelait leurs torses de reflets blafards.

Il se manifesta alors une sorte de saisissement spectral, qui vint détourer leurs silhouettes d'un halo flavescent. Cette clarté soudaine émanant du dehors projetait des rais scintillants qui filtraient à travers les innombrables brisures des parois en jonc tressé. Cette curieuse manifestation s'amplifia au point de former un anneau luminescent autour de la yourte. En cette atmosphère tendue, Kauneska se sentit envahie d'une crainte intuitive. Aussi ne put-elle réprimer un cri lorsqu'elle vit Husä s'affaisser sur lui-même, pour rouler ensuite sur le tapis. Héri-tep réagit aussitôt. Ses mains glissèrent le long du corps en létalité du chaman.

- *Mort ?* interrogea la jeune femme angoissée.

- La réponse tarda à venir : *La fiole à tête de lion, là sur l'étagère, c'est de l'huile camphrée... il nous faut lui masser la poitrine... vite !*

Après quelques instants d'incertitude, le Grand Prêtre souleva le corps inerte d'Husä. Puis il alla l'étendre sur la natte qui lui servait de couche. L'ayant recouvert d'une fourrure, il alla lui-même s'allonger à ses côtés : la chaleur communicative de son corps devrait pensait-il aider le chaman en état d'hypothermie à recouvrer ses facultés. Kauneska, l'épiderme parcouru par un frémissement passionnel, s'allongea elle aussi aux côtés d'Héri-tep. Ayant posée sa tête sur son épaule, elle étreignît de ses deux bras tremblants sa poitrine à demi nu.

Les flammes du foyer qui illuminaient la yourte depuis le début de ce drame insolite finirent par s'éteindre. Seules persistaient ces étranges lueurs venues du dehors, elles appariaient leurs tons chauds à ceux blêmes de l'astre des nuits. Leur luisance scintillante griffait le sol, marouflait les objets alentour et criblait d'abeilles d'or le corps alangui de la jeune femme.

La gorgée de Soma, qu'il avait cru ne pas devoir refuser, avait provoqué chez Héri-tep une exaltation des sens. La proximité de cet original cadeau du dieu Lune, réveilla en lui l'appel de sa libido. Lui fallait-il tenter de résister à cette exaltation ou consentir à sa loi du moment ? Il essaya de capter le regard de cette sélénienne beauté, que lui avait dévolu les astres. Mais les paupières de Kauneska demeuraient closes sur une contemplation intérieure. Ses lèvres humides étaient à peine entrouvertes, et frissonnantes encore les chairs de son cou. Sa peau entière exhalait une odeur de musc, d'herbes à baumes, de fruits verts volés au jardin des âges. La jeune femme tressaillit à cette main audacieuse qui palpait les chairs de sa hanche. Pour autant elle ne chercha pas à faire se mouvoir ses longs cils. Elle laissa cette incursion voluptueuse gagner ses cuisses, son ventre et gonfler d'une turgescence érogène l'extrémité de ses seins. Elle clama plaisir à l'astre des nuits, à la grâce intime, au génie des ombres.

C'est alors qu'un chant lui fit écho, profond, caverneux. Il était rythmé par des piétinements. Aussi eut-elle l'impression que celui-ci mimait effrontément les excès fébriles de son cœur. Si évident était son ravissement qu'elle ne sut saisir dans l'instant ce qui se passait. Pour Héri-tep, l'incident fit l'effet d'une onde glacée. Se dégageant de cette passionnelle étreinte, il essaya de percevoir de quelle autre sorcellerie relevait ces odes inopportunes. Kauneska, qui émergeait lentement à la réalité, fit elle aussi un effort pour analyser la situation :

- *Probablement est-ce les autres chamans !* Souffla-t-elle. *Husä occupe chez eux le rôle d'archiprêtre, il leur a prôné le bien-fondé de ta science, il les a informés de ta présence ici.* Elle ajouta sur un ton alangui : *Sans doute est-ce pour cette raison qu'ils se trouvent rassemblés autour de la yourte !*

- Le Grand Prêtre se mit debout : *Nous ne pouvons les ignorer plus longtemps, Kauneska. Ces pasteurs ont une sensibilité mystique exacerbée, ils me prennent pour une manifestation de leur messianisme. Je perçois soudain les devoirs que j'ai envers eux !*

Toujours inconscient, Husä fut transporté près de la porte. Le seuil franchi, le Grand Prêtre eut confirmation de ce qu'il redoutait. À moins de vingt pas s'inscrivait un brasier annulaire qui semblait s'étendre au pourtour de l'habitation. L'assemblée des chamans avait-elle pour intention d'isoler cette demeure rituelle du reste du monde ? Aucune brèche, aucune percée n'était décelable. Toutefois la hauteur des flammes ne constituait pas un barrage dissuasif. Ayant apprécié la situation, Héri-tep se tourna vers la jeune femme toujours en état de fébrilité :

- Ce cercle de feu est symbolique, nous allons devoir le franchir... Es-tu prête ?

Kauneska répondit par un signe affirmatif de la tête. Elle noua hâtivement ses cheveux pour éviter qu'ils ne soient la proie des flammes. Héri-tep souleva dans ses bras le corps inanimé d'Husä. Ayant alors gagné le seuil, il fit quelques pas en direction de l'anneau ardent et s'immobilisa devant le rideau de flammes :

- Je dépose Husä hors de ce danger et je reviens te chercher, Kauneska !

Le Grand Prêtre invoqua Osiris-Ounen-Nefer, celui qui ne cesse de renaître puis, la démarche résolue, il s'engagea dans ce lacis purificateur. C'est à peine si sa peau enregistra l'onde brûlante tant redoutée. Il déposa Husä à quelques coudées du foyer et revint chercher Kauneska, dont les deux yeux étaient agrandis d'appréhension. Quand ils eurent franchi le cercle, leur première vision fut celle de la Lune ronde, troublante, ennuagée de mystères. Leurs yeux s'étant accoutumés, ils perçurent comme une blanche muraille, elle était composée de douzaines de formes immobiles.

- Ce sont les Maîtres Chamans ! Lui chuchota la jeune femme avec une intonation de respect.

À pas mesurés, Héri-tep s'avança au plus près de leur rang. À l'opposé, un vieil homme fit de même. Il était revêtu d'une chlamyde en peau d'agnelle abondamment honorée de phylactères. Sa main droite enserrait un rameau de laurier. Le patriarche s'arrêta de marcher. Au terme d'un silence lourd d'appréhension, il prononça quelques mots aux accents gutturaux :

- Le Grand Sacrificateur, Maître d'incantation des monts du loup bleu, demande si Husä est mort.

Lorsque les chamans surent qu'il n'était qu'évanoui, une euphorique effervescence ondoya le cercle des longues robes ! Il s'ensuivit un impressionnant martèlement de pieds, si vibrant de tonicité que l'on eut l'impression d'un monstre invisible cheminant alentour. Sans qu'aucun ordre ne fût transmis, quatre hommes alors se détachèrent de l'anneau processionnaire, pour emmener le corps inerte d'Husä. Impassible en sa dignité, le patriarche qui était devant eux, leva son bâton de commandement. Les piétinements cessèrent. Kauneska ressentit qu'elle se devait de demeurer dans l'ombre d'Héri-tep pour traduire les paroles prononcées :

- Si la bête porteuse d'or a regagné le Royaume des ombres, le disque divin demeure entre ses cornes. Toi, l'initiateur venu du pays de sapience, il t'appartient de nous restituer « La Lumière ». Il te faut franchir de nouveau le cercle, Héri-tep, le patriarche fait sans doute allusion au disque d'or que portait le bouquetin... il est resté à l'intérieur de la yourte !

Comprenant qu'il avait encore à accomplir un acte important, le Grand Prêtre imbiba d'eau son corps, son pagne et ses bottines, afin de franchir sans trop de risque le cercle de flammes. Un instant plus tard, il pénétrait en cet antre infernal qu'était devenue la demeure de « l'homme médecine. » Aussitôt, l'atmosphère âcre lui piqua la gorge, il se dit que ce lieu recelait toutes les diableries. Un brandon à la main, guidé par sa seule intuition, il se dirigea vers l'endroit le plus sombre de la pièce, là où personne n'avait évolué. La clarté de la torche eut alors un bref éclat et il ne put réprimer un frisson. Le bouquetin gisait là, immolé par on ne savait quel maléfice. Sa langue pendait pitoyablement hors de sa gueule. Ses yeux d'or fixaient un univers inexploré. Le disque était encore maintenu par les cornes torsadées de l'animal. Le Grand Prêtre s'en saisit. Il s'empara ensuite du vase de jade qui se trouvait au centre de la yourte. Muni de ces étranges accessoires de ritualisation, pour la troisième fois consécutive, il retraversa les flammes. Husä, forme debout mais titubante, attendait de l'autre côté du cercle. Son visage était paisible.

La transe l'avait apparemment abandonné. Ses yeux, cependant, demeuraient ouverts sur un vide inhabituel.

- Kauneska se tenait à ses côtés, elle paraissait bouleversée :

Il est devenu aveugle ! S'exclama-t-elle en un sanglot.

Héri-tep demeura un court instant interdit par cette déclaration. Puis, visiblement ému, il se pencha sur l'homme médecine et lui donna les trois baisers de Grand Initié :

- *Ton regard, Husä, a pu se fermer à l'apparence des choses, mais il s'est ouvert à une autre réalité. Aie confiance, les tourments du mal sont vaincus par notre volonté d'être !*

Le visage d'Husä resta impassible, alors que deux pleurs essayaient de trouver leur chemin, parmi les rides de ses joues hâlées. Les chamans se répartirent aux alentours du foyer. Chacun se saisit d'un brandon et, à l'injonction de l'un d'eux, ils projetèrent dans de filantes arabesques leurs résineux enflammés sur le toit de la yourte.

Torturées par un souffle malin, de véloces dents jaunes grimpèrent à l'assaut des paillasses. Un relent de poussière imprégné par les âges comprima les gorges puis, comme déchiquetées par mille gueules en furie, la charpente implosa sous un creuset de flammes. En un instant, une bouffée de braises incandescentes escalada l'espace, sidérant de ses lueurs fantomales le paysage alentour. Il floconna des milliers d'escarbilles qui s'immiscèrent à la pâleur des astres. Bientôt, il ne subsista de la yourte que de noirs fusains aux doigts totémiques, adjurant de leurs crépitations la béance de la nuit.

Chapitre XIII

La belle saison étalait son renouveau, mais il demeurait encore quelques plaques de neige sur le sentier qui menait au Levant. Cet hémione abâtardi que montait Héri-tep les contournait instinctivement comme s'il en appréhendait la froidure. Il apparut soudainement au Grand Prêtre que c'était hier qu'il était arrivé dans cette vallée perdue.

Lorsque leur caravane eut atteint le sommet de la colline, il éprouva le désir de se retourner, pour conserver une dernière image de ce site isolé aux étranges coutumes. Au loin, sur le replat, les villageois formaient de petites étamines colorées autour des yourtes. C'était la première fois, depuis de longs mois, qu'il les voyait ainsi rassemblés. Le lendemain de la fameuse nuit où les chamans avaient incendié la yourte, l'idée s'était répandue que « l'œil du loup bleu » était un Grand Esprit. On disait de lui qu'il voyageait sur Terre pour émonder les idoles et encenser les dieux. Depuis cet événement, la communauté des chamans n'avait eu de cesse d'idolâtrer sa personne. Ce qui avait eu pour effet corollaire de l'éloigner de tout voisinage populaire et par le fait même de toutes convivialités.

On lui était certes reconnaissant d'avoir protégé le bétail et chassé les démons des pacages, mais la population fuyait de crainte sur son passage et personne n'avait pouvoir de les en dissuader. Héri-tep ne pouvait que déplorer ce comportement. Partager les conditions d'un peuple à l'esprit grégaire faisait de la fonction sacerdotale une épreuve de grand mérite. Il détourna résolument la tête, réajusta les pans de sa chamarre et talonna l'hémione. Voyant qu'il poursuivait, Kauneska et les sept chamans accompagnateurs engagèrent de nouveau leurs bêtes. Ils descendirent un sentier en lacets bordé de pentes abruptes. Lorsqu'ils furent au creux de la colline qui les séparait du village, un son composé d'échos redondants leur porta l'appel d'une voix humaine. Elle semblait émaner des contreforts dominants du village. Tous tendirent l'oreille. Ce fut Kauneska qui réagit la première. Elle tourna bride et vint ranger sa monture à flanc de selle :

- *Écoute, Popi... écoute... Écoute !*

Héri-tep s'était accoutumé à ce sobriquet que lui avait attribué pour une énigmatique raison la jeune femme. Il tendit l'oreille aux courtes rafales de vent qui agitaient le défilé :

- *Je ne parviens pas à distinguer de quoi il s'agit...* dit-il, l'air agacé par sa légère faiblesse auditive.

À peu de distance de là, les chamans accompagnateurs, les bras levés vers le Ciel, exultaient.

- *Il est question d'Husä,* expliqua Kauneska, *la voix prétend qu'il a recouvré la vue, il y a un instant, lorsque tu t'es retourné sur la colline. Husä te remercie de lui avoir rendu ce bien si précieux.*

- *Je n'y suis pour rien,* énonça Héri-tep interloqué. *Mais il est vrai, qu'une forte émotion peut ôter un mal, qu'une autre avait provoqué. À moins que ce ne soient les dieux qui aient fermé quatre mois durant ses paupières, pour qu'il se concentre davantage sur ses oreilles ?*

- *La Grande Lumière peut-elle occulter la vision plus que les ténèbres ?* S'enquit l'espiègle égérie.

- *Oh, oui...* confirma le Grand Prêtre ! *C'est pour cela qu'il est nécessaire, dès le plus jeune âge, d'accoutumer son regard à une autre perception des choses.*

- *Il semble que le mien, de regard, ne t'apparaît point autant développé qu'il serait souhaitable !* objecta-t-elle avec un rien d'audace !

- Héri-tep afficha l'un de ses sourires indulgents, qui avait parfois le don d'agacer la jeune femme : *Je pense, Kauneska, que tu perçois mal le caractère de mon enseignement. Il devrait t'intéresser, mais il ne parvient qu'à t'intriguer, à t'irriter ou au mieux, à te distraire.*

Cela provient, je crois, d'un manque de concentration dû à ton jeune âge !

- *Ce qui sous-entend, que s'il m'était donné de percevoir subitement la portée de ton enseignement, je m'en trouverai à mon tour aveuglée par l'excès de lumière ? Popi, te prendrais-tu pour l'émanation du Soleil ?*

- *Chaque homme, chaque femme, Kauneska, est capable de mirer en son cœur cette lumière que je cherche à dispenser. Certains êtres sont ternes, d'autres neutres, d'autres brillants. Il suffit de polir patiemment son miroir pour éclairer sa nuit intérieure et par le fait même, celle des autres. Tu devrais pressentir cela… toi… le reflet de Lune ?*

Sans formuler de réponse plus élaborée, la jeune femme lui jeta un regard sombre et poussa sa monture sur le sentier :

- *Je proviens peut-être… de sa face cachée… à la Lune,* jeta-t-elle avec la désinvolture que l'on attribue aux réflexions fugitives !

- Le visage du Grand Prêtre afficha une attitude stupéfaite : *Que dis-tu ? Qu'est-ce qui te laisse supposer que la Lune a une face cachée ?*

- Un instant elle fut surprise par l'impact de sa question : *Simple intuition féminine,* proféra-t-elle un peu décontenancée, puis elle poursuivit en maugréant ! *Moi aussi j'existe, Popi… et jusque-là, je n'ai bénéficié que fort peu de tes vastes connaissances, que tu dispenses généreusement aux autres. Certain pourrait trouver que ça ressemble à une ségrégation phallocratique !*

Ces propos suscitaient bien en lui quelques réminiscences, mais le Grand Prêtre ne trouva pas de réponse. Il continua à avancer la tête penchée plus avant sur les oreilles de l'hémione. On eût dit qu'il s'apprêtait à lui confier un secret. Puis, s'étant ravisé, il se concentra sur une pensée intérieure :

- *** Nadjelda, je te prends à témoin que la vie avec les femmes n'est pas toujours facile. Nous, les hommes, nous nous sentons proches de* *vous par l'émotivité, la sensualité, la complémentarité, que sais-je ? Par contre, nous nous estimons beaucoup plus éloignés par le côté déductif des choses ou, si tu préfères, par le sens phénoménologique que nous attribuons à la nature des choses ! Tu vois ce que je veux dire ?*

- ** *Ce que je vois, Héri-tep, c'est que ton raisonnement s'applique à une fille que tu juges immature, frivole et, de surcroît, à laquelle tu prêtes une addiction par trop manifeste aux plaisirs de la vie.*

- ** *Quel sévère jugement tu exprimes là, Nadjelda ! Au contraire, je trouve Kauneska empreinte de réalisme, vive d'esprit et... serais-tu... jalouse ?*

- ** *Jalouse... non, bien que tu me places quelquefois à mon insu, dans des situations des plus délicates ! Oui, je veux dire libertines, assimilable à un... tribadisme, y as-tu réfléchi ?*

- ** *Tribadisme... Oh... Je n'aurais jamais osé ce genre de rapprochement. Il est vrai que cette bisexualité d'ordre psychique est en certaines circonstances équivoques, je le reconnais. Mais es-tu vraiment sérieuse là... J'ai des doutes !*

- **Popi !** hurla Kauneska, à demi retournée sur sa monture : **Je te demande pardon pour ce que j'ai dit**... Personne ne m'a jamais autant apporté que toi... Personne... **Jamais !**

- ** *Nadjelda, as-tu entendu ce que vient de dire Kauneska ?*

- ** *Oui ! C'est la preuve que nous, les femmes, avons l'adaptabilité nécessaire pour nuancer vos mâles préjugés sur la raison existentielle. Kauneska ne fait que souligner la forme, afin qu'elle s'adapte mieux au fond qui nous est complémentaire... Comprends-tu, cette androgynie cognitive, Heri-tep !*

- ** *Je constate que vous formez entre femmes une redoutable conjonction maligne... Toutefois, je te remercie pour cette approche déontologique, Nadjelda. C'est une originale leçon de philosophie, qui m'incite à la réflexion !*

***

Cela faisait trois jours déjà que leur escorte, composée des sept chamans, avait atteint les limites de territoire, laissant ainsi les deux étrangers qu'ils étaient, sur les chemins embrumés de l'Indus. Ces frustes animistes s'en étaient retournés le cœur gros, emmenant avec eux leurs traditionnels chants canoniaux. Leur départ regretté avait fait place à un silence vigilant, ponctué de temps à autre par les cris stridents des choucas.

Depuis cette séparation, la progression de leur équipage était à peine altérée par la répétitivité sèche des sabots sur les pierres. Les monts succédaient aux vallons, les chemins escarpés aux sentes bucoliques. Il advenait que cette monotonie du paysage brouillait le regard, tout en incitant l'esprit à une légère somnolence. Ainsi bercé par de dolentes pensées, Héri-tep en fut brutalement tiré par l'exaltation détonante de Kauneska :

- *C'est là, Popi* ! *Je reconnais l'endroit. Ma mule a chuté juste après avoir passé la petite crête qui longe les pins.*

- **Une mule…** *Quelle mule ?* S'inquiéta-t-il, en essayant de visualiser ce que l'on tentait de lui démontrer à grands renforts d'exclamations.

- *Eh bien ! Celle que je chevauchais au moment de l'accident,* s'exaspéra la jeune femme. *Mes amis étaient au fond de la combe que tu vois là-bas. Ils ne purent donc assister à ma chute. Lorsqu'au matin, ils récupérèrent ma monture, fort éloignée de l'endroit où ils pensaient me trouver, ils imaginèrent que j'avais glissé dans le ravin, et que j'avais été emportée par le torrent. Ils regagnèrent alors la vallée. Si l'aigle ne m'avait découverte et Pyplomk soignée, je n'aurais pas tardé à servir de casse-croûte aux nécrophages du coin.*

- *Mais, par tous les dieux, qu'allais-tu faire bravade en ces contrées à risque ?*

- Kauneska fouilla d'un œil expert le relief de proximité : *Tiens ! Voilà ce que ce que nous étions venu chercher !*

Le Grand Prêtre plissa ses yeux pour mieux distinguer l'aspect de ces touffes pâles que la jeune femme lui désignait de la main :

- *Je connais ces fleurs blanches, elles entrent dans la composition du Soma.*

- *Oui !* s'exclama Kauneska, l'air ravi : *elles ont réputation d'être plus efficaces que les jaunes, leur rareté les fait apprécier des connaisseurs. Dans certains milieux fortunés, en Indus, on en fait grande consommation... tu sais !* Elle marqua une légère pose : *Malheureusement, il nous faut aller les chercher toujours plus loin dans la montagne.*

- *Nous ?*

- *Oui, nous... la population aisée des cités de l'Indus !*

- Le Grand Prêtre observa un silence où planaient d'informels griefs. *Est-on animé en Indus d'une telle ferveur envers les dieux, pour explorer de façon abusive ce genre de substrat ? Il n'y a point de drogue qui ne soit dangereuse, et point de drogué qui ne soit blâmable, Kauneska !*

- Elle eut un petit rire bref : *Tu es loin de ton pays, Popi... En Indus, l'herbe à rêve supplée aux boissons lactées depuis bien des lunes... tu sais !*

- Ayant approchée sa monture, elle lui chuchota à l'oreille, comme s'il s'agissait d'une confidence : *Dans nos cités, l'herbe se vend plus chère que les filles pour le plaisir d'amour !* Puis elle poursuivit sur un ton désinvolte : *D'ailleurs, l'herbe intéresse tout le monde, jeune ou vieux. Être marchand de rêves est très lucratif... Enfin, pour moi c'était...*

- *J'entends...* marmonna Héri-tep, l'œil clairement réprobateur : *N'y aurait-il aucune possibilité à éviter cette ville dépravée vers laquelle nous nous dirigeons ?*

- Ah, non… Tu as promis de m'accompagner, Popi ! L'intonation était un peu haute, elle s'employa à la nuancer : *Que deviendrai-je sans toi… N'as-tu pas fait promesse de m'aider à évoluer et modifier mon existence… dis ?* Le visage d'Héri-tep s'assombrit. Un instant, il faillit faire jaillir de sa gorge convulsée une série de réprobations bien senties. Mais, par tolérance, il se contenta d'un acquiescement laconique de la tête. ***Ha, merci Popi****… Je savais bien que tu ne me laisserais pas tomber !*

- C'en était trop ! Ayant brusquement arrêté sa monture, il vitupéra sur un ton dogmatique qu'elle ne lui connaissait pas : *Mais, c'est toi qui te laisses tomber ! Souviens-toi des controverses que nous avons déjà eues sur le sujet ? Je te rappelle qu'un être humain doit s'assumer au naturel dans la réalité de son état de conscience. Il ne peut le faire si celui-ci est soumis à des agents palliatifs. Sa joie est feinte, sa douleur édulcorée, sa mémoire altérée, son intelligence conditionnée, son corps bafoué.*

La vie est non seulement une épreuve, mais un grand test, Kauneska, auquel nous soumettent les dieux… Nous ne devons négliger aucune de nos réincarnations sur le sentier de l'évolution. Quelle aptitude aurions-nous à exister ! L'ultime justice consiste à se mériter soi-même, en vertu des tentations surmontées. Les stupéfiants sont des abris éphémères, qui nous sont concédés par indulgence, quand il y a, au cours de notre vie, inaptitude à triompher des écueils… n'en faisons pas une sinécure !

***

Ils étaient parvenus sur le plateau d'un site dominant la haute vallée de l'Indus. De longues striures d'argent émaillaient les lointains embrumées. La vue plongeait au loin sur une terrasse, au bord de laquelle s'érigeait une tour fortifiée, dont l'un des pans à demi éboulé surplombait le vide. En raison d'une activité de surveillance frontalière qu'il savait vigilante, le Grand Prêtre pensa que ce type de bâtisse devait être occupé par une garnison d'observateurs :

- Réjouis-toi Kauneska, tu vas enfin boire de l'eau, qui n'aura pas le goût de poil de chèvre.

- La jeune femme scruta les ruines sur le sommet de la crête, avec une moue dubitative : *Ce genre de cage à soldats ne me dit rien qui vaille !*

- Que dis-tu là ? En pays d'Égypte, les fonctionnaires qui occupent ces postes avancés ont une réputation de grande hospitalité.

- Dans ton pays peut-être... mais pas dans le mien, soupira-t-elle, l'air excédée ! *J'ai ouï-dire que nous plaçons ici des gens que nous jugeons indésirables ailleurs. Des parias, des traîne-misère et autres pouilleux de tous acabits.*

De guerre lasse, le Grand Prêtre finit par se laisser convaincre. Aussi s'apprêtaient-ils à contourner la place, lorsque deux reîtres accoutrés d'un semblant d'uniforme débouchèrent en la courbure du sentier.

Les voyant ainsi s'avancer l'air impudent et goguenard, Kauneska d'instinct pressentit le danger. Elle battit le flanc de l'hémione en l'incitant au plus vite à tourner bride. L'animal, hélas, ne comprit pas cette brusque réaction et incontinent la désarçonna. La situation alors prit un caractère précipité et il n'en fallut point davantage pour que les deux escogriffes se ruent sur la jeune femme gisant à terre. À demi-consciente du fait de la lourdeur de sa chute, Kauneska n'eut plus assez de force pour leur résister. Aux premiers signes d'agressions, Héri-tep sauta de sa monture, bâton en main. Il s'élança au-devant de ces deux coquins pour tenter d'interrompre leur odieuse besogne.

- Misérables barbares, s'indigna-t-il, le timbre haut, *je vais vous faire voir ce qu'il en coûte de se conduire ainsi !*

L'un des butors au faciès d'éventreur dégagea de son dos un épais gourdin. Cherchant à créer un climat de menace, il se plut à le faire tourner autour de son corps en changeant prestement de main. Tout en se faisant, il avançait à pas mesurés vers ce grand ébarbé, dont le bras levé avait pour prétention de rectifier leur conduite.

Parvenu à six pas, d'un geste prompt, il lança son arme à la volée. Il y eut un choc flasque, la masse noueuse percuta le justaucorps du Grand Prêtre au niveau des côtes. Le souffle coupé, celui-ci tomba à genoux. Son cœur lui parut avoir éclaté sous le choc. Stoïque dans l'adversité, il tentait de se relever lorsqu'un second coup lui paralysa l'épaule, puis un autre encore. Sa tête buta contre la terre caillouteuse du sentier. Il y eut des lueurs fugaces comme des éclairs d'orage avant qu'une nuit silencieuse envahisse son être.

Lorsque qu'il revint à lui, le Soleil portait loin les ombres. Il se remémora l'agression et réalisa qu'il n'était plus dans la position où il avait chuté. Quelqu'un l'avait retourné et placé dos contre terre. Son arcade sourcilière était fendue, un sang ocre maculait les cailloux alentour. Des mouches en nombre bourdonnaient avec insistance. Sa poitrine était douloureuse, ses membres ankylosés pouvaient à peine se mouvoir. La volonté aidant, il réussit à se mettre debout. Son équilibre était incertain, sa démarche chancelante ; autour de lui, personne, ni mules, ni êtres humains. La nature propageait un silence angoissant, si ce n'était toutefois un léger bruit de gargouille qui semblait provenir de derrière les roches. Il s'employa péniblement à rallier ce qui lui semblait être une manifestation de la vie. Ainsi contourna-t-il prudemment les blocs rocheux, avec la crainte légitime de choir de nouveaux sur ces deux scélérats.

Bien que fugitive, la vision qui se présenta à lui le réjouit et le gêna tout à la fois. À demi-vêtue, Kauneska, les jambes dirigées vers le ciel, versait entre ses cuisses le contenu d'une outre.

- Lorsqu'elle l'aperçut, un réflexe instinctif lui fit rabattre prestement sa chamarre. Elle poussa un cri, **Popi ! Tu es vivant**... le visage en pleurs, elle courut se réfugier entre ses bras. *Tu es vivant, mon aimé, mon aimé !* Elle le couvrit de baisers empressés : *J'ai essayé...* s'exclama-t-elle en sanglotant, *mais je n'arrivais pas à te réanimer, j'avais l'impression que ton cœur ne battait plus... je t'ai cru mort... je... t'ai...cru !* Puis, se dégageant soudainement de cette étreinte, elle se saisit d'une pierre, qu'elle lança avec rage dans la nature environnante. ***Salauds... tarés... fils de truies... salauds !***

- Héri-tep tenta d'apaiser son désarroi en la serrant de nouveau très fort contre lui : *Calme-toi, les griefs n'amélioreront en rien notre sort. Loués soit les dieux que nous soyons encore en vie... que t'ont-ils fait, ces vauriens ?*

- Coupant brutalement court à son courroux, la jeune femme tourna vers le Grand Prêtre un visage feint d'une pure innocence : *T'as de quoi dessiner, Popi ?*

- Un instant interloqué, Héri-tep réalisa le côté naïf de sa question : *Oh... oui... je... oui, bien sûr !* bredouilla-t-il, en rougissant comme la plus chaste des vestales.

- *Ils voulaient t'achever, à coups de pierres,* reprit Kauneska en larmoyant, *je leur ai dit que s'ils abandonnaient cette idée, je ne leur résisterais pas. Après... après ce qu'ils m'ont fait... ces souillures sont parties en courant à la recherche de nos mules qui avaient fugué, pour nous voler le matériel.*

- Héri-tep tâta la douloureuse protubérance qui affectait son front ensanglanté : *Reste-t-il un peu d'eau ?*

- Elle adopta un ton volontairement désabusé : *Tiens... chacun sa soif... toi t'as la bosse, moi j'ai le creux, tout est bien dans la nature !* Elle savait que sa verve aiguisée, issue des cités populaires de l'Indus, avait le don de l'égayer, dans les moments difficiles.

- *Kauneska, saurais-tu m'expliquer pourquoi certaines situations dramatiques au lieu de provoquer les pleurs, provoquent le rire ?*

- *Je crois savoir !* dit-elle en lui reprenant l'outre des mains. *Ce sont les rares moments de l'existence où l'on constate bêtement... que l'on vit, Héri-tep, que l'on vit... C'est tout !*

- Héri-tep rit de plus belle puis s'étant arrêté net, la physionomie parfaitement close, il tendit la main en direction du fortin : *Kauneska... nous allons conter notre mésaventure aux militaires de ce fortin. Je suis sûr qu'ils s'activeront à rechercher et à châtier ces deux gredins qui doivent faire partie de leur effectif.*

- La jeune femme cessa net les gestes répétitifs qu'elle venait d'entreprendre, pour lisser sa chevelure désordonnée : *Je rêve, tu t'obstines, Popi ! Écoute, pour moi, ça va...* commenta-t-elle, en adoptant le ton résignée d'une victime que plus rien n'émeut : *je commence à m'adapter à cette condition féminine méprisée, outragée et placé au rang des choses ! Mais toi, si tu n'es pas spécialement tenté par cette expérience, assieds-toi sur ton idée, oublie-la... ça te fera moins mal !* Elle ajouta : *Je parie qu'ils sont au moins une vingtaine de la même espèce là-dedans...tu vois !*

La bouche entrouverte, le regard fixe, Héri-tep ne trouva pas les mots pour édulcorer la vision que lui procurait une telle impudence de langage. Kauneska, sans plus de formalisme reprit son démêlage de cheveux. Cependant, la réflexion aidant, elle s'interrompit de nouveau et tourna la tête vers lui :

- *Je crois tout de même que tu as raison sur un point... Tirons-nous au plus vite de cette saloperie d'endroit !*

- *Attends un instant, Kauneska... qu'ont-ils fait de mon bâton ?*

- *Oh... j'ai vu l'un d'eux s'en emparer, mais l'autre lui a fait remarquer qu'il y avait inscrit dessus des maléfices. Alors il l'a jeté au loin... Soigne tes plaies, je vais voir si je le trouve !*

Sans plus attendre, elle dévala la pente pour aussitôt se confondre avec l'environnement rocheux. Elle revint un instant plus tard, le bâton patriarcal calé sous son bras. Ses mâchoires mastiquaient avec frénésie une plante aux fruits colorés, celle qu'elle tenait en main rappela à Héri-tep la momordique. Ce végétal était connu pour ses vertus abortives. En voyant son regard interdit, Kauneska, prestement, ramassa de nouveau une pierre qu'elle projeta au loin. Puis, ayant croisé ses doigts, elle cracha par trois fois dans la direction qu'avaient prise les violeurs.

- *Je ne tiens pas à mettre au monde le produit de ces salaces, pourris et damnés monstres... Tu comprends ?* Puis, mi-marchant, mi-pleurant, elle fit quelques pas sur le sentier : *Tu viens, Popi... on ne va tout de même pas les attendre pour leur racheter nos mules ?*

- Héri-tep se leva avec difficulté : *Kauneska, je suis honteux de ne pas m'être montré à la hauteur face à ces canailles. Ils ne m'ont même pas laissé le temps de combattre. Ces gredins sont perfides, lâches et bougrement adroits... Je n'ai rien pu... ou alors, je n'ai pas su... enfin... J'ai été lamentable !*

- *Fais-moi plaisir, Popi, tais-toi ! Tous les hommes peuvent apprendre à tuer, mais peu savent apprendre à vivre... Toi, oui !*

- *Kauneska... je voudrais... te dire... te dire...* Héri-tep, la gorge nouée de sanglots, ne put achever sa réflexion.

- *Je t'en prie, tais-toi... je t'aime !* Les yeux de la jeune femme se remplirent eux aussi de larmes. Héri-tep lui tendit les bras, elle s'y blottit pudiquement.

L'obscurité, bientôt, n'autorisa plus cette indécise clarté qui leur permettait d'assurer leurs pas. Ils s'arrêtèrent et avisèrent à peu de distance du sentier un appendice rocheux abrité des vents. Les côtes, la tête et l'épaule douloureuses, Héri-tep essaya vainement de réunir les éléments qui lui auraient permis d'allumer un feu réconfortant. N'y parvenant pas, à bout de ressources, il alla rejoindre Kauneska. Celle-ci patientait, le menton appuyé sur ses genoux, le regard méditatif. Elle lui tendit spontanément les mains :

- *Assieds-toi ! Ne m'as-tu point dit qu'il ne fallait jamais aller contre la volonté des dieux ?* Puis, elle ajouta le regard vide, *ils ont dû partir en voyage et ils nous ont oubliés dehors... les dieux.* Elle passa ses longs doigts sur l'arcade tuméfiée du Grand Prêtre. *As-tu déjà pensé... que tu pourrais être mon père... presque... mon grand-père ?*

La réponse tarda à venir, mais l'attendait-elle vraiment ? Kauneska pelotonna son corps meurtri contre les flancs de cet homme qu'elle avait appris à aimer. Puis, le sourire immobile, elle sombra en un sommeil réparateur. Héri-tep étendit sur eux sa lourde pelisse que les deux canailles n'avaient pas pris le temps de lui ravir. Les membres fourbus, le cœur étreint, un instant épris par on ne sait quelle requête, son regard parcourut les étoiles. Celles-ci brillaient tel un sibyllin message, que ses facultés amoindries n'étaient plus à même de décrypter.

***

En ces florissantes contrées qu'ils parcouraient depuis peu, il allait du devoir des habitants de ne point refuser le gîte et l'auge rituelle aux voyageurs de passages. Ainsi purent-ils tous deux bénéficier de ces coutumes clémentes, ce qui leur permit d'endiguer quelques appétits chroniques. Le Grand Prêtre n'avait pas souvenance avoir traversé une province à la végétation si accueillante, aux fruits si appétissants. Il y avait là des bovins aux panses replètes, des moissons hautes et généreuses, des caprinés dont s'effaçaient les côtes. Cette vallée semblait étendre à l'infini ses prodigalités. Elles paraissaient largement subvenir à une population semi-oisive, dont les mœurs parfois dissolues créaient un climat de défiance, quand il n'était pas d'insécurité.

- *Étranger !* Héri-tep sursauta à cette invective peu usitée. *J'échange une onglée d'or, contre six plants d'herbe à montagne... T'en as ?*

- *Tire-toi ! Trimardeur de purin...* hurla Kauneska en lançant un coup de pied dans les jambes de l'importun !

- Héri-tep fronça les sourcils : *Réaction plutôt expéditive, Kauneska !*

- *Écoute, Popi... je suis née dans ce pays, je sais ce qu'il faut faire ou ne pas faire avec ces traines-pantoufles... Aurais-tu la mémoire courte ?*

Sitôt dit et peut-être pour atténuer la rudeur de ses paroles, elle passa l'une de ses mains sur le crâne du Grand Prêtre, avec ce sourire enjôleur qui avait le don d'endiguer toutes réprobations :

- *Chacun son tour d'être chef... C'est mon pays... ça tombe bien ! Oh... mais je connais...* s'exclama-t-elle soudain en observant une scène par-dessus son épaule. *Attends-moi là, je reviens !*

Ayant enjambé avec agilité la murette, elle traversa en sautillant la cour à grain où de nombreux vanniers lançaient haut la balle dans la blondeur de ce nouveau jour. Elle aborda un gros homme au couvre-chef enrubanné, qu'un jeune garçon ombrageait à l'aide d'un éventail à plumes. Près d'eux, une lignée de chars tirés par des buffles aux cornes gigantesques s'apprêtait à prendre le départ vers une destination inconnue. Après une longue conversation, le trio s'éloigna. Mais le Grand Prêtre ne put distinguer où il se rendait, tant la poussière des céréales éclipsait les lointains.

Las d'attendre, il finit par s'intéresser à ces singes en liberté qui se mêlaient à la population comme le font les chats en Égypte. Son regard attentif se posa sur une sorte de totem garni de fleurs que les passants révéraient en joignant leurs doigts bagués dans une attitude de supplication. Tout absorbé qu'il était, en cet instant précis, une main furtive venue en son dos, lui occulta promptement le regard.

- *Lion de Soleil ou Louve de Lune ?*

- *Louve de Lune !* répliqua Héri-tep au hasard d'une réaction.

- **Gagné** *!* confirma Kauneska, la mine réjouie.

- Il n'en croyait pas ses yeux : *Mais où as-tu pris ces vêtements ?*

- Elle rit à gorge déployée : *L'important, c'est de les avoir… hein ?*

- Elle amorça un pas de danse, en faisant envoler la masse de sa chevelure : *Me trouves-tu désirable, Maître,* s'enquit-elle avec frivolité ?

Elle était incontestablement très belle en cette robe de cotonnade frangée de perles grelottantes. Ainsi vêtue, elle lui faisait penser à ces courtisanes, animant des soirées de ploutocrates en mal de délectations.

- *Et ça… C'est pour toi !*

Elle avait tiré de derrière la murette une tunique sombre aux incrustations de nacre. Il se souvenait en avoir observé de semblables chez la plupart des hommes de ce pays.

- *Change-toi vite, Popi, ils nous attendent pour partir. Dans quatre jours, nous serons à Ekachakra… qui plus est, en nacelle de voyage*, annonça-t-elle d'un petit air futé, tout en virevoltant sur un pied avec une grâce naturelle.

***

Leur brinquebalant char à bancs talonnait depuis la veille une bonne douzaine d'attelages qui clopinaient devant eux. La piste était animée d'une activité fébrile, composée de cris et de braiments. Celle-ci n'était pas sans lui rappeler le souvenir de la débâcle de Sumer. Ces fourgons à roues pleines, d'aspect baroque, déjetés, misérables et parfois si conquérants, constituaient un spectacle émouvant quand il n'était pas drolatique. Au terme du quatrième jour, l'agrément se banalisa. Seuls retenaient encore son attention les bovidés bosselés aux cous ornés de grelots ou les éléphants parés d'oriflammes, dont les trompes peintes ressemblaient à de gros jouets.

Après avoir traversé une immense oseraie et gravi une légère pente, la cité royale d'Ekachakra leur apparut. Elle s'étendait à l'Orient d'une large rivière qui devait être un des affluents de l'Indus. Vue de l'extérieur, l'agglomération n'avait rien d'admirable, si ce n'était son étendue que cernait une muraille festonnée de créneaux. Au centre de cette agglomération, flanquée sur une protubérance, s'élevait une citadelle enclavée par une abondante végétation.

- *Ce fleuve s'appelle « la Ravie »* précisa Kauneska. Puis ayant tourné son regard vers la cité fortifiée, elle questionna : *Sais-tu combien de personnes vivent derrière ces remparts ?* Héri-tep hésita à se prononcer. *Quarante mille !* annonça-t-elle avec l'enthousiasme d'une lauréate à qui l'on vient de décerner un prix.

Le paysage alentour était totalement démuni d'arbres partout ailleurs si généreusement dispensés. On pouvait subodorer que le déboisement était intentionnel, afin de dégager la vue en cas d'invasion. Mais Kauneska soutint qu'il n'en était rien. Les forêts proches avaient été utilisées pour alimenter les fours à briques, dont l'intense consommation perdurait depuis plusieurs siècles. Dès lors que les racines ne retenaient plus la terre, les eaux avaient modifié le paysage en une vaste plaine alluviale. Les excavations recelaient de dangereux reptiles qui grouillaient sur les pistes après chaque inondation.

Ayant été contraints d'abandonner les chariots aux portes de la cité, c'est à pied qu'ils remontèrent avec d'autres voyageurs l'artère principale. Les demeures aux murs aveugles juxtaposaient les unes aux autres leurs fondations. Aucune ouverture ne donnait sur les voies passantes. Toutes étaient dirigées sur des espaces intérieurs clos et agréablement ombragés. Une multitude de rues perpendiculaires venaient couper ce grand axe. Elles s'agrémentaient de commerces, d'échoppes d'artisans, de tripots pour les jeux ou d'officines pour les soins du corps.

Des canalisations desservaient la plupart des habitations. L'eau coulait en abondance, elle était amenée par des caniveaux en briques qu'alimentaient des fontaines agrémentées de supports floraux. Une population dolente vaquait à ses occupations, sans porter grand intérêt aux nouveaux arrivants. Les habitants avaient la peau ambrée comme Kauneska ou café broyé pour quelques-uns d'entre eux. Les femmes semblaient évoluer sur un plan d'égalité avec les hommes. La religion faisait une timide apparition en la personne statufiée d'un dieu tricéphale abondamment cornu. Héri-tep auscultait d'un œil expert l'effigie d'une déesse mère, aux formes généreuses, lorsqu'une voix d'homme jeune à l'intonation impertinente les apostropha :

- **Kauneska** ! *Par tous les démons, on te croyait au royaume des grillades... T'es revenue des enfers ?*

- La jeune femme fit volte-face. Elle dévisagea sans enthousiasme particulier ce jeune éphèbe à l'allure désinvolte : *J'étais trop sage...*

ils n'ont pas voulu de moi au royaume dont tu parles ! Susurra-t-elle sur un ton musard.

- *Y sont bigleux !* Exulta le garçon. *Tu continueras à distraire les vivants... t'agites toujours tes gambettes ?*

- *Cela fait longtemps que je n'ai pas dansé... je ne sais plus !*

- *Allons donc ! Quand elles ne dansent pas, les filles comme toi se fanent plus vite que les fleurs. Danse Kauneska... danse... danse !*

- Tout en les accompagnants, le personnage exalté par sa découverte, lançait au hasard des boutiques : *C'est Kauneska la danseuse... Elle nous est revenue frétillante de la montagne aux ploucs !* L'audace du jeune homme paraissait sans limites. Il interpellait les passants sans aucune retenue : **Hep, vous autres... C'est Kauneska** !

Quelques-uns parmi eux montrèrent de l'intérêt. Décontenancée par la pléthore de ces harangues inopportunes, Kauneska pressa la main d'Héri-tep, tout en prenant le parti de sourire à leur propos discourtois et un rien inconvenant :

- *Je suis connue... hein ! Mais ils sont stupides, dis-leur, Popi... que tu ne veux pas que je m'exhibe !*

- Héri-tep, que la situation par certains côtés amusait, se contenta de hausser les épaules à ces puérilités : *Démontre-leur par quelques pirouettes maladroites que tu n'as plus le talent qu'ils te prêtent, ils te laisseront en paix. Sinon, fais ce qu'ils te demandent, produis-toi en tes beaux atours... pour ton plaisir et le leur !*

Le jeune homme, entre-temps, s'était emparé de la main de son idole. Il ne cessait d'être provocant. ***Allez... Kauneska !*** *Fais-nous la ronde du taureau au pilori... Tu l'avais dansée au solstice... Tu te souviens ?*

Les curieux affluaient. Certains grimpèrent sur des charrettes florales. D'autres s'assirent à même le sol. La plupart déjà l'ovationnaient en frappant des mains en cadence. Un boutiquier parmi l'assistance lui jeta un tambourin qu'elle sut saisir au vol. La foule devint silencieuse. Ayant alors replié son corps sur elle-même, à la manière des félins dans la contemplation de leur proie, Kauneska resta un instant immobile. Soudain, elle bondit au centre du cercle formé par ses admirateurs. Dès lors, elle entreprit une série de contorsions qui prouvaient sa dextérité, tout en exhibant généreusement ses formes. Tour à tour sensuelle et provocante, lascive et voluptueuse, le corps tourillonnant, elle arracha des hourras à cette foule en liesse, qui ne semblait vivre que de jubilations.

Une telle situation n'était pas particulièrement du goût du Grand Prêtre. Aussi profita-t-il de la tension générale pour se soustraire à l'ambiance passionnelle que la jeune femme suscitait. À deux pas de là, un vieillard, que la fièvre publique n'avait pas réussi à déplacer, se tenait assis sous un auvent, jambes croisées devant son narguilé. Le Grand Prêtre alla se placer près de lui. L'ombre y était épaisse et l'ambiance apaisante. À peine avait-il gagné l'endroit que le vieil homme tendit sa canne vers cette démonstration spontanée :

- *Pertinent emblème de dégénérescence !* grommela-t-il entre ses lèvres jointes.

- *Te montrerais-tu partial, Vieillard ? La jeunesse est comme joncs sous le vent... elle a épreuve à être folle.*

- *Folle, soit... Mais pas dépravée !* Le vieil homme tourna vers le Grand Prêtre sa face passablement martyrisée par les ans : *Les végétaux ont souche. Eux n'ont nulle racine, point davantage d'ardeur au travail et encore moins de sens moral. Regarde !* s'indigna-t-il, en tendant une main preste vers deux bourgeois devisant à deux pas de leur emplacement. *Ceux-là sont leurs pères. Ils se sont enrichis, sais-tu comment ? En vendant de l'herbe à rêves, en prostituant les enfants, en exploitant les étrangers et en asservissant les minorités pour la culture des plaines.*

- *Si déchéance il y a... d'après toi, quelle en serait l'origine ?*

Par un mouvement de la tête, le vieux misanthrope parut apprécier le sens éclairé de cette question : *La facilité !* Finit-il par proférer sur un ton tragique : *Oui, étranger, la facilité à vivre ! Observe autour de toi, ce pays regorge de céréales, d'animaux de charge, de bois, d'épices, de cotons et de soie. Cette pléthore est plus nocive que disette.*

Tous les maux du monde, vois-tu, se dissimulent dans le fruit trop facile à cueillir. Celui-ci, à la longue, ne désaltère plus, il perd à la fois saveur et stimulant. En le négligeant, on l'efface du domaine du désir, on ne voit même plus la beauté de ses tons ou la richesse de ses formes. S'il garde encore un sens dans l'utilité, il n'en a déjà plus dans l'agrément. Pourtant, poursuivit le vieillard, *ce n'est pas le fruit qui devient insipide, mais nous, qui altérons notre appréciation... avec l'accoutumance.*

Héri-tep s'approcha plus près de ce philosophe à l'esprit cauteleux : *Insinuerais-tu que ce Dilmun qu'est ton pays, dont on flatte la prospérité de Byblos à Memphis, est devenu pernicieux pour l'étranger que je suis ?*

- *Je ne sais pour toi ? Mais en tous les cas, il est devenu mortifère pour notre société. Quand le labeur a courbé l'échine du vieillard, il n'est pas bon que ce soit seulement la danse qui courbe le dos de la jeunesse.*

- *Gardons-nous peut-être de généraliser !* s'insurgea mollement Héri-tep.

- Le vieux sceptique hocha du turban : « *Les rudes pieux* » *comme on les appelle, issus des tribus aryennes au visage d'ivoire, descendront un jour des montagnes du couchant. Ils balayeront sans indulgence ces poupards de joncs que nous sommes devenus.* « *Les rudes pieux* » *nous effaceront du monde... comme ça !* La canne raya rageusement le pavé. *Dans le futur, personne ne saura qui nous étions ! Car vois-tu, étranger, seule la vertu d'un peuple possède l'âme qu'il faut pour traverser les siècles. De nous, demeureront ces briques... témoins muets de notre démesure.*

Sa phrase terminée, il tourna un regard acrimonieux vers cette foule, d'où Kauneska échevelée, exsudant, venait de s'extirper. À la grande stupéfaction du vieillard, elle dirigea vers eux ses pas sautillants.

- *Popi,* se lamenta-t-elle entre deux souffles, *partons, je n'en puis plus, ils ne me laisseront pas en paix !*

- Le vieil homme lui tapota le bas du dos à l'aide du pommeau de sa canne : *Et tes fesses... les laisses-tu en paix... toi ?*

- N'osant relever ouvertement l'outrage, Kauneska pressa la main d'Héri-tep. Elle lui glissa rapidement à l'oreille : *Fichons le camp, Popi, cet endroit est malsain !*

- Le vieil homme toisa le Grand Prêtre d'un regard critique : *Tu fricotes cette jeunesse...* ***toi*** *?*

- *C'est... le fruit du...du hasard,* bredouilla Héri-tep en une certaine confusion.

- *Il est charnu, ton fruit. Mais, veille à ne point y laisser tes dents. Qui croque... finit par être croqué, c'est la loi de la nature !*

- La jeune femme pressa le bras du Grand Prêtre. Le couple s'éloigna sans se retourner. *Sais-tu qui est ce patriarche, Kauneska ?* interrogea Héri-tep, manifestement impressionné.

- *C'est un géronte de la cité, un des derniers Hiérarques. Une sorte d'utopiste qui voit dans la morale, la panacée... Un fou, quoi !* précisa Kauneska en lissant sa chevelure désordonnée.

***

Les étoiles avaient pratiquement disparu, mais le jour tardait à émettre sa franche lumière. Héri-tep étouffa sa chandelle. De sa loggia en tiges de bambou, il se pencha une fois encore sur ce jardin dont les hauts feuillages atteignaient la baie de sa chambre. L'ombre du convoyeur venait de franchir la poterne, elle cheminait déjà sous les giroflées. Le temps qu'il noue son paquetage, l'homme était sur le seuil :

- Je te salue, respectable étranger. Aurais-tu l'amabilité de me préciser où se trouvent tes malles et cantines, afin que je les fasse acheminer ?

- C'est là mon seul bagage ! déclara Héri-tep, l'œil amusé.

Le sourire du Maître valet s'estompa d'étonnement, il se recomposa aussitôt : *C'est bien ainsi, Grand homme, nous n'en aurons que moins de travail... Suis-moi, si tu le veux bien !*

Ils longèrent l'étroite allée de girofliers et abordèrent rapidement l'arrière-cour. Deux voituriers sur un petit attelage les attendaient. Ils s'enfoncèrent aussitôt parmi les étroites ruelles de la cité. Tout en dodelinant de la tête sur le pavé caillouteux, le Grand Prêtre se remémora ces quatre jours passés en cette ville. Il s'était retrouvé loin de toute source spirituelle, prisonnier d'une atmosphère déliquescente. Aussi jugeait-il cet hôtel plus proche du pandémonium que d'une maison d'accueil. Quelle pénible épreuve que cette visite de Kauneska, parée de boucles d'or, escortée de demoiselles d'honneur papillotantes, mais aussi d'oiseleurs de singes et de perroquets. À n'en point douter, la jeune femme avait repris sa vie publique. Avec peine, il se remémora ce qu'elle lui avait proclamé sur un ton qui lui avait paru désinvolte :

- « *Conformément à tes désirs tant de fois exprimés, Héri-tep, il s'avère possible désormais que tu reprennes ton voyage en direction du Levant. J'ai obtenu une place réservée à ton intention dans la caravane marchande du Rajas-nash-abab.* »

La chose dite, et sans plus de formules, Kauneska s'en était retournée, adulée par une cohorte bariolée, sans un mot tendre sur ce qu'avait été leur relation. Ce constat d'insensibilité soudaine eut pour effet de déchirer le cœur du Grand Prêtre. Elle était jeune, certes, mais étonnamment vive d'esprit. Comment pouvait-elle faire fi du passé et placer leur relation au rang d'une banalité ? L'attelage venait de dépasser la citadelle, il longeait maintenant les murs austères délimitant les dépendances du palais. Le Maître d'équipage, qui chevauchait devant eux, arrêta sa monture. Il attendit que le chariot où se trouvait son client parvienne à sa hauteur.

- *Regarde en direction du palais Grand homme… une dame de cour te salue de la main !* Héri-tep chercha parmi la multitude des terrasses qui s'offraient à sa vue.

- *Là…* précisa l'homme, *au-dessus de l'ouvroir, à la baie du gynécée… Tu vois !*

C'est alors qu'il aperçut une forme frêle, drapée en des voiles gonflants. Elle agitait l'une de ses mains en envoyant de l'autre des baisers. Hélas, trop de distance le séparait de cette vision, pour qu'il identifie formellement Kauneska. Il se plut à penser que c'était elle, aussi s'empressa-t-il de répondre à ce témoignage d'affection. Puis, le cœur gros, il ordonna au bouvier de poursuivre. Décidément, il était dit que sa vie durant, il ne comprendrait jamais l'attitude des femmes.

- ** *Devant la peine que je ressens, je m'attends à ce que tu fustiges ma morale, Nadjelda… que tu la vilipendes.*

- ** *Me prendrais-tu pour une harpie, Héri-tep ! Pour ne rien te cacher, je puis te dire que j'appréciais sa jeunesse, sa franchise et son courage… Je suis triste, moi aussi, de la quitter.*

- ** *Si tu le penses vraiment, Merci, Nadjelda, de partager cette tristesse, je l'imaginais à tort strictement personnelle… Je veux dire masculine…intime.*

- ** *Peut-être… est-ce plus substantiel que tu ne le crois, d'être en harmonie avec son double ?*

Ils parvinrent aux portes de la cité au-delà desquelles la caravane en formation attendait les derniers arrivants. Filtrant au travers des nuages, un Soleil rouge s'immisça tel un tison avivé par les vents. Il gaufrait d'une lumière râpeuse cette terre cendrée que les buffles foulaient de leurs pas cérémonieux. Là-bas, campés sur leurs énormes pattes, des douzaines d'éléphants oscillaient nonchalamment de l'échine, entre des couffins de fèves et de fourrages. Pieds pilonnant, dos vaporeux, les mastodontes jaugeaient de leurs petits yeux espiègles ces ambulants qui s'activaient autour des nacelles de voyage.

L'air exhalait des odeurs d'épices. Ces effluves rappelaient à Héri-tep les cales ventrues des navires hauturiers, grands de mâts et blancs de vergues en provenance du pays de Pount. Leur groupe se faufila sans grande aisance au milieu de ce monde vrombissant, contournant patiemment attroupements, malles, bâts et cordages. L'officier qui les précédait marqua l'arrêt devant une nacelle d'osier en tout point semblable aux autres :

- *Voilà ton équipage, respectable étranger !* De jeunes bagagistes allongés près des fourniments se levèrent sans enthousiasme. *Tu devras partager l'emplacement avec Shindchi, l'homme médecine attaché aux équipages du Rajas-nash-abab. Je te rappelle que le prix de ta place est payé jusqu'à destination, pour part égale des soins que tu voudras bien dispenser aux voyageurs... N'as-tu rien à formuler ?*

- *Si !* Protesta en souriant Héri-tep... *Mes remerciements !*

Le chef d'équipage acquiesça de la tête et, sans ajouter un mot, il s'orienta vers d'autres tâches. Les jeunes gens s'empressèrent alors de transférer le bagage du voyageur. Ils étaient occupés à cette tâche, lorsqu'un cavalier monté sur un des onagres pomponnés de la Garde royale fendit la foule dans leur direction. Après une courte hésitation il immobilisa sa monture devant eux :

- *Serais-tu Héri-tep l'Égyptien ?* Mâchouilla le personnage en ses grises moustaches et longs favoris.

- *Je suis celui-là... Qu'ai-je fait de répréhensible ?*

- L'un des boys lui confia hâtivement à l'oreille : *Ce n'est pas un policier, c'est un émissaire du palais, Sahib, il va probablement te livrer un message par voie de bouche !*

L'homme descendit de monture. Il s'installa dans cette posture un peu figée qu'adoptent les soldats lorsqu'ils sont aux ordres. Le regard absorbé, la barbe fournie et le sourcil broussailleux, le messager royal se concentra sur le déploiement de son rouleau de lecture. Puis, aux termes d'un silence qui apparaissait complice, devant une assemblée de fureteurs attirés par la conjoncture, sans préambule aucun, l'homme déclama à l'adresse d'Héri-tep d'une voix retentissante :

- « **Mon aimé** !
Me permettras-tu d'utiliser une dernière fois ce vocable ?
Tu es si haut sur le chemin des cimes.
Sans doute t'ai-je donnée l'impression de m'être détachée de toi...
d'être devenue indifférente. Avais-je le choix ?
Puisque tout espoir m'était ôté de vivre à l'ombre de ton ombre.
Comme jadis nous séparions le songe de la réalité, il m'aura fallu dissocier le profond du superficiel, l'idéal du factuel,
Le bonheur de l'épreuve, toi de moi !
Tu m'as donné, Popi, les jours les plus intenses,
Les plus merveilleux de ma vie.
Va, mon aimé, fonds-toi en tes jardins de lumière.
Je t'accompagnerai en songe,
Je serai semblable à une caresse,
Dans la douceur des nuits.
À un parfum d'herbes sauvages.
À une brillance, sur les joncs des étangs.
À un miroir, sur le glacis des puits.
À un souffle, parmi les feuilles frémissantes.
À un pleur, sur le velours des roses.
Telle je serai, un présent de Lune... à jamais, à jamais. »

En dépit du mutisme attestant de la fin de cette déclamation, le rassemblement spontané que ce message avait suscité tardait à en diluer le style. Le récitant lui-même demeura un instant sous le charme de son verbe, avant de rouler d'une main lente son parchemin. Puis, rompant avec l'attitude, il salua le Grand Prêtre et s'effaça parmi l'affluence. Les yeux humides, Héri-tep chercha à distinguer ces formes mouvantes qui cerclaient sa personne, sans les discerner formellement. Une sorte de brume chatoyante, flagellée d'argent, avait englouti leurs configurations. Il ressentit le contact de mains muettes effleurant ses épaules. Puis, progressivement, le brouhaha ambiant reprit vigueur et la prose de Kauneska s'évanouit avec son geste d'adieu dans l'ivresse turbulente de ce nouveau matin.

***

Enfin, elles étaient là, ces montagnes du Toit du Monde. Depuis plusieurs jours déjà, elles coiffaient l'horizon septentrional. Mais elles devaient être si hautes et si lointaines qu'elles ne se rapprochaient qu'avec une désespérante lenteur.

- *Nous voilà aux Portes du Ciel !*

Héri-tep savait qu'en Indus, on appelait ainsi les vallées qui permettaient de s'élever vers ce que lui nommait la « Khâou » de Geb.

- *Oui, Maître Shindchi ! Tu mesures combien je sais mal dissimuler mon impatience.*

- Le médecin ne répondit pas immédiatement. Il vérifia si l'emplâtre, apposé sur la main de ce palefrenier, était solidement maintenu par les bandages de cotonnade qu'il venait de lui poser. *Allez ! Vaque à tes occupations. À l'avenir, si tu veux t'enquérir de la denture des animaux, porte ton choix sur les grenouilles... plutôt que sur les singes !* Les gens présents rirent de la boutade.

- *J'aurais beaucoup appris de toi !* Énonça Héri-tep.

- *Moi aussi, beaucoup ! Si je récapitule, j'ai maintenant des notions afférentes aux cinq méthodes thérapeutiques. En plus, je connais les vertus de nouvelles plantes. Je sais prélever un antidote et même nettoyer les corps, avec un mélange de graisse de chèvre et de cendre de bouleau. Mais moi, que t'ai-je appris de sérieux, Héri-tep ?*

- *Peu de choses*, s'empressa de préciser Shindchi avec un sourire dans le coin, si *ce n'est à charmer les serpents avec un bambou troué.*

- Tous d'eux éclatèrent de rire. *Ah, oui !* confirma l'homme médecine : Ça *coûte moins cher que de séduire les filles, et puis il faut bien composer avec son environnement. Je suis sûr qu'il ne t'avait jamais été donné de voir un tigre sauter sur le dos d'un éléphant et d'en repartir avec un voyageur dans la gueule, comme ce fut le cas la semaine dernière ?*

- *Certes, non ! Pas plus que je ne connaissais, l'existence d'arbres de soixante coudées de haut. Des fleurs grandes comme des chaudrons et profondes comme des sacs à grains.*

- *C'est exact, tout est ici exubérant, le Ciel, les montagnes, la nature qu'elle soit végétale ou animale. Et, à travers tout cela, on a l'impression que les hommes, consciemment ou non, cherchent à imposer leurs lois sur ce grand mouvement des choses.*

- *Ne doutes point qu'un jour ils y parviennent, Shindchi, surtout s'ils persévèrent à développer leurs facultés pensantes au détriment de leur intuition. Ce sera la nature en premier qui fera les frais de ce déséquilibre. Elle risque d'être saccagée en quelques siècles de manière irréversible pour la pérennité des espèces.*

- *Vivons notre époque, nous n'en sommes pas là, Héri-tep... Dieu merci !*

- *Évidemment, non, mais cette responsabilité incombe toutes les générations. Si pour l'heure, il ne s'agit que d'un état de pensée, il se peut qu'un jour ce soit un état de fait.*

Une clameur les fit quitter l'abri de branchage sous lequel ils prodiguaient leurs soins. Aussi loin que l'œil puisse distinguer les sinuosités de la piste, voyageurs et caravaniers épiaient le Ciel.

- *Que regardent-ils, je ne vois rien !* S'étonna Héri-tep !

- *Tu es probablement la seule personne en cette caravane à t'interroger ! Observe ce profond bouleversement qui s'effectue au sein de la nature ! Ces nuages... ne te disent-ils rien ?*

- Le Grand Prêtre scruta avec plus d'attention cet amas sombre, aux franges violacées, qui montait derrière la haie des végétaux. *Serait-ce là le signe des grandes pluies ?*

- *Exact ! Souviens-toi que le koël a sifflé ces jours-ci. C'est la mousson, elle est pratiquement toujours au rendez-vous, à de rares exceptions près. Nous n'allons plus avoir de problème d'eau souillée, mais il va falloir se méfier des reptiles. L'abondance des averses les dérange et ils se dissimulent sous les feuilles flottantes.*

- Les jappements nasillards de deux oiseaux ventrus détournèrent un instant leurs regards. *Eux aussi sentent qu'il va y avoir du changement. Regarde, même les insectes ont un comportement peu ordinaire... Tu vois !*

- Héri-tep secoua énergiquement ses sandales : *Oui ! S'il y a un cataclysme planétaire, eux seuls résisteront. Ils ont la multitude, la combativité et un collectivisme mieux adaptés que le nôtre.*

Les premières gouttes frappèrent les feuilles avec la violence d'un jet de graviers. Bientôt une pluie torrentielle s'abattit sur l'environnement et, très vite, le sol ne parvint plus à absorber une telle quantité d'eau. Elle s'étalait par nappes, transformant la piste en un bourbier clapotant et fétide. La plupart des voyageurs gagnèrent le couvert de la végétation. Certains se protégeaient à l'aide de peaux de bêtes, d'autres se contentaient de nattes légères peu efficaces. Hilares, des hommes de garde s'entassaient sous leurs boucliers. Alors que d'autres, stoïques sous les drus impacts, demeuraient en contemplation, les bras levés vers l'origine violacée de cette manne céleste. N'allait-elle pas comme chaque année permettre le renouveau végétal.

- *Nous n'avons plus qu'à patienter*, confia Shindchi, *la pluie invite à la méditation, à moins que des glissades intempestives nous vaillent quelques jambes cassées.*

- *Écoute !* fit observer Héri-tep. *Les éléphants paraissent heureux, ils barrissent à l'arrivée de la mousson... C'est curieux, écoute !*

- Un sentiment d'anxiété effaça, sur le visage de Shindchi, les plis joviaux qui l'animaient l'instant d'avant. *Ce ne sont pas des barrissements d'allégresse, comme tu le crois, ils m'apparaissent voisins de la fureur... ou même... de la frayeur.*

Tous deux passèrent leur tête au dehors, mais la pluie tombait si drue qu'elle brouillait toute vision à plus de dix pas. Soudain, une épaisse masse brune surgit de ce rideau opaque et se dirigea vers eux en grondant. Elle était suivie par trois autres et leurs masses volumineuses firent brusquement écran à la lumière. Le premier éléphant de ce peloton s'approcha si près que sa tête heurta le haut de la hutte, laquelle vacilla sur ses bases. Dressé derrière les épaisses oreilles de son animal, le cornac prit à peine le temps de parler :

- **Vite, Sahib** *!* hurla-t-il à l'adresse de Shindchi. *Les Bashoulas attaquent la caravane, ils sont très nombreux, Sahib... Il faut fuir...* **vite... vite** *!*

- En l'attente d'une réponse, les yeux de l'homme au turban allaient et venaient en leurs orbites telles des boules égarées. *Par tous les dieux, ces fripouilles auront profité de la mousson !* lança Shindchi sur un ton ulcéré. *Suivons le conseil des cornacs, grimpons sur le dos des bêtes. Nous serons mieux à même de juger de la situation, vite... Héri-tep grimpe sur le suivant, fait vite.*

Des cris perçants dominèrent soudain le crépitement de l'averse. En cet instant précis, il réalisa que la conjoncture devenait sérieuse. Sans chercher à discuter les conseils de Shindchi, il saisit au vol son bâton, plaça la lanière entre ses épaules et se hâta vers le second éléphant. Son intention était de se conformer aux injonctions du cornac, mais à peine eut-il frôlé la trompe rêche de l'animal, qu'il fut promptement arraché du sol. Ses pieds battirent l'air en une réaction d'impuissance, alors que son corps se réceptionnait lourdement sur les filets de flancs. Avant qu'il ne comprenne ce qui lui arrivait, en un mouvement pivotant l'énorme animal écroula leur dispensaire improvisé. Puis, précédé d'un barrissement sourd à la tonalité effrayante, le pachyderme élança son énorme masse en l'espace diluvien qui les enserrait.

Le corps rétracté, les doigts crispés sur les cordages, les poumons à demi asphyxiés par les trombes déferlantes, la peau flagellée par le ruissellement des lianes, Héri-tep pensait vivre là ses derniers instants. Juché dans cette précaire position, il voyait des souches s'éclabousser en projectiles sous le ventre des mastodontes. Des avalanches de boue engloutissaient fougères, tentes et bagages, noyant en un immense cloaque, ce qui constituait un instant plus tôt leur convoi de voyageurs.

Émergeant au hasard des berges, des formes errantes couraient vers des abris imaginaires ou disparaissaient hurlantes, dans des chocs mous, sous la charge tumultueuse des énormes pattes. L'œil halluciné des pachydermes étaient embrasés de lueurs assassines. Leurs défenses dressées maculées de sang ou ceintes de lianes filandreuses, conférait à ce décorum des accents d'apocalypse.

Un jet de sagaie venue de nulle part, perfora la nacelle sur laquelle il était suspendu. Plusieurs projectiles qu'il ne put identifier vrombirent au-dessus de sa tête et allèrent se perdre dans la frondaison. Il parvint néanmoins à orienter son regard dans le sens de la marche, pour observer ce qu'il advenait des autres fugitifs. A l'instant même, il entrevit l'éléphant de tête, heurter de plein fouet l'une des nombreuses souches disséminées sur le parcours. Le mastodonte culbuta l'obstacle en soulevant une gerbe boueuse qui s'épandit en pluie alentour, lui occultant en partie le dénouement de ce tragique spectacle. La visibilité restreinte imposée par cette situation apocalyptique ne lui permettait pas de distinguer s'il s'agissait de l'animal sur le dos duquel était monté Shindchi. La conjoncture était telle qu'il lui fallait consacrer ses forces à protéger sa propre vie, laquelle ne tenait d'ailleurs qu'à quelques mailles effilochées.

Malmené au point de lâcher prise, Héri-tep en était à s'interroger sur la fin inéluctable d'une aussi folle équipée, lorsque l'allure générale parut se ralentir. La pluie ayant cessée, le cornac tourna vers lui un visage plus proche de l'ébauche sculpturale que de la nature humaine. Ce n'est qu'à l'éclat de sa denture qu'Héri-tep en déduisit que, pour lui, la tourmente s'était quelque peu calmée.

- *Courage Sahib, courage ! Un peu plus loin encore et ce sera bon... la vie sauve !*

- Une autre voix aux accents éraillés par la poussée vocale, cherchait à dominer le tumulte ambiant que leur fuite provoquait : **Héri-tep, est-ce que ça va...** *Est-ce que ça va...Réponds ?*

- Ce dernier fit un effort pour adopter une position moins inconfortable. À un quart d'encablures, le corps dressé sur l'échine de son éléphant, Shindchi agitait désespérément la main. Héri-tep se redressa du mieux qu'il put : **Shindchi !** *Que pouvons-nous faire, pour venir en aide à nos gens ?*

- **Rien ! rien !** *Si nous retournons sur nos pas, les Bashoulas feront de nos peaux des baudruches, pour amuser leurs gamins.*

Héri-tep eut un sourire pâle. Devant eux, la piste était dégagée et la forêt moins dense. Les éléphants prirent une cadence modérée, ce qui lui permit enfin de se hisser sur la nacelle, le corps épuisé par l'intensité de l'effort.

- *Il faut aller jusqu'à l'obscur de la nuit, Sahib. Il y a encore le danger, les pistes dérapent. Tiens... Prends le javelot pour la défense.*

Un soleil pourpre s'abîma en un horizon nuageux. Les rescapés s'inquiétèrent alors de découvrir un endroit pour passer la nuit. À peine eurent-ils trouvé un lieu à l'écart de la piste que les trois cornacs s'organisèrent pour cerner un marcassin qu'ils pourfendirent de leurs javelots. Le repas du soir était assuré, mais le Grand Prêtre n'avait point le cœur à se restaurer.

Ainsi rassemblés, ils eurent tôt fait de se dénombrer, ils étaient huit dont une femme et un enfant. Aucun d'eux n'avait idée du sort qui était réservé aux centaines de personnes composant le convoi. Héri tep ne pouvait que constater combien le bilan était cruel. Une fois encore, il lui était donné de prendre acte de la férocité humaine. Le corps éprouvé, l'esprit imprégné par ce qu'il venait de vivre, il s'efforça d'avaler un thé tiède, avant d'aller s'allonger dans l'une des grandes panières d'osier que transportaient les pachydermes. Une pluie fine commençait à tomber. Il tira à lui une double peau de buffle extraite des bagages et s'endormit. Au petit matin, des tapirs vinrent lui rendre visite. C'était la première fois qu'il pouvait voir de près ces curieux animaux à la robe blanche et noire, nantis qu'ils étaient d'un original museau en forme de trompe.

- *Si nous continuons sans incident,* annonça Shindchi, *nous atteindrons la garnison de Panad'jeo dans deux jours, après quoi, nous devrons poursuivre plus avant vers l'Est.*

- *Ce sera sans moi, Shindchi !* objecta Héri-tep. *Je crains que nos chemins divergent, je devrai dès lors m'orienter vers le Nord en direction de Tebit-ïan.*

- *Je connais ce village,* s'empressa de préciser Shindchi, *il se trouve au pied des cimes. Les habitants sont rustres, mais si tu le désires, nous t'y conduirons avant de poursuivre.*

- *Je vous en serais reconnaissant. J'ai, hélas, deux mois de retard sur mon rendez-vous. Dans cette localité, je devais rencontrer une délégation, dont la mission était de me conduire jusqu'aux monastères des Himalayas.*

- L'unique femme rescapée du groupe s'achemina vers eux avec un récipient de thé fumant. Elle s'adressa à Héri-tep dans un dialecte inconnu de lui : *Elle demande si tu veux une cuillerée d'araignée-crabe avec ton thé ?* Traduisit Shindchi, le sourire aux lèvres.

- Héri-tep eut une grimace de douleur : *Par tous les dieux, je ne saurais vous en priver.* Il avait entouré de son bras l'épaule du thérapeute. *Dis-moi quels sont ces pillards à la cruauté si implacable ?*

- L'homme médecine eut un geste évasif de la main : *Des dissidents, des laissés-pour-compte, des rétifs, des parias, que sais-je ! Ils forment des bandes errantes, attaquent les villages sans défense. Cette fois, ils ont jeté leur dévolu sur la caravane. L'arrivée de la mousson les a servis, sinon, ils n'auraient jamais eu le culot d'attaquer.* L'un des cornacs interrompit la conversation :

- *C'est bon, Sahib... tout est prêt pour le départ !*

- La pluie recommençait à tomber, Shindchi se tourna vers Héri-tep. *Allons, la route est encore longue jusqu'à Tebit-ïan.*

Chapitre XIV

Vu de loin, le village de Tebit-ïan donnait l'illusion d'être incrusté dans la falaise. Ce n'était qu'en s'approchant que l'on distinguait de vastes replats disposés en paliers, dont les strates successives permettaient à l'habitat de composer avec la pente.

Lorsqu'il apprit que, parmi ces gens en cage d'éléphant, il y avait un grand homme chauve, originaire du lointain couchant, le chef du village se déplaça lui-même pour recevoir ces voyageurs. Il expliqua qu'une prélature en apparat, issue des sommets sacrés du septentrion, était descendue accueillir un étranger, réputé tabac de teint, long de nez et rasé de crane. Après avoir patienté plusieurs jours, leur ambassade, en désolation, avait regagné les cimes. Toutefois, deux émissaires avaient été désignés par eux, pour assurer l'attente. Cela, au cas où l'ambulant aurait été retardé par un impondérable... Ce qui souvent s'avérait en ces lieux d'isolement. Le chargé d'âmes de Tebit-ïan ajouta, l'air ravi :

- Je vais faire prévenir ces deux valets des dieux, ils logent chez mes administrés. Quant à vous, vous êtes mes hôtes. Les personnes attachées à mon humble demeure sont déjà dans la joie de votre présence.

Il s'écoula peu de temps avant qu'Héri-tep ne vît venir à lui les deux délégués en question. En l'instant même, il crut être la cible de facétieux en mal de réjouissance. La barbe en moins, ces deux énergumènes ressemblaient étrangement à ces mendiants qu'il se souvenait avoir vu errer à l'ombre des murailles de Sumer. Le teint cireux, le regard ébaubi, les vêtements en guenilles, ils étaient chaussés de curieuses bottes aux extrémités relevées et coiffés de bonnets effilochés de forme conique aux oreillettes bouffonnes. Héri-tep se montra perplexe, était-il possible que ces himalayens affichent d'aussi singulières apparences ? Les deux délégués se courbèrent à vingt pas, puis à dix, puis à trois, où ils demeurèrent statufiés et muets. Leur faciès grimaçait d'innocents sourires et leurs mains demeuraient inapparentes sous leurs manches trop longues. L'un d'eux se décida à émettre quelques sons gutturaux qu'il eut du mal à interpréter :

- *Parles-tu notre langue, homme du fleuve lointain ?*
- *Oui !* s'empressa d'affirmer Héri-tep. *Vous-mêmes, me comprenez-vous… aisément ?*
- *En tournant oreilles plus qu'âne ne le fait aux grognements du tigre !* Précisa insolemment le plus jeune.
- *En effectuant les courtois efforts que font les marmottes, pour distinguer les bruits confus de la vallée !* Confirma à mi-voix son acolyte. À ce stade les rapports promettaient d'être folkloriques. Par courtoisie, Héri-tep, cassa son buste vers la terre.
- *Vous m'en voyez navré, je ne suis qu'un produit des plaines. Il n'y a guère que mes pensées les plus belles, qui jusque-là, ont accédé à vos montagnes !*
- *Aucun fleuve, mon frère, fut-il le plus long, ne se trouve désolidarisé de la hauteur de sa source !*
- *Ce me semble une excellente raison pour considérer que le vrai langage est celui du cœur, plus que celui que la langue exprime.*
- *Tu parles malaisément aux oreilles… il est vrai, mais au regard de l'âme, tu formules bien tes pensées.*
- Après un court silence, le plus âgé des deux énonça sur un ton monocorde : *Celui que nous attendons est envoyé… par celui-là ?* S'étant alors baissé, il traça sur le sol meuble, un petit trait vertical. L'autre personnage s'accroupit à son tour et traça sur la même ligne, un trait horizontal. *Et… par celle-là !* compléta-t-il, avant de réintégrer un souriant immobilisme !

Héri-tep se montra perplexe. Si ces anthropoïdes étaient assujettis à ce type de ravissement, son séjour parmi eux promettait d'être un long calvaire. Puis il remarqua que les himalayens avaient fait figurer, volontairement ou non, une même longueur de tracés pour les deux barres. Il s'accroupit à son tour et s'employa à dessiner un cercle en lequel il plaça une croix.

- *Pour l'union des deux principes opposés !* conclut-il, avec une désinvolture feinte.

La réaction fut instantanée. Les deux délégués dégagèrent de leurs souquenilles effilochées deux paires de mains on ne peut plus normales, qu'ils exhibèrent en les joignant avec ferveur. Ils se courbèrent alors moult fois, tout en riant et psalmodiant :

- *Nous, nous appelons Yachou et Prâm. Toi, tu ne peux être qu'Héri-tep. Repose-toi, Maître, des fatigues du voyage. Nous reviendrons demain, avant les premières ombres. Avec nous, nous aurons yacks et bagages, pour le départ... Que les faveurs du Ciel pleuvent sur tes pensées !*

Après s'être inclinés, ils disparurent à petits pas précipités, dans les ruelles en partie éboulées du village. Shindchi, qui était discrètement demeuré à l'écart, rejoignit le Grand Prêtre.

- *Ils manquent un peu d'hygiène, mais apparemment pas d'éducation ?*
- *À tout prendre, Shindchi, je préfère ta seconde appréciation à la première !*

Héri-tep eut subitement conscience qu'une page se tournait, aussi laissa-t-il courir un regard pensif sur les cimes enneigées, que baignaient au loin des nuages aux aspects changeants.

***

Avant qu'il ne s'engage avec ses deux convoyeurs himalayens sur ce qu'il était convenu d'appeler « les sentiers du Ciel », Héri-tep prit congé de Shindchi et de la poignée de rescapés dont l'aimable serviabilité l'avait conduit en ces lieux. Les trois cornacs et leurs animaux poursuivirent en direction du Sud, vers des contrées plus clémentes aux mœurs réputées pacifiques.

En l'espace de quelques jours, les trois pèlerins des crêtes qu'ils étaient devenus, abandonnèrent une végétation subtropicale pour un climat rude au paysage tourmenté. Ils gravirent des sommets dénudés et franchirent des gorges profondes. Ils côtoyèrent des versants rocailleux et parcoururent de vertigineux sentiers où le moindre écart des bêtes eût pu leur être fatal. Au cours de ces quatorze jours passés en compagnie de ses guides himalayens, le Grand Prêtre eut maintes fois l'occasion d'apprécier leur courtoisie et leur savoir-faire. Ce qui le subjuguait, c'était ce courage tranquille, cette abnégation dans l'épreuve, sans plainte ni ronchonnement revêche. Aussi était-il humblement reconnaissant de la constante attention que ceux-ci manifestaient à son égard.

Ce parcours malaisé, parfois périlleux, laissait rarement place à la contemplation et moins encore à la flânerie. Sur leur chemin, rares étaient les villages rencontrés. Ils en avaient traversé un certain nombre, la plupart blottis au creux de paysages grandioses. Les habitants, aux mœurs débonnaires, avaient le sens de l'hospitalité. Bien que rudimentaire, l'accueil était chaleureux et régulièrement accompagné d'un cérémonial de réception. Le plus surprenant pour le Grand Prêtre tenait à de singuliers comportements, quand ils n'étaient pas ébahissants, celui notamment de dire bonjour en tirant largement la langue. Mais le rire facilitait les relations, et Yachou et Prâm palliaient au moindre incident avec une parfaite efficacité.

Ce voyage aurait en tous points attisé ses aspirations les plus ferventes, s'il n'avait souffert de temps à autre du mal des montagnes. Ceci étant, son état ne l'empêcha point d'admirer des animaux sauvages ou de répertorier des végétaux inconnus. Il se montra surpris par les variétés de rhododendrons, la beauté des sauterelles bleues ou la diversité des agrumes géants. Ils croisèrent de nombreux animaux étranges : du pharal aux cornes épaisses au takin à la mine renfrognée. Leur petite caravane atteignit les steppes méridionales des hauts plateaux. Les difficultés de la marche s'en trouvèrent facilitées. Mais les nuits demeuraient froides et se doublaient d'un vent sauvage au souffle lancinant.

Avant que ne s'abîme le Soleil derrière les sommets, Prâm tendit la main pour indiquer un espace rocheux composé de conifères rabougris. L'endroit légèrement surélevé leur apparut idéal pour le campement du soir. Lorsque Yachou eut libéré les yaks de leurs sangles et ôté leurs bâts, ces gros animaux se répandirent avec bonheur parmi l'herbe grasse, en caressant de leurs robes à franges les parterres de gentianes. Placée en équilibre sur deux pierres, la bouilloire en cuivre ne tarda pas à murmurer, tout en répandant alentour l'agréable odeur du thé. Le Grand Prêtre parcourut du regard ce lac aux eaux d'un bleu glacé qui s'étendait devant eux. De l'autre côté des berges, aux confins de ce paysage onirique, la nacre scintillante des cimes épousait les tons du couchant. Alors que, plus près d'eux, sur les roches aux abords de l'étang, des gazelles de roches cadençaient de leurs bonds désordonnés l'immobilisme de la nature. L'esprit nostalgique, Héri-tep se tourna vers ses amis himalayens :

- *Si un jour je dois quitter mon pays... c'est ici, que j'aimerais vivre !*
- Prâm lui tendit un gobelet de thé brûlant : *On dit, des lieux où nous sommes, Maître, que c'est le jardin d'agrément de toutes les divinités ! Être pauvre en l'écrin de ces montagnes... c'est être riche d'une nature qui nous est offerte gratuitement !*

Yachou qui, disait-on, était sujet à des visions médiumniques, prit place à leurs côtés. Le regard imbibé de ressenti, il éprouva le besoin d'émettre une note plus nuancée à cette fresque :

- *Hélas, Maître ! Il n'est pas impossible qu'en des temps encore lointains, ce pays soit occupé par des êtres démunis de spiritualité. En ces jours terribles, la civilisation du moment sera, par vacuité d'état d'âme, proche de sa fin. Car l'homme ne vit pas que des matières qu'il façonne, des denrées qu'il absorbe ou de l'air qu'il respire ! Le conditionnement au matérialisme altère la conscience et conduit à la confusion des raisonnements.*
- *Je suis sensible à cette logique, Yachou, mais la chose me paraît tout à fait improbable,* infirma aimablement Héri-tep. *Ces contrées sont loin des cités surpeuplées, elles élèvent l'esprit. Aucun athée, aucun agnostique ne pourrait y vivre sans ressentir l'appel intérieur et la nécessité de composer avec la nature.*

- Prâm lui tendit un morceau de galette d'épeautre qu'il venait familièrement de fractionner : *L'homme d'esprit, Maître, peut présumer des limites de l'intelligence, mais le peut-il de l'ambition de puissance qu'inspire la possession ? Nos pairs nous ont toujours conseillé de veiller à ne point engager le cœur dans le labyrinthe semi-obscur de la pensée. Car le plus souvent notre cœur manque de lumière pour y poursuivre son chemin sans dévier de ses aspirations.*

- *Certes, mes amis ! Il nous faut vivre notre temporalité à l'écoute de notre ressenti, n'est-il pas le plus juste médiateur de nos facultés pensantes.*
- *Voilà que nous nous donnons à moudre du raisonnement pour le reste du parcours, Maître !* en déduisit Prâm, le regard enflammé.
- *Oui, et cela laisse un espoir pour ceux qui appréhenderaient la rigidité des préceptes, Maître,* jugea bon de souligner Yachou, avec un rire enjoué.

Ces deux délégués étaient décidément de curieux personnages. Qui donc aurait pu supposer, au-delà de cette apparence indigente, de telles facultés d'observation ? Tout en réfléchissant, le Grand Prêtre s'approcha des eaux tranquilles du lac. Elles reflétaient sa silhouette et cela le poussa à réaliser qu'au fil des jours, son aspect vestimentaire était devenu en tout point comparable à celui qu'il avait implicitement reproché aux deux himalayens. Son teint hâlé ne dépareillait pas sur cette robe élimée et lacérée par les roches. D'importants accrocs laissaient apparaître le dôme de ses genoux, ses mains étaient devenues terreuses, ses cheveux sales et hirsutes, son bonnet était effrangé et ses gants décousus. Ayant souri à lui-même, il ironisa sur son aspect, en se rappelant les paroles de l'un de ses Maîtres :

- « *Gardons-nous de confondre boue sur le fruit et fruit dans la boue ! L'un, après avoir été lavé, retrouve son apparence pour être convoité, l'autre, après s'être enlisé, se reconditionne pour fructifier.* »

À l'heure de la Lune montante, chacun déploya sa tente individuelle. Elle se présentait sous la forme de peaux d'antilopes cousues, qu'il était nécessaire d'étayer de branchages appropriés. Comme chaque soir depuis leur départ, Yachou planta un burin d'argent dans la terre. Alors que Prâm, à l'aide d'une cordelette, traçait à neuf pas du centre, un cercle de protection ! Ce rituel réservé aux pèlerins cheminant avait pour but d'éloigner les démons de la nuit. Les himalayens doublaient cette précaution de quatorze petits chaînons de cuivre que le vent sans cesse agitait, conviant par là le bon esprit à veiller sur les voyageurs pèlerins. Les trois hommes égrainèrent ensuite les cent huit perles des chapelets, puis chacun alla emplir sa chaufferette de braise incandescente pour la placer à ses pieds. Après avoir soufflé sa chandelle baignant dans la graisse de yacks, il ne restait plus qu'à se glisser en son sac de fourrure et attendre que la princesse aux vingt-huit souffles vienne griser son esprit. Un instant, le Grand Prêtre tendit l'oreille à ces rafales de vent qui s'immisçaient en gémissant entres les coutures de peaux. Mais la grande séductrice étoilée ravissait vite les pensées en ce pays du toit du monde. Aussi, ne résistait-il jamais plus d'un pochon de songe à ses enjôleuses exhortations !

***

Au crépuscule du vingt-deuxième jour, les trois hommes parvinrent au sommet d'un col où l'on avait entassé des quantités de pierres. Selon le sentiment de ses guides himalayens, elles matérialisaient les fervents témoignages de plusieurs générations de pèlerins. Leur volume était surmonté d'une floraison de perches sur lesquelles dansaient des banderoles de couleur. Disposés sur d'énormes pieux, des crânes de yacks délavés toisaient les visiteurs de leurs orbites vides. Le plus surprenant était ce vent. Il circulait entre les roches en provoquant une mélodie plaintive propre à troubler les références du mental. Yachou donnait à ce phénomène le doux nom de « chant des génies ».

- *Regarde, Maître !* indiqua Prâm d'un doigt obscur qu'il avait lentement extrait de sa manche déguenillée : *Juste après cette deuxième ligne de collines, se trouve le monastère où nous nous rendons. Encore deux jours de marche, Maître !*

Ainsi, le parcours touchait à sa fin. Héri-tep but une gorgée de thé froid, puis essuya ses lèvres d'un instinctif revers de manche. Que n'avait-il vécu depuis son départ d'Égypte ? Il terminait sa course en ce site édénique retiré du monde. Il lui apparaissait que, dans la virginale beauté de cette nature créative, l'âme s'accrochait aux cimes, tels les épineux aux vêtements.

- *Y a-t-il d'autres monastères à proximité du vôtre, Prâm ?*
- *Oui, Maître, à plusieurs journées en direction du Levant.*
- *Êtes-vous nombreux dans celui-ci ?*
- *Il y a une cinquantaine de familles et environ deux cents moines. Certains vivent avec des femmes... d'autres non.*
- *Crois-tu qu'ils savent que nous arrivons ?*
- Les yeux de Prâm s'émulsionnèrent de petits éclats rieurs : *Il est un vieil adage qui dit ceci : « Lorsqu'une feuille tombe dans la mer, la montagne au loin sursaute. »*

***

Le regard stupéfait, les membres figés, le Grand Prêtre regardait se mouvoir devant lui ce pittoresque personnage. Son visage de porcelaine était fêlé d'yeux en amande en lesquels coulissaient de minuscules perles noires. Ses mains jointes ne cessaient de procéder à des simulacres de salutations révérencielles. À chaque mouvement effectué, sa coiffure écarlate faisait tinter les multitudes de pendeloques qui en ornementaient les bords.

- Tu es Héri-tep, l'homme du long fleuve... Héri-tep d'Ath-Kâ-Ptah, l'élu des Hiérarques, précepteur de Pharaon, l'émissaire délégué de L'Our'ma, Père des nilotes du couchant. Loués soient les dieux de t'avoir protégé jusqu'à nous !

D'où pouvait-il tenir les informations particulières qu'il dispensait aussi généreusement ? Nul courrier ne les reliait à ces extrémités du monde et la télépathie ne pouvait expliquer ce choix des titres assujettis à la diversité des formules. Devant une telle énigme, Héri-tep en déduisit qu'il n'était que l'un des maillons d'une fraternité savante mondialement établie et insoupçonnée du reste de l'humanité.

Ne souhaitant point paraître sans usages, il joignit à son tour les mains, tout en se courbant obligeamment vers le sol.

- À qui ai-je l'honneur, Révérend Homme ?

- Je suis le Supérieur de ce monastère. Mon nom est Mataya-Ataya-Soudda-Hi. Mais, pour ne point mobiliser le concours de ta mémoire en de superfétatoires formulations, je te suggère le diminutif de... Soudda-Hi. Si tu le veux bien, faisons, trêve de compliments, Maître Vénérable. Nous aurons l'occasion de nous entretenir. Pour l'heure, il m'apparaît urgent que tu te reposes, que tu te sustentes et baignes ton corps fatigué de ces jours d'épreuves. Les moines seront attentifs à tes vouloirs. Je te souhaite, Héri-tep, un agréable séjour parmi nous.

Sur un geste impératif du personnage, le baldaquin exerça un demi-tour sur lui-même, puis le cortège s'éloigna aux petits pas précipités des porteurs. Aussitôt, un tourbillon de moines les entoura. Ceux-ci se saisirent de leurs bagages et emmenèrent leurs yacks débâtés paître dans les enclos attenants. À sa grande surprise, des palefreniers avancèrent un onagre enrubanné, sur le bâti duquel on le pria de s'asseoir. Quelqu'un déploya un éventail de couleur jaune, que quatre autres maintinrent au-dessus de sa tête. On poussa ensuite sa monture, tout en faisant mine de balayer les impuretés du parcours devant elle. C'est ainsi que ce cortège improvisé pénétra dans la cour du monastère. Des moines en robe safran maintenaient sur leurs épaules d'immenses trompes, dont les accords caverneux s'égayaient à l'écho des vallées. Des habitants de la communauté s'amassèrent spontanément sur le passage de « l'homme du lointain couchant ». Les mains jointes en signe de bienvenue, tous le gratifiaient de généreux sourires. Certains étaient blancs comme neige, alors que d'autres se révélaient d'un radieux rose édenté. En cette affluence fraternelle, Héri-tep découvrait que les gestes exprimés avaient le secret d'une intimité qui allait droit au cœur. Les attitudes de ce petit peuple du toit du monde s'appliquaient à sa nature profonde. C'est l'esprit troublé qu'il gagna ses appartements où, lui avait-on assuré, il pourrait se remettre d'un aussi long voyage.

Trois jours durant, il n'entendit plus évoquer le nom de ce Supérieur qu'était Soudda-Hi. On le baigna, on le massa, on le restaura, on lui fit visiter les dépendances du monastère et parcourir à dos de yack les alentours immédiats. À la bibliothèque, il eut la surprise de découvrir des papyrus égyptiens datant des premières dynasties. Il examina avec un étonnement plus grand encore, des tablettes d'écriture élamite et sumérienne antérieures à ce déluge partiel, qui avait eu lieu 2 500 ans avant son ère.

Par esprit de convivialité, il assista à des offices et participa à des égrégores canoniques. Les psalmodies eurent lieu sous le couvert de cavernes naturelles aux flancs des falaises de proximité. Les fumées d'encens lui parurent comparables aux brumes des vallées Parsie et les timbres de voix y étaient plus troublantes que le brame des cerfs sous les futaies. Mobilisé par un tel bouleversement d'existence, Héri-tep avait partiellement oublié l'existence du Supérieur, lorsqu'on lui fit savoir que celui-ci se montrerait honoré de sa visite.

En franchissant le seuil de cette pièce sombre aux lourdes tentures murales, il fut agréablement séduit par les délicats effluves qui en émanaient. Sans doute provenaient-ils d'herbiers disposés à proximité des lieux. Le Grand Prêtre ressentit intuitivement qu'il pénétrait un univers spécifique, plus proche de l'essentiel que ne l'était ceux qu'il avait jusque-là côtoyés. Les chandelles dispensaient une clarté pleutre. Aussi lui fallut-il quelques instants d'acclimatation pour qu'il distingue la présence silencieuse de trois personnages. Ils étaient assis, le buste droit, les jambes croisées, à la manière des moines orientaux. Du fait de la pénombre, la présence inanimée et le mutisme de ces créatures, lui apparurent un instant préoccupant. Mais il chassa ce sentiment en se souvenant qu'en ce pays aux mœurs policées, il était de bon ton qu'un silence attentionné précède tout échange verbal.

- *Que la divine assistance préside à cet entretien, Héri-tep !* Murmura la voix paisible de Soudda-Hi. Le Révérend enchaîna aussitôt : *Il est, superflu que je te présente mes deux adjoints, Prâm et Yachou... Ils n'ont eu de cesse de conforter le bien que nous pensons de toi.*

- *Que ce jour nous soit propice !* déclara le Grand Prêtre en redressant son corps infléchi : *Peut-être est-il opportun, Révérend Hi, que je te précise, que lors de ma rencontre avec tes deux adjoints, Prâm et Yachou, avoir aujourd'hui à déplorer les billevesées qui ont animé nos premiers entretiens. Tes deux assistants me sont apparus comme des créatures errantes à l'esprit peu expansif. Mais au cours de nos pérégrinations, je fus porté à réviser diamétralement ce point de vue. En les voyant aujourd'hui à tes côtés, je mesure doublement combien ces préjugés étaient infondés. Je suis enchanté d'être partie intégrante de cet auditoire confraternel.*

Les trois dignitaires affichèrent d'indulgents sourires pour ce témoignage de sincérité, Soudda-Hi étendit les bras vers ses adjoints.

Leurs connaissances purent se parfaire en ton contact, mon cher Maître et ils t'en sont reconnaissants.

- Le Grand Prêtre eut une lippe de modestie : *C'est en ces humbles remarques que se mesure l'étendue de ta sagesse, Révérend. Mais tu sais, comme moi, que l'on apprend peu aux sages, on ne fait qu'éveiller sur des sujets donnés...leur attention.*

- *On m'a chargé, Héri-tep, d'une belle et honorable tâche. Elle consiste à guider tes pas vers une réalité qu'il ne serait pas exagéré de qualifier de transcendantale. N'as-tu point été choisi par l'élite spirituelle de ton peuple, Héri-tep ?* Les petites prunelles noires, qui suppléaient aux yeux du Révérend, devinrent pétillantes d'interrogation. *Pourrais-tu nous dire,* reprit celui-ci, *ce que tu sais de ta mission ? Nous parachèverons tes dires, dans la mesure de ce que nous savons sur toi et sur ta mission !*

Un factotum aux pas comptés émergea subrepticement de l'ombre et avança un siège à son intention. Le Grand Prêtre un instant sembla chercher ce qu'il lui était raisonnable de divulguer puis, animé d'un sentiment de confiance absolu, il entreprit de narrer les prémisses de son aventure, laquelle débutait en son lointain pays :

- *L'activité que j'exerçais en Égypte, tant spirituelle qu'intellectuelle, était accaparante. À vrai dire, elle laissait peu de place à l'évasion. Aussi, à trois mois de mon départ, étais-je loin d'envisager un tel périple à travers le monde.*

En fait, tout a commencé le jour où je dus me rendre au temple attenant au Palais. Il me fut demandé de me présenter devant l'Assemblée Synodale des Grands Hiérarques.

Cet honorable collège me signifia que l'Our'ma, Pair du Royaume, avait avancé mon nom pour une mission tout à fait particulière, puisqu'elle se situait hors des frontières d'Égypte. Ces nobles pairs, qui composaient l'assemblée, m'informèrent d'un fait qui ne manqua pas d'exciter ma curiosité. Tous les 1460 ans, me précisèrent-ils, neuf mois après les épagomènes du lever héliaque de Sirius, a lieu aux confins des Himâlaya un colloque planétaire. On me précisa qu'à la fin de chaque cycle, la mille quatre-cent-soixante-et-unième était marquée par l'immuable symposium des « Sept Sages », que l'on nommait en pays de l'Indus « Les Rishis ». On m'expliqua que ces grands connaissants étaient prédestinés pour représenter une fraction de la population humaine, exactement comme le firent leurs aînés mille quatre cent soixante ans avant eux.

- Après avoir marqué une légère pose, le Grand Prêtre poursuivit sans avoir été interrompu : *J'interrogeai aussitôt mes Pairs sur le caractère singulier de cette révélation. Ils m'apprirent que l'on y débattait des propensions spirituelles du moment. Mais aussi des orientations à prendre en vertu de la progression quantitative qu'affichait la société des hommes. Ils m'informèrent que la « Sapience Universelle » veillait ainsi sur l'équilibre du monde et l'évolution culturelle de l'espèce humaine.*

*On me rappela que les « Zep tepi », autrement dit les dieux du « premier temps » avaient légué aux hommes un immense pactole de connaissances, que l'on désignait sous le vocable de « **Tradition Primordiale** ». Chaque génération d'initiés se devait de protéger ce qu'il en demeurait, afin que le souffle perdure à travers les âges, pour l'équilibre essentiel des humanités futures.* Héri-tep adopta alors un ton plus confidentiel :

Sans que je me sois montré sceptique sur ce qu'il m'était donné d'entendre, je m'étonnais du choix qu'avaient fait mes pairs. Je leur fis part de mes doutes sur les qualités qu'ils m'attribuaient pour mener à bien cette mission.

Il me fut expliqué que j'avais été choisi en considération de mes facultés d'analyse, de mes qualités intuitives, de mes capacités à objectiver des faits et à triompher des épreuves d'endurance physique. On m'énuméra en appui ma réputation d'homme médecine, mes titres initiatiques, mes préférences pour la symbolique des nombres, la passion que je vouais aux pyramides depuis mon enfance, mes connaissances astronomiques et ma pratique des langues étrangères. Ce panégyrique généreusement étalé, blessait ma nature peu encline à me rehausser sur ce que j'estime être la diversité universelle. Mais ce sont là, m'allégua-t-on, des disciplines qui devraient favoriser la réussite de cette mission. L'Our'ma tenait à ce que l'Égypte occupe dignement la place qui lui est attribuée en tant que gardienne de La Grande Tradition.

- Soudda-Hi profita de cette courte reprise pour intervenir : *Les pairs de ton royaume, Héri-tep, ont-ils mis l'accent sur les particularités des informations que tu te dois de conglomérer ?*

- *Il importe précisément d'en venir à cette question, Révérend Hi. Les pairs m'instruisirent du rôle initial attribué aux plus vieux monuments d'Égypte. Ils centralisèrent leurs descriptions sur les pyramides, que le peuple, en sa ferveur, qualifie de « tombeaux des dieux ». Je compris très vite que, parmi elles, trois retenaient particulièrement leur attention. Il faut dire qu'elles sont disposées de curieuse façon, sur un terrain dominant le fleuve nourricier, que nous appelons Nil. Cette éminence où se situent ces monuments se nomme Ro-Setaou.*

Pour que vous vous imaginiez le caractère étrange du site, il se trouve en son vallon, une statue colossale d'un animal couché au profil léonin. Ce dernier semble veiller sur l'ensemble de ce complexe symbolique et ses yeux cavés fixent l'horizon du Soleil d'équinoxe.

Si l'on se rend à l'avis des prêtres les plus éclairés, un tel gigantisme en matière de monument serait l'œuvre des demi-dieux, les Chemsou-Hor. Héros légendaires des temps anciens, joyaux de notre culture ethnique. Diverses mythologies nous content qu'eux-mêmes étaient héritiers d'une civilisation venue des célestes régions étoilées. Cette énigmatique société humaine aurait suivi ou précédé le grand Déluge Universel, il y a huit mille ans de cela.

Les édifices en question sont indatables. Aucune mention pérennante ne nous en déploie l'histoire. On ne peut que constater que ces monuments, en traversant les millénaires, ont souffert des intempéries. Malgré la perfection des joints et l'excellent ajustement des pierres, des assises se sont affaissées sous la violence des séismes. Mais aussi sous le ruissellement des eaux de pluie en période cataclysmique. Au cours des âges, des déprédateurs ont tenté d'en desceller les pierres et l'érosion éolienne a achevé ce qu'avaient épargné les calamités naturelles. Aujourd'hui, le recouvrement ou parement de ces pyramides fait, hélas, défaut. Alors qu'aux origines, de rigoureuses valeurs numériques sacralisaient leurs formes. On comprendra qu'au fil des millénaires les dimensions sacrées qui les caractérisaient à l'origine se sont corrodées sous le poids des âges, à la manière dont se délabrent les blocs de pierres.

Mes pairs m'énoncèrent avec beaucoup de sérieux, que retrouver ces mesures constituerait l'essentiel de ma quête. Ils m'informèrent que les temps approchaient où des conjonctions astrales allaient indiquer, avec précision, la période des restaurations à engager. Et qu'il était inutile d'entreprendre une réfection sans une appréciation rigoureuse des mesures originelles. Les risques seraient grands de dénaturer le message, de le rendre stérile et, par voie de conséquence, impropre au témoignage qu'il est de notre devoir de pérenniser pour animer la pensée du futur. Cela aurait pour autre incidence d'offenser les dieux concepteurs de ces édifices.

Si les autorités de mon pays se montrent affectées par cette situation qui consiste à ne plus être détenteurs des données numériques et géométriques inhérentes aux structures de ces monuments. Elles se disent rassérénées par la clairvoyance de l'Our'ma. Sa médiumnité nous incite à ce que nous découvrions en d'autres lieux que l'Égypte, et notamment en ce pays même de toit du monde, les dimensions sacrées indispensables à cette restauration. D'où le projet essentiel de mon voyage à travers les terres jusqu'à vous, mes frères.

- Héri-tep s'arrêta de parler. Prâm plaça sa main à hauteur du cœur : *Tes pairs, Héri-tep, n'eurent-ils jamais connaissance de documents écrits, relatifs à ce lointain passé ?*

- À ce que je sache, rien n'a résisté au temps. Épidémies, déprédations, famines, inondations, séismes et invasions successives ont eu raison de toute persistance. Cependant, il a été porté à ma connaissance que des papyrus datant de plusieurs millénaires ont été partiellement épargnés en certains lieux du monde. Ces textes mentionneraient la présence, à l'intérieur du plus grand édifice, d'une échelle chronologique de datation. La chose peut apparaître utopique, mais d'après les omniscients Hiérarques, une telle option est envisageable si elle est basée sur le phénomène de précession des équinoxes. Ce grand cycle de 25920 ans contient la clé des Grands Arcanes dont ces constructeurs se sont inspirés. Pour autant que je me souvienne, il est question de l'altitude évolutive apparente des constellations par rapport à l'horizon austral. L'évaluation des angles coïnciderait avec des repères architecturaux, lesquels définiraient des périodes de temps, propices ou néfastes au devenir des civilisations.

- Honorable Maître, cela te parait-il sérieux ? Crois-tu, à la vraisemblance de telles allégations ?

- À dire vrai, mes frères, j'étais jusque-là dans l'expectative, mais au cours de mon voyage, j'ai ressenti progressivement que les choses évoluaient vers une résolution progressive de ces mystères. Héri-tep adopta un petit air futé : *Aujourd'hui, je pense en avoir approché un certain nombre !*

- Le regard des trois moines fut soudainement habité par une attention extrême : *Aurais-tu élucidé quelques énigmes... dont tu pourrais nous entretenir ?*

- Le Grand Prêtre eut un geste évasif de la main : *Mes frères, je ne sais si ce genre d'étrangetés peut revêtir pour vous himalayens, un quelconque intérêt ? En fait je dois l'essentiel de ces révélations à... ce qu'il serait convenu d'appeler... un songe !*

- Un songe ! reprit le Révérend, en montrant un visage à la fois médusé et enthousiaste.

- *Oui ! Je ne saurais qualifier la chose autrement. À moins qu'il ne s'agisse là de l'un de ces phénomènes que l'on prétend paranormaux ? Dans les deux cas, il y a peu de place pour une explication rationnelle.*

Héri-tep marqua un temps de réflexion : *À l'époque, je me trouvais à Sumer, en la cité d'Ur. Las d'être sollicité, je cédais aux instances amicales du Grand Sanga, lequel me pressait de participer à une élévation sélective, sous forme d'examen culturel. L'exploit consistait à gravir les sept étages d'une pyramide à degrés que les gens de ce pays appellent « Ziggourat ». À chacune des sept assises, le parcours obligé était sanctionné par des tests de barrage. La chance dut me favoriser, car je parvins à triompher des épreuves qui me furent soumises. Je progressais donc jusqu'à l'étage supérieur. En cette pointe ultime de l'édifice, les circonstances firent que je me trouvais en compagnie du Roi des quatre régions de Mésopotamie.*

Afin de nous conformer au rituel, nous dûmes boire tous deux en la même coupe, cela à l'instant précis où le Soleil émergeait à l'horizon. Je me souviens alors avoir décelé en ce breuvage des substances métagnomigènes. Ce qui suivit me parut être la suite logique des événements. Nonobstant, dès cet instant, ce que je fus appelé à vivre, m'apparaît aujourd'hui sujet à caution. Entre autre mystère, j'héritais de l'étrange bijou, que voici...

Héri-tep détacha le quartz suspendu à son cou. Il tendit l'objet à l'impénétrable trio qui l'auditionnait. Les sourcils de Soudda-Hi remontèrent, pour faire écrin aux petites perles effilées de ses yeux :

- *Nous connaissons les propriétés de ce cristal de roche, il provient d'une caverne située sur un axe géodynamique de nos régions. Peut-on savoir, Maître, qui te l'a procuré ?*

- *Une femme... à la beauté indicible. Elle jouait le rôle, si je puis dire, de divinité des lieux, mais il s'agissait d'une substitution corporelle, ha...tout cela est compliqué... Ensuite, je dus descendre un interminable escalier en colimaçon, au bas duquel je fus rejoint par cette créature irréelle. Nous arpentâmes de sinueux couloirs. Sous sa dictée, je relevais de nombreuses données se rapportant aux pyramides, à la mythologie et aux mouvements stellaires. Oui ! Toutes ces choses figuraient en ce lieu. Cette entité féminine me paraissait connaître à la perfection les divers aspects du labyrinthe en lequel nous évoluions. Au fil des heures écoulées, je sentis naître en moi le désir irrépressible d'avoir une relation passionnelle avec cette femme. Tout en elle était doté de grâce. Elle correspondait à ma nature intime, j'oserais dire... à mon double féminin corporalisé... C'est très difficile à exprimer. L'attirance était si forte que je l'assimilerais volontiers à un enchantement. À tel point qu'à l'instant précis de l'une de ces unions je perdis, semble-t-il, connaissance. Je me retrouvai allongé sous le péristyle d'un temple, au beau milieu de la nuit, seul et en proie au doute. Il n'y avait, alentour, âme qui vive, et la belle avait disparu, enfin... apparemment ! Chose étrange je gardais présent en ma mémoire l'intégralité des détails ayant trait à ce vécu mirifique. Avec quelques imprécisions toutefois, auxquelles je ne pus remédier, par manque de recoupements.*

- *Maître !* Questionna Yachou. *Cette créature à profil de rêve... l'as-tu revue ?*

- Une sorte de trouble émotionnel contraignit Héri-tep à répondre de manière ambivalente à cette question : *Physique... physiquement non... jamais !* Énonça-t-il avec une sorte d'absence dans le regard.

- Les trois moines hochèrent du bonnet, sans doute, pour compatirent à cette infortune. *Que reste-t-il, Maître, de cet imbroglio de situations, peux-tu nous instruire de tes déductions ?*

- Oui, mes frères ! J'ai maintenant l'intime conviction qu'il existe une relation entre certaines étoiles fixes et la disposition sur le sol de ces monuments pyramidaux.

- Oh...vraiment, tu as acquis cette conviction !

- Oui ! Et pour ne rien vous cacher, mes frères, il s'agit de la représentation sur le sol des trois étoiles, dites du « baudrier d'Orion ». Il nous faut également tenir compte de la proximité de Sirius, étoile traditionnellement dédiée à Isis, déesse tutélaire de mon pays. Si on lui adjoint une étoile plus modique qui gravite autour d'elle, on retrouve les critères de sa sœur déesse et compagne Nephtys. En résumé, avec ces sept astres traditionnels de la constellation d'Orion, plus les deux précédents, la Genèse est reconstituée. Ces neuf étoiles représentent les neuf dieux primordiaux cités dans la mythologie égyptienne.

Par ailleurs, les dimensions des monuments correspondent à des valeurs numériques que nous pouvons affilier... à ... ce que nous savons... de la cos... mogonie... et... En une parfaite osmose, les trois moines abaissèrent la tête. Ils étaient secoués par de petits rires réprimés qu'ils ne contenaient plus. Cette attitude bouffonne, eut le don d'étonner, puis d'agacer le Grand Prêtre :

Mes frères...je vous assure, je ne me permettrais pas ce rapprochement, si je n'avais la quasi-certitude de mes assertions... Votre réaction, mes frères... me surprend... vraiment... je... Les rires redoublèrent : *Pouvez-vous me signifier ce qu'il y a de grotesque, dès lors qu'avec l'étude qu'il nous est donné de mener, on peut prouver de façon formelle que... les anciennes... civi... lisations...*

- Le Révérend Hi ne cessait d'agiter la main en signe de négation. Ce qui incita Héri-tep à endiguer le flot hachuré de ses arguments. *Ce n'est pas ce que tu crois, Maître ! Nous ne nous moquons pas. Non, ce serait indigne, nous nous réjouissons au contraire, de cette pertinence qui t'a poussé à établir de telles déductions. Elles coïncident pleinement avec les nôtres... Pardonne-nous, Héri-tep, et ouvre grand tes yeux !*

Sur l'invitation de Soudda-Hi, les deux adjoints se levèrent. Ils se placèrent de part et d'autre de la volumineuse tenture qui restreignait la longueur de la pièce. Lentement, Prâm et Yachou firent glisser sur ses anneaux de bois, le pesant tissu de velours brodé. Ils dégagèrent ainsi un espace que le visiteur ne pouvait soupçonner.

En raison de ce qu'il lui était donné de voir, le Grand Prêtre resta sans voix. Là, à quelques pas de lui, à peine dissimulée en la pénombre, reposait une imposante maquette du plateau égyptien où se trouvaient situées les trois pyramides. Précisément celles qui faisaient l'objet de ses recherches. Apparemment, elles étaient convenablement orientées sur leur support. Une abondante végétation synthétique les entourait et les détails les plus infimes agrémentaient leurs structures.

Le silence ambiant était meublé de petits gloussements qu'Héri-tep ne cherchait plus à interpréter, tant son attention se trouvait réduite à cette découverte :

- Elles étaient si ressemblantes, qu'il lui apparut les visualiser comme s'il était devenu un faucon effectuant un vol stationnaire au-dessus du site. *En quels ma... matériaux sont-elles construites ?* Balbutia-t-il en tentant de s'approcher de ces étranges répliques.

- *En orichalque inaltérable et le fleuve à côté en azurite,* précisa Soudda-Hi. *Ces pyramides sont conformes à celles d'Égypte, Maître, pour l'excellente raison, qu'elles furent parmi les modèles originaux ayant servi de référence à leur édification.*

- *Les... les mo... les modèles... mais c'est... c'est... impossible !*

- *Et pourquoi donc... Maître ! Elles ont été protégées des millénaires durant, à l'intérieur d'un bassin de glace à température constante. C'est ce qui explique leur exceptionnel état de conservation.*

- *Combien as-tu dit... Soudda-Hi... de millénaires ?*

- Je n'ai avancé aucun âge, Maître, car nous ne sommes sûrs de rien ! Mais huit mille ans ne me surprendraient pas... peut-être, plus...

- Comment peut-on expliquer qu'elles se trouvent ici... entre vos mains et non en notre possession ?

Cette fraîcheur de ton sans nuances, sans doute due à l'émotion, eut pour effet de provoquer chez ses hôtes une réaction douce-amère.

- Selon toi, Maître, serions-nous indignes d'en être les dépositaires ? Sans attendre une réponse, Soudda-hi poursuivit sur un ton vigoureux. *Si cette maquette que tu vois a été sauvegardée parmi les glaciers des Himalayas, c'est à dessein de prudence, dont faisaient preuve les Grands Initiés de l'époque. Nos lointains compatriotes entretenaient des relations très étroites avec la gent savante de ton pays et de l'Inde proche. Ce modèle réduit des trois pyramides a été extrait d'une grotte souterraine et acheminé vers ce monastère à la suite d'une initiative personnelle... la mienne ! Cette mesure avait pour intention de rendre fructueux ton séjour parmi nous. Me serais-je trompé ?*

- Tu veux dire... que vous avez soutiré ces pyramides, enfin... cette maquette, de... de je ne sais quelle mystérieuse cachette et l'avez amenée en vos murs, dans l'unique dessein de satisfaire ma curiosité ?

- Satisfaire à ton examen, oui, n'est-ce point là une raison suffisante ? Ces pyramides ne représentent-elles pas l'objet de ta quête et le souverain motif de ton déplacement en nos cimes enneigées ?

- Certes, mes frères, certes ! Mais, je m'explique mal la présence d'aussi glorieux vestiges en ces montagnes, si loin de l'Égypte des origines. En ce pays, disons-le, perdu, aux coutumes arriérées, difficile d'accès, peu propice au développement des sociétés ! Comment admettre autant de légèreté, de la part des constructeurs, alors que...

Le Révérend Hi leva la main pour interrompre ce flot d'interrogations aigres-douces, que le Grand Prêtre déversait sans bien considérer la légitimité de la situation :

- Héri-tep, notre honorable invité, sache que l'histoire du monde n'a pas débuté en Égypte. La brillante civilisation, dont tu te montres à juste titre l'ardent défenseur, n'est qu'un épisode de l'histoire des connaissances humaines. Ensuite, permets-moi de te faire remarquer que tu peux contempler cette maquette, en sa fraîcheur originelle, grâce aux exceptionnelles conditions climatiques de ce lieu, que tu as tendance à dénigrer ! Enfin, je te rappelle, mon frère, que l'humilité est la qualité première des Sages. Pour gravir nos montagnes, tu devras mettre à nu ton tempérament de méditerranéen impulsif. Après quoi, mon bon Maître, il te restera à réchauffer ton âme aux sereines flammes de nos lampes à huile, témoins millénaires de l'indicible présence.

La leçon était rude. La physionomie consternée, le Grand Prêtre ne put qu'adhérer intimement à ces judicieux reproches. Mais avant qu'il n'ait ouvert la bouche pour formuler ses regrets, Soudda-Hi ajouta :

Si tu le veux bien, nous reprendrons cette conversation dans quelques jours. Pour l'heure, nous allons, mes frères et moi, te laisser seul en méditation devant les ultimes objets de ta quête. Sur la table que voici se trouve un boulier et de quoi écrire. Les frères servants feront suivre tes repas. Que la déesse qui accompagne l'œuvre entreprise persévère à t'assister de sa lumière intérieur... Bonsoir, Maître !

Tous trois se courbèrent en joignant les mains et s'évanouirent plus discrètement que ne s'évanouissent les ombres. Resté seul, le Grand Prêtre se culpabilisa. Avait-il à ce point manqué de tact ? Il venait de donner à ses frères initiés du bout du monde une bien piètre image de la mentalité égyptienne. Par Seth et ses légions, pourquoi fallait-il que de temps à autre, il montre un chauvinisme aussi caricatural ? Il ne lui restait plus qu'à formuler des excuses et à modifier radicalement ce type de comportement.

Son regard était devenu si triste qu'il ne s'exaltait même plus devant l'objet de son différend. Un instant vide de sens s'écoula, avant qu'il ne soit en mesure de faire le point sur sa conduite. Puis, il se dit qu'il devenait urgent qu'il intègre cette notion de révélation primordiale généralisée et non restreinte au bassin méditerranéen, comme il avait jusque-là tendance à le supposer. Il lui fallait désormais s'en remettre à l'authenticité des choses, fussent-elles surprenantes au point de découvrir en ces lieux isolés la justification de son voyage. Après tout, n'avait-il point effectué ce long périple, dans l'unique dessein de rechercher les numériques manquants, ceux-ci, peut-être, se trouvaient maintenant sous ses yeux !

Ayant approché un tabouret de la table, les mains fébriles, il se pencha avec respect sur la plus grande des trois pyramides, celle que l'on disait dédiée à Osiris. Le raffinement des détails qui s'offraient à sa vue était stupéfiant de précision, ce qui lui fit espérer un instant que chaque pierre était ici dûment miniaturisée.

Alors qu'il inspectait avec un intérêt croissant la géométrie complexe du pyramidion, le quartz qui pendait à son cou, vint heurter le socle de la pyramide. Sous l'effet de ce choc insignifiant, un bref éclair se produisit. D'abord surpris, puis intrigué, il se saisit du cristal et essaya de renouveler l'incident au niveau d'un apothème, là où précisément, il venait de remarquer un léger creusement des faces. Il n'en crut pas ses yeux, une parcelle de la structure d'assemblage venait brièvement de s'illuminer, laissant apparaître sur un espace restreint une forme d'écriture. Il s'ensuivit une série de caractères hiéroglyphique à cotations numériques, il put lire : « Base total sur le socle, longueur, 439,82297 coudées. » La mention indiqua une autre mesure $14\,\pi$ puis diminua d'intensité pour s'effacer. Stupéfait, il réédita l'opération en d'autres endroits. À chaque contact s'affichait une annotation différente suivie d'un nombre à six ou huit décimales. Les mains du Grand Prêtre se joignirent. Son cœur battait la chamade. Il fit un effort pour refréner le tremblement de ses doigts.

C'est alors que la dernière phrase prononcée par le Révérend Hi, lui revint en mémoire. « *Que la déesse t'assiste de ses lumières intérieures* ». Il parcourut la pièce du regard, tout était étrange d'immobilisme ! Les petites lampes à huile répandaient leur odeur âcre. Le chant des psalmistes lui parvenait, assourdi, telles les voix apaisées d'un autre monde. Seul, attristé de lui-même, le dos voûté sur la révélation de sa vie, des larmes tièdes s'égrenaient sur la maquette de Ro-Setaou. Héri-tep pleurait !

***

Le site proche du monastère, appelé « la caverne aux sources » était connue pour le bien-être qu'apportaient ses influx telluriques. On y pratiquait les soins du corps dans l'atmosphère vaporeuse qui se dégageait des marmites d'eau en ébullition. Accroupis sur le sol en terre battue, des moines, le pagne noué autour de la ceinture, se livraient au jeu traditionnel des bambous, alors que d'autres, sous la conduite d'un Maître, pratiquaient des exercices de contorsions du corps.

Comme chaque semaine depuis sa venue au monastère, la face allongée sur une natte de crin, le Grand Prêtre se soumettait docilement aux mains expertes d'une jeune masseuse :

- *Maître, ma présence, est-elle douce pour toi ?* susurra la jeune femme après un long passage appuyé sur sa nuque et ses épaules. L'esprit somnolent, Héri-tep réalisa, après un temps de cogitation, que ces paroles un brin tendancieuses lui étaient destinées :

- Oh ! Chère Litya... oui, douce... très douce !

- *Pourquoi alors, jamais à ton tour toi, tu ne caresses ma peau... Elle est de soie... regardes ?*

- *Soyeuse, oui je n'en doute pas... Pourquoi, hé bien... La raison est que je suis Prêtre... mes préoccupations doivent se situer ailleurs que sur la peau. Alors que si... enfin, voilà... C'est ça la raison, Litya !*

- *La raison... Ce n'est pas une raison, ça ? Il y a des prêtres qui aiment les peaux à caresser, jamais toi, tu veux contrevenir à la raison que tu dis...*

- Si, quelques fois... très peu souvent, oui... Non, c'est très rare, pas courant... !

- Peu courant, rare ! Ça ne veut pas dire, pas du tout, comme jamais... ça !

- C'est juste... À vrai dire, j'ai déjà une femme avec qui je vis. Oui, elle est comme une épouse !

- Ah bon... Mais où tu la cache, celle-là ?

- En moi ! Oui, je sais que ça peut paraître bizarre, mais, c'est plus pratique... tu comprends ?

- Non ! Je ne vois pas comment cela c'est possible ! Quel est son nom ?

- Nadjelda est son nom... elle dort pour le moment !

- ** C'est faux, Héri-tep, je ne dors jamais... surtout, lorsqu'il y a confusion sur ma personne !

- Ah...elle vient de se réveiller... elle est un peu jalouse, tu sais !

- ** Quel culot, Héri-tep, je suis on ne peut plus tolérante... peut-être trop, d'ailleurs, sur ta manière de concevoir notre relation, et qui plus est, de la commenter !

- Que dit-elle ?

- Elle dit... Oh... Non, tout ça est compliqué, ma chère Litya... Je pense que je vais prendre un bain maintenant...Oui !

- Alors qu'Héri-tep s'apprêtait à se mettre debout, une voix s'éleva de derrière la tenture : *Puis-je te parler, Maître... C'est Yachou !*

- Oui, Yachou ! Je ne sais plus où donner de l'oreille, moi... Que me veux-tu ?

- Maître ! Le Révérend Hi a reçu la réponse !

- La réponse... quelle réponse ?

- Eh, bien... La réponse de la date, pour le Grand Concile des Sept Sages, ce pourquoi tu es venu chez nous, en les Himalayas !

- Oh ! La réponse, Yachou, la réponse... bien sûr, que je suis bête ! J'attends cela depuis près d'un an, et au moment... je ne comprenais pas de quoi tu voulais m'entretenir... c'est fantastique ! Il faut que je vois Soudda-Hi... tout de suite... je te suis, Yachou... !

- Il t'attend, Maître... mais... n'y va pas tout nu, c'est incorrect... Litya, aurait-elle rigidifié ta réflexion ?

- Non, Yachou... Je n'ai rien rigidifié du tout ! s'insurgea haut et fort la jeune femme. Héri-tep lui lança un regard de tempête, noua sa toge et disparut derrière la tenture.

***

Quelques jours plus tard eut lieu la fête de Pâ-Plôme. Depuis l'aube, l'ensemble des Maîtres et dirigeants du monastère sacrifiaient aux tâches les plus ingrates. L'expérience consistait à intervertir les rôles dévolus à chacun. Désigné d'office pour la coupe de bois, Héri-tep se prêta de bonne grâce à cette conversion des genres, sans toutefois s'appesantir sur sa nécessité. L'heure de la pause étant venue, Tim-Plim, le chef de la taille, fit signe de surseoir un instant à l'ouvrage. Le Grand Prêtre déposa à terre sa cognée et redressa ses reins fatigués :

- En Égypte, nous avons des couteaux-scies, pour les arbres... Ça va plus vite... et c'est moins pénible !

- Oui, Maître Héri ! Mais l'arbre, quand il tombe pour mourir, il n'entend pas son nombre avec la scie.

- Son quoi ?

- *Son nombre, Maître ! Lui seul connaît le nombre de coups de cognée qui va l'abattre, il peut ainsi se préparer à mourir sereinement. Avec la scie, l'arbre est surpris par la mort qu'il ne peut écouter, son âme désemparée par la rapidité de l'abattage rentre alors en souffrance.*

- *Tu crois ça, toi ?*

- *Bien sûr, Maître Héri que je crois ça, moi. Tout le monde y croit ! Chaque vie naît et meurt avec la loi des nombres, Maître Héri. Les végétaux, les animaux et même les gens comme nous avec les pulsations de notre cœur.*

- *Les arbres, Tim-Plim, ne sont pas tous abattus par la cognée des hommes, certains meurent de mort naturelle, par la foudre, le vent, les eaux, sans qu'il soit question de nombre ?*

- *C'est pour cela qu'ils mettent si longtemps à mourir, Maître Héri. Les arbres interrogent les bruits de la nature, mais ceux-là sont souvent confus, ce qui fait qu'ils n'entendent pas toujours leur nombre. Alors, à force d'écouter, ils vieillissent, deviennent blancs, secs comme la pierre, et ils meurent sans le savoir, debout avec leurs os dans le ciel, Maître Héri.*

- *Va, pour les arbres ! Mais les êtres humains, eux, n'ont pas besoin de leur nombre pour mourir ?*

- *Si, Maître Héri, le cœur compte ses battements, le cœur sait, lorsque sa fin est proche. S'il n'entend pas son nombre, le pied d'un éléphant ne peut en venir à bout. Le cœur lutte contre la souffrance et la maladie, il résiste à toutes les misères de la vie. Mais, si le cœur... entend son nombre... Alors, Maître Héri, le battement de l'aile d'un papillon... le tue... Oui... C'est comme je te le dis, Maître !*

Héri-tep n'avait jamais débattu de l'existence sous cet aspect métaphorique. Il pensa que ce responsable forestier était un singulier personnage, nanti d'une philosophie atypique, mais digne d'une écoute attentive.

- *Vois, Maître Héri ! Prâm arrive avec les yacks pour le chargement.*
- **Héri-tep** *!* s'exclama l'adjoint en parvenant à portée de voix : *Le Révérend Hi demande si tu peux venir l'aider à laver les chaudrons ? Il est débordé de travail !*
- *Les chaudrons... mais je n'ai jamais... je... Oh...oui, bien sûr, Prâm, très bien... j'arrive !*

Lorsque le Grand Prêtre eut poussé le portail donnant sur l'office, il vit le Révérend Soudda-Hi, les deux bras plongés en l'immensité des marmites. Son minois à l'inclinaison réjouie affichait en la circonstance le sourire blême des gens épuisés.

- *Héri-tep, enfin ! Le génie des victuailles accompagne tes pas ! On ne sera pas trop de deux pour faire face aux instances. Excuse la liberté que je m'octroie, tiendrais-tu cette louche pour répartir les diverses portions dans les plats ?*
- *Révérend Hi, tu pardonneras, je l'espère, mon manque de discernement. J'avoue ne pas saisir pleinement l'intérêt d'une telle inversion de références. Peux-tu me dire pourquoi consacrer tant d'efforts à une coutume aussi innocente ? À moins que celle-ci ne recèle quelques subtilités cachées que ma rusticité d'homme des plaines ne me permet pas de saisir ?*
- *C'est beaucoup plus qu'une simple coutume, mon frère, la fête va jusqu'à cautionner l'ordre futur.* D'un geste rapide, le Révérend fit jouer le verrou de l'un des vasistas donnant sur la salle de réception.

- *Ne remarques-tu rien d'inhabituel dans ce réfectoire ?*

Héri-tep visualisa la population attablée. Pour la plupart, il s'agissait de moines subordonnés et à l'ordinaire corvéable, qu'un essaim de dignitaires assistait avec déférence et empressement.

- *Je constate Soudda-hi que contrairement à ceux qui les assistent, ces gens attablés me paraissent mal à l'aise. Alors que, selon votre logique, ils devraient être joyeux, puisqu'ils sont servis et déchargés* de leurs tâches quotidiennes par ceux qui les dirigent habituellement.

- Selon notre logique, dis-tu ! Détrompe-toi, tous les rôles en ce jour étant inversés, l'existence la plus routinière se complique. Nous deux, par exemple, nous sommes aux cuisines affectés aux tâches les plus ingrates. Mais eux, les moines servants, les jardiniers, les tanneurs, les potiers, les charretiers, ont en cet instant l'entière responsabilité de l'administration qui nous échoit ordinairement. Responsabilité des soins à apporter aux malades, des prières aux mourants. Responsabilité de la distribution de nourriture, de la répartition des lumières, de la traite des animaux, de leurs soins, de l'acheminement du courrier, des tâches ayant trait à l'approvisionnement général et quantité d'autres choses. Aussi sont-ils anxieux, face à de telles implications dont ils n'ont pas coutume ! Comble de la dérision, tout étant inversé, c'est au plus jeune des garçons d'écurie que revient le poste que j'ai laissé vacant. L'ensemble du personnel est ainsi à ses ordres, ce qui ne rassure personne, d'où la légitime morosité que tu as pu déceler sur les visages.

- Soudda-Hi, pardonne-moi ! Mais quelles peuvent être les leçons à tirer d'un tel chambardement ?

- Appréciables, Maître ! La rupture avec les choses que l'on considère acquises provoque un examen de l'état de conscience et facilite par la suite une plus juste compréhension des différences. Le lendemain de la fête de Pâ-Plôme, lorsque les gens de labeur réintègrent leur situation habituelle, chacun se montre soulagé. Les velléités d'un jour sont balayées par des réflexions judicieuses sur le rôle tenu par les administrateurs. Tous les sentiments acrimonieux s'édulcorent. À l'inverse, les maîtres qui ont été contraints aux tâches les plus rebutantes mesurent davantage l'effort fourni par leurs subalternes. Dès lors, ils se montrent plus tolérants et répartissent mieux les tâches. Le respect devient mutuel. Le jeune garçon d'écurie, qui présentement dirige le monastère, peut trouver là matière à réflexion, afin de ne plus se contenter de son sort et envisager d'évoluer. Un jour, peut-être occupera-t-il ma place grâce à cette expérience.

- *Je saisis davantage le sens que vous donnez à ces festivités. Si je puis me permettre, Révérend, je dirais que lors de cette journée, vous cultivez le paradoxe, pour mieux en souligner la normativité... C'est cela ?*

- *C'est cela, Maître ! Cette coutume a pour but de chasser les ressentiments. Il est bien connu que chacun d'entre nous, quelle que soit sa fonction, envie la place de l'autre, qu'il considère meilleure que la sienne. Le mieux n'est-il point qu'il l'occupe... le temps d'une analyse ?*

***

Échines ployées, jarrets tendus par l'effort, les Yacks lançaient des œillades gourmandes à ces herbes effrontées qui s'agitaient sous leurs naseaux. Les ridelles torves des chariots se rehaussaient de paillotes caquetantes, de ballots à victuailles, d'outres de peaux ou de piquets de marabouts que ceinturaient des cordages. Cette engeance de roues aux essieux tourmentés orchestrait une symphonie plaignante, scandée de souffles et de chocs. À l'arrière de la colonne, des femmes, le visage anxieux, se tenaient près des jougs, le regard chevillé au comportement des bêtes. Elles convoyaient de petits attelages dont les bannes dolentes exultaient de rires d'enfants.

Du haut de cette protubérance où se trouvait Héri-tep, le déroulement de la caravane paraissait interminable, alors qu'elle ne comprenait qu'une centaine de personnes. Toutes avaient été choisies par Soudda-Hi en fonction des diverses aptitudes de chacun. Depuis neuf jours qu'ils cheminaient ainsi, ils n'étaient pas encore en vue de cette double aiguille rocheuse, que l'on disait être l'insigne repère de la fin du parcours.

Le Grand Prêtre laissa patiemment s'écouler le troupeau de kiangs, qu'encadraient des jeunes gens aux gestes exubérants. La poussière s'étant dissipée, il aperçut de l'autre côté de la piste, le Révérend, apparemment occupé à vérifier leur itinéraire. À ses côtés se tenaient des moines cartographes, dont les hottes débordaient de rouleaux effilochés. Ayant aperçu Héri-tep, le Supérieur prit congé de leur compagnie pour s'avancer jusqu'à lui :

- *Maître, tu dois te demander où te conduisent nos pas ?*
- *Loin de moi cette pensée, Soudda-Hi, ma confiance est totale… Aurais-tu besoin de mes services ?*
- *Non point, Maître !* assura le moine, en flattant de la main un bloc monolithique de bornage : *Regarde, nous sommes au pied du dernier repère, autrement dit, à une journée de marche tout au plus de l'endroit.*
- *Puis-je cheminer quelques instants à tes côtés, Soudda-Hi, j'aurais contentement à ce que tu répondes à quelques-unes de mes interrogations ?*
- *Avec joie, Maître, il y a bien trois jours que nous n'avons eu l'occasion de bavarder ainsi !*
- *Oui, j'aimerais que tu me précises certains détails du programme. Je crains ne pas percevoir correctement le déroulement de ce comice des Sages dont tu m'as évoqué l'existence.*
- *Formule tes questions, Maître, je tenterai d'y répondre !*
- *Tu dis avoir pour mission d'organiser le séjour de l'un des sept participants au symposium sapientiel, en l'occurrence le représentant de l'Égypte qu'il m'est donné d'incarner ! Cela laisse présumer que d'autres Supérieurs de monastères ont reçu directives semblables concernant les six autres personnages que je suis appelé à croiser en ce ralliement ?*
- *C'est parfaitement exact, Maître, les monastères désignés se trouvent géographiquement répartis dans les Himalayas. Ce pays est vaste, la majorité se trouve à plusieurs semaines de marche de notre point de rencontre.*
- *Je ne te cache pas que la chose m'apparaît stupéfiante, Souddahi ! Comment concevoir à l'échelle de notre globe terrestre cette entente des instances supérieures, et la possibilité que ces dernières ont de communiquer entre elles ?*

Les mille pendeloques de la coiffure du Révérend valsèrent d'un demi-tour :

- *Comment expliques-tu que des êtres élaborent des pyramides agrégeant en leurs structures la connaissance universelle en de transcendants concepts, et que d'autres, soient obligés de faire appel à toutes leurs facultés pour lacer leurs chaussures ?*

Héri-tep n'était pas sans apprécier ces oppositions dialectiques, il eut l'un de ses rires généreux qu'avait remarqué Soudda-hi : *C'est une réponse aussi confondante que pertinente, Révérend ! Mais ça ne m'explique pas ce que sont ces êtres d'exception... Les côtoyons-nous... Où vivent-ils... Qui sont-ils ?*

- Soudda-Hi, embrassa l'horizon d'un regard rapide : *Ici ou là, répartis sur la Terre, qu'on la conçoive plate ou globulaire comme tu le dis ! Ils sont souvent méconnus du peuple, plus rarement des initiés. Ils remplissent humblement les tâches qui relèvent de leur devoir. La plupart du temps, dans des conditions que l'on tiendrait pour misérables. Ce sont pourtant les piliers de notre monde en évolution, de grands et vénérables initiés, mais nullement démunis de personnalité... ils sont à ton image, Maître ?*

- *Bien, mais, peuvent-ils nourrir l'espoir d'être à la fois aimés des dieux et des hommes, c'est presque incompatible ?* Soudda-Hi fit coulisser en direction d'Héri-tep les deux petites perles luisantes qui lui servaient d'yeux : *L'effacement de soi ne leur permet pas de se sustenter des aspirations humaines. Ils vivent un état de conscience supérieur orienté sur des dimensions spirituelles que leur octroient les réincarnations successives. Ils ne sont en rien axés sur des idéaux qui les contraindraient à respecter des dogmes, Maître !*

- *Hum... Oui, bien évidemment !* En mal d'informations, Héri-tep, poursuivit : *L'Our'ma d'Égypte, est-il considéré par la gent sapientielle, comme un dignitaire à hauteur de leur acabit ?*

- *Oui, Maître ! Tu n'as point à en douter !*

- *On peut donc présumer que ces personnages d'exception sont aidés spirituellement, afin qu'en tout état de cause, ils soient en mesure de faire choix de tel émissaire, plutôt que tel autre ?*

- *On peut le supposer, en effet, Maître !*

— Peut-être n'ignores-tu rien, Révérend, de ces personnages d'exception, de leurs rôles et de leurs missions ?

— La chose est plausible, Maître, bien évidemment !

— Tu admettras que ces sept émissaires, dont il m'est donné d'être l'un d'eux, sont loin d'égaler en vertu et connaissance les êtres de sapience qui demeurent dans l'ombre... tel que toi. Dès lors, pourquoi ces derniers n'assument-ils pas les fonctions et privilèges qu'ils affectent aux autres ?

Le Révérend s'arrêta de marcher. Les petites perles noires de ses yeux semblèrent faire effort pour se dimensionner :

— Nous, initiés, ne devons pas perdre de vue qu'il y a un temps pour chaque déroulement d'espace, Maître... Le sculpteur le plus talentueux, ne façonne-t-il pas un certain nombre d'études sur support de plâtre, avant que de dégager du basalte son chef-d'œuvre ? Et le chef-d'œuvre, Maître, n'est-il pas plus représentatif de l'auteur, que l'auteur lui-même ?

— Voudrais-tu dire par-là qu'il y a un temps de façonnage pour accéder à la sagesse, comme au sortir de l'adolescence, il y a un temps pour gagner la maturité ? Et enfin que l'œuvre de l'homme est plus représentative que sa nature ?

— Oui ! Mais ce temps a un temps dans le temps ! Toi et les autres Sages allez vous réunir quarante jours d'affilée. Au cours de cette période, « La Céleste Grâce » distribuera équitablement les rôles de chacun. Nantis de cette lumière intérieure, vous devrez ensuite vous affirmer en vos pays réciproques. L'objectif est de faire de vous des êtres de référence aux dimensions spirituelles avérées, mais aussi des gouvernants de populations. Cela n'est pas anodin de conduire un peuple ! Le Maître de l'Ashram marqua une légère hésitation : *Peut-être est-ce le rôle futur que tu te devras d'assumer, mon honorable Maître !*

— En es-tu certain, Soudda-Hi, je crains ne pas être en mesure d'endosser des responsabilités aussi importantes. Comment te dire, à une telle échelle de responsabilité, la chose... la chose m'angoisse quelque peu !

- *Oh... Tu appréhendes... alors c'est bien, cela prouve que tu es prêt et que tes pairs ont fait le bon choix. Pour l'individu inféodé aux puissances matérielles, le pouvoir est une arme dont il se sert pour assoir son égo et avec laquelle il exploite la population qu'il devrait servir. Pour l'initié, le pouvoir est un outil avec lequel il coopère. L'arme corrompt et asservit l'âme, l'outil la façonne et la transcende.*

- *Alors cela expliquerait pourquoi je t'ai vu si bien manier l'outil ?*

- Le Révérend fit mine de ne pas avoir entendu cette dernière remarque. Il eut un geste spontané : *Vois... la coupure en cette falaise, c'est le haut du col. De là, nous devrions apercevoir les deux aiguilles. C'est au pied de celles-ci qu'il nous faudra dresser le camp !*

- Héri-tep posa amicalement sa main sur l'avant-bras du Révérend Hi : *Dis-moi, Maître caché, ton peuple hautement spiritualisé, pacifique et généreux, natif de ce site enchanteur, n'a-t-il point de délégué pour le représenter ?*

- *Non !* déclara succinctement Soudda-Hi, un sourire ineffable au bord des lèvres.

- *Pourquoi... non, mon frère ?*

- *Il se peut qu'un jour très proche, tu mesures combien il est difficile de servir à la fois les dieux et les hommes... mon peuple a fait son choix, il est au service des dieux.*

- *Mais alors, pourquoi vous dépensez-vous de la sorte pour venir en aide à l'humble mortel que je suis, étranger de surcroît et... pas toujours bien inspiré en actes et paroles... tu peux me répondre ?*

Le Révérend-Hi avisa une prépondérance rocheuse en bordure du chemin. L'ayant alors escaladé avec agilité, il plaça sa main sur le cœur et toisa le Grand Prêtre avec l'emphase d'un tragédien :

- *N'as-tu jamais remarqué combien les himalayens que nous sommes sont proches du ciel par rapport au misérable peuple des plaines ? C'est ainsi que, par compassion pour la gent humaine, il est fraternel que de temps à autre nous intervenions pour ascensionner les plus démunis d'entre eux.*

- Héri-tep montra une mine interloquée, puis il finit par éclater de rire, tant la démonstration lui paraissait éloquente : *J'ai compris, en somme, ce n'est là que charité envers moi ! Voilà qui définit nos véritables rôles en cette société, Révérend-Hi.*

Sourires complices et épaule contre épaule, tous deux poursuivirent leur ascension en direction des aiguilles proches.

***

Depuis la première heure du jour, des centaines d'himalayens empruntaient les sentiers menant au lieu des cérémonies. On les apercevait par petits groupes épars, unanimement équipés de baluchons ronds. Le plus souvent, ils étaient accompagnés de bêtes de somme, kiangs ou yacks ployant sous de lourds fardeaux.

Le plateau, d'une beauté farouche, se situait au centre d'un cirque montagneux d'où émanait, assurait-on, un faisceau d'énergie tellurique unique au monde. En cette saison, l'herbe était abondante et les fleurs aux multiples essences ondoyaient aux humeurs capricieuses des vents. Leurs mouvances contribuaient à l'étrangeté du lieu. On eut dit qu'il y avait en ce site une frontière invisible au-delà de laquelle le Ciel s'énamourait de la Terre. Celle-ci frémissait à une atmosphère de pureté, engendrant un climat propice à la paix des âmes.

Le grand jour, depuis si longtemps attendu, était là. Le regard chevauchant ces immensités sauvages, Héri-tep méditait. Juché sur sa colline, il pouvait apercevoir dans les lointains de blancs panaches de fumée, attestant de la présence sur les lieux des six autres délégations. Il leva la tête pour évaluer la hauteur de l'astre. Dans moins d'une heure, lorsque le Soleil culminerait au zénith, il lui faudrait s'engager dans l'étape la plus importante de sa vie pour, peut-être, accéder en fin de liturgie à l'ultime révélation.

Dès l'aube, les femmes initiées aux arts sacrés s'appliquèrent à lui redonner une apparence conforme à la tradition égyptienne. Après l'avoir baigné, épilé, après avoir rasé son visage et son crâne, ces esthètes s'employèrent à redessiner ses sourcils, puis à maquiller ses yeux. D'autres se consacrèrent à embellir ses mains et ses pieds ; d'autres encore à masser ses muscles et déverser de la myrrhe sur sa peau frissonnante. Enfin, pour refouler la curiosité malsaine des démons, toutes les cent vingt fractions du temps, des exorciseurs tournaient autour de sa personne en agitant des bâtonnets d'encens.

La veille, Soudda-Hi avait dépêché plusieurs moines auprès des délégations, avec pour mission de trouver un fin tissu pour draper le corps de son protégé. Le plus étrange tenait à un ornement qu'il avait soutiré d'un endroit secret. Il s'agissait d'un pectoral en or de facture égyptienne, incrusté de lapis-lazuli bordé de perles de cornaline. Le plastron, lui aussi extrait de nulle part, était pourvu d'une symbolique particulière, remontant à une si haute antiquité que les hiéroglyphes qui le composaient n'avaient pu être qu'imparfaitement déchiffrés par le Grand Prêtre. Immédiatement cependant celui-ci avait visualisé les correspondances avec le Soleil, la Terre et la Lune que cernait un rectangle d'Or. Il y avait aussi ces deux bracelets aux vertus prétendues magiques et une mystérieuse canne en forme de sceptre Ouas. Malgré l'insistance d'Héri-tep pour connaître la provenance de ces reliques du temps passé, le Révérend Hi était resté silencieux sur leur origine. Ce qui avait incité l'impétrant à adjurer sur un ton qui se voulait convaincant : *Je te promets, Révérend, que je ne te ferais jamais plus de réflexions désobligeantes... Alors dis-moi, d'où viennent-ils ?* Mais Souda-Hi s'était contenté d'un sourire énigmatique qu'il avait joint à un petit pétillement d'yeux.

Pourvu désormais des attributs de sa charge, Héri-tep était prêt à intégrer cette sélection, sensée être la plus élitiste de la planète. Cependant, des interrogations récurrentes ne cessaient de tourmenter ses pensées. Après ces jours de haute initiation, qu'allait-il demeurer de sa condition d'homme désengagé, allait-il devoir modifier son comportement, persisterait-il à être sensible à la diversité de la vie ou, au contraire, deviendrait-il partiellement indifférent à la nature des choses ? Une exhortation intime lui rappela soudain que sa nature était double et qu'il avait le privilège humainement peu usité, de faire appel à une opinion à la fois individuelle et radicalement différente. Il congédia un instant son égo masculin :

- ** *Nadjelda ! Puis-je connaître je te prie, ton sentiment sur cet instant privilégié que je m'apprête... Pardon, que tous deux nous nous apprêtons à vivre ?*

- ** *Tu es enfin face au choix, Héri-tep, face à notre choix ! Car je me permets de te souligner que j'en suis garante pour moitié de nos réincarnations ce que tu ne saurais oublier, n'est-ce pas ! Si les choses n'avaient relevé de mes prérogatives, il y a quelques jours, toi le mâle fulgurant, tu serais entré en conflit ouvert avec Soudda-Hi dès ta venue en ces lieux. Obnubilé par ta culture égyptienne, que tu estimes injustement supérieure au reste du monde, tu n'aurais pas manqué de récriminer ce fief de sauvage. Qui, est d'ailleurs loin de l'être et cela n'aurait en rien facilité notre acceptation !*

- ** *J'espère n'entendre là que la manifestation de ton humour personnel, Nadjelda. Comment aurais-je pu me conduire ainsi et me livrer à de tels excès de comportement, il n'est pas du tout dans mes...*

Prâm et Yachou, parvenus au sommet du léger mouvement de terrain, sur lequel soliloquait le Grand Prêtre, attentifs à leur protégé, jetèrent sur ses épaules une pelisse en peau de chèvre, qu'accompagnait une odeur sauvage :

- *Maître, pardonne-nous d'interrompre ton dialogue avec les dieux, mais le froid peut te saisir si tu n'y prends garde !*
- *Merci, mes frères...hum...j'ai remarqué que sept cercles entouraient cette éminence où je dois me rendre ?*
- *Ce sont là les sept sphères virtuelles des célestes entités, Maître. Personne ne sait qui les a tracés ! Tu n'ignores pas que sept cercles représentent les indices d'élévations de nos états de conscience après la mort. Eh bien, en ce lieu où ils sont matérialisés, seuls les animaux ou les enfants n'ayant pas encore atteint l'âge de sept ans peuvent impunément franchir leur représentation au sol.*
- *Ces enfants,* souligna Prâm, *sont les insignes représentants de la pureté, ils ouvriront le chemin processionnel. Cela, afin que les Sages dont tu es le troisième élément, puissent en toute innocence atteindre « Le Tumulus Sacré ».*

- *Le cortège débouchera de quel horizon... le savez-vous ?*
- *L'Orient l'enfantera, Maître, lorsque le Soleil aura atteint le zénith, c'est-à-dire... dans très peu de temps.*
- Yachou intervint pour compléter les commentaires de Prâm : *Maître, ainsi qu'il vient d'être dit, je te rappelle que tu devras occuper le troisième baldaquin du défilé. Au cours de la cérémonie préliminaire, il te faudra également remettre un présent aux enfants, lorsqu'ils t'en feront la demande. Ceux-là devraient se trouver en tête du cortège !*
- **Les voilà** *!* s'écria Prâm... *Plein Orient, Maître, vois ce petit nuage de poussière, ce sont eux...*

Une effervescence soudaine gagna le camp. Les moines en habit de fête s'activaient maintenant en grand émoi. Ils étaient porteurs de cannes, d'oriflammes, d'objets rituels ou d'instruments de musique. Alertées par le brouhaha ambiant, les femmes cherchaient à rassembler les enfants qui s'égaillaient çà et là, en des volées de petits cris. Canards et porcelets fuyaient, eux aussi épouvantés par ce tapage intempestif. Traversant ce chahut, les trois initiés en conversation virent venir à eux un petit groupe de moines que précédaient des portefaix. Le Révérend était à leur tête, son pas cérémonial attestait le sérieux de la situation :

- Soudda Hi s'approcha. *Ôte, je te prie, cette pelisse de tes épaules, Maître, il est maintenant urgent que nous t'investissions des ornements de ta charge !*

L'attributaire s'exécuta, mais l'air était vif et il eut malgré lui un imperceptible frisson. Détail qui n'échappa pas à l'œil attentif du Révérend :

- *N'aie aucune appréhension au froid, Maître, tourne ton visage vers le Levant, veux-tu...*

Surpris par cette réaction, Héri-tep supposa une anodine plaisanterie lorsque, sur un geste du révérend, une sixaine de moines l'entourèrent. Leurs mains mises à plat se tendirent résolument vers sa peau frissonnante. De la gorge déployée de ces choristes improvisés s'extirpa alors des sons pénétrants, aux tonalités si graves, qu'ils lui parurent un instant dépossédés de leur caractère humain. Puis, les notes plaintives d'une darbouka s'amalgamèrent à ces basses fréquences, ce qui eut pour résultat de lui faire vibrer l'échine. En peu de temps, la sensation de froid se dissipa, pour laisser place à la tiédeur confortable des soirées d'Égypte.

- *Te sens-tu mieux, Maître ?* s'enquit Soudda-Hi, le visage attentif.
- *Je me sens tout à fait bien… Peux-tu me dire ou plutôt m'expliquer comment tu…*
- *Oh ! Rien de sérieux, Maître*, se récusa le Révérend en s'activant autour d'une panoplie qu'il venait de retirer d'un coffre. *De vieilles réminiscences d'écoliers désœuvrés… rien de plus, Maître, rien de plus !*

La délégation s'approchait. On distinguait les sept baldaquins de bambous, dont seulement les deux premiers sièges étaient occupés par des Grands Hiérarques. Les pavois comportaient des étendards flottants aux couleurs vives. Ils étaient brancardés par des yacks pansus au pelage luisant. Leurs cornes enguirlandées de cerceaux fleuris et leurs longs poils nattés de petites tresses leur donnaient des airs cérémonieux.

Des enfants en grand habit escortaient le cortège, auxquels les liaient des cordons de soie blancs. Sur deux lignes parallèles, avançaient les choristes et les musiciens. Ils encadraient de fringants dignitaires chapeautés de coiffures coniques aux oreillettes éléphantesques. Au-delà suivait une foule porteuse de hottes, dans lesquelles se trouvaient répartis les objets du culte. Tintant aux harnais de la multitude, des clochetons de cuivre animaient l'air ambiant d'une mélodie surréelle aux envoûtantes consonances.

Le cortège s'arrêta à une dizaine de pas du Grand Prêtre. Le regard fixe, le cœur battant chamade, Héri-tep se tint immobile, paré de ses atours liturgiques. Deux jeunes adolescents vêtus de blanc, un garçon et une fille, s'avancèrent jusqu'à lui. Le premier tenait en mains une demi-sphère d'une coudée environ de volume, dont le dôme se trouvait orienté vers le Ciel. La fille maintenait une demi-sphère identique, dont le dôme retourné formait coupe. Les jeunes gens se courbèrent révérencieusement devant sa personne. En dépit de son maintien protocolaire, Héri-tep fut ému aux larmes.

Le garçon s'exprima en premier. Il désigna des yeux le baldaquin où siégeait l'aîné des sept Éminents Hiérarques :

— *Le Très Sage, que voilà, nous a présenté le « **chiffre 1** », unité initiale de l'univers, le chiffre « 1 » est figuré par une barre verticale en fer météorique ! Un tel présent constitue l'originale émanation du divin. Ce chiffre, premier des « 9 », est comme tu le sais à la base de tous les nombres. Puisque, la demi-circonférence de pi dont la racine est 1,253314137 multipliée par 1 111 111,111 nous donne le diamètre du Soleil 1 392 571,264 en kilomètres multiple du mètre sacré. Nous avons honoré le premier siège, que nous inspire le second ?*

Fidèle au protocole dont il s'était sans doute imprégné, le jeune garçon exerça un pas sur le côté pour laisser place à la jeune fille placée derrière lui. La féminité sous-jacente de la fillette courtisa par sa voix tendre l'attention d'Héri-tep.

— *L'être de sapience, qui siège sur le second baldaquin, a fait don du « **cercle d'or** ». C'est ainsi que l'unité numérique, chiffre 1 a été lié par la géométrie chiffre 2, celle-ci a enfanté le 3 triangulaire que tu incarnes. La diagonale de la quadrature du Soleil nous donne 1 745 329, 249 divisée par pi et multipliée par les 4 côtés, cela nous donne un périmètre de 2 222 222, 22222. Toi, Héri-tep, tu es la synthèse et l'émanation des deux premiers principes ! Ton présent, quel est-il ?*

Impressionné par les formules mathématiques et le ton juste de ces deux enfants, le Grand Prêtre laissa ses pensées s'évader parmi les sommets de l'allégorie symbolique. Revenant promptement à ses obligations, avec des gestes cérémonieux, il détacha de son cou l'amulette de cristal qu'il affectionnait particulièrement.

- *Moi, Héri-tep l'Égyptien, je fais don de « **La lumière** » qui me fut offerte sur le chemin des ténèbres.*

- *Donne, Respectable Pair !* suggéra la fillette, en tendant sa demi-sphère, dont la forme renversée lui servait de réceptacle. Le regard droit, les bras tendus, en une attitude empreinte de la plus noble solennité, la demoiselle poursuivit :

- La Terre, mère de tous les âges, que j'ai l'honneur de représenter, te remercie de l'avoir, ta vie durant, honoré de ta conduite. Tu as offert au monde de l'esprit une formule de synthèse qui convient à la Terre et au chiffre « 3 » que désormais tu représentes, la voici : La racine de « 3 » moins la racine de « 2 » donne 0,317837246, multiplié par 40 000 ce nombre nous donne le diamètre de la Terre aux pôles soit 12 713, 49 kilomètres. C'est l'axe sur lequel la Terre tourne. Prends place parmi les Sages, sur le troisième baldaquin.

Dos cassé, mains jointes, Héri-tep salua au passage les deux Grands Hiérarques qui le précédaient dans l'ordre processionnel.

Le premier avait un couvre-chef de forme carrée. Une fine moustache d'une longueur extrême et d'un blanc laiteux retombait sur l'encolure ouvragée de sa tunique de soie noire. Une tête émaciée, que soulignaient des pommettes de porcelaine, sculptait son faciès ascétique. Seules deux petites fentes à peine esquissées représentaient ses yeux. Lui aussi joignit les mains pour répondre à l'attitude courtoise du Grand Prêtre. Le second personnage était une force de la nature. Sa physionomie anguleuse au teint basané incarnait une volonté sans faille. Son nez fort et busqué était dominé par un regard perçant que renforçaient d'ombrageux sourcils. Des plumes d'aigle disposées en panache lui servaient de coiffe. Il répondit au salut du Grand Prêtre en abaissant ses paupières et en appliquant sa main droite sur le cœur.

Sans sacrifier davantage au protocole, Héri-tep gagna le troisième siège qui lui était réservé. La musique reprit son rythme processionnaire, et le cortège se dirigea vers le quatrième panache de fumée. Il savait que celui-ci évoquait « l'espace-temps », domaine mystérieux de l'incréé. Apparaîtrait ensuite le cinquième, propre à « la matière numérique constituée », source d'organisation et de vie. Puis le sixième avec « la justice universelle », symbolisé par le souverain équilibre qu'engendrent le bien et le mal. Enfin le septième avec « l'intelligence conscience » liée à l'évolution des espèces.

En la lointaine Égypte, l'heure approchait où l'étoile d'Isis, la belle Sirius allait précéder de son éclat le Soleil en sa course. Un cycle de 1 460 années était sur le point de former boucle, un autre s'apprêtait à naître. Là-bas, à l'Orient du Nil, l'étoile héliaque était au rendez-vous, alors que lui, Héri-tep, cheminait aux pas lents des yacks vers son exceptionnel destin. Ce fut seulement à la tombée du jour que l'ensemble des sages fut rassemblé et que le cortège des processionnaires atteignit la protubérance rocheuse. Ce promontoire où se trouvait le point nodal était situé au centre d'un plateau herbeux parsemé de fleurs. Nul n'ignorait dans les Himalayas que ce quadrilatère naturel était garant de la symbolique sacrée. N'était-il pas entouré des « 7 cercles immémoriaux », tracés, disait-on, par les initiateurs du genre humain ?

Le cortège dut franchir ces « 7 » espaces protecteurs. Chacun d'eux nécessitait un cérémonial spécifique accompagné de chants et d'offrandes. Par la gestuelle, les danses, les mimes, mais aussi par les mots scandés, l'assistance renforçait le caractère sacré de ce rituel initiatique. Lorsqu'enfin les sept Sages abordèrent le carré des quatre horizons, les moines servants disposèrent en cercle, les 360 torchères, matérialisant les degrés de quadrature. Ainsi juchées sur leurs supports de bois, les odoriférantes résines étaient prêtes à s'embraser aux premières luisances de l'étoile.

72 thuriféraires, munis d'énormes encensoirs en cuivre, se mirent en devoir de purifier l'air ambiant. L'assistance semblait attendre cet instant. En un parfait synchronisme, elle entreprit de marteler le sol de ses pieds, activant, par cette pratique ancestrale, les battements d'un cœur tellurique omniprésent. Lorsque les rites furent accomplis et les Pairs installés sur la surface aménagée, les enfants, instruits du rôle qu'ils avaient à jouer procédèrent à l'isolement du périmètre sacré. Munis de longs bâtons emplumés, ils repoussèrent les adultes

au-delà des sept cercles protecteurs. Des chants d'une admirable euphonie emplirent le volume de la voûte céleste. Ils semblaient ascensionner leurs effets vocaux vers les étoiles, en autant de suppliques accrochées aux parures des dieux.

Héri-tep était interpellé par les nombres « 72 – 360 – 12 » qu'il entendait prononcer. *Voyons*, se dit-il tout en cheminant vers les premières marches. *Si l'on considère les 3600 m de la pyramide alignée en double vue réelle virtuelle, cela fait 36007200, divisé par pi, puis, par les 900 de l'ennéade avec ses deux zéros d'accompagnement, on doit retrouver le diamètre moyen de la Terre 12 734, 94192 considéré en kilomètres... Oui... ça doit-être ça, ces gens-là sont initiés à un haut indice, cela ne fait aucun doute !* Il s'étonna malgré tout d'avoir pu effectuer ces calculs sans l'apport de son boulier. Mais maintenant les « 9 » marches ultimes étaient devant lui.

***

Tour à tour, campés sur les hauteurs dominantes, prêtres, moines ou caméristes observaient le quadrilatère sacré, afin de témoigner des activités qui s'y déroulaient. Ce n'était pas là, loin s'en fallait, une occupation monotone !

Tout au long de ces quatre jours mémorables, les observateurs passèrent de la curiosité à l'étonnement, puis de l'étonnement à la stupéfaction. Il faut dire que ce qui leur fut donné à voir et à entendre s'avéra suffisamment étrange pour que leurs facultés s'en trouvent perturbées. Aussi conjurait-on beaucoup dans le dessein d'éloigner les démons toujours en quête de malveillances !

Le plus étonnant est que ces admirables personnages ne prirent aucun repos, que ce fut pour le sommeil, le manger ou le boire. À l'inverse et contre toute attente, ils apparurent animés d'une singulière ardeur. Ne les vit-on point se lever, s'asseoir, agiter les bras en concordance ou encore former ronde, avec cet enthousiasme que l'on prête aux jeunes filles en âge de nubilité ? Chaque nuit, les observateurs entendirent d'étranges suppliques, lesquelles eurent le don de leur donner chair de poule et cheveux buissonnant.

Au deuxième jour, à la suite d'un violent orage au-dessus du site, apparut un arc-en-ciel. Sitôt composé, celui-ci s'anima de couleurs vibrantes, en tous points comparables à l'irisation d'un lac sous les caresses de la brise. Par la suite, il persista au-dessus du quadrilatère un halo bleuté d'intensité changeante. Sa mouvance était semblable aux feux dansants des marais. À d'autres moments, d'étranges luisances montèrent en spirale, saupoudrant l'obscur de leurs exhalaisons spectrales. On disait de ces phosphorescences qu'elles avaient pouvoir à moduler le hurlement des loups, dresser le poil des chats ou encore à rendre élogieux le babillage des bébés. Et puis, il y eut ces vents venus de nulle part, aux plaintes languissantes chargées de senteurs balsamiques. Ils coururent par les monts, tels des brûlots de feux, sans que nul ne sache d'où ils venaient ni où ils allaient. Mais voilà que le dernier de ces quatre jours était sur le point de s'achever.

Lorsque le Soleil eut effleuré de ses feux le sommet des montagnes, on ne tarda pas à entendre résonner les trompes d'imploration aux échos redondants. Les diverses ambassades constatèrent que les Sept Sages étaient sur le point d'abandonner leur tertre sacré. C'est alors qu'une horde criailleuse de petits bonhommes à l'esprit tapageur se porta à leur rencontre. Escortés par ce tourbillon ludique, les Pairs admirables furent aussitôt conduits à la lisière du septième cercle.

À l'orée de cette ligne de démarcation, chaque ambassade attendait de réceptionner le Grand Sage dont elle s'estimait responsable. Le Révérend-Hi, Prâm et Yachou patientaient la mine réjouie, à la tête de leur communauté.

- *Pair admirable !* s'exclama Soudda-Hi en allant au-devant de la marche mal assurée d'Héri-tep. *Ta présence ravit nos cœurs... Sois de nouveau le bienvenu parmi les tiens !*

Une écharpe de soie blanche autour du cou, les yeux clos par l'émotion, Héri-tep s'empressa d'étreindre ceux de ses frères dont l'abnégation et le dévouement l'avait guidé jusque-là. Après avoir généreusement consacré à ses retrouvailles, il fut interpellé par certains détails qu'il ne pouvait rationnellement s'expliquer.

- *Pardonnez-moi cette confusion, mes très aimés frères*, interrompit le Grand Prêtre d'une voix hésitante. *J'avais cru comprendre que vous ne deviez m'envoyer quérir qu'au terme du quatrième jour. Il est probable que l'impatience des enfants a eu raison de cette détermination, je me trompe ?*

Il y eut un silence, pendant lequel les moines s'interrogèrent mutuellement du regard :

- *Tes propos nous confondent, Très Respectable Pair !* objecta, avec un ton de déférence, Soudda-Hi. *Nous avons scrupuleusement décompté les jours, et nous n'avons autorisé les enfants à franchir les cercles que lorsque nous eûmes accédé à la douzième heure du quatrième jour ! Ainsi que préalablement, nous en avions convenu... Les autres délégations n'ont-elles point fait de même ?*
- Malgré le minois profusément grimé du Grand Prêtre, sa face pâlit sous l'affirmation : *Vous alléguez mes frères... que cela fait quatre jours, que j'ai pris congé de vous ?*
- *Il n'y a aucun doute, Pair, tous ici peuvent en témoigner ! Quatre jours !* Répéta Héri-tep, le regard fixe, la pensée égarée en d'infinis confins.
- *Admirable Pair, combien de temps estimes-tu avoir passé en compagnie des autres Sages, sur ce quadrilatère ?*
- *Quelques heures, tout au plus... Bien que le soleil... Disons... une journée peut-être...* Il ajouta aussitôt pour preuve : *Regardez mes frères, mes cheveux n'ont aucunement pointé. Mon menton est lisse comme celui d'une femme et mes mains se présentent soignées telles qu'elles l'étaient à l'heure de mon absence. Le parfum dont les auxiliaires m'ont humecté les aisselles et le cou, ne s'est point dissipé, voyez vous-même !*
- *C'est curieux en effet !* s'étonna en premier Yachou. *Tes yeux, Maître, paraissent fraîchement maquillés !*

- *Et ta robe... Elle a conservé ses plis, c'est merveilleux !* ajouta Prâm l'air enthousiasmé.

- *Il est exact,* allégua Soudda-Hi, *que des choses étranges ont eu lieu. On ne vous a jamais vu vous alimenter. De même qu'aucun de vous ne s'est éloigné pour soulager son corps. Lorsqu'il y avait orage ou qu'il brumassait, vous, les Pairs, ne sembliez nullement en être incommodés. La seconde nuit fut froide. Hé bien, nous vous avons entendu chanter alors que, sur le site du campement, un vent glacial nous obligeait à draper pelisses en gardant refuge.*

À l'énumération de ces prodiges, moines et laïcs courbèrent l'échine vers le sol. Seul, campé en une position hiératique, le Pair Admirable demeura le regard absent, l'esprit méditatif. Puis, dans une parfaite observance protocolaire, la petite délégation se plaça sur deux rangs d'affilée, pour former l'honorable haie de passage. N'était-il pas primordial que le nouvel élu des dieux effectue les premiers pas de son ministère, l'âme escortée de l'affection des siens ? L'esprit en liesse, tous gravirent la colline où patientait le reste de la communauté.

Amalgamées sur la ligne des crêtes, cheveux déployés aux vents, les femmes en costumes de fête, tenaient soulevés leurs enfants à bout de bras. Cela signifiait, en la symbolique himalayenne, qu'un temps était accompli et qu'un autre s'apprêtait à naître !

***

Plusieurs semaines s'écoulèrent après le jour où Héri-tep acheva sa formation parmi les instances mystérieuses de ce fameux point nodal. À la suite de ce séjour dans les coulisses du divin, il lui était devenu coutumier de se tenir à l'écart de toute proximité humaine. Le Révérend Hi trouva les mots justes pour expliquer ce que ressentait ce Pair admirable et rassurer ainsi sa communauté, quelque peu frustrée par cette brusque désolidarisation :

- *Il faut que le Pair réintègre la vie, comme le cerf-volant regagne le sol lorsque le vent faiblit !* proclama-t-il avec une voix persuasive.

Ainsi, le laissait-on errer par les sentes du site, le regard vide, les mains enfouies en sa pelisse de chèvre ! Le plus souvent, son pas était hésitant, son esprit semblait préoccupé par d'impénétrables interrogations. À maintes reprises, des forestiers croisèrent sa personne sur les chemins alentours. L'étrange attitude du Pair Admirable, leur apparut semblable à celle d'un homme nouvellement né à la nature des choses. Quelques-uns parmi eux affabulèrent sur son comportement : N'avait-il point été entraperçu en compagnie de loups dont il flattait l'échine ; d'autres attestaient avoir discerné des oiseaux posés le long de ses manches.

Le temps aidant, le cerf-volant finit par atterrir. Progressivement, au fil des jours, le Grand Prêtre réintégra la confrérie. Il reprit ses recherches numériques sur les pyramides, tout en engageant de fructueux échanges avec le Révérend Hi. Le Supérieur du monastère l'aida à réintégrer une existence normale et à déployer son trop-plein émotionnel dans la méditation. Encore fallut-il quelques mois au Pair Admirable pour parvenir à rationaliser son existence quotidienne, recouvrer une tempérance d'esprit satisfaisante, et envisager son retour au pays.

Chapitre XV

Le jour du grand départ, Héri-tep décida de se retirer quelques instants à l'intérieur d'une petite tour domaniale du monastère où il avait l'habitude de s'isoler pour méditer. Il était seul, le corps incliné devant le mandala triangulaire de la souveraine représentation, lorsque la porte derrière lui s'entrebâilla.

- *Révérend Maître !* murmura le chef d'équipage. *Les caravaniers sont prêts et les bêtes harnachées. Souhaites-tu partir dans l'heure... ou nous faut-il attendre encore ?*
- *Je suis prêt ! Pô-Taïm, tu peux faire aligner tes gens. Oh ! S'il te plaît... Préviens le Révérend de l'imminence de mon départ, veux-tu.*
- *Mais... Maître, celui-ci patiente sur le pavé de cour, depuis les lueurs de l'aube. Ainsi que l'ensemble de la communauté.*
- *Comment... Que dis-tu... Depuis les lueurs... Je suis confus, Pô-Taïm, je m'y rends immédiatement !*

S'étant levé, il s'empressa de parcourir les coursives, dont les murs épais servaient de remparts au froid. Après avoir descendu d'un niveau, il bifurqua dans la grande allée et poussa l'immense portail de la cour qu'inondait déjà la lumière du jour.

À son apparition, la communauté, d'un seul tenant, leva les bras vers le Ciel. Hommes et femmes agitèrent alors profusément des clochetons en bambou creux, dont les sons syncopés imitaient à la perfection un troupeau de yacks au galop. Un instant, il chercha à percevoir la signification de ce cérémonial, mais le moment était-il opportun ? Situé à l'avant de la foule d'où émanait cette cacophonie bruyante, un aréopage de moines joliment mitrés souriait à son apparition. Soudda-Hi était parmi eux. Il haussa la voix pour se faire entendre de tous :

- Longue vie à toi, honorable Pair ! Ton grand savoir et tes apports de connaissances nourriront à jamais nos mémoires !

Héri-tep s'avança, la gorge étreinte par l'émotion. Les quelques mots qu'il tenta d'exprimer avaient de la peine à traduire le reflet de ses sentiments :

- Chers amis himalayens ! Vous savez, comme moi, que le destin, plus que notre propre déterminisme est responsable de l'avancée de nos pas sur le relief caillouteux des âges. Voilà donc venu le jour où je vais devoir vous quitter. Demain, mes oreilles n'entendront plus le martèlement de vos sabots de bois sur les dalles. Mais l'inaltérable souvenir que vous me laissez me permettra encore de percevoir, loin dans ma vie, les battements de vos cœurs.

Le crissement des grelots de bois se fit de nouveau entendre, comme pour tenter de dissiper quelques bruyants et authentiques sanglots. Après un cours silence, Héri-tep reprit sur un ton vibrant d'émotion :

- Révérend Soudda-Hi, Maître des Maîtres ! Je n'ai pas de mots pour t'exprimer ma gratitude. Ta grande sagesse, que précède toujours cette indicible humilité, n'a point seulement éclairé mes pensées en ce monde, elle a su esquisser le parcours qu'il me reste à vivre.

Les mains jointes, Soudda-Hi courba discrètement l'échine :

- Respectable Pair, lorsque le destin nous place dans le périmètre de l'ombre, ce n'est pas pour nous punir ! C'est pour nous permettre de mieux observer les êtres ou les choses que la lumière éclaire.

Il succéda à ces ultimes paroles un silence étrange fait de louanges et de sanglots non exprimés.

Le Grand Prêtre se démit de son écharpe de soie blanche qu'il avait rapportée de son séjour parmi les célestes entités. Les bras tendus en un geste d'offrande, il présenta cette parure au Maître du monastère :

- *Accepte ce témoignage de paix, il symbolise, m'a-t-on dit, un septième de la sagesse du monde.*

Les petits yeux de perle devinrent étincelants. Après avoir réceptionné l'écharpe sur ses avant-bras, Soudda-Hi se retourna vers l'un de ses subordonnés. Celui-ci lui glissa alors entre les mains un objet ouvragé d'une étrange structure.

- *Pair, je te prie de considérer ce présent, comme le témoignage même de l'harmonie céleste, issue du « Principe Créateur ». Un jour tu constateras que cette symbolique n'est en rien dissociable de tes propres recherches.*

Intrigué, Héri-tep prit délicatement l'objet entre ses mains. Cette forme lui rappelait quelque chose. Il s'agissait d'un disque en or percé de deux découpes en forme de cercles. L'un de ces cercles, aux trois quarts plus petit que l'autre, était superposé au premier. C'est alors qu'il se souvint avoir observé un symbole semblable sur la tiare que portait la Nin-Dingir en pays de Kalam.

- *Pour ta compréhension,* poursuivit Soudda-Hi, *je me permets de te préciser, Respectable Pair, que les vides apparents sont pleins, et que les pleins apparents, sont vides.*

Ainsi présentée, dans les atermoiements du départ, cette symbolique, associée aux énigmatiques paroles du Révérend Hi n'eurent pas l'impact souhaité sur l'esprit préoccupé du Grand Prêtre :

- *Révérend Hi, ta grande bonté m'autorise l'humour ! Aurais-tu assez de cruauté pour torturer un innocent voyageur en mal de discernement ou verserais-tu par pur esthétisme dans la gratuité des choses ?*
- *Respectable Pair, les mystères sont comme la nuit, ils n'éclairent pas nécessairement le chemin, mais ils orientent les regards terrestres vers la Lune enchantée.*

- *Je méditerai sur cette phrase, car je sais depuis peu que tu pourrais revendiquer avec honneur et dignité la tutelle qu'aujourd'hui l'on me concède.*

- *Doit-on, Pair, discourir de la volonté des dieux ? Ce sont eux qui distribuent les rôles ! L'art, dans la vie, consiste à tenir convenablement celui qui vous échoit.*

- *Je me plais à écouter tes paroles, Révérend Hi, elles sont pour moi une source inépuisable de sagesse et de réconfort !*

- *Si tu le veux bien, cessons, mon bon Maître, ces congratulations de bienséance. Je crains que les dieux ne se lamentent de la pléthore de nos humanités.* Soudda-Hi joignit de nouveau les mains : *Mes adjoints Prâm et Yachou ont pris la tête de ton convoi. Je te souhaite un excellent voyage, Pair. Tu auras été pour nous « Le passeur d'étoiles », lequel est chargé de conduire l'esprit de « La Grande Tradition ». Que les astres éclairent ta conscience le temps qu'il te reste à vivre !*

Le dos cassé, en un allant fraternel, les deux prêtres gardèrent un instant leurs mains croisés sur la poitrine, alors que des trompes aux sons graves se faisaient entendre. Leurs mornes tonalités étaient comparables à ces plaintes émises par les animaux blessés, livrant leur détresse à l'écoute de la nature.

Sans jeter un regard en arrière, Héri-tep gravit les marches en bambou du baldaquin. Il eut un geste furtif de la main, avant de tirer prestement le rideau de soie qui l'isolait de ce généreux petit peuple du bout du monde. Les deux onagres firent tinter les grelots de leurs harnais, et le cortège quitta la place en cahotant. La modeste communauté regarda se déployer cette longue colonne en direction de la mer des Indes où disait-on, un navire égyptien attendait à quai, avec l'intention de rapatrier un des Pairs Admirables de l'Inde éternelle.

Bientôt, le monastère ne fut plus qu'une petite motte grisâtre parmi le relief tourmenté du site. Les yeux baignés de larmes, Héri-tep eut la pénible impression d'abandonner une parcelle de lui-même en la majesté de ce panorama.

***

Le voyage se déroula sans incident, excepté ceux provoqués par ces nombreux dévots aux pelisses loqueteuses qui, le cœur en liesse, venaient ovationer l'Admirable Pair tout en réclamant sa bénédiction. Ils dévalaient des pentes escarpées, montaient des vallées profondes où germaient brusquement parmi les herbes des plateaux, dans les endroits les plus inattendus. Héri-tep décida de ne point se soustraire à cette verve spontanée de la population. Aussi s'arrêtait-il fréquemment pour effectuer l'imposition des mains. En échange de quoi, la population lui remettait des présents qu'il faisait aussitôt redistribuer aux plus démunis d'entre eux. Prâm et Yachou s'occupaient de tout. Ils procédaient au ravitaillement et à sa répartition, mais aussi aux soins urgents, au pansage des bêtes, aux prières et aux tours de garde. Il ne se passait pas un jour sans qu'Héri-tep n'ait à se louer de leur conduite.

Leur caravane n'était pas encore en vue des plaines de l'Indus quand le Grand Prêtre eut à élucider d'étranges manifestations de clairvoyance. Elles se révélèrent brusquement à lui par une vision cataclysmique ; laquelle, selon toute vraisemblance, était assimilable à un séisme d'envergure. Allaient-ils devoir l'affronter ou était-il question de réminiscences ayant affecté des contrées que leur convoi s'apprêtait à parcourir ? Ne sachant comment interpréter ces phénomènes que l'on pouvait craindre prémonitoires, il s'en ouvrit à ses deux assistants, en leur soulignant le danger que cela pourrait représenter pour le convoi d'accompagnement.

À sa grande surprise, Prâm et Yachou manifestèrent peu d'étonnement. Pour eux, ce pressentiment spontané faisait l'objet d'une évidence incontournable. Ils expliquèrent à Héri-tep que l'affaire leur paraissait sérieuse, mais que ça ne concernerait peut-être pas directement la caravane, sinon la prémonition aurait été suivie ou précédée de cauchemars. Il fallait tout de même prendre des précautions et, après avoir délibéré, Héri-tep adhéra à leurs conseils de prudence. Il fit vendre les ornements du décorum, ainsi que les bijoux profanes dont on l'avait gratifié. En échange de quoi, ils firent provision de sacs de nourriture, de potions pour la fièvre, de baumes et bandages de lin pour soigner les blessures. Leur colonne poursuivit son chemin pendant plus d'une semaine, sans que rien d'alarmant ne vienne corroborer leurs appréhensions.

Le neuvième jour cependant, après avoir installé le campement du soir, ils virent venir à eux en direction du Sud, un groupe de voyageurs épuisés et apparemment fort démunis du nécessaire. Ceux-là leur apprirent qu'un séisme avait eu lieu au pays des Brahmanes. Il en résultait misère et famine. Selon ces gens, il aurait été de prudente attitude de se détourner de cette voie, afin de ne point encourir les risques subordonnés au fléau :

- *Des agglomérats de brigands occupent les plaines !* affirmèrent ces voyageurs. *Les animaux sont devenus agressifs. Les sources sont taries, les puits pollués. Partout les démons attisent la détresse. À force de peines, ils nous font maudire les dieux !* ajouta l'un d'eux, passablement désemparé.
- *Pair,* s'enquit Prâm, *envisagerais-tu un changement d'itinéraire ou devons-nous persévérer ?*
- *Une épreuve nous fait face, mes frères. Vous paraît-il raisonnable de s'en détourner, d'attendre des jours plus favorables ou de poursuivre notre chemin ?*
- Yachou joignit les mains : *S'en détourner, Maître, c'est sans doute possible, pour la sauvegarde de nos biens, pour la tranquillité de nos esprits et la santé de nos corps. Mais point nécessairement pour la sérénité de nos âmes.*
- *Vivons-nous mes frères pour la pérennité de nos biens, la jouissance de nos corps et la quiétude de nos esprits ?*
- *Certes, non !* reprit Prâm. *Pour les spiritualistes que nous sommes, l'authentique raison d'être consiste en l'épreuve du destin, notre conscience n'évolue-t-elle pas dans l'adversité ?*
- *Alors, mes frères, nous ne devons modifier notre route, elle va dans le sens de notre devoir. Et puisque nous venons d'évoquer ce dernier, nous ne saurions maintenant nous y soustraire. Toutefois, nous nous devons de prévenir nos gens, de les informer des risques qu'ils encourent. Invitons ceux d'entre eux qui ne voudraient pas poursuivre, à bifurquer vers le retour, les femmes notamment. Quel*

que soit le choix que nos frères feront, qu'ils soient assurés de notre compréhension ! S'il est écrit que « la vérité a mille faces », il nous apparaîtrait prétentieux d'estimer en détenir la totalité.

Le lendemain, après concertation, un bon tiers des caravaniers opta pour un changement d'itinéraire. Après le décompte des effectifs, Héri-tep constata qu'il demeurait une soixantaine de personnes décidées à encourir les risques de la situation. Dans l'alternative, ceux qui avaient fait un choix contraire s'engagèrent à rapatrier sur les hauts plateaux les animaux d'altitude, tels que les yacks et les onagres. Dès lors, il incomba aux deux adjoints de reconstituer les éléments de la caravane en l'allégeant de tout surplus. Les plaines de l'Indus étaient encore loin et les buffles lourdement chargés avançaient péniblement sur ce parcours accidenté aux vallonnements tortueux.

Ce ne fut qu'au terme de plusieurs jours de marche, que les caravaniers constatèrent les premiers effets du cataclysme. Dans cette zone tourmentée de friches et de décombres, l'air était chargé d'odeurs pestilentielles. De sombres volatiles tournoyaient autour des demeures éboulées, occupées par des peuplades de petits rongeurs véloces et agressifs. Le sol était zébré de profondes crevasses. Il en émanait des effluves ensoufrés qui irritaient la gorge et provoquaient des toux persistantes. Des arbres cassés ou déracinés jonchaient les pistes. Drainés par l'afflux des eaux, les cadavres d'animaux s'amoncelaient. Ils formaient des barrages puants aux peaux boursouflées d'où s'érigeaient cornes et pattes en de dramatiques supplications.

Autour des villages, les murs de clôtures étaient éventrés. Le bétail ayant échappé au séisme était apeuré, efflanqué ou blessé. Il geignait en errance au hasard des champs où il ne pouvait plus pâturer. En grand nombre s'étalaient des meules à grains et des araires retournés. Des vêtements déchiquetés flottaient à travers les branches, comme autant de pavillons de deuil. Profil bas, chats et chiens survivants s'esquivaient sournoisement à travers les ruines silencieuses des demeures. Héri-tep était inquiet. Il savait que de telles conditions favorisaient la pollution des nappes aqueuses, préparant ainsi le terrain aux épidémies.

Le second matin de leur arrivée dans les plaines, ils furent réveillés par un vacarme ponctué de cris aux accents querelleurs. Des dizaines de femmes et d'enfants envahissaient le périmètre de leur campement. Des vieillards aux corps décharnés perçaient des sacs de grains. Aussitôt informé, Héri-tep s'inquiéta de savoir combien de sacs avaient été ainsi éventrés.

- *Cinq !* lui précisa-t-on.
- *Alors que l'on protège les autres et qu'on leur abandonne ceux-là !* ordonna-t-il sur un ton résigné.

Les bousculades cessèrent mais, devant le nombre croissant d'affamés attirés par l'aubaine, ils durent quitter les lieux à la hâte. Seul l'état de faiblesse des sinistrés permit aux caravaniers de pouvoir s'éloigner sans être empêchés.

Le lendemain, à la nuit tombée, ils eurent à faire face à une bande organisée de pillards, bien décidée à leur ravir leurs provisions. Au cours de la rixe qui suivit, un portefaix fut tué et deux autres blessés. Devant la volonté d'Héri-tep et la résistance acharnée des himalayens, les malfrats décrochèrent en emportant eux-mêmes plusieurs hommes en piteux état. La situation n'en demeurait pas moins préoccupante. Héri-tep expliqua que, pour préserver leur énergie, il leur fallait se regrouper, progresser par petites étapes et demeurer sous le couvert de la végétation. Le risque d'être la cible d'individus prêts à tout devint permanent. Néanmoins, par compassion pour cette population désemparée, ils persistèrent à se risquer parmi les ruines des villages sinistrés, là où se trouvaient toujours quelques survivants. La plupart étaient hagards ou apathiques, d'autres étaient singulièrement sur la défensive. Après avoir pansé les blessés, les hommes d'escorte distribuaient des vivres de première nécessité et s'employaient à brûler les cadavres de l'espace environnant.

En tant que responsables de la logistique, les deux adjoints constatèrent que le volume des denrées diminuait de façon alarmante. Ceci les incita à restreindre leurs largesses.

L'itinéraire du Sud passait par les plaines inondées. Aussi vécurent-ils en cette zone des difficultés croissantes. Lourdement chargés, les animaux glissaient ou s'enlisaient dans la boue meuble. Il s'avéra nécessaire de redistribuer les fardeaux dont une partie à dos d'homme. Ainsi, caisses, sacs et outres d'eau potable s'ajoutèrent aux paquetages individuels. La situation eut pour conséquence immédiate de ralentir la progression journalière. La fatigue ne pouvant être dominée, hommes et bêtes se laissaient parfois distancer. Aussi durent-ils se résigner à abattre plusieurs buffles, ce qui leur permit, certes, de consommer de la viande et de bénéficier d'un surcroît d'énergie, mais les charges réparties n'en étaient que plus lourdes. Pour autant, les nombreuses difficultés du parcours ne s'en trouvaient pas aplanies. Leur petite troupe était harcelée par des bataillons de mouches et autres moustiques. Ces insectes à l'assiduité sans pareille contribuaient au fil des jours à ruiner leur résistance. Le pire était l'eau. Elle était la plupart du temps polluée par les innombrables cadavres en décomposition. Sa consommation provoquait des dysenteries. Insidieusement, les épidémies firent leur apparition parmi les membres du convoi. Malgré les soins prodigués par les hommes demeurés valides, certains malades n'eurent pas la force de lutter. Ils se laissèrent mourir d'épuisement, réduisant ainsi au minimum l'effectif indispensable à la poursuite du voyage.

Depuis l'abord des plaines, le baldaquin réservé au Pair admirable servait de civière pour les plus affligés. Héri-tep marquait ainsi son refus du moindre privilège, ce qui lui valait de porter sa charge à l'égal des autres caravaniers. Les tâches décisionnelles, où il était de son devoir de s'impliquer, devinrent chaque jour plus contraignantes. Aussi n'avait-il de cesse de veiller à ce que l'eau absorbée soit préalablement bouillie. Il préconisait de se tenir éloigné de toutes sortes d'odeurs douteuses et de se passer, plusieurs fois par jour, les mains au-dessus des flammes. Il fallait, disait-il, maintenir sa peau huilée avec une macération d'herbes aromatiques qu'il tenait pour protectrice.

Malgré la discipline instaurée, l'effectif diminua au fil des jours. Ils perdirent en quelques semaines, plus de la moitié des hommes. Ceux qui demeuraient firent le choix de persévérer. Par manque d'effectif, une partie du matériel transporté fut laissé sur les pistes au hasard des difficultés.

Très malade, Yachou résista jusqu'au bout sans aucune condition de faveur. Mais un matin de ciel lourd, l'adjoint du Pair Admirable ne se releva pas. Prâm et Héri-tep eurent un immense chagrin. Après un bref cérémonial d'adieu, on allongea son corps devenu squelettique sur le toit d'une pagode détruite par le séisme. Prâm, en sanglots, les genoux enlisés dans la boue fétide, se résigna à faire l'ultime signe attendu. Deux moines himalayens, revêtus de tuniques blanches, mirent alors le feu à la toiture de chaume. Les flammes parurent emporter comme à regret les restes de celui qui avait été le plus dévoué de leurs compagnons de misère. Parmi les plus affectés, certains crurent entendre une sorte de chant céleste, paisible et consolant émaner incontinent des crépitements du brasier.

Les conditions empiraient. Bientôt, ils n'eurent à disposition que quatre buffles amaigris et chancelants. Le lendemain, l'un d'eux se blessa en glissant dans une tourbière. Il fallut l'abattre, alors même que leur caravane se trouvait à l'entrée d'un village. Une population affamée se rua sur la carcasse de l'animal. Ils durent alors faire usage de leurs bâtons, afin que les plus faibles puissent s'alimenter. Cette tension permanente ne facilitait guère les rapports humains. Afin d'éviter que la situation ne dégénère, Héri-tep devait en permanence faire preuve de sang-froid et d'autorité.

Ce jour-là, un Brahmane avancé en âge observait la scène à l'écart de la foule. Vêtu d'une toge grisâtre, les lèvres muettes, le regard cerné par les privations, ce patriarche se tenait, le corps ployé sur un long bâton de commandement. Après un instant de réflexion, il se dirigea à pas cahoteux vers ce personnage au crâne chauve, qui lui paraissait avoir autorité sur la frénétique cohorte de ces caravaniers himalayens.

- *Que nourris-tu ceux-là de miel et d'épeautre ?* apostropha le vieil homme. *Ils ont leur karma pour pitance… feindrais-tu de l'ignorer ?*

Les propos acerbes émis par cette voix firent se retourner promptement le Grand Prêtre :

- *Je ne saurais l'ignorer, Vieillard ! Mais je sais aussi que l'exemple est une vertu, que l'on se doit de faire valoir en toutes circonstances.*
- *Semer est bien, encore faut-il faire choix du terrain de labour. Tu ne fais que retarder de peu la mort de ces pauvres hères. Qui plus est, tu mets en péril la vie des tiens. Où est le discernement en cela ?*

Héri-tep n'avait pas pour habitude de se faire apostropher de la sorte sans réagir. Mais l'intuition qui guidait généralement sa conduite lui conseilla de demeurer prudent :

- *Il est dit Vieillard, « Quand l'esprit trop travaille, le cœur trop sommeille ».*
- *Tu es beau parleur ! Que fais-tu donc de la fatalité, qui veut que chacun ait son juste sort en cette vie ?*
- *En mon pays, la fatalité ne sert pas de loi, mais de guide pour la raison.*

Le Brahmane se rapprocha plus encore de cet impudent au crâne chauve qui semblait vouloir lui tenir tête :

- *Et le destin... existe-t-il selon toi ?*
- *Le plus souvent je me destine mon destin, mais il arrive que ce soit lui qui décide !*
- *J'entends que tu n'as rien perdu de ta verve... l'étranger !*
- Cette réplique retint particulièrement l'attention d'Héri-tep : *Curieuse remarque, Vieil Homme, tu t'exprimes comme si nous nous étions déjà rencontrés ?*
- *Oui, souviens-toi ! À l'époque, tu courtisais une... ribaude de palais !*

Trop impliqué en la distribution des vivres, Héri-tep n'était pas disposé à concentrer ses facultés sur cette conversation impromptue autant qu'inopportune. Néanmoins, le côté burlesque de cette évocation le fit rire :

- *Ce ne peut être moi, Vieillard ! Je suis Prêtre, et depuis de nombreuses Lunes, je sais à quoi m'en tenir sur les liens charnels. Je ne réprouve aucunement cet agréable passe-temps, mais tu comprendras qu'il n'est guère compatible avec une implication spirituelle. Navré de te dire que tu dois faire erreur sur la personne !*
- **C'est toi, te dis-je !** *Tu courtisais une danseuse du nom de Kauneska… N'en aurais-tu gardé aucun souvenir ?*

Au prononcé de ce nom, Héri-tep faillit lâcher le bâton qui lui permettait de maintenir à distance la foule des quémandeurs :

- *Par tous les dieux… connaîtrais-tu cette personne ?* dit-il à mi-voix.
- *Je la connais, oui ! Ma physionomie, ne te rappelle-t-elle rien ?*

D'un geste vif, le Brahmane rejeta en arrière sa chevelure clairsemée, puis il plaça une main sur sa barbe afin d'en réduire la longueur. Intrigué, Héri-tep s'approcha au plus près de son interlocuteur. Ces petits yeux étincelants de malice ne lui étaient point inconnus.

- *Je crois me souvenir ! Serais-tu ce géronte de la cité de l'Indus avec lequel j'ai eu un bref entretien, il y a de cela deux douzaines de Lune ?*
- *Je suis celui-là…oui ! Souviens-toi, nous parlions éthique, alors que ton égérie de danseuse se produisait sur le pavé… Ce n'était pas là un mince paradoxe ?*
- Héri-tep sentit le rouge lui monter au visage : *Je trouve tes propos un rien cyniques, Vieillard. Puis-je savoir ton nom et les réels motifs de ta présence ici ?*
- *Soaki est mon nom. Toi, on te nomme « Héri-tep l'Égyptien ». Tu es Maître à penser et grand de renom… à ce que l'on dit…*
- *Je ne suis pas responsable de ce que l'on dit, seulement de ce que je fais ! Pour l'heure, j'entrevois de plus urgentes obligations. Dis-moi, vieil homme, serait-ce le hasard qui t'a placé sur ma route ?*

- *Tu sais mieux que moi, Maître, qu'il n'y a pas de hasard, mais des circonstances pouvant être ou non explicitées, suivant la science que l'on détient. Si tu me permets un conseil de vieux Sage, fuyons cet endroit de misère, avant que les coquins ne succèdent aux affamés.*

- *Attends un peu, Soaki, que signifient cette volition effrontée et ces tentatives de prise en charge ? Que veux-tu insinuer avec cette histoire... de coquins ?*

- *Calme tes ardeurs défensives, Maître ! Il se peut que ma voix ne te plaise et quelle t'apparaisse sarcastique, mais ma panse ne se repaît point d'égyptiens... Dans quelle direction t'apprêtes-tu à diriger tes pas ?*

- *Nous marchons au midi, jusqu'à la mer où m'attend un bateau en partance pour l'Égypte.*

- *Tu t'apprêtes donc à franchir ces collines de pierrailles qui s'étalent devant nous ?*

- *Vue la fatigue de mes équipages, je n'ai pas pour intention de les contourner... Pourquoi cette question ?*

- *En ces lieux t'attendent des centaines d'hommes armés, que la famine pousse à assaillir tout ce qui bouge. C'est pour vous épargner cette triste fin que je suis venu à ta rencontre. Tu ne veux toujours pas de ma compagnie ?*

Héri-tep cessa de s'occuper de la bousculade qui forcissait derrière lui : *J'ai été un peu vif en paroles, vieil homme. Accepte mes excuses. Que proposes-tu si je ne puis poursuivre vers le Sud ?*

- *Nous prendrons Ouest, pour revenir ensuite sur ton itinéraire, lorsque nous aurons atteint des régions plus pacifiées. Sache que, hormis ces coupe-jarrets prêts à tout, les autres canailles n'oseraient porter la main sur un Brahmane. Crois-moi, Maître, ne perdons pas de temps, si tu ne veux point de manière précoce, gagner cet autre temps que nous pensons éternel ?*

***

Au cours des jours qui suivirent, Héri-tep et Soaki n'eurent guère l'occasion de poursuivre leur conversation. Aussi conjuguèrent-ils leurs efforts pour sortir de cette zone, dans laquelle la caravane s'était imprudemment engagée. Comme il leur était impossible de se ravitailler en denrées fraîches et qu'ils avaient épuisé leurs subsides dans l'aide aux sinistrés, il devenait pour eux vital de ne pas obérer les dernières ressources. Seuls deux buffles faméliques demeurèrent pour transporter les provisions nécessaires à la vingtaine d'hommes encore valides. Jour après jour, les terrains fangeux sur lesquels ils évoluaient se raffermirent sous leur pas. Il devint manifeste qu'ils s'éloignaient graduellement de la zone du séisme.

Grâce à la présence du Brahmane, à sa connaissance des populations et à sa pratique du terrain, beaucoup d'écueils purent être évités. Hélas, Soaki marchait difficilement. Ce matin-là, Héri-tep dut attendre que le vieillard parvienne à sa hauteur pour lui adresser la parole :

- *Il y a deux jours, dans l'intention de soulager tes jambes, je t'ai proposé de t'installer sur l'échine de ce buffle...Pourquoi as-tu refusé ?*
- Le géronte s'arrêta de marcher. Il adopta un air offusqué qui semblait le disputer à l'effroi : *Par tous les démons, tu ne me feras jamais escalader le poil de ce damné animal.*
- *Comment cela !* s'enquit Héri-tep, l'œil égayé. *Ce buffle est semblable à beaucoup d'autres ?*
- *Ne cherche pas à m'abuser, Maître ! Tu sais comme moi que ce vieux Halto est un bandit !*
- *Parles-tu de sa pauvre âme en souffrance ou de l'animal qu'elle incarne en cette existence ?*
- *Je ne fais pas de différence. En chevauchant la bête, je ne manquerais pas d'être sollicité par l'âme de cette fripouille, laquelle voudrait voir soulager sa peine par le médium que je suis... Tu devrais comprendre ça... toi ?*

Héri-tep rit de bon cœur à ce qui lui apparaissait être une interpolation personnelle du phénomène de métempsycose :

- *Insinuerais-tu, Soaki, qu'il s'agit d'une ancienne entité humaine retombée en une phase d'incarnation animale. Il faudrait, alors, que tu envisages une grave méconduite de son état de conscience en des vies antérieures, c'est cela ?*
- *C'est l'évidence même, Maître ! Testerais-tu ma clairvoyance ? Ce vaurien doit garder souvenance de ses vies passées. N'est-ce point le privilège des animaux en déchéance, de pouvoir se remémorer les frasques vécues en d'autres existences ? Le plus souvent d'ailleurs, ça leur permet de mieux accepter leur sort.*

Tous deux s'approchèrent du buffle, lequel visiblement peinait sous sa charge. S'étant penché en avant, le Brahmane plaça sa barbe effilochée à hauteur de l'énorme tête, qu'environnait sans relâche un essaim de mouches :

- *N'est-ce pas, Halto, qu'en d'autres temps et en d'autres lieux, tu fus parmi les humains, la plus innommable des crapules ?* **Réponds-moi… vieux brigand !**

Interpellé par cette voix rauque placée au plus près de l'une de ses oreilles, le buffle agita vivement cette partie mobile, tout en faisant virevolter ses énormes yeux en leurs orbites.

- *Tu vois, Maître, il acquiesce le drôle ! Il sait bien que toi et moi, n'ignorons rien de ses frasques !*
- La situation était à ce point cocasse qu'Héri-tep ne put s'empêcher de rire à gorge déployée : *S'il reconnaît aussi manifestement la chose, c'est peut-être qu'il est devenu honnête. Le but même de la réincarnation, n'est-il pas le rachat par l'épreuve ?*
- *C'est sa dernière chance, en effet ! S'il la laisse passer, il rétrogradera parmi les charognards et les reptiles, jusqu'à complète disparition.*

Sur ces paroles définitives, le buffle poussa un long mugissement qui eut le don de les laisser pantois.

- *Trêve de plaisanteries !* s'exclama Héri-tep en cherchant à écourter cette récréative controverse : *Si cela ne t'importune, Soaki, j'aimerais m'entretenir avec toi... disons... de choses moins prosaïques ?*
- *Parle, Maître, je suis prêt à accepter tes doléances s'il y a lieu ! Bien que cette histoire de buffle ne soit en rien insignifiante !*
- *Dis-moi... Soaki ! Il y a probablement une relation entre ta présence parmi nous et le fait que nous nous soyons déjà rencontrés ?*

- *Il y en a une... Bien évidemment, Maître !*

Le Brahmane marqua une pose, il eut un soupir et son regard parut rassembler en l'horizon quelques souvenirs épars :

- *J'ignorais tout de tes titres et qualités, jusqu'au jour où Kauneska, la danseuse que tu connais, vint demander audience auprès des gérontes du temple. Temple où, soit dit par parenthèse, elle n'avait jusqu'à ce jour jamais mis les pieds. En tant que doyen élu, j'hésitais à l'accueillir, mais le souvenir de l'avoir vue en ta compagnie excita ma curiosité et j'accédais à sa demande. Elle vint en toute humilité, sans le fatras habituel qui caractérisait la plupart de ses déplacements.*

Elle m'expliqua qu'elle était la favorite du Rajah, ce que je savais déjà. Elle m'avoua ensuite que son cœur était épris d'un homme, lequel lui avait révélé... selon ses propres termes « un sens caché à la vie ». Elle voulait parler de toi, Maître. Kauneska me décrivit alors longuement le personnage que tu étais, les circonstances peu ordinaires de votre rencontre, la peine qu'elle avait éprouvée, lorsqu'elle se trouva dans l'obligation de se séparer de toi.

Je crois qu'elle était sincère... Mais elle se sentait tributaire de sa vie passée et ne voulait en rien compromettre la tienne. Sans doute, aurait-elle gardé ces choses en son cœur, si les événements que tu sais, je veux parler des secousses du sol, n'étaient venus raviver les braises de sa douleur.

Héri-tep leva les yeux qu'il avait jusque-là conservés baissés :

- *En quoi cela, la concernait-elle ! Quelle corrélation peut-il y avoir entre la situation que tu décris... et le séisme auquel nous avons à faire ?*

- *Nous ne pouvons douter, Maître, que le Rajah de cette partie de l'Indus se tient régulièrement informé des faits se déroulant sur son territoire. C'est ainsi qu'il fut avisé par ses coureurs de chemins qu'une expédition himalayenne traversait son royaume. Lorsqu'on lui fit connaître que des caravaniers distribuaient vivres et soins sur leur passage, le Rajah, croyons-nous, en prit ombrage. À leur échelle, ces étrangers réalisaient ce qui incombait à ce monarque en tant que protecteur du peuple ! Les coureurs de chemins précisèrent à cette éminence, que les « yeux de boutonnières », ainsi appelons-nous les himalayens, avaient pour Vénérable Guide, un Égyptien, Maître en Sagesse.*

En d'autres circonstances, le Rajah n'aurait point omis d'inviter en son palais l'altruiste et sapientiel personnage que tu incarnes, Maître. Mais des rumeurs de peste semblent l'en avoir dissuadé. On doit comprendre en fait, que, fondé ou non, l'argument de l'épidémie, lui épargna les devoirs de sa charge.

- *Royauté n'est pas nécessairement synonyme de noblesse, mon frère... Poursuis, je te prie !*

- *Par l'oreille de la domesticité, Kauneska eut vent des risques multiples que courait cette caravane, abandonnée à elle-même, en un pays saccagé, voué aux maladies et aux tendances hostiles. Aussi fit-elle immédiatement le rapprochement entre ta personne et ce mystérieux maître égyptien de retour des Himalayas ! Par ailleurs, sachant qu'elle ne pouvait influer sur le comportement du Prince, au point de le faire changer d'avis, elle se souvint de notre conversation et entreprit de me contacter.*

Je dois reconnaître qu'elle sut habilement me persuader que j'aurais à la fois contentement et devoir à mieux te connaître et circonstance aidant, de me pénétrer de ton enseignement. Ce qui, compte tenu de ma position de Doyen, ne pouvait me laisser indifférent. Pour preuve de sa bonne foi, la fille fit don au temple d'une importante somme en bijoux. Elle promit de quitter le luxe du palais et même de rentrer en religion, si l'opération qui consistait à protéger ta personne était menée à bien. Elle enseignerait, me dit-elle, l'art sacré de la danse aux jeunes vestales, et cela, le reste de sa vie.

Soaki reprit lentement son souffle : *Devant les accents d'une telle sincérité, refuser aurait été une sorte de lâcheté, dont ma nature n'est pas coutumière. J'acceptais donc, et sur le bien-fondé de ses renseignements, mes ouailles fidèles m'acheminèrent vers ce lieu de passage obligé où je savais te rencontrer. Que te dire de plus, Maître ! Sinon, qu'elle et moi remercions les dieux d'avoir pu aider, peut-être, à te tirer d'embarras.*

Pendant un long instant, Héri-tep demeura pensif, puis il tourna vers le vieillard un visage visiblement affecté par l'émoi : *Merci à toi Soaki...merci !* dit-il d'une voix à peine audible en lui serrant fortement le bras. Ayant apparemment conclu par ces termes l'entretien, il s'éloigna en pressant le pas comme s'il avait à traité d'une urgence. Le dos ployant sous la charge, un groupe trainant de caravaniers parvint à la hauteur des deux hommes qui venaient de rompre conversation. C'est alors que Soaki s'étant dressé du mieux qu'il put sur son unique béquille, clama d'une voix forte :

- **Maître, reviens**... **écoute-moi !** *J'ai une requête importante à formuler... une faveur à requérir !*
- L'œil soupçonneux, le Pair Admirable se retourna : *Une requête ! La route est encore longue, Soaki, et il ne nous est plus permis de lanterner en chemin !*
- *Précisément, Maître... Il me faut pour cela marcher convenablement et ne point demeurer à la traîne, au risque d'être une charge pour vous et une proie pour les corbeaux !*
- *Où veux-tu en venir ? Je t'ai proposé de grimper sur le bât du buffle... Tu as refusé pour les raisons que tu m'as exposées !*

- Je ne veux pas être un surcroît de charge ! Je serai plus aise que tu me soulages de mes maux, par la vertu des pouvoirs que tu détiens.

- Que dis-tu... Tu déraisonnes, voyons ! Je n'ai aucun pouvoir pour guérir le mal dont tu souffres. Il s'agit d'arthrose, celle-là a gagné tes membres inférieurs... Il y a, hélas, peu de chance que tu n'en guérisses jamais.

- Impose tes mains sur mon corps, te dis-je, et je pourrais de nouveau marcher... sans souffrance !

Autour d'eux, les caravaniers se regroupaient nonchalamment. Le sourire aux lèvres, ils épiaient la scène, comme on savoure l'aumône d'un jour de diète.

- Aurais-tu l'intention de me ridiculiser devant les miens ? Toi l'expert en réincarnation, tu devrais savoir que l'on ne souffre nulle épreuve en ce monde que l'on n'a encourue en ses vies antérieures.

- Je sais cela, Maître... mais j'ai décidé de reporter mon épreuve en d'autres temps, pour être plus apte à te venir en aide. C'est l'unique raison, Maître ! Je ne suis pas sot, au point de ruser avec les dieux !

Touché par cette intention, Héri-tep se rapprocha du Brahmane :

- Si tu veux mesurer mon incompétence en la matière, je puis te dire que tu vas être comblé. Ce genre de thérapeutique requiert des dons particuliers pour lesquels je n'ai reçu que très peu de formation. Mais puisque tu y tiens, agenouille-toi, baisse les yeux et unis les doigts de tes mains pour témoigner de ta sincérité, si ce n'est de ton obstination.

Sous les regards pantois des caravaniers, le Pair Sublime étendit les mains au-dessus du crâne chenu du géronte. Puis au terme de quelques instants, il proclama d'une voix de Stentor, résolument ironique :

- *Maintenant... **Relève-toi Soaki et marche, tu es guéri...***

- *Tu vois...* rétorqua celui-ci, l'âme sereine, *ce n'était pas plus laborieux que ça...*

Sans aide aucune, le Brahmane se releva. Il jeta sur sa béquille demeurée à terre un regard apitoyé. Puis l'échine droite, le corps dressé comme un cierge de vœu, il entama quelques pas hésitants. Tous suivaient interloqués la facilité de sa progression. Un instant surpris par la densité de ce silence, le géronte se retourna :

- *Eh bien, vous autres... Qu'attendez-vous... Que je vous porte ?*

Les rires fusèrent, mêlés aux exclamations d'enthousiasme. Héri-tep jeta un regard interrogateur vers le Ciel :

- *Si les dieux deviennent plus facétieux que les démons, où allons-nous ?* grommela-t-il, avant de poursuivre sur la piste du Sud, au milieu d'une troupe aux accents frénétiques !

***

Quatre jours plus tard, Halto, le dernier buffle de leur expédition, mourut d'épuisement au creux d'un fossé. Il apparut étrange, qu'en cette occasion, le Pair Admirable et le Brahmane invoquent la clémence des dieux. C'était, déclarèrent sans plaisanter ces initiés, pour le repos de l'âme du buffle. Prâm rappela aux caravaniers que les Grands Sages étaient instruits de choses que le commun des mortels ne pouvait saisir. Mais les porteurs, en manque de nourriture roborative, se demandèrent pourquoi on devait brûler la dépouille de ce buffle, comme s'il s'était agi d'un être humain ? Fort heureusement, dans les jours qui suivirent, les conditions de vie s'améliorèrent sensiblement. Le paysage reprit son caractère traditionnel. Quelques lieues encore et c'est avec soulagement que tous purent se baigner et se ravitailler auprès des populations. L'espoir enfin renaquit au sein de la communauté.

En suivant les pistes de terre battue, leur groupe aborda un soir le sommet d'une colline. Quelle ne fût pas leur joie lorsqu'ils découvrirent une étendue d'eau sans limites, la mer des Indes. Dès le lendemain, la petite troupe entreprit d'explorer le littoral. Il leur restait à trouver ce navire égyptien, « l'Ouadj-our », la grande verte, tel était son nom, dont on leur avait assuré la présence en cette échancrure de la côte. Les relations assidues qu'entretenait le Brahmane auprès des communautés religieuses se révélèrent d'un grand secours. Après plusieurs jours d'errance, elles permirent de localiser le bâtiment.

Il était amarré à quai dans un petit port marchand. C'était un splendide navire hauturier, moins profilé mais plus fort en tonnage que l'infortuné Meskhetiou. Il émanait de son bord un chant qu'accompagnaient les notes aigrelettes d'un sistre. Des hommes porteurs de lances et de boucliers arpentaient son bord. Leur attitude semblait indifférente aux manifestations venues de l'extérieur.

Lorsque les onze survivants de l'escorte himalayenne se présentèrent au voisinage de la passerelle, ils furent oralement refoulés par les gardes égyptiens. Le quartier-maître responsable des factionnaires, s'efforça de s'exprimer en un idiome commun à la vallée de l'Indus.

- *Retirez-vous vagabonds, nous n'avons rien à vous donner... J'ai des ordres formels à ce sujet !*

- *Nous ne sommes pas des mendiants !* objecta Prâm qui se trouvait en tête. *Nous formons l'escorte de celui que vous attendez.*

- Le jeune homme eut un rire railleur : *Celui que nous attendons est un dignitaire égyptien. Son Éminence est un intime des Rois, et son escorte ne saurait être aussi pitoyable... Allez, éloignez-vous, avant que nous nous fâchions !*

Héri-tep accompagnait la marche encore hésitante du Brahmane. Tous deux longeaient la coque au moment de l'altercation. Choqué par ces invectives, le Grand Prêtre ne put réprimer l'impulsion qui lui fit interpeller l'homme de quart :

- *Dis-nous maître d'équipage, les ordres que tu as reçus concernent-ils la qualité des individus ou seulement leur apparence ?*

Décontenancé par cette argumentation en langage égyptien à la franche prononciation, le jeune gradé se précipita sur la cloche de bord qu'il agita frénétiquement. Aussitôt une douzaine d'hommes en armes surgirent des soutes. Ils escortaient un personnage porteur d'un bracelet de commandeur. L'attitude calme de celui-ci contrastait avec l'effervescence générale de ses hommes :

- *Que se passe-t-il, Kashaou ?*
- L'officier de quart désigna de la main le groupe d'indigents : *Commandant, ces gens prétendent que parmi eux se trouve la personnalité que nous attendons ? L'un d'eux, le grand... là-bas, parle assez bien notre langue.*

S'étant avancé seul jusqu'à la passerelle, Héri-tep y posa un pied hésitant. Voilà qu'il s'apprêtait à retrouver les siens, et l'émotion ressentie inhibait soudain sa volonté. D'un geste calme, sans prononcer un mot, le commandant fit abaisser les lances aux pointes menaçantes. Il laissa s'engager sur la jetée d'appontage cet homme famélique que l'on venait de lui désigner. Les vêtements de celui-ci étaient loqueteux, ses chaussures éventrées. Il était ébouriffé, hirsute et sale. Sa peau brûlée par le Soleil était entachée de larges plaques roses. De sa main lasse, il maintenait une toile en fil de kapok qu'il avait jeté sur l'une de ses épaules.

Le commandant alla à sa rencontre, avec cette démarche balourde qu'ont les vieux loups de mer. Parvenus au milieu de la passerelle, tous deux s'étant arrêtés, ils observèrent un face-à-face silencieux. L'officier, le premier, hasarda d'une voix qu'il aurait souhaitée plus ferme :

- *Serais... Serais-tu... Est-ce que... tu serais ?...*

Le doute venant altérer son jugement, il ne put terminer sa phrase. La mouvance du corps figée par l'afflux des sentiments, le Grand Prêtre avait, lui aussi, des difficultés à s'exprimer. Ses yeux fiévreux larmoyaient. Ses mains se mirent à trembler. Il balbutia sur un ton apathique :

- *Héri-tep, commandant... Je suis Héri-tep !*

Guidé par l'intuition plus que par la raison, l'officier de Pharaon s'avança sur la passerelle. En un réflexe spontané, il pressa contre sa poitrine ce vagabond à l'allure pétrifiée :

- *Pardonne-nous, Maître !* lui murmura-t-il à l'oreille. *Pardonne-nous... tu es ici chez toi, sur ton bâtiment !*

Une forme confuse se profila soudain derrière le commandant. Les deux bras en l'air, elle s'exclama avec un enthousiasme délirant :

- **Bénis soient les dieux...** *Enfin... Enfin tu es de retour !*

Le violent contre-jour ne permettait pas au Grand Prêtre de distinguer la physionomie de l'intervenant. Mais l'intonation de cette voix était depuis son noviciat gravée en son cœur.

- **Shem'sou...** *Shem'sou, est-ce possible ? C'est beaucoup de bonheur en un seul instant. Trop... trop de bonheur brusquement, mes amis, trop... de bonheur...* balbutia Héri-tep, le regard noyé par l'émotion.

L'instant passé, il se dégagea de cette étreinte amicale pour se tourner vers ses compagnons de voyage. Tous affichaient des mines rayonnantes. Soaki avait les traces de sillons brillants le long des joues et les yeux de Prâm ne se distinguaient plus.

- *Ceux-là sont mes frères !* s'exclama Héri-tep sur un ton larmoyant. *Traitez chacun d'eux, je vous prie, comme s'il était un autre moi-même ! Ensemble nous avons traversé les ténèbres de la Douat, et nous avons triomphé de l'adversité Séthienne.*

***

Quelques jours plus tard, l'équipage fut informé que le danger d'épidémie était écarté. Craignant sans doute les critiques acerbes du Doyen des gérontes, dont il redoutait la magie, le Raja fit savoir qu'il mettait à sa disposition trois chars à buffle et une escorte de gens en armes, afin qu'il puisse regagner sans incidents son fief d'Ekachakra en la vallée de l'Indus.

- Prâm était songeur : *Je souhaiterais, Maître, que tu insistes pour que nous effectuions en sens inverse l'itinéraire que nous avons suivi !*
- *Je vois !* intervint Héri-tep. *Tu veux essayer de récupérer les blessés et les malades que nous avons laissés çà et là sur le parcours... N'est-ce pas ?*
- *Maître, c'est notre devoir impérieux, et c'est aussi notre joie de les serrer sur notre cœur.*
- *Il y en a un, hélas, que tu ne retrouveras pas, Prâm.*
- En un cours silence, le fidèle servant ravala un sanglot : *Je sais, Père Sublime, Yachou a quitté notre vie à jamais. Mais je le soupçonne d'être intervenu en notre faveur auprès des dieux. N'as-tu pas remarqué qu'à partir de sa mort, les choses pour nous ont mieux été ?*

Héri-tep tendit ses larges mains vers cet institut de loyauté qu'était ce dévoué serviteur de la cause universelle :

- *Renouvelle ma gratitude éternelle à Soudda-Hi. Tous les trois, vous aurez été les artisans de ma réussite... je ne l'oublierai jamais !*

Le Grand Prêtre remercia généreusement les huit porteurs rescapés. Ceux-ci n'avaient-ils point encouru tous les risques pour que sa personne parvienne à bon port ? Il remit à chacun d'eux des bijoux en or relevant de la symbolique égyptienne. Au vieux Brahmane, il offrit un pendentif en forme de croix ansée, en le priant de bien avoir l'obligeance, sa vie durant, de veiller sur Kauneska.

- *Vois-tu Soaki, en sa singularité toute naturelle, cette jeune femme a contribué à l'épanouissement de mon être. Dis-lui... non... Non, ne lui dis rien ! Remets-lui ... remets-lui plutôt ceci !*

Héri-tep ôta de son cou le cordon retenant la minuscule pyramide en or, solennel présent des compagnons de Sumer. Il se souvenait qu'aux cours de leurs étreintes affectueuses, elle prenait plaisir à manipuler ce bijou entre ses doigts.

- *Kauneska sait l'importance que j'accorde à ce symbole. Mieux que des mots, il saura lui dire l'attachement que j'ai pour elle !*

- *Maître, lorsque l'on est égaré en l'obscurité de la nuit, le seul moyen que nous ayons de savoir si le Soleil demeure et brille en quelque endroit du monde, c'est d'observer la Lune. N'est-ce pas elle le témoin subtil, qui saura encore éclairer notre chemin, après le passage du jour ? Mieux que personne, Maître, Kauneska est à même de restituer ton enseignement. Elle aura rang de prêtresse de Visnu, et nous, les gérontes, nous serons les discrets contemplateurs de sa grâce. Je t'en fais promesse !*

- *Ton pays et le mien ont des souches communes, Soaki. Il est de notre devoir de véhiculer « l'esprit de la Tradition Primordiale ». Si nous ne savons pas jusqu'où cet esprit peut aller, nous pouvons présumer de ces légions d'êtres qu'il motivera au cours des âges ! Cette conviction, mon honorable ami, ne peut que réjouir nos cœurs.*

- *Merci Maître, pour le baume du souvenir donné à Kauneska, pour ces longues conversations sur la raison d'être, et pour mes jambes quasiment guéris.* Soaki épongea d'un revers de mains ses yeux rougeoyants, détourna la tête et s'éloigna en ballottant des pieds, vers l'un des charrois aux couleurs criardes qui attendait son initié.

***

Le Ciel mêlait son bleu pastel à celui plus nuancé de l'étendue océane. Peu de chose, en cette immensité plane, accrochait le regard, si ce n'était au-dessus d'eux cette double voilure qui geignait sous le tangage des flots. On eut dit deux énormes mamelles allaitant les vents capricieux du large. Sur le pont de l'Ouadj-our, solidement amarrés au bastingage, s'entassaient coffres et ballots. Une paillasse en raphia tressé, que soutenaient des rangées de bambous, abritait de son ombrage les activités des marins.

Tôt ce matin, leur bateau croisa sur sa route le « Nefertoum », l'enfant solaire. Cet énorme navire marchand allait remplir ses cales en pays d'Indus. Il ramènerait des épices, des bois de santal, des huiles et du thé, mais aussi des arbrisseaux aux essences rares, des métaux ainsi que des gemmes colorées pour aviver les bijoux. L'événement était rarissime, aussi motiva-t-il des manifestations d'enthousiasme de la part de l'équipage.

Les marins tentèrent bien d'échanger de bord à bord de brèves informations, mais les vents engloutissaient les paroles, que semblait dévorer le génie des mers. L'instant passé, l'esprit imprégné de nostalgie, chacun reprit ses activités de bord.

Héri-tep appréciait la chaude convivialité de ces navigants. Leur sens du devoir et leur courage tranquille édulcoraient quelque peu ses ressentis sur le comportement humain. Sans le sacrifice de Kémi, il ne serait pas là pour goûter aux joies du retour, et l'image du Meskhétiou martyrisé par la tempête se présenta de nouveau à lui. Cette évocation insoutenable le fit gagner le pont supérieur situé à la poupe. Les deux mains en appui sur la rampe, il huma à pleins poumons l'air chargé d'humidité saline. Des goélands suivaient le navire. Ils poussaient de petits cris plaintifs et leurs rémiges hérissées par le vent imitaient la crête ébouriffée des vagues.

L'armature de l'Ouadj-our grinçait sous la poussée de la houle. Elle suivait le rythme d'un gros chat ronronnant. Des récitatifs familiers montaient du carré d'équipage dont la trappe était ouverte. Sur le pont, quelques marins aux gestes lents s'employaient à des tâches de bord. Des senteurs d'épices jouaient avec les effluves capricieux de la brise. Après tant et tant de pérégrinations, cette plénitude exaltait au plus profond de lui-même le goût d'un relâchement, de céder enfin à un légitime repos.

- *Vois, Éminence !* dit l'un des deux hommes chargés des avirons de gouverne. *C'est pour ça qu'ils nous suivent !*

En se penchant sur tribord, Héri-tep aperçut un filet traînant, aux reflets d'argents, que des oiseaux perchés sur les haubanages, guettaient d'un œil tortueux.

C'est précisément en cette apaisante quiétude de la vie à bord qu'il eut un désagréable pressentiment. Celui-ci fut aussitôt suivi d'une sorte d'éblouissement intérieur inexplicable. Préjugeant d'un malaise dû à la navigation, il se cramponna à la rambarde du mieux qu'il pût. Sa vision soudainement affectée plongea dans les eaux devenues glauques. En cet instant précis, un flot évanescent esquissa les contours d'une physionomie : l'Our'ma ! Celui-ci avait une main posée sur le cœur ; sa peau était diaphane, presque lumineuse ; ses lèvres s'appliquaient à prononcer des mots que lui ravissaient les vagues. Insensiblement, l'apparition adopta une physionomie en tous points conforme à l'effigie d'Anubis, dont l'ébène épiderme devint plus confondant que l'obscurité des puits. Un frisson parcourut l'échine du Grand Prêtre. Très vite, cependant, l'afflux des eaux eut raison de cette apparition et l'océan imposa de nouveau son ondoyante plénitude. Troublé par cette manifestation extrasensorielle, il balaya le pont du regard, afin d'évaluer s'il était l'objet d'une curiosité particulière de la part de l'équipage. Mais apparemment, nul ne s'était aperçu de ce mal-être passager.

À la vue de Shem'sou émergeant de l'escalier de cale, son angoisse s'apaisa. Quittant alors son promontoire, il gagna d'un pas balancé le niveau inférieur. En l'apercevant venir à lui, l'ami de toujours s'arrêta d'étaler cartes, clepsydre et sextant, qu'il venait d'extraire d'un carquois de cuir.

- *Qu'y a-t-il, mon Maître, aurais-tu le mal de mer ? La blanche voilure jalouse ta pâleur.*

- S'étant approché, Héri-tep adopta un ton discret, pour ne point éveiller l'attention. *Shem'sou, si mon teint adoptait la couleur du Ciel, peut-être aurais-tu matière à t'étonner, mais que je sois un peu pâle, cela n'est-il pas le propre de ceux qui étudient !*
- *M'étonner, pour le ciel... Oh non, ce n'est pas certain, Maître ! La couleur bleu m'apparaîtrait pour toi de bon ton.*

Héri-tep sourit à cette réponse en forme de boutade, mais aussitôt son visage redevint grave, sa main enserra le bras du Prêtre servant.

Je viens d'avoir à l'instant même une vision douloureuse, Shem'sou. Je crains que l'Our'ma, notre Révérend Pair, ait franchi le seuil de l'Amenta, pour gagner les champs d'Ialou.

- *La chose ne saurait me surprendre, Maître. J'ai dû te dire qu'avant notre départ d'Égypte, son état de santé était au plus bas.*

- *En prévision d'une telle éventualité, tu feras ce soir préparer les lampes à huile, Shem'sou. Nous invoquerons en son nom, les prières pour la paix de l'âme. Défunt ou moribond, le Pair a besoin de l'union de nos pensées.*

- *Je le ferai, Maître, en sachant que dans le meilleur des cas, nous n'aurons aucune information avant les abords de la mer rouge... Il y a encore deux semaines de navigation.*
- *J'avais l'impression que ses paroles s'adressaient directement à moi, mais je n'ai pu en saisir le sens.*

- Le Prêtre servant marqua un temps de réflexion. *Maître, il est un vieux proverbe qui dit ceci : « L'enseignement que nous ne pouvons retenir par des mots, il nous faut le vivre avec des actes ! » C'est peut-être ce que voulait te signifier l'Our'ma ?*

Héri-tep ne poursuivit pas le dialogue, ce genre de supputation le gênait. Son regard dériva sur cette ligne filandreuse de partage, qui ne cessait de bercer l'horizon.

***

Drapés en leur gigantesque toile que ballottait sans rémission la mouvance des flots, la longue mâture dansotait posément d'une étoile à l'autre. La chaleur était encore présente et la brise du soir ne parvenait que difficilement à rafraîchir l'atmosphère. Fidèles à ce qu'ils avaient envisagé quelques jours plutôt, Héri-tep et Shem'sou s'assirent à même le plancher de bord, le dos appuyé sur des sacs à grain. Éclairés par les flammes miséreuses de leurs lampes tempête, ils s'apprêtaient à aborder ce soir, l'une des phases les plus étrange de l'odyssée du Grand Prêtre. Ce dernier renversa sur le plancher de bord le contenu de sa hotte de voyage. Elle se composait pour l'essentiel de rouleaux d'annotations et de graphiques rapportés des sommets himalayens. Dans le fond de la bourriche se trouvait un objet en or, une sorte de bijoux insolite, qui aiguisa particulièrement la curiosité de Shem'sou :

- Qu'est-ce que cela, Maître, on dirait deux cornes, serait-ce une évocation hathorique, symbolisant notre Vache Céleste ?

- Il est vrai Shem'sou, que le lait répandu par la déesse du cosmos illustre la Voie lactée, et que son effigie emblématise les cycles du temps. Par extension, l'espace, les étoiles, les planètes et les autres agglomérats. Aussi, n'es-tu pas loin de la vérité ! Le disque en question est un cadeau de Soudda-Hi, ce Révérend Sage, qui fut mon tuteur et dont je t'ai évoqué la haute science confinée en une modestie exemplaire.

- C'est un bien étrange présent, Maître. Je vois un premier cercle extérieur d'environ six pouces et demi. Un autre intérieur de quatre à cinq pouces, puis un troisième plus petit d'un pouce et demi environ. Beaucoup de vide tout de même, si ce n'était le dessin de ces cornes ? J'ai l'impression qu'elles ont un rapport avec notre mythologie.

- Oui, c'est bien là l'énigme ! Si tu observes avec attention, tu remarqueras que le plus petit cercle nous donne l'épaisseur des cornes hathoriques, lesquelles se rejoignent au sommet pour former le grand cercle.

- L'ensemble représente-t-il quelque chose de concret... je veux dire de réel ou devons-nous y voir l'expression d'une symbolique plus abstraite ?

- Pour ta compréhension, je vais te citer les paroles de Soudda-Hi, lorsqu'il m'a remis ce présent. Écoute : « Les mystères sont comme la nuit, ils n'éclairent pas nécessairement le chemin, mais ils orientent le regard de la Terre vers la Lune enchantée. »

- Hum ! Ce n'est pas évident, la Terre vers la Lune ! La phrase est sibylline... à moins qu'il nous faille saisir cet énoncé au premier degré. Ce qui reviendrait à dire, que les cornes, prisent en leur largeur maximale pourraient représenter... **la Lune** en son diamètre ?

- Supposons, en effet ! Selon toi, que représenterait alors, l'autre cercle ?

- L'autre cercle... l'autre cercle ? Eh bien, si le premier représente la Lune, l'autre pourrait représenter **la Terre** ! Ne le dit-il pas, Maître !

- Bien raisonné, Shem'sou....Je te décerne, « l'Épi d'Or ».

- Non, Maître, ce n'est pas bien raisonné. La Lune n'est pas aux proportions, elle devrait être beaucoup plus petite par rapport au cercle symbolisant la Terre.

- Pardonne-moi, Shem'sou, je te retire « l'Épi d'Or ». La Terre et la Lune sont ici à l'exacte échelle de leur représentativité dans le cosmos, 27,2984 % pour la Lune par rapport à la Terre, je les ai mesurées. Les dimensions sont cent millions de fois plus petites... C'est tout !

- Cent millions... de fois que la réalité ! Et il se trouverait un secret ésotérique dissimulé en ces dimensions que tu évoques ?

- Le secret, vois-tu, est tellement prodigieux... qu'Atoum, Dieu des dieux, en a lui-même tracé les contours et sacralisé les mesures.

– Maître... Atoum, le divin créateur de toute chose en personne, serais-tu enclin à blasphémer ?
– Ah, oui... Serais-je à tes yeux, coutumier du fait ?
– Certes, non, mais je suis fort étonné de ce que tu avances. Seraient-ce les visions que tu as eues, en ces montagnes initiatiques du toit du monde, qui t'incitent à affirmer cela ?
– En partie ! Je t'ai déjà expliqué que, pendant le laps de temps où je suis resté avec les six autres Hiérarques sur ce quadrilatère, la possibilité nous a été donnée de voyager en esprit parmi les âges de l'humanité. Autrement dit, voir et comprendre ce que l'esprit seul ne peut pas saisir.
– Je me souviens que tu m'aies dit avoir survolé sur les ailes d'un faucon la construction des pyramides. Et même être remonté dans le passé jusqu'au temps des Déluges, le Zep-tepi même où eurent lieu les grandes révélations des Akhou. Tu sais donc, Maître, ce que représente la Tradition Primordiale.
– Oui, Shem'sou ! J'ai visualisé des âges ultérieurs où la constellation d'Orion atteignait une altitude minimale au méridien avant de reprendre son gain d'altitude. Mais, j'ai pu voir aussi l'âge de son inclinaison maximale et ce qui en résultait sur le plan humain.

Souviens-toi, je t'ai dit que cette constellation a été prise pour référence lors de l'édification de la Grande Pyramide. La hauteur de l'édifice illustre un demi-cycle précessionnel, soit pour être précis 12 926,42945 années de la base au sommet du pyramidion.

Shem'sou tira aussitôt à lui son vieux boulier qu'il avait hérité de son père. D'un geste rapide, il fit coulisser les petites boules d'ivoire sur les baguettes de bois :

– *Cela fait un cycle de 25 853 ans, Maître... enfin presque !*
– *C'est exact ! Ce sont les années du grand cycle cosmique que la Terre nous procure par le lent effet de rotation gyroscopique autour de son axe. Ainsi l'esprit de l'initié peut se nourrir de ces douze fractions de cycle, illustrées par les astérisques des signes zodiacaux.*

– *Je ne saisis pas bien cela, Maître, le temps est le temps... Peut-être que des êtres tels que toi peuvent le remonter, mais, comment peuvent-ils se projeter dans l'avenir, puisque ce temps-là n'existe pas encore ? Mentalement... je ne saisis pas la subtilité de cette abstraction.*

– *En l'absolu, le temps n'a rien à voir avec ce que tu t'imagines, Shem'sou. Ce n'est pas le temps qui défile en nos vies, ce sont nos vies qui défilent dans le temps. Le temps, lui, est doté d'un présent éternel, il est immuable. Le temps que nous connaissons c'est notre naturel environnement qui le crée par son incessant renouveau. Il serait, vois-tu, insane de chercher à définir le moment d'un temps présent, c'est une chose totalement impossible... utopique. Nous ne pouvons que constater un temps passé et supposer un temps futur. Ce qui oblige, en toute logique, à raisonner autrement, et découvrir qu'il ne peut exister qu'un temps... présent, sur lequel nous évoluons. Je vais oser une image, plus prosaïque encore : Veux-tu bien sortir ton couteau Shem'sou et tenter avec la lame de celui-ci d'arrêter le défilement du temps. Admettons que tu y parviennes, que constaterais-tu ?*

– *Que l'instant que je tiens sous ma lame est le temps présent, celui à gauche serait le passé et à droite ce serait le futur !*

– *Bien vu, mais si nous allons plus loin dans le raisonnement, tu reconnaîtras que la lame elle-même a une épaisseur, laquelle, selon cette argumentation a aussi un passé et un futur.*

– *Shem'sou porta la main au sommet de son crane :* Oui, je suis d'accord, Maître, la lame aussi... évidemment.

– *Bien, alors imagine toi que ta lame est un fil de plus en plus fin. Reconnais que ça ne changera rien au problème. Il y aura toujours un passé et un futur, par contre ton présent diminuera au point de n'être plus grand chose, si ce n'est la représentation des deux. Qu'est-ce que tu en déduis ?*

– *En toute logique, que le temps présent n'existe pas, ce n'est qu'une convention et d'ailleurs fluctuante selon notre interprétation !*

– *Je suis fier de t'avoir pour ami, Shem'sou ! Mais si nous allons plus loin encore, c'est exactement le contraire qui se produit, il n'y a n'y passé, n'y futur, mais seulement un éternel présent, sur lequel se déplace la vie. Qu'en penses-tu ?*

- *Si j'ai bien compris, Maître, ce serait nous qui engendrions le passé et le futur en nous déplaçant dans le temps présent. Mais alors quelle interprétation donner aux vestiges du passé ?*

- *Tout ce qui s'anime en l'univers a un passé et un futur, Shem'sou. La Terre, les étoiles, ne conserves-tu pas la cicatrice de tes blessures, comme la Terre conserve ses vestiges. Seul le temps témoigne d'un éternel présent.*

- *Ouah ! Mais alors Maître, une partie est abstraction, notre conversation présente, par exemple, tu l'inclus et la définis en quel temps ?*

- *En un temps conventionnel...*

- *Ah... oui... conventionnel !*

- *Oui ! Il nous faut bien une base de réalité objective. Autrement, comment ferions-nous, à l'échelle humaine, pour échanger des idées cohérentes ? Dans l'absolu, cependant, cela ne repose sur aucune évaluation concrète.*

- *Ainsi que tu dis l'avoir fait lorsque tu te trouvais au point nodal himalayen, un Grand Initié peut, lui, glisser dans les âges pour connaître le passé et l'avenir, mais alors de quelle façon ?*

- *Ce fut un privilège, Shem'sou, il nous a été dévolu à titre d'information. Le temps espace en lequel nous évoluons, lui est fixe et neutre. Il n'a d'existence qu'en fonction de ce que nous avons été et de que nous serons. Par définition, nous ne pouvons connaitre de l'avenir que ce que nous avons été ou ce que nous serons. Autrement dit : Sur un plan spirituel, ce sont nos propres traces que nous pouvons consulter.*

- *Cela signifierait-il qu'il n'y aurait pas de temps hors de la création, et que nous sommes nous, le support même du temps !*

- *Ne te complais pas en un raisonnement tortueux, Shem'sou. La matière brute ne pense peut-être pas, mais elle définit le temps par sa simple existence. En résumé, bornes toi à comprendre qu'il y a des traces cinétiques du passé et une estimation iconologique du futur.*

— *C'est tout de même très complexe, Maître... Que voulais-tu dire en ce qui concerne la Lune ? Cet astre énorme, brillant dans la nuit, m'a toujours fasciné l'esprit, j'aimerais savoir comment on peut l'habiter !*

— *Je vois trois choses importantes, Shem'sou. La première, c'est que les hommes, un jour, iront visiter l'astre des nuits, et mieux encore, ils continueront à parler aux gens de la Terre, tout en se promenant sur les plages de la Lune dans des chariots roulants, sans animaux qui les tirent.*

— *Tu galèjes, Maître, c'est impossible, comment cela se pourrait-il... la Lune est si petite et nous si loin...*

— Héri-tep sourit, tout en paraissant trouver un certain plaisir à l'ahurissement de son prêtre servant : *Tu te trompes, elle n'est pas si petite que ça, tu vas le constater, et elle n'est pas si loin non plus. Toutefois, je ne puis t'expliquer ce voyage dans le détail, c'est hors de mes compétences et, de surcroît, je n'en ai pas le droit. Ce que je peux te dire d'amusant, c'est que le premier homme qui mettra le pied sur la Lune, aura pour nom « Armstrong ». Dans le langage de l'époque où aura lieu cet exploit, cela signifiera « bras fort ».*

— *C'est drôle ! Regarde l'objet Maître, cadeau de Soudda-Hi, on dirait pareillement, que deux bras forts partent de la Lune pour aller embrasser la Terre ?*

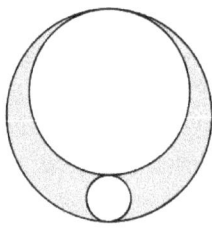

— *Oui, deux cornes, assimilables à deux bras, c'est en effet très judicieux Shem'sou. En conclusion, le hasard fait bien les choses. La deuxième constatation est encore plus surprenante, ils arriveront, je veux parler de ces êtres du futur, à évaluer avec précision la distance qui nous sépare des astres les plus proches. Ils le feront aussi facilement que nous mesurons l'espace séparant un temple d'un plan d'eau, par exemple !*

– Selon les enseignements secrets dispensés par le culte osirien, il est dit que les Maîtres tels que toi sont instruits de ces valeurs... à la coudée près !

– Oui, mais la dissimilitude est manifeste. En tant qu'initiés, nous tenons nos références de la tradition des origines. Mais eux mesureront de manière concrète la dimension des astres. Cela, à l'aide de rayons lumineux qu'ils tiendront captifs en des coffres qu'ils feront tourner autour de la Terre. Leurs techniques seraient trop longues à te décrire. D'ailleurs, tout en étant persuadé les avoir assimilées clairement en l'instant même, aujourd'hui, je n'ai plus guère souvenance de ces détails. La Grâce divine est généreuse, mais elle fixe toujours des limites à notre entendement, et c'est peut-être bien ainsi, Shem'sou.

– Je suis... abasourdi par ces révélations, Maître. Peux-tu me dire, ce qu'est la troisième des confidences à laquelle tu faisais précédemment allusion ?

– Oui, pour compter, ces gens du futur utiliseront comme nous, le double système, sexagésimal et décimal.

– Ils n'auront pas tort, Maître, les bâtisseurs des pyramides, eux aussi, ont utilisé le double système. Le mètre, n'est-ce point la dix-millième partie du quart de la circonférence de notre planète ? Les « Akhou » n'ont jamais cessé de l'affirmer en leur enseignement.

– Oui, mais eux, « les pieds sur la Lune », n'ânonneront pas sur leurs bouliers, ils utiliseront des silos de chiffres, qu'ils feront jaillir çà et là de leurs coffres lumineux. Un peu... comme si le jeu du Soleil sous les feuillus inscrivait des nombres... Tu vois ?

– Non... Je n'ai jamais vu des feuilles inscrire des nombres, Maître ! Que ce soit avec des coffres de lumière ou avec des opérations manuelles sur un bon boulier, le résultat doit être le même. Et je ne vois pas ce que ça change pour compter, Maître... Vraiment !

– Shem'sou, ce que je désire te faire comprendre, c'est que ces relevés métriques effectués à l'aide de techniques différentes des nôtres donneront dans le futur des résultats identiques à ceux que professent nos maîtres en puisant dans nos valeurs traditionnelles issues des origines. Ce qui corrobore, conviens-en, la valeur de notre *enseignement... C'est cela qui importe à mes yeux, et j'aurais souhaité que tu le comprennes !*

- Si tu le veux bien, Maître, revenons à notre énigme. Ne m'as-tu point maintes fois rappelé que la Terre n'était pas vraiment sphérique. Peut-être en est-il de même de la Lune... Dans ce cas, comment se référer à des valeurs précises ?

- Par le fait, pour la Lune, qu'en mesurant les points les plus hauts de ses montagnes et les points les plus bas de ses abysses, on obtient une moyenne. C'est cette valeur, Shem'sou, qui doit être prise en considération.

- En ce qui concerne la Terre, par exemple, la mesure moyenne théorique dont tu parles, se situerait à mi-chemin entre l'équateur et les pôles... C'est cela ?

- Exactement ! Et si nous comparons ces mesures métriques à nos enseignements hermétiques, les résultats sont les mêmes. Voyons là l'irréfutable preuve d'une Tradition Primordiale Universelle et immuable.

Héri-tep soutira une feuille de parchemin sur laquelle il inscrivit rapidement quelques nombres.

- Ces gens du futur obtiendront 12 713,545 km d'un pôle à l'autre et 12 756,337 km à l'équateur. Souviens-toi, c'est ce qui nous est enseigné à l'ombre des Naos.

- Patiente un instant, Maître, je prends mon boulier. Cela nous donne 12 734,941 km en moyenne. Je crois me souvenir effectivement que c'est là le diamètre de la Terre, qui nous est oralement transmis.

- Je le confirme, Shem'sou. Pour la Lune, entre la profondeur de ses gouffres et la hauteur maximale de ses montagnes, la moyenne nous donne 3 476,447 kilomètres.

- Veux-tu, à l'aide de ces précisions, que je te dise, Maître, combien mesure sur ton disque, la Terre et la Lune réunies ? Exactement 0,309614 coudées ou reconverti, 162,1138–millimètres, soit le diamètre extérieur des deux cornes.

- *Oui, Shem'sou, c'est une question de virgule 16 211,3893 kilomètres de diamètre, cela correspond à 50 929,5817 km–de circonférence. C'est précisément celle des deux astres accolés... Lune et Terre. Es-tu d'accord ?*

- *C'est parfaitement exact, Maître. Peux-tu me dire comment tu fais... toi... sans l'aide du boulier ?*
- *Oh ! Ce sont des nombres qui me sont familiers, Shem'sou ! Rien d'exceptionnel. Ce qui est exceptionnel, par contre, c'est ce que je m'apprête à te dire :*
- *Je suis toute ouï... Tu sais combien j'ai soif d'apprendre !*
- *Alors, écoute-moi... Écoute-moi attentivement ! Si tu avais à donner un nombre pour illustrer un cercle quelconque, quel serait celui que tu choisirais parmi tous... Réfléchis avant de parler*

- *Pour un cercle, je n'ai pas à hésiter, Maître ! Ce serait le nombre 360, en vertu des 360° que l'on prête au cercle ou les 111,1333333 de la circonférence terrestre répété 360 fois.*

- *Fort bien raisonné, Shem'sou, tu me fais la même réponse que le jeune Kantus.*
- *Qui est ce personnage ?*
- *Ho, c'est une histoire amusante de voyage, je te raconterais. Peux-tu me dire quel est le diamètre d'une telle circonférence ?*
- *Eh, bien... cela fait 114,591559... Je ne vois pas où tu veux en venir, Maître ?*
- *Tu le verras bien assez tôt. Maintenant tu vas inscrire sur ton boulier les chiffres de « 1 » à « 9 », en prenant soin de placer la virgule après l'unité.*
- *1,2.3.4.5.6.7.8.9. c'est l'ennéade... Voilà, Maître !*
- *Bien, il est temps de multiplier l'alignement de ces chiffres exposé sur ton boulier, par le nombre 114,591559-représentant le diamètre de 360. Voila ! Bon et bien maintenant, multiplie le résultat que tu viens de trouver par le nombre « 360 » lui-même et considères le en kilomètre ?*

– 50 929,58131, Maître Regarde, c'est... c'est la valeur exacte en kilomètres de la circonférence de la Terre et de la Lune réunis. Ce ne peut pas être aussi simple, il doit y avoir une erreur quelque part... Le hasard, Maître... Oui, ce ne peut être que le hasard...

– N'emploie pas cet argument, c'est celui des esprits déficients Shem'sou ! Chez l'homme, le hasard se manifeste seulement pour excuser son incompétence. Si le hasard était crédible, nous constaterions de temps à autre que ce vaisseau sur lequel nous sommes assis s'envolerait, et ce serait le hasard ! En ce qui concerne les rapports de nombres que je viens de citer, Atoum seul l'a voulu ainsi ! Mais tu n'es pas au bout de tes surprises ! Après avoir apprécié le côté prodigieux de ces logarithmes, je me suis posé la question de savoir pourquoi Soudda-Hi m'avait offert intentionnellement cette pièce d'orfèvrerie.

– C'est un splendide cadeau, Maître, pourquoi chercher une justification autre que le contentement que procure le don ?

– Certes, Shem'sou... certes. Cependant, ce ne serait guère connaître l'état d'esprit de ce Grand Hiérarque que de penser qu'il aurait pu se limiter à cette seule et courtoise bienveillance.

– Fais-tu allusion à la mission que t'a confié l'Our'ma sur la quête numérique des valeurs pyramidales ?

– Exactement, et je ne pouvais me départir de cette idée qu'il y avait là quelques ramifications. Jusqu'au jour où je me suis souvenu de cette grande constante universelle qu'est... la clé pyramidale.

– Tu veux parler du fameux diamètre de la circonférence de « 4 », soit 1, 273239544. Ce nombre, tu me l'as souligné, est la clé qu'utilisèrent les constructeurs. Ou bien, envisages-tu une autre valeur ?

– Non, pas une autre valeur, celle-là précisément ! Donne-moi le carré de ce nombre, veux-tu, Shem'sou !

Shem'sou manipula avec dextérité les disques de son précieux boulier, le résultat le figea dans une intense perplexité, il observa en silence ce qui lui apparaissait comme un signe divin. Puis il ajouta mollement :

- *C'est encore... le diamètre de la Lune et la Terre réunis, Maître !*
- *En poussant la virgule de quatre unités, oui ! Maintenant, essaye de visualiser ce que je m'apprête à te dire. Si tu observes, vue de face, la Grande Pyramide, tu l'examines en coupe. Tu es d'accord !*
- *Si je me positionne bien en face, oui ! La Grande Pyramide ressemble à un triangle isocèle, tracé sur un papyrus.*
- *Bien, elle prend dès lors l'apparence d'un triangle, à cette différence près, que ses angles de base sont de 51° 51' 14".*
- *Chercherais-tu à me convaincre qu'il y a une relation entre le schéma de la Terre, de la Lune, le nombre clé et l'angle de base de la Grande Pyramide ?*
- *Il y a une relation, en effet, et la plus invraisemblable qui soit. Lorsque proportionnellement le nombre clé, 1,273239544 dont le chiffre « 4 » est circonférence, multiplié par 10 000 prend la place de la demi-base, soit 12 732,39544 km, la hauteur de la Grande Pyramide atteint alors le diamètre exact de la Terre et de la Lune dimensionnées en kilomètres, cela fait 16 211,38936 km. Et ça, Shem'sou... ça ne peut pas être le hasard...*
- *Ça ne put être le hasard, Maître... Je... le hasard. habi... bi... bituellement, Maître, lorsque je sais que je suis appelé à franchir un degré supérieur d'ini... inini... d'initiation, Maître, je jeûne, je jeûne un peu... alors que là... le poisson... pas très bien, Maître...*

- *Ho, c'est dommage, Shem'sou, c'était précisément à partir de là, que ça promettait d'être intéressant... Ce sera pour une autre fois, alors ?*

- *C'est pro... bable, Maître... Bonsoir Maître !*

- *Mais, où vas-tu, Shem'sou ?*
- *Me cou... cou... Maître, je te l'ai dit... ou vomir un peu, peut-être ?*

- *Mais c'est... c'est de l'autre côté...ta chambre ?*

- *Oh ! Oui, c'est… bien sûr ! L'influence de la Lune et le mal de Terre, les deux je pense. Bonne nuit, Maître !*

Chapitre XVI

La monotone et paisible traversée de la mer des Indes ne fut pas jalonnée de faits marquants. C'est seulement lorsqu'ils eurent atteint l'entrée du goulet que le comportement, au loin, de plusieurs embarcations les intrigua. Les pirates indigènes fréquentaient assidûment ces côtes. Toutefois, le bruit courait parmi les officiers que ces écumeurs des mers répugnaient à aborder les navires égyptiens. Ils craignaient, croyait-on, l'affrontement avec leurs équipages aguerris au combat et prompts aux représailles. Il faut dire que, pour ces forbans, l'apport d'un butin aléatoire justifiait rarement les risques encourus. La perspective d'être tué ou de terminer ses jours au fond d'une mine de cuivre n'était guère enthousiasmante. D'autant que les ordres donnés aux officiers de la marine marchande étaient formels : en cas d'attaque, résister s'il le fallait jusqu'à la mort ; en cas d'abordage, incendier le vaisseau pour décourager toute récidive.

Avisé et prudent, le commandant de l'Ouadj-our jugea préférable de ne pas accorder un crédit aveugle à ces rassurantes allégations, qui consistaient à dire qu'ils ne pouvaient être attaqués. Profitant de la nuit tombée, il abandonna son cap Sud-ouest, pour cingler plein Sud vers les côtes africaines. Au matin, les quelques esquifs entraperçus la veille s'étaient dissipés en ces langues de brumes, qui affleuraient d'une évanescence pâle la crête des vagues.

Bientôt, l'horizon esquissa la pointe du continent africain. Il leur restait à naviguer vers le Nord-ouest pour retrouver le détroit, ce qu'ils firent, sans difficulté particulière.

***

Le passage franchi, l'équipage s'estima en relative sécurité. La mer Rouge était réputée pour ses eaux poissonneuses et pour la beauté de sa flore. De nombreux navires sillonnaient ses flots. Ils venaient des côtes d'Égypte, des territoires de Canaan, du Royaume de Saba, de la proche Éthiopie ou de l'archipel de Pount. Aussi, la paix pharaonique s'étendait-elle le long de ces rives traditionnellement pacifiées. La pêche était abondante, les fruits généreux. La population, très hétérogène, était certes peu fortunée, mais non indigente. Ces peuplades vivaient honorablement du négoce et des produits de la mer.

Le navire fit escale au pays de l'ébène, sur l'un des nombreux atolls que caressaient les brises embaumées du littoral. Après avoir fait le plein d'eau douce, l'équipage fit provision de viande fraîche et de fruits exotiques. Les marins sélectionnèrent des bois aux fibres nerveuses pour confectionner des arcs et des javelots. On chargea le pont inférieur d'arbustes odoriférants, ce qui donna à leur navire l'aspect d'une île flottante, dont ils devenaient les gracieux insulaires.

Sous cette latitude, les soirées étaient particulièrement agréables et les conversations avec Shem'sou, assoiffé de connaissances, ne laissaient guère de répit au Grand Prêtre. L'entretien, ce soir-là, s'orienta sur les raisons qui avaient poussé les anciens à édifier ces gigantesques monuments pyramidaux. Confortablement assis sur un rouleau de cordage, le prêtre servant aspirait à connaître les techniques employées pour l'édification. Héri-tep lui avait confié, quelques jours plus tôt, que pourvu de ce don transitoire d'ubiquité, il avait eu le privilège, tel un faucon, de survoler les chantiers de construction. Ce qui incita fortement Shem'sou à s'instruire sur le sujet :

- *Maître, de nos jours, les hypothèses les plus folles circulent sur la façon dont furent érigés ces sanctuaires des dieux. Pourrais-tu m'enseigner les méthodes mises en application, de manière à ce que je ne contribue pas, par mon imaginaire, à véhiculer des conceptions déraisonnables ?*

- *Ce ne sont pas des sanctuaires Shem'sou. Ce qui incita ceux à qui nous donnons le qualificatif de « dieux des origines » à édifier les pyramides est à la fois logique et digne d'admiration. Ces maîtres à penser se sont ingéniés à faire figurer en ces monuments les*

principes même d'une « science universelle » dont ils étaient détenteurs.
- Ce sont eux, alors, qui ont construit la Grande Pyramide ?
- Non, eux se sont contentés d'êtres les concepteurs-réalisateurs de l'œuvre. Les constructeurs proprement dits furent nos ancêtres égyptiens, peuplades polyethniques venant d'horizons différents. Ils travaillèrent des siècles durant sous les directives de ces êtres semi-divins venus de l'ailleurs !
- C'est où l'ailleurs, Maître ?
- L'ailleurs, c'est l'espace... C'est le ciel, les étoiles ! Enfin, ce que nous laissent entrevoir les textes sacrés, Shem'sou... ne l'as-tu pas appris ?
- Pour être franc avec toi Maître, je n'ai jamais bien cru à cela. Était-ce ceux que nos maîtres appelaient les Néterou ?
- Oui ! Leur dessein probable était de laisser aux générations futures un message inaltérable, apte à traverser le demi-cycle précessionnel de près de 13 000 ans. Sans doute nourrissaient-ils l'espoir que, par leurs seules facultés évolutives, autrement dit intelligentes, les générations à venir parviendraient à décrypter leur message.
- Que je sache, Maître, il n'y a aucun message concret, identifiable au sein de ces monuments. Aucun papyrus, aucune stèle, aucun bas-relief, ne nous conte l'histoire des pyramides. Crois-tu toi-même fermement à ces dieux initiateurs, Maître ?
- Comment t'imagines-tu que des hommes, comme toi et moi, puissent concevoir, concrétiser et appliquer les formules mathématiques que je t'ai enseignées, dans un tas de cailloux, sans une contribution divine ? Eux, les dieux en question, bénéficiaient de cette omniscience que possèdent les êtres de haute spiritualité. Le message en question n'est pas ostensible aux regards communs, il ne relève d'aucune méthode graphique, il est incorporé dans la structure elle-même, ce qui témoigne du génie de ceux qui élaborèrent sa programmation.
- Je crois comprendre, Maître : Ces êtres venus... disons de l'ailleurs ont désiré réaliser ce monument sans qu'il n'y ait rien d'apparent, afin que seules puissent le décrypter des facultés

humaines suffisamment évoluées, impliquées dans l'étude d'une science universelle.

- Oui, Shem'sou, et nous sommes loin d'être au seuil d'une révélation populaire, mais ce temps viendra. Les mécréants, les déprédateurs, les iconoclastes et autres immoraux de tous bords passeront ou seront écartés par l'apport de vérité. La pyramide, œuvre du temps, est porteuse de son génie propre, elle ne peut gommer sa source originelle. Viendra bien un jour l'heure de sa révélation.

- Quand se fera-t-elle, cette révélation, Maître... Tu le sais ?

- Elle se fera en des temps où il n'y aura plus d'espoir de sauver la biosphère que les hommes en surnombre auront dévastée et souillée de leurs incuries. Ce sera le dernier grand cri de la Terre, pour signifier à ces générations d'inconséquents, qu'elle est le produit du divin et qu'elle se meure de ne pas être considérée à ce titre !

- Maître, si les hommes entendent ce message, et qu'ils le tiennent pour crédible, ce sera la plus belle histoire que jamais le monde n'aura vécu ! J'aimerais vivre le temps de cette révélation, il synthétisera, j'en suis sûr, tous les courants de pensée.

- Ce sera dans des millénaires, Shem'sou, et ne pense surtout pas que ces voiles étant levés, ils procureront une joie frénétique et unanime. Les hommes de ces temps-là seront profondément enracinés dans la matière. En leur mode de vie interlope, ils ne se réjouiront plus de la nature, comme nous le faisons aujourd'hui, mais seulement de ce qu'ils produiront. Les sentiments d'équilibre communautaires seront méprisés, on leur préférera un égotisme, associé à des plaisirs de sybarites. L'existence est par eux considérée comme purement accidentelle. Aussi seront-ils des millions de par le monde à être transportés d'enthousiasme en voyant passer un ballon entre deux bouts de bois. Et ceux qui y parviennent sont considérés comme des dieux. Ils sont devant des coffres lancinants qui leur répète à longueur de journée que la mère Barou fait bien cuire les oies et que le père Tuhue a péché de beaux poissons, même si ce n'est pas vrai. Leur musique préférée se résume à des battements de tambour lesquels représentent inconsciemment les battements du cœur de leur mère lorsqu'ils étaient à l'état fœtal. Leurs chansons provoquent des délires collectifs, elles rappellent les *vociférations des grands singes en état de rut. Ils se parlent très peu en face à face mais de boîte à boîte, ces petites planchettes contiennent leur mémoire individuelle et pour la plupart tout leur intellect. Dans les cités, ils respirent l'air des marais et dans le ciel il y a davantage de pierres de frondes qu'ils ont envoyé que d'étoiles. Quand ils ne comprennent pas quelque chose ils disent que c'est idiot et si leurs caisses à images n'en a pas parlé, que c'est mensonger. Les lieux de cultes se nomment Banques, les petites gens y font beaucoup de sacrifices et les grands prêtres beaucoup de bénéfices. Enfin, ils vont jusqu'à dire que nous sommes des arriérés et que nos rois ont construit des pyramides pour s'y faire inhumer, ils donnent des diplômes à ceux qui y croient.*

– Est-ce possible, Maître que ces gens-là raisonnent ainsi ? Ce serait un retour psychologique à deux pattes.

– Non, il s'agit d'une dégénérescence cyclochronique, Shem'sou ! Les êtres humains de ces temps futurs auront un double handicap : Une inaptitude à faire évoluer intellectuellement et spirituellement leur société, devenue assujettie au profit. Et face à cela, le déferlement inconséquent des technologies dans un monde dépourvu de toute analyse philosophique de bon sens.

– Je préfère vivre à notre époque et revenir à mes calculs, Maître ! D'ailleurs, regarde comme la Lune est grosse, on pourrait penser qu'elle va accoucher de quelque chose ?

– Oui, peut-être va-t-elle le faire d'une dernière estimation, si tu le veux bien ! Simplement pour te prouver toutes les nuances mathématiques dissimulées dans ces monuments.

– Je suis preneur, Maître, mon boulier est sur mes genoux et mes oreilles sont attentives.

– Sais-tu, Shem'sou, qu'avec le diamètre du Soleil, tu peux en le divisant par le diamètre de la Terre, découvrir en multipliant le total par 100, la circonférence de la Lune. Et cela en son plus large diamètre.

– J'ai noté... je tente la chose, Maître. Tu m'as appris à découvrir le diamètre du Soleil avec le seul nombre pi. Donc le Soleil 1 392 571,262 km divisé par le diamètre moyen de la Terre, soit 12 734,94192 km, total à multiplier par 100, cela fait, 10 935,04211.

Diamètre de ce nombre 3 480,732011 km. Ce n'est pas tout à fait celui de la Lune, Maître ?

- Ta remarque est pertinente, la différence que l'on constate avec le diamètre moyen de cet astre, est de 4,284571 km. Sais-tu que ce sont les hautes montagnes de sa face cachée qui nous procurent cette différence ? La face que nous voyons en permanence est pratiquement plate, mais ce n'est pas le cas pour l'autre.

- Bien, alors, en résumé, la dimension de la Lune nous est donnée par la dimension du Soleil et la dimension de la Terre, c'est simple comme tout, Maître !

- Ces choses sont inscrites au cœur de la Grande Pyramide, Shem'sou. Ce monument a été édifié pour nous prouver que nous baignons sans le savoir dans une immense harmonie universelle, gérée par un Principe Créateur omniscient en toute nature. C'est seulement l'orgueil démesuré de l'homme qui nous en fait douter. La crainte atavique de l'être humain est d'être dévalorisé par cette reconnaissance, et craindre d'être soumis à une déité qu'il appréhende par méconnaissance. Alors que toute liberté nous est laissée pour juger, comprendre et admirer. Notre manque d'évolution seul nous aveugle, Shem'sou.

***

L'Ouadj-our avait repris la mer. Quelques jours plus tard, après avoir longé les côtes, le navire emprunta le chenal du golfe. Ce fut pour Héri-tep et Shem'sou l'étape significative de la fin du voyage. Le commandant leur fit savoir que, en tant qu'officier missionné, il se devait de poursuivre jusqu'aux limites du goulet, car il avait à livrer des marchandises dans les cités du delta. Les prêtres, eux, débarquèrent dans une crique de pêcheur sommairement aménagée. Ainsi prirent-ils pied sur le sol natal après de longs mois d'absence ! Saisi par l'émotion que lui procurait cette terre d'Égypte qu'il pensait ne jamais revoir, Héri-tep plaqua avec ferveur l'une de ses joues sur le sable de la berge. Il se murmura à lui-même :

- Combien de fois, en ma détresse, ai-je pensé à toi, ma vieille terre, féconde et mystique... Bénis soient les dieux qui me font te retrouver !

Les deux voyageurs et leur personnel servant gagnèrent le fortin dominant le port de pêcheurs. Il se situait au voisinage des premiers contreforts rocheux. Le gouverneur de la place, un homme affable, se montra honoré de leur présence. Après leur avoir procuré un logement, cet officier ministériel s'activa à réunir dans les meilleurs délais une caravane, composée d'une escorte en armes accompagnée d'animaux de bâts. Il restait en effet aux deux prêtres à franchir la barrière montagneuse qui limitait le désert arabique. Mais, au-delà des djebels aux reliefs ardus, s'étendaient les verdoyants abords du Nil.

Le lendemain de leur arrivée, aux premières lueurs de l'aube, une cinquantaine de personnes était rassemblées devant une colonne abondamment pourvue de fournitures de voyage. La caravane était composée d'ânes robustes que l'on avait attelés à d'étroits traîneaux aux patins raccourcis. Il fut rappelé aux deux prêtres qu'ils se devaient, par prudence, de cheminer à pied. Un décret stipulait que l'on ne devait pas chevaucher les bêtes de bât, lors des parcours effectués sur les sinueux sentiers de montagne.

***

Au soir du quatrième jour, alors que leur colonne abordait un plateau particulièrement aride, les ânes donnèrent des signes manifestes d'inquiétude. Peu après, il se fit entendre un formidable rugissement. L'écho caverneux de la vallée amplifia sa tonalité, au point que le son parut provenir de la montagne elle-même. Toute l'assistance se figea de crainte. En ce lieu, à moins de cent pas, au beau milieu de la piste serpentine, se tenait altier et immobile un superbe lion du désert. Son abondante crinière accrochait à contre-jour les rayons du soleil et donnait à son encolure l'aspect d'une gerbe incandescente. L'animal rugit une seconde fois, ce qui eut pour effet de créer un début de panique générale.

Sur un ordre bref du capitaine d'escorte, une douzaine de gardes, lance au poing, se portèrent au-devant des deux prêtres. Les ordres étaient de faire barrage de leur corps si nécessaire, alors que le reste de l'effectif devait s'employer à maintenir un semblant de formation. Devant l'attitude déterminée des hommes, le lion ne manifesta aucune agressivité. Au lieu d'attaquer, il prit le parti, pour le moins surprenant, de se coucher au travers de la piste. Ce singulier comportement de l'animal bouleversa la stratégie défensive des hommes d'armes. Chacun attendait que l'officier d'accompagnement prenne une décision en conséquence. Ce dernier s'avança au-devant du Grand Prêtre, le doigt tendu en direction d'un endroit situé parmi les amoncellements rocheux.

- *Regarde, vénérable Pair ! Une silhouette humaine se détache sur les roches... au loin, à six doigts gauches du fauve !*

Héri-tep plissa les yeux. À plusieurs centaines de pas, debout parmi le relief, se tenait, à n'en point douter, un personnage à l'allure étrange. Les voiles qui vêtaient sa forme dansaient autour de lui comme l'auraient fait des flammes sous l'action du vent.

- *On dirait une femme...* risqua Shem'sou à mi-voix.
- *Serait-ce ?* Héri-tep n'acheva pas sa phrase, son regard se porta à nouveau sur l'animal, dont le comportement demeurait impassible. Bravant alors toute prudence, il fit quelques pas en direction du fauve : *Serait-ce...* **Hory** *!* s'écria-t-il soudain, comme s'il venait de reconnaître une vieille connaissance.

À l'énoncé de son nom, le lion se dressa sur ses antérieurs, il donna l'impression de flairer l'air au-devant de lui. À la fois médusés et ébahis par ce qui leur était donné de voir, les gardes de l'escorte ne savaient plus quelle conduite adopter. Réalisant le trouble que cette présence suscitait, Héri-tep tourna son regard vers l'officier d'accompagnement :

- *N'aie aucune crainte, capitaine, je crois reconnaître en cet animal un vieux compagnon.* Il entérina avec un humour qui se voulait rassurant : *S'il devait en aller autrement, je suffirais sans doute à son appétit !*

Voyant qu'il ne pouvait aller à l'encontre d'une aussi insolente témérité émise par un pair du royaume, l'officier se résigna, en risquant toutefois une ultime recommandation :

- *Maître, ne te retourne pas et chemine si possible les bras au corps, le mouvement, chez les fauves, incite à la réaction.*
- *Je sais cela, capitaine... Ne t'émeus point pour moi, préoccupe-toi de regrouper nos gens autour des animaux de bât !*

Héri-tep n'eut guère à progresser : le royal animal entreprit nonchalamment d'aller à sa rencontre, ce qui eut pour conséquence immédiate de faire reculer d'effroi l'ensemble des observateurs.

Parvenu au plus près de la robe empesée du Grand Prêtre, le lion plaqua sa truffe baveuse contre les plis soigneusement lissés. Puis, satisfait de son diagnostic, il s'allongea à ses pieds, l'œil somnolent.

Une ovation salua cette réaction, pour le moins inattendue. La clameur redoubla lorsque Héri-tep eut l'audace de plonger sa main dans la crinière échevelée du fauve, sans qu'il ne s'ensuive rien de fâcheux. L'ouïe aiguisée par la crainte, les caravaniers l'entendirent louanger l'animal en des termes que l'on aurait pu juger déraisonnables :

- *Mon vieil Hory !* Marmonnait celui-ci comme à un confident : *J'espère que tu n'as pas dévoré ton adorable Maîtresse... J'aurais beaucoup de plaisir à la revoir, tu sais... !*

Le lion parut détourner la tête en direction du massif rocailleux. Mais la silhouette féminine entraperçue un instant plutôt s'était consumée dans ses voiles de lumière. Demeurait la sombre dentelle des roches, sur fond de ciel pâle. Perché sur son rocher, Shem'sou ne doutait nullement de l'issue de la rencontre. Néanmoins, il lui fallut rassembler tous son courage pour qu'il se hasarde aux abords de cette conjonction aventureuse.

- *Maître*, susurra-t-il d'une voix claustrale : *je t'ai entendu évoquer Ouâti. Sur ce sujet, Maître, il convient que je te fasse part d'une révélation importante. Te conviendrait-il, pour que je t'en informe, d'effectuer un retour vers les hommes de garde. Je te rappelle que les réactions de ces animaux sont réputées imprévisibles pour tout ce qui est comestible et... !*

- *Tiens donc... une révélation importante, dis-tu ! Et tu attends que l'on se trouve dans ces circonstances tout à fait particulières pour m'en faire part ?*

- *Maître ! C'est précisément cette circonstance qui me le rappelle. L'abondance des narrations depuis ton retour et le fait que nous n'avons à aucun moment parlé d'Ouâti, m'a fait oublier de te t'en informer...ce ne saurait être un calcul de ma part, Maître.*

- *C'est bon, j'ai compris, Shem'sou, de quoi s'agit-il ?*

Ils effectuèrent quelques pas en direction d'un banc de roche à l'écart de l'animation générale.

- Alors, Shem'sou... nous ne sommes plus à portée de la denture que tu redoutes... Tu me livres ce que tu as à me dire ou dois-je encore attendre un peu ?

- Voilà, Maître, il te souvient du jour où nos deux navires durent se séparer ? Ce fut peu après cet effroyable affrontement avec les « khab », qu'ils appelaient en ce lieu « les ventres pattes ».

- *C'est le genre d'évènement que l'on ne peut oublier, Shem'sou ou veux-tu en venir ?*

- *Oui... Alors voilà, Maître ! En compagnie de l'équipage de L'Aten, nous demeurâmes quelques jours encore en cette bourgade du delta pour procéder aux réparations que tu sais, Maître. Puis, le cœur serré de ne plus te revoir avant plusieurs années, je donnais l'ordre du départ. Nous entreprîmes de remonter le cours du Nil, pour regagner la cité du temple, d'où nous partîmes tous deux. Les hasards de la navigation firent, que nous arrivâmes un soir près du village où, précisément... nous fîmes la connaissance d'Ouâti, il t'en souvient.*

- À l'énoncé de ce nom évocateur, Héri-tep interrompit le récit : *J'espère, Shem'sou, que tu nous as innocentés auprès du Doyen Maire de l'enlèvement involontaire de l'une de ses administrées.*

- *Je n'ai pas eu à le faire, Maître, c'est précisément l'objet de mon récit. C'est aussi là que les choses prennent un caractère... un caractère bizarre ou plutôt troublant... Oui, c'est ça, Maître, troublant.*
- *Que veux-tu dire par ce langage hachuré et idiosyncrasique ?*
- *Ouâti, cette sauvageonne reléguée aux abords du désert, puis réintégrée auprès des siens par la vertu de ton intercession, Maître, ne s'est apparemment jamais éloignée des alentours de ce village.*
- *Ne me dis pas Shem'sou, que tu as vu Ouâti et qu'elle t'a tenu elle-même des propos aussi déraisonnables ?*
- *Non, Maître, bien sûr que non, personne ne savait où résidait Ouâti. Mais, aux dires des villageois, ils n'ont jamais cessé de la voir évoluer de-ci de-là, au gré du temps et des sentiers ! Il m'a été rapporté qu'au détour d'un chemin, lorsque les gens de ce lieu la croisaient, ils en profitaient pour solliciter ses bons offices. Elle se rendait alors auprès des enfants fiévreux ou des animaux blessés. Il semblerait, Maître, qu'en ce qui concerne sa personne, il ne fut jamais question d'absence au cours de la période que nous évoquons. J'ajouterais que sur ce point, Maître, les habitants furent tous unanimes dans leurs dépositions !*

Héri-tep adopta une physionomie à la fois soucieuse et dubitative. Puis, en un geste spontané, il plaça sa main sur l'épaule de son vieil ami :

- *Je te soupçonne, Shem'sou, de galéjer un peu, avec l'intention badine de m'exhorter à envisager une résolution surnaturelle à ce mystère ?*

- *Et moi, Maître, je récuse ouvertement ton attitude outrageuse à mon égard, t'ai-je seulement menti une seule fois... au cours de mon service à tes côtés...une seule ?*

En soupirant, le Grand Prêtre leva un regard interrogateur vers les collines environnantes :

- *L'énigme alors, n'en est que plus grande... Ouâti aurait-elle le don d'ubiquité... À moins que...*
- Shem'sou eut un sourire empli de supputations : *Si je lis en tes pensées, Maître, c'est, cet « à moins que... » qui apparaît le plus crédible. Imaginons un instant des entités connues ou inconnues qui, par l'apport d'une série d'énigmes jalonnant ton parcours, auraient pour intention de préparer ton inconscient à un destin plus prestigieux encore que n'est le tien. Elles ne s'y prendraient pas autrement, Maître ! N'avons-nous pas « la force » avec le lion, « la beauté » avec la femme. Serait-il à ce point illogique que les deux réunis, soient en quête de... « la sagesse » que je te verrais bien incarner ?*

Héri-tep fronça fort ses bruns sourcils :

- *Là, vois-tu... je pense que tu déraisonnes, Shem'sou ! Par tous les démons réunis, c'est toi que les Hiérarques auraient dû envoyer sur le Toit du Monde.*
- *Oh ! Maître, quel est l'esthète qui s'appesantirait sur l'élégance du pinceau... au détriment de l'œuvre ?*
- *Par tous les démons malins, que ta pensée est obscure et ambiguë !*
- *J'ajouterais, Maître, que si tu désires garder ce fauve par-devers toi, nous sommes suffisamment nombreux. J'ai calculé qu'en lui sacrifiant un garde tous les matins, nous pourrions, malgré tout, espérer, toi et moi, atteindre le Nil.*
- Héri-tep eut alors un rire spontané : *Je pense moi, qu'un lion aussi intelligent que celui-ci te garderait pour le dessert. Mais ne te tourmente pas trop, Shem'sou. Au contact de sa Maîtresse, ce royal animal a dû devenir végétarien !*

Pour toute réponse, le Lion se mit à lécher consciencieusement l'une de ses pattes, gage sans doute de sa sérénité.

***

Quelques jours s'écoulèrent après la première apparition du fauve sur le layon des crêtes. Ses surgissements répétitifs firent que les gens de l'escorte se familiarisèrent bon gré mal gré avec cette présence insolite. La plupart du temps, le bel animal cheminait parallèlement à la caravane et aucun incident ne fut à déplorer. Au début, les craintes demeuraient vives de voir ce carnassier réintégrer en un coup de gueule sa vocation première. N'allait-il pas céder à son instinct et dévorer quelques proies au hasard de la colonne ? Mais les jours passèrent et le comportement pacifique de la bête édulcora les appréhensions. Les ânes eux-mêmes s'habituèrent à l'odeur du fauve. Ils ne manifestaient plus cette peur panique qu'avait suscitée l'initiale confrontation.

Hory, ainsi l'appelaient désormais les caravaniers, disparaissait des heures durant, sans que l'on sache où il allait ni ce qu'il y faisait. Puis, la patte agile et la toison fringante, il regagnait sa place d'escorteur dans la colonne. Le plus souvent, sa masse blonde trottinait à l'unisson avec Héri-tep. Celui-ci le flattait de paroles généreuses, tout en lui jetant parfois quelques friandises, que le lion dédaignait avec l'attitude affectée qu'ont les Rois pour les cadeaux du peuple. La présence du fauve était un mystère, mais elle finit par s'imposer aux esprits les plus défiants : « *En incarnant par sa présence les forces de la nature, ce roi du désert tempère la cruelle ardeur des puissances destructrices de Sopdou.* » Du moins, c'est ce que laissait entendre l'avisé Shem'sou !

Leur caravane atteignit bientôt les hautes falaises dominant le Nil. Le regard portait loin en cet endroit. Le Prêtre servant désigna du doigt la tache blanchâtre que formait au bord du fleuve la cité portuaire.

- *C'est en cette métropole que nous devons nous rendre, Maître, car une délégation attend ta venue. Regarde, la vue s'étend sur le vingt-deuxième et dernier nome de haute Égypte, c'est Tep Ihou, « Les Grattoirs ». Alors qu'au-delà du fleuve se déploie le vingt et unième nome où se trouve « L'arbre Nârou inférieur ». Cette* brillance plus à droite là au loin... c'est le lac « Mœris ». Mais sans doute as-tu déjà escaladé ces monts étant adolescent, et ce panorama ne peut que t'être familier.

– Oui, et si j'ai bien suivi ton balisage, Shem'sou, de l'endroit désigné, il devrait nous rester environ une journée de navigation vers le Nord pour parvenir au pied des pyramides ?

– Guère plus, en effet. Néanmoins nous nous devrons de patienter et attendre que se clôturent les cérémonies d'accueil. Elles concernent ta personne, Maître. Je crois savoir qu'avant d'aller guerroyer en Nubie, Pharaon a donné des ordres en ce sens. Sa Majesté tient à ce qu'une fête soit organisée en ton honneur. À l'heure qu'il est, les autorités locales doivent s'activer à cette tâche, je suppose !

– J'aurais tant souhaité, Shem'sou, que ces retrouvailles s'effectuent sur un plan non cérémoniel mais convivial, avec la présence de vieilles connaissances !

– Maître ! Comment pourrions-nous enfreindre à la fois les ordres de Pharaon, le souhait de tes relations et les règles du protocole... Ça fait beaucoup !

Le capitaine de l'escorte interrompit leur conversation sur un ton respectueux. Il tendit le bras en direction de la vallée :

– Pair Vénérable, regarde ce nuage de poussière, loin devant, à cinq pouces de l'aurore juste ! Je suppose que c'est la garnison métropolitaine... Elle vient à notre rencontre, sans doute pour honorer ta venue, Seigneur.

Héri-tep plaça sa main le long de son front, afin de se protéger de l'intensité du Soleil. De minuscules parcelles de brumes ocrées tachetaient au loin la garrigue, sans qu'il lui soit permis de distinguer autre chose :

– Par Thot, me prendrait-on en ce pays pour une émanation de Rê, je ne suis qu'un prêtre missionné de retour de voyage... Qui d'autre ?

Un large sourire aux lèvres, Shem'sou ombragea le Maître à l'aide de son inséparable ombrelle :

- *Tu ne peux, en effet, être l'émanation de Rê... Cependant, tu es le plus représentatif de nos ambassadeurs... Le plus érudit de nos prêtres... L'idoine interprète de la symbolique cachée. Tu es le plus diversifié en titres de nos éminents Hiérarques, le plus éclairé dans le domaine spirituel et par-dessus tout, notre plus lointain voyageur.*
- *Shem'sou, ce sont là des épithètes que vous attribuent les hommes. Je t'affirme qu'il y a mille fois plus de vérité en la moindre parcelle que s'est ingéniée à composer la nature, qu'en le plus convaincant de mes propos.*
- *Certes, Maître certes ! C'est bien pour te l'entendre nous le dire, que nous t'avons doté de ces titres !*
- *Héri-tep secoua la tête : C'est à désespérer !* dit-il sans ajouter d'autres mots. Puis, ayant relevé prestement le bas de sa robe, il poursuivit plus avant sur le sentier.

***

Depuis trois jours, les deux prêtres tentaient vainement de se reposer des fatigues du voyage en la résidence seigneuriale du vingt-deuxième nome où ils étaient assignés à résidence. Le retour d'Héri-tep suscitait chez les familiers de la cour royale des avalanches de questions, lesquelles revêtaient parfois un caractère abusif. Mais Shem'sou n'en était nullement étonné. Il trouvait même en cette inassouvie curiosité de la classe nobiliaire un exutoire à son humour. Aussi agrémentait-il de manière dithyrambe les exploits qu'Héri-tep lui avaient contés, louant, à travers eux, le manifeste héroïsme de son Maître migrateur.

Selon ses dires, Héri-tep avait noué conversation avec les plus illustres personnages, parcouru les régions les plus hostiles, affronté les dangers les plus effroyables ! Selon Shem'sou, le fabuleux, ne se limitait pas à des tribulations aussi mémorables fussent-elles, il affichait sa démesure avec la présence à ses côté d'un lion du désert. Cet animal, d'une effroyable férocité, n'avait-il pas au détour d'un chemin, distingué Héri-tep pour Maître ? Il se tenait depuis à ses côtés, soumis et docile, nourrissant sa panse de son seul rayonnement. Lorsque des notables, intrigués, questionnaient plus avant le prêtre servant sur le temps nécessaire à apaiser l'agressivité d'un aussi redoutable fauve, Shem'sou répondait, avec un rien de fatuité cultivée : « *cinq minutes à peine !* » Ce qui invariablement, ébahissait beaucoup !

Aux termes de quelques jours, les nombreuses cérémonies protocolaires et leurs cortèges contraignants d'obligations se résorbèrent quelque peu. L'autre événement important fut incontestablement la mort de l'Our'ma. Ce malheur avait plongé le clergé dans une douloureuse affliction. N'ayant pu assister aux cérémonies funèbres, Héri-tep et Shem'sou étaient disposés, par respect et devoir, à entamer une neuvaine de recueillement à l'intérieur de ce mastaba qu'était la chapelle d'Anubis. Mais, alors même qu'ils s'apprêtaient à concrétiser ce projet, ils furent informés qu'une délégation archipresbytérale se présentait à la réception du temple portuaire. Elle était conduite par le doyen des Hiérarques, le noble Ehm-Sa-Neset. Héri-tep se souvenait avoir eu avant son départ de nombreux entretiens avec ce haut personnage unanimement respecté. Sa courtoise civilité, sa vaste culture et sa notoriété d'homme sage, le plaçaient en tête des conseillers du Roi :

- *Héri-tep, notre Vénérable Maître !* s'exclama Ehm-Sa-Neset en venant spontanément à la rencontre du Grand Prêtre : *Sa Majesté s'impatiente de te revoir, elle te rappelle son indéfectible amitié. Permets que je joigne à ses marques d'affection, mes sentiments personnels pour l'illustre voyageur et l'éminent personnage que tu incarnes.*

- *Respectable Pair, ne dit-on pas que le cœur pour aborder les rives des temps futurs ne devrait orienter ses voiles qu'aux brises du temps passé ?*

- *Puisque tu évoques les horizons futurs, mon frère, ceux que nous envisageons pour toi augurent des plus honorables perspectives. J'ai l'insigne honneur et le divin plaisir de t'informer que l'Our'ma, notre cher et regretté Pontife a, au seuil même de la mort, émis le* désir que ta personnalité lui succède sous le rayonnement de l'émeraude sacrée.

Le regard démesurément agrandi, le faciès transi, l'attitude vacillante, Héri-tep marqua sa stupéfaction par un émouvant silence :

- Très Honorable Grand Maître, je crains de ne pas percevoir en moi les capacités d'assumer une aussi lourde charge. Es-tu certain qu'il n'y aurait pas quelque malentendu ou peut-être une erreur d'interprétation... Cela n'est pas impossible ?

- Selon tes objections, la chose signifierait que l'Our'ma et les onze Hiérarques ayant pris part aux votes se sont fourvoyés ?
- Je n'oserais formuler une telle supputation, Noble Pair ! Je suis infiniment reconnaissant de la considération en laquelle me tiennent ces Grands Hiérarques. Néanmoins, tu ne saurais l'ignorer, il nous faut pour cela une confirmation d'ordre divin ?
- Elle est sur le point d'être réalisée, Héri-tep !
- Selon le protocole, tu le sais, il se peut alors que les dieux manifestent leur désapprobation et qu'ils fassent sourdre en leur creuset, à l'énoncé de mon nom, une sombre fumée.
- Tu en seras alors avisé, Héri-tep, puisqu'un rituel de consultation est prévu ces jours-ci. Il aura pour résolution de certifier ou d'infirmer ton accession au pontificat.
- Je me dois de dire à l'ami que tu es, ma légère déception. Les raisons de mon voyage, ainsi que les études engagées tout au long de ma vie, me laissaient supposer d'autres fonctions. Je fais allusion à la restauration des monuments pyramidaux qui relève d'une connaissance indéniable, que j'ai laborieusement acquise. Aurait-on oublié en haut lieu, que je fus désigné pour cela, Noble Pair ?
- La tâche que tu évoques ne s'avère nullement incompatible avec la fonction pontificale. Ta consécration ne donnera lieu à aucune remise en cause de tes projets. Bien au contraire, mon frère ! J'aimerais que tu réalises qu'une telle position hiérarchique au sein du royaume, ne concède à aucun mortel l'outrecuidance de contrecarrer les décisions du Souverain Pontife. S'agirait-il de

Pharaon en personne, nul ne peut enfreindre les devoirs patriarcaux, c'est notre législation.

- Pair Admirable, permets-moi de te rappeler que je ne suis qu'un humble fils de fellahs. En vertu de quels nobles gènes serait-il admissible que j'accède au rang suprême de la hiérarchie ? Il n'y a pas d'origine plus misérable que la mienne.

- Si... la mienne d'origine, Héri-tep. Dans le dessein de ne rien te cacher, je t'informe que ton interlocuteur est, lui, le fils d'une prostituée. Oui, j'ai été recueilli par le temple à l'âge d'un nourrisson. Regarde ce que les prêtres ont fait de moi, un conseiller de Pharaon... Ma déchéance, mon ami, n'a d'égale que la tienne !

Tous deux rirent si fort qu'une telle inconvenance, de la part de dignitaires aux attitudes sereines, fit se retourner les gens de cours placés respectueusement à l'écart.

- Manquerions-nous à ce point de tact, Héri-tep ?
- Je le crains, mon honorable Pair. Laisse-moi te dire toute l'estime que je te porte, ainsi que la joie que j'éprouve à retrouver les miens après une si longue absence. À la réflexion, si cette nomination venait à se confirmer, je ne me récuserais pas. Ainsi en décideront les dieux... Je me dois d'être docile à leur volonté, quel que soit le destin qu'ils envisageront pour moi !

***

Amaigri par un jeûne de probation, le corps flottant en sa robe de lin purifié, Héri-tep, les mains jointes, avançait à petits pas glissés sur les dalles de la salle hypostyle. Précédant les processionnaires, les hymnodes le corps ceint de blanches étoles, récitaient de leurs voix pénétrantes les solennelles litanies du sacre. L'écho tourmenté de leurs voix enrobait la masse des soixante-douze colonnes qui jalonnaient l'allée du sacro-saint pronaos. À chaque avancée de quatorze pas, un géant nubien muni d'un tambourin de cuivre ponctuait d'une frappe sonore les brefs arrêts de la marche. Il était suivi d'instrumentistes dont la mélodie plaintive adhérait aux halos dansants des candélabres. Formes irréelles égarées en ces évanescences qui émanaient de leurs encensoirs, les thuriféraires cessèrent d'agiter leurs longs anneaux d'argent. Un silence pesant tel une chape sépulcrale descendit de la voûte étoilée sur l'assistance en ravissement d'esprit.

Siégeant sous son dais brodé d'écarlate, le corps doté des symboliques attributs de son pouvoir, le Khériheb leva un regard lourd d'approbation sur l'aspirant au titre suprême.

À quelques pas de sa personne, les pieds nus, le corps démuni de tout ornement, le col de sa chasuble largement échancré, l'impétrant s'avançait vers l'Insigne Devin. Parvenu à proximité de Sa Dignité, avec une gestuelle de tradition, Héri-tep apposa ses deux genoux sur les dalles froides du Naos. Ayant alors appliqué sa face contre la pierre, il développa ses bras pour former une croix à même le sol. Il lui avait été conseillé, par le comité des sages élus, d'éluder en ce sublime instant la temporalité, afin de se dissoudre en cette omniprésence fluidique qui allait préparer le passage à son nouvel état. Le premier Prophète d'Atoum, dont l'esprit était doté de l'infaillibilité patriarcale, posa sur ce fils d'Hermès en germination la pointe fourchue de son Ouas. Par trois fois, il affleura l'un et l'autre de ses pieds, afin de le nantir des pouvoirs du tellurisme :

- Héri-tep, mon frère ! Nous te rappelons au devoir existentiel de la charge à laquelle tu postules. Nous nous apprêtons à te missionner pour le reste de ton existence. Place ton séant sur tes talons, paumes de mains ouvertes, front levé vers nous. Apprête-toi à être consacré « Our'ma », Pair les Pairs du royaume du Nil.

Le Premier Prophète s'empara des vases d'or et d'argent que lui tendaient ses assistants. Muni d'une coupelle, le maître du protocole se tenait à son côté, pour recueillir le trop plein des huiles consacrées du couronnement.

- Nous, qui sommes désignés par dieux et Pairs, désirons de par notre fonction, que tu sois instruit des intentions de la divinité qui gravite en l'homme. Que tu prennes exemple de sa nature, que tu sois

inspiré de sa volonté en chacune des phases décisionnelles de ton ministère.

« Toi Héri-tep, Digne Suivant d'Horus, troisième Pair de la Tradition Théologale Universelle, Initié Maakherou, Hiérarque Maâty, Grand conseiller des douze, Prêtre d'Iounou. Heros Zu-en Mesopotamien, Précepteur désigné de Pharaon, Compagnon de hutte des frères laborieux, Chaman Loup bleu de l'Eurasie lointaine, Toi Héri-tep, Prêtre Sem et Enseignant des demeures de vie, Ambassadeur d'Égypte auprès les Rois d'Asie, Toi Héri-tep, Rishi parmi les « 7 », troisième du nom à la mandala himalayenne, Toi Héri-tep, que les dieux ont désigné, que les humanités ont choisi, les animaux distingué et les plantes éduqué, nous... Hiérarques Omniscients des Royaumes du Nil, nous te consacrons Our'ma à vie et mort. »

- À vie et mort, réitérèrent en chœur l'assemblée initiatique des témoins du sacre.
- *Pair d'Ath-Ka-Ptah, Inspirateur et Juge de la décision royale. Tu es à jamais « Pêr-Ahâ », Témoin de la Tradition Primordiale. Tu deviens dès l'instant le fruit de la grande maison, le descendant de l'Aîné. Tel est le vœu unanime des hommes, des princes et des dieux. Que leur volonté soit faite en ce monde... Je t'oins les mains pour que pérenne en toi, «* **Le Nombre** *».*

Les vases laissèrent couler leurs huiles fines sur les doigts devenus fébriles du Pair des Pairs.

- *Je t'oins les épaules, pour que tu lies et délies les formes de « la Géométrie Sacrée ».*

Le Grand Devin huila l'épaule gauche avec la coupelle d'argent et l'épaule droite avec la coupelle d'or.

- *je t'oins le front, pour que tu apparies subtilement les saveurs du Ciel et de la Terre, à seule fin que s'animent en ta conscience intuitive ce que jadis nos initiateurs les Akhou, émanations de la puissance divine, nommaient ; « Les Principes de connaissances ».*

Une jeune vestale d'une grande beauté, ceinte d'un diadème lunaire, et un clerc nanti d'un pectoral solaire, s'avancèrent vers l'officiant. À l'aide d'un tissu de lin aux sept plis, ils épongèrent délicatement les parties de son corps qui étaient humidifiées par les huiles. Puis un service d'apparat revêtit le « pair admirable » d'une chasuble brodée d'or et coiffa son crâne d'une mitre pentagonale. Après quoi, la voix grave du Premier Prophète retentit de nouveau dans l'enceinte :

- *Héri-tep, Pair des Pairs, je te remets la canne patriarcale, unique emblème et gage de ton autorité. Cependant, Pêr-Ahâ, qu'il me soit permis de te rappeler que, hors ces murs, tu ne pourras manifester ta préséance sur les événements du temporel. Pour le peuple, cette primauté devra rester secrète, afin qu'aucune autorité ne nuise à la fonction royale de Pharaon, et de sa vénérée présence. À ta mort, la postérité attachée à la glorification des hommes en renom ne gardera point dépouille momifié de ton corps et souvenance de tes gloires et titres. Tu seras inhumé en un lieu tenu secret, nu et dépouillé de tout ornement, mais riche de ce que tu auras été. Ceci, afin que seule ta conscience affronte le fléau de Maât. C'est la symbolique de passage, que nous impose l'ombre, pour gagner la lumière ! Fasse, Admirable Maître, que des générations d'initiés s'imprègnent de l'esprit de tradition, que tu auras su dispenser en ta vie d'adepte.*

Toi l'Our'ma : *Désormais, tu es l'image du cœur à l'intérieur du corps. Cet organe n'est point visible au regard, mais il est essentiel à la fonction organique. Ainsi représentes-tu l'âme incarnée des peuples du Nil. À l'avenir, rien ne pourra se faire de primordial, sans ton consentement et rien d'irrémédiable, sans ta miséricorde. Thot a parlé par ma bouche, nous te souhaitons, Pêr-Ahâ, longue vie parmi les tiens.*

Ayant incliné la tête, le Khériheb s'agenouilla en croisant ses bras sur sa poitrine, puis il abaissa ses paupières méticuleusement maquillées :

- *Selon la tradition, Pêr-Ahâ, j'implore le privilège de ta première bénédiction.*

Fidèle au protocole, Héri-tep apposa ses deux mains tendues sur le crâne rasé du Grand Hiérarque :

- *Sois remercié, Premier Prophète... Ton concours me sera précieux pour exercer ce ministère.*

Les chants reprirent, accompagnés par les luths et les tambourins. Le corps nu sous la transparence de leurs voiles, les jeunes danseuses prirent la tête du cortège. Elles incarnaient les configurations mouvantes du désir perpétuant la vie. Suivaient les prêtres-ouâb vêtus de leurs robes à géométrie empesée. À l'aide de deux fois sept rames, ils soutenaient la révérée barque en bois d'acacia marquetée d'or. Cet esquif symbolisait les espérances spirituelles toujours renouvelées voguant sur l'infini océan des nombres. Venait ensuite la théorie des prêtres regroupant toutes les hiérarchies du royaume. Puis le dais de Pêr-Ahâ que précédait la statue en diorite bleu du dieu Ptah, souverain principe de la corporéité. Le cortège pontifical parcourut à pas lents l'allée couverte, longeant ainsi les immenses fresques murales, resplendissantes de la gestuelle des dieux. Aux pas comptés imposés par le protocole, le cortège passa ensuite sous le péristyle avant de gagner le portique de la cour aux cent huit piliers, constellés de médou-neter.

En cet endroit, la vue s'étendait sur les jardins du temple. Une végétation variée baignait de ses tons floraux la surface miroitante des étangs. Çà et là, de longs palmiers jaillissaient des boqueteaux. Ils s'épanouissaient en d'arborescents artifices qu'une brise dolente dandinait sur un fond de cobalt. Au gré de ces massifs enchanteurs, les yeux se délectaient à observer la mystique statuaire des dieux. Plus haute que nature, chaque sculpture imposait aux regards sa mystérieuse réalité. Elle exerçait sur l'adepte initié son émouvante fascination. Au terme de la voie de lumière se tenait l'aéropage des dignitaires, derrière lequel, à l'ombre des ombrelles multicolores, se pressait la prélature attachée aux temples. Les porteurs du siège sacerdotal traversèrent à pas rythmés la foule des fidèles. Ils installèrent Pêr-Ahâ face à une prélature jubilante où tonnaient les applaudissements.

Depuis l'aube déjà, les ambassades des nomes les plus éloignés avaient aligné leurs rangs devant le trône patriarcal. Pendant un vingt-quatrième d'heure, elles défilèrent devant le sourire bienveillant de l'Our'ma renaissant. L'une de ces délégations achevait son rite d'accueil et de présentation, lorsqu'un jeune novice parmi le sénat des prêtres du nome, maintint ostentatoirement ses bras levés, en signe de supplication. Lorsqu'il fut placé à portée de voix, sans attendre le signe d'accord qu'exigeait le protocole, ce néophyte clama d'une voix que brisait l'émotion :

- ***Tep...*** *Te souviens-tu de moi... Tep ?*

Une onde de réprobation agita incontinent les centaines de crânes chauves composant l'assistance. La curie protocolaire, elle-même, entourant le Saint-Siège, eut un mouvement de houle dans l'attente de ce qui allait se passer. Sans s'émouvoir outre mesure de la dignité de celui qui était ainsi interpellé, le jeune clerc fit choix de persévérer :

- ***Tep... C'est moi... Ikou !*** *On était esclaves tous les deux à la mine de Lousaro... t'as pas oublié, quand même ?*

Héri-tep plissa les yeux, lesquels depuis quelques années n'avaient plus l'acuité d'antan :

- ***Ikou...*** *L'enfant esclave... Le petit guide du Sage et regretté Sallédou ?*
- ***Oui, Tep... C'est moi !*** *Grâce à toi et à mon père adoptif, le Prince Shem, je suis aujourd'hui élève en prêtrise, au seizième nome de Basse-Égypte ! J'ai conscience n'avoir guère de capacités à comprendre, mais j'implore ta bénédiction, parce que la vie, elle m'a été dure, jusqu'à ta venue en mine...très Respectable Tep !*

En opposition avec les rigueurs protocolaires, affecté par les souvenirs liés à cet événement douloureux de sa vie, Héri-tep se mit debout !

- *Viens dans mes bras, que je t'étreigne mon fils bien-aimé, que les dieux soient loués pour ce juste destin !*

Lorsque Shem'sou eut expliqué à l'assemblée les raisons de cet incident, il y eut comme un transport affectif à destination du jeune clerc. Émues aux larmes, les vestales s'employèrent aussitôt à l'entourer de cônes odoriférants et les prêtres le placèrent sur un large gong à l'effigie du soleil nouveau. Quatre jeunes gens aux bras musclés lui firent effectuer au pas de course le tour des délégations. Riant et pleurant tout à la fois à cette impromptue célébrité, Ikou réitéra à la ronde que son ami Tep s'était toujours comporté comme le meilleur des hommes. Il n'était que justice qu'il soit considéré comme le digne successeur d'Hermès ! Parce que lui, Ikou, avait beau chercher parmi ses relations, il ne connaissait pas d'homme préférable en ce monde

Longtemps encore, les délégations défilèrent sous le péristyle. Elles représentaient l'Égypte, de la Nubie lointaine aux territoires de Canaan. Ath-Ka-Ptah la mystérieuse venait d'élire à la tête de son clergé le plus vertueux, mais aussi le plus énigmatique de ses Pairs de connaissances. Une nouvelle ère s'apprêtait à naître en la vieille Égypte, avec la totale complicité des dieux.

***

Plusieurs mois défeuillèrent leurs jours sans qu'Héri-tep eût pu s'investir plus avant dans ses recherches. Des mouvements insurrectionnels avaient été décelés dans les territoires de Mitanni, au Nord-est de Canaan. À la suite de quoi, Méritem-Atef, Roi de kemet, avait dû constituer à la hâte une armée d'intervention. Il était du devoir de ce monarque de tenter d'enrayer les allants hégémoniques de ces peuples aux impudentes ambitions.

Le départ de Pharaon aux frontières du royaume, et ce climat d'insécurité dans lequel baignait l'Égypte, eurent pour conséquence de donner une surcharge de responsabilité à l'Our'ma. Ces fonctions tutélaires l'accaparaient plus qu'il ne l'aurait imaginé avant son intronisation. Sa tâche au quotidien était complexe, parfois malaisée, mais non dépourvue d'utilité générale.

Malgré ces événements et le poids de ses obligations, plus que jamais, Héri-tep se sentait concerné par la mission que l'Our'ma précurseur lui avait confiée. Des années durant, en souffrant mille aventures, il avait dû patiemment compiler les mesures codifiant ces édifices. Il estimait maintenant avoir les capacités et l'expérience nécessaires pour mener à bien cette entreprise. Encore lui fallait-il temporiser ses obligations ministérielles afin d'entreprendre en toute sérénité de tels travaux. En attendant cette opportunité, il se devait de vérifier la véracité des suppositions glanées en cours de voyage. Aussi avait-il, pour cela, ordonné de fouiller le sol en un endroit précis, sur le plateau de Ro-Setaou, lequel était, plus que tout autre lieu, potentiellement générateur de découvertes.

Il savait de façon formelle que ces édifices avaient été érigés sous la conduite d'omniscientes entités. Cette filiation semi-divine était certes éteinte à l'échelle humaine, mais les legs élaborés aux origines demeuraient sertis dans les structures de pierres numérisées. Ces gigantesques monuments étaient encore assimilés à des tombeaux où, croyait-on, étaient inhumés les dieux. Une mémoire collective véhiculait depuis des siècles cette confusion historique. La réalité était certes toute autre, mais ne fallait-il pas laisser courir de telles rumeurs, plutôt que ne viennent se greffer des hypothèses plus nébuleuses encore. La vérité, pour lui, ne faisait maintenant aucun doute : ces coffres de pierres recelaient bien la Tradition Primordiale Originelle. En vertu de quoi, il se devait d'en inventorier au mieux le patrimoine, afin de le restituer correctement aux âges du futur.

En ce jour, il était indéniable qu'il était en possession des clés essentielles. Il lui restait à faire fonctionner d'autres serrures pour parfaire le volume des connaissances acquises. Les messages contenus dans ces monuments ne concernaient pas seulement les peuplades restreintes des bords du Nil mais tous les êtres humains de la planète. Pour lui, il n'y avait aucun doute : ces monuments représentaient un patrimoine de l'humanité au sens le plus noble du terme. Afin d'être en mesure d'effectuer les restaurations que nécessitaient leur déprédation, il devait au plus vite décrypter les nombre manquants de l'architecture intérieure. De surcroît, il lui restait à établir les datations inhérentes au demi-cycle précessionnel. Depuis l'époque du labyrinthe de Sumer, il savait qu'elles s'inscrivaient en une échelle chronologique située le long de la hauteur pyramide.

Son objectif était maintenant clairement désigné. Cette mission, il se devait de la mener à bien. Les derniers Shemsou-hor en pays de Toit du monde ne lui avaient-ils point confirmé la chose ? Il ne pouvait déroger à sa mission !

Absorbé par ses réflexions, ses pas le conduisirent dans l'une des salles retirées de la vaste bibliothèque. En cet endroit imprégné de senteurs, des milliers de rouleaux séculaires étaient conservés dans des jarres bouchonnées à température constante. Beaucoup d'années avaient passé, mais il se souvenait avoir eu, en ces locaux, de courts entretiens avec son prédécesseur l'Our'ma défunt. Il avait souvenance que ce dernier s'astreignait à étudier les textes anciens, des heures durant, à la triste clarté de la faîtière. Que ne l'avait-il vu, la tête entre les mains, l'échine ployée sur ces écrits antédiluviens ! Écrits qui s'imposaient comme résolument obscurs au novice qu'il était alors. Héri-tep croyait en une imprégnation métaphysique des lieux, à une sorte d'animisme latent, que les êtres intuitifs étaient capables de réactiver, par leur présence. Aussi se sentait-il en harmonie à goûter un peu de repos, entre ces murs chargés de l'esprit des âges !

Tout en flânant d'un recueil à l'autre, son regard se porta sur un objet à demi dissimulé en la pénombre. Il s'agissait d'un globe représentant la planète Terre, que l'on appelait couramment en Ta-meri, le royaume de Geb. Cette surface cireuse, auréolée par le temps et maculée d'aplats aux couleurs éteintes, ne lui était pas inconnue. Voilà que les circonstances lui revenaient clairement en mémoire : cette sphère avait été l'objet d'un léger incident, entre feu le Pair des Pairs et lui-même. Mais, par Thot, pourquoi ce jour-là, ce grand hiérarque l'avait-il invité à déboîter la demi-sphère de cette boule, alors que, selon toute évidence, sa main ne pouvait que constater le vide intérieur ? Cette attitude puérile si ce n'est innocente, n'était pas la réputation de ce Grand Hiérarque. Le Pair avait-il eu l'intention de lui signaler quelques phénomènes qu'il n'avait pas encore la clairvoyance de saisir.

Avec le recul du temps, Héri-tep se dit, qu'étant enfin instruit des subtilités du symbolisme numérique, il ne serait peut-être pas vain de se pencher de nouveau sur ce mystère ! Cette sphère ne dissimulait-elle pas autre chose que ce vide ambiant qu'il eut jadis la futile opportunité de constater ? La voix suave, un peu hésitante, de l'Our'ma était encore présente en sa mémoire :

- « *Rien, dis-tu, en cette sphère… **Rien**… si ce n'est ton ignorance, mon fils !* »

Un nombre substantiel d'années s'était écoulé depuis cet événement. Dans cet instant, la tentation était grande de renouveler l'expérience. Après tout, quelle logique de bon sens l'empêchait de satisfaire à cette légitime curiosité ?

Tout en réfléchissant, Héri-tep se rapprocha de la sphère. Comme il se souvenait l'avoir fait autrefois, il l'enserra entre ses bras et entreprit de la déboîter au niveau de la ligne équatoriale. Après quelques difficultés, dues aux effets du temps, les deux moitiés se séparèrent en crissant. Satisfait par ce premier résultat, il ferma les yeux, pour essayer de retrouver les conditions premières, dans lesquelles il avait réalisé cette opération. Ayant alors glissé son bras à l'intérieur, il entreprit avec sa main de faire le tour des parois.

Elles étaient lisses de toute aspérité. Quelque peu désappointé de rencontrer les mêmes conditions que jadis, il s'apprêtait à mettre un terme à ce qu'il considérait déjà comme une impulsion infantile, lorsqu'en parvenant au fond, sa main rencontra une boule aux aspérités graveleuses. Celle-ci avait la grosseur d'une énorme orange. L'ayant extraite de sa cavité, il fut instantanément séduit par son aspect bleuté. Il n'y avait là aucun doute, il s'agissait d'une représentation miniaturisée de la Terre. Les continents étaient saupoudrés de poussière de diamants, alors que les mers et les océans étaient illustrés par des fragments incrustés de lapis-lazuli.

Tout à la fois ravi et étonné, il tourna et retourna l'objet entre ses mains. C'est au cours de ces manœuvres précautionneuses qu'il s'aperçut qu'un mouvement de ballottement s'effectuait à l'intérieur même de la sphère. Était-il envisageable que ce globe, lui aussi, en contienne un autre de dimension plus réduite ? Il concrétisa son idée par un déboîtement au niveau de la ligne équatoriale et constata que cette petite sphère en recelait une seconde de deux tiers inférieure. Cette dernière, en ivoire ouvragé, était constellée de cratères irréguliers jaunâtres et pustuleux. « *La Lune et la Terre...* » Se dit-il à mi-voix. Heureux et perplexe, il se demanda alors ce que pouvait bien signifier une découverte aussi originale ? Soudain, une fulgurante analogie lui traversa l'esprit. Les objets serrés aux creux des mains, il se précipita dans la pièce voisine, aménagée pour ses activités personnelles. En ce lieu, se trouvait entreposé sur une étagère le disque de métal ajouré, que Soudda-Hi, lui avait remis lors de son départ. Impatient de connaître les résultats de cette soudaine inspiration, avec ses doigts devenus fébriles, il tenta de glisser les boules en leurs cavités correspondantes. Elles s'ajustaient si bien qu'il lui fallut les pousser avec fermeté pour qu'elles se sertissent en leur alvéole réciproque. Héri-tep sentit sous lui fléchir ses jambes.

- *Quelle merveille !* se dit-il à lui-même, *avec ces deux cornes en or émanant de la Lune pour cercler la Terre, l'ensemble est assimilable à un diadème !*

Mais, par Thot, comment était-il possible que d'aussi étroites relations aient pu exister entre des continents aussi éloignés les uns des autres ? La Grande Tradition des origines était certes universelle, mais cette confrontation des thèmes lui donnait le vertige. Devait-il en déduire que l'Our'ma, son prédécesseur, n'ignorait rien de cette haute symbolique ? Peut-être même était-il informé que, dans un nombre appréciable d'années, la découverte de ce joyau amorcerait un virage dans la vie de son successeur ?

Le cœur battant, les chevilles toujours flageolantes, Héri-tep se laissa choir sur le sol. Il replia ses jambes et se plaça dans la position de méditation qu'il adoptait lorsqu'il était enfant. Cette découverte avait-elle un sens ? Si oui, celui-ci échappait à son entendement. Le mieux était qu'il s'en remette à Thot. Ce dieu qu'il chérissait entre tous ne présidait-il pas aux mystères les plus impénétrables ?

L'entrée impromptue de Shem'sou dans la pièce où il se trouvait mit un terme à cet examen introspectif. À la vue de l'Our'ma assis à même le sol, le prêtre servant s'exclama :

- *Très Respectable Pêr-Ahâ ! Excuse, je te prie, cette incursion en ton intimité ! Je suis porteur d'une nouvelle... qui devrait réjouir ton cœur !*

Réalisant subitement que la posture qu'avait opté le Pair des Pairs à même le dallage ne correspondait en rien à sa situation hiérarchique, le prêtre servant ne put s'abstenir d'une réflexion plus pragmatique. Il s'écria soudain :

- *Maître, mais, que fais-tu là, à même le sol ? Jouerais-tu en secret au lapin qui a perdu son terrier, c'était mon jeu préféré lorsque j'avais quatre ans ?*

- *Non... Shem'sou... Je ne jouais pas au lapin... je réfléchissais ! Et d'ailleurs, si j'avais joué à ce jeu populaire ce n'aurait pas été si insensé que cela, du fait que la constellation du lièvre se trouve sous constellation d'Orion, laquelle a directement inspiré les concepteurs de la Grande Pyramide.*

Le visage de ce Shem'sou était rayonnant, Héri-tep ne l'avait-il pas chargé de surveiller les premiers travaux de déblaiement ? La satisfaction qu'il affichait laissait supposer une découverte importante.

Parle Shem'sou, je suis impatient de connaître les raisons d'un tel enthousiasme.

- *Maître, les ouvriers ont mis à jour une dalle sous laquelle on aperçoit le début d'un escalier. Serait-ce... ce que tu espérais trouver ?*
- *Ont-ils creusé à la verticale du point que j'avais situé sur le plan ?*
- *Nous avons suivi scrupuleusement tes directives, Maître, le périmètre engagé est celui que tu avais toi-même défini !*

L'Our'ma se mit péniblement debout, son regard lui apparut comme immergé en un songe intérieur.

- *Alors il y a de fortes chances pour que ces vestiges matérialisent l'entrée de la maison de Sokar. En cet endroit devraient se croiser les lignes de convergences stellaires dont je t'ai parlé. Fais soulever cette dalle, Shem'sou. Mais prenez garde, n'allez pas plus avant, un rituel approprié est nécessaire. Par ailleurs, il te faut prendre les dispositions que tu jugeras nécessaires auprès des autorités de garde, afin qu'aucun curieux ne soit tenté d'approcher le lieu. À la nuit venue, nous nous rendrons toi et moi sur le chantier des fouilles, et peut-être nous hasarderons-nous à pénétrer l'endroit... si les dieux nous y autorisent !* Héri-tep afficha un radieux sourire, il posa alors amicalement ses deux mains sur les épaules de son ami : *S'il s'agit de ce que je pense, alors la plus belle aventure humaine qu'il soit donné à un homme de vivre vient de commencer, Shem'sou !*
- *Que veux-tu dire, Maître... enfin je veux dire... Pêr-Ahâ ?*
- *Il nous faut voir là, Shem'sou, la convergence des forces spirituelles et non point la banale découverte d'une chambre souterraine. Non point cet engouement irrépressible procuré par l'attrait des richesses. Non point la satisfaction du chercheur face à l'inconnu. Mais l'ostensible manifestation du divin dans les affaires du monde.*
- *Houlà... Pair... houlà... là, là... je... crois que !*
- *Chacun de nous, Shem'sou, se doit d'en prendre acte sur un plan, non seulement intuitif, mais déductif et même discursif, sans avoir recours à de dangereux substituts ! Dans les âges à venir, de telles révélations devront amener l'être humain à un état de conscience*

supérieure, en parfaite concordance avec le principe souverain de l'univers manifesté. Une sorte de synchronicité de l'espace et du temps pour enfanter la vérité.

- Hum... oui... oui... Pair, si tu le dis, c'est que... oui ! Mais, je te rappelle que moi... je... ne suis qu'un modeste prêtre servant. Shem'sou poursuivit dans un comportement de plus en plus empreint de confusion : Mais, néanmoins, Maître, par devoir de charge... et aussi par... par amitié pour toi, je te suivrai jusqu'au bout... Pair, de tes réflexions. Même si les choses que tu exposes ont tendance à m'échapper... un peu, quelques fois... Pair... Mais bon c'est... !

Héri-tep, que ce type d'analyse ne tourmentait guère, se contenta de hocher la tête sans prononcer d'autres mots. Désappointé, Shem'sou s'apprêtait à prendre congé lorsqu'il se ravisa :

- Oh ! À ce sujet, Maître, peut-être est-il utile que je t'informe du fait suivant : Les ouvriers ont dévoilé sur cette dalle d'escalier un immense Oudjat, peint sur le mur avec des couleurs vives. Ne m'as-tu point dit que les étrangers appelaient ce Neter, l'œil égyptien ?

- Héri-tep eut un regain d'attention : Un Oudjat... dis-tu ? Alors, Shem'sou, c'est que nous sommes sur la bonne voie. Il se peut que ce soit, comme je le pensais... le tombeau d'Osiris, à qui la Grande Pyramide est dédiée, ou plutôt un sanctuaire, un cénotaphe à son nom, et celui-ci serait surveillé par l'œil inquisiteur de son fils Horus.

- Le tombeau d'Osiris ! Par tous les dieux, Maître, si nous en franchisons le seuil, toi et moi allons être plumés comme poule bouillie ?

- Moi je ne risque rien, mais toi oui c'est possible. Voyons Shem'sou, il n'y a rien à craindre ! Osiris ne nous veut aucun mal, n'influe-t-il pas sur les lunaisons, n'est-il pas lié au renouveau saisonnier de la Terre, depuis que son père Geb lui a laissé la gouvernance des affaires planétaires.

- Oui... C'est ce que content les mythologies... Mais quel rapport y a-t-il entre l'Oudjat et la Terre ?

- Aurais-tu oublié que l'œil symbolique se décompose géométriquement en six fractions ?

- *Par Djehouty, la chose m'a été âprement enseignée à l'école des scribes. Les nombreux coups de baguettes font que je ne risque plus jamais de l'oublier. 1/2-1/4-1/8-1/16-1/32-1/64... N'est-ce point cela... Pair ?*

- *Oui, et ce « 64 » ne t'interpelle-t-il pas ?*

- *Non, Maître, je ne vois pas la relation qu'il peut y avoir entre ce nombre, la Grande Pyramide et la Terre que tu évoquais à l'instant ?*

- *Commençons par trouver la lumière en la Grande Pyramide : 64 divisé par l'ensemble des chiffres, 1,23456789, cela donne bien un total de 51,84000047 ? Regarde sur ton boulier, Shem'sou.*

- *Je ne l'ai pas avec moi, Pair, c'est sans doute exact... mais où est la lumière en ce nombre ?*

- *Et bien, si tu ajoutes le fruit du Soleil, avec les 0,01392571 décimales de son diamètre, donc la lumière : Tu obtiens 51,853926. C'est l'angle en degrés des faces de la Grande Pyramide, à quelques tiers de seconde près. Tu vois tout se tient, Osiris, l'Oudjat, Orion, l'ennéade, la lumière du Soleil et les angles de la Grande Pyramide.*

- *À partir d'aujourd'hui, je ne verrai plus jamais l'Oudjat autrement qu'en pourvoyeur de lumière subtil, Maître.*

- *Oui, l'œil passe pour être inquisiteur ou pour recevoir la lumière, mais on ne pense pas qu'il peut aussi la donner. Allons plus loin, est-ce que tu te souviens de la discussion que nous avons eue sur le bateau ?*

- *Oh, là, là, Maître... à jamais, à jamais, Maître !*

- *As-tu conservé en mémoire la valeur moyenne du diamètre de notre géoïde, qui plus est, lorsque celui-ci se trouve lié à la Lune, comme le « Séma-Taouy » ?*

- *Ces deux diamètres me sont devenus familiers, cela nous donne une circonférence Terre + Lune de 50 929,5817 kilomètres, Maître ?*

- *Ta mémoire est bonne, Shem'sou. Puisque tu es si brillant, reprends le total des six fractions de l'Oudjat, soit « 64 ». Tu constates que ce nombre est formé de deux chiffres, 6 et 4. Autrement dit : 6 + 4 = 10, reconnais que 1+2+3+4 = 10. Le chiffre le plus important de cette alignée est donc ?*

- *Le « 4 » ! S'agirait-il d'un jeu, Pair... que tu as inventé il y a un instant sur le dallage lorsque tu faisais le lapin...?*
- *Tu ne penses pas si bien dire ! Qui dit lapin dit terrier. Allons donc plus loin, puisqu'il y a 64 cases dans le jeu du roi captif. Ainsi aligné, cela se lit avec quatre zéros en plus : soit 640 000. Bien ! Prends ce boulier et divise cette somme par pi... Qu'est-ce que cela te donne ?*
- *203 718,327, Maître !*
- *Eh, bien ! Puisque tu as utilisé quatre zéros, divise ce total par 4, lequel 4 je te le rappelle, représente la circonférence de la clé pyramide de 1,273239544. Combien trouves-tu ?*
- *50 929,5817 ! En kilomètres, c'est la circonférence Terre-Lune. Je comprends, le jeu serait alors dissimulé dans le jeu, Pêr-Ahâ, trois fois trois fois Grand ?*
- *Entre autres, oui... Nous pouvons le penser ! Si tu cherches le diamètre de cette circonférence, tu le sais, elle nous donne 16 211,38936 km, autrement dit le diamètre de la Terre 12 734,94192 km plus le diamètre de la Lune 3 476, 744744 km. Les deux astres sont ainsi accolés, alors qu'en fait une grande distance les sépare.*
- *Est-il possible de connaître cette distance par une de ces formules simplifiées que tu emploies, Maître ?*
- *Les dieux te pardonnent, Shem'sou ! Ces formules que tu qualifies de simplifiées sont en fait des neterou numériques, indissociables des grandes constantes universelles. Chacun d'eux est attaché à une valeur qui devrait interpeller nos esprits, mais l'homme, c'est bien connu, préfère les bananes.*
- *Pardonne ma méconnaissance, Maître. Il y aurait donc un neter numérique qui serait attaché à l'espace séparant la Terre et la Lune ?*
- *Oui, comme il en est un pour chaque astre ou chaque chose, Shem'sou ! Je t'indique celui qui convient pour la plus petite distance de la Terre à la Lune. As-tu en mémoire le diamètre de la Terre aux pôles Shem'sou ? Si tu as ce nombre en tête complète-le par 12 chiffres et place ta virgule puis trouve la racine, d'accord !*
- *Oui, Pêr-Ahâ, je...voilà 127135458700,0 racine, la distance en kilomètres Maître est de 356 560,5961 km.*

- *C'est ça, nous avons là plus petite distance de la Terre à la Lune, Shem'sou.*

- *En somme, Maître. il suffit de connaître les Néterou principaux pour tout comprendre de la mécanique céleste ?*

- *Oui, c'est ce que jadis s'ingéniaient à nous enseigner les dieux. Eux parlaient de Grandes Constantes de l'Univers. Maintenant tu es à même d'apprécier ce que j'avançais il y a un instant. La présence de l'Oudjat, confirme que nous sommes sur la bonne voie. Il suffisait d'effectuer ces anodins rapports de faits, avec le nombre « 64 » pour en saisir l'analogie.*

- *Cela prouverait que nos lointains ancêtres utilisaient déjà le cercle pour illustrer le zéro, symbole numérique que l'on considère chez-nous être celui d'Atoum-Ré le disque solaire. Le créé dans l'incréé, le tout et le rien, ce qui compte sans compter, ce qui existe sans être. C'est le zéro, n'est-ce pas, Maître ?*

- *Oui, Shem'sou ! C'est le sifr éternel « le vide » des sumériens « le sùnya » de l'Inde. La Grande Tradition a toujours placé le zéro comme étant le premier chiffre des dix doigts de la main. Tu sais cela au moins ?*

Place tes mains sur le sol, Shem'sou, là devant moi, inscrit sur chaque ongle un chiffre à partir de la droite en allant vers la gauche, place sur l'auriculaire le zéro puis à la suite le 1 le 2 le 3 jusqu'au 9. Maintenant joins tes mains et lis ce que te donnent deux par deux tes doigts unis, 54 – 63- 72 – 81 – 90 = 360 le cercle de lumière.

Le zéro, vois-tu, c'est le disque, le « sifr » secret de toute éternité. Seulement, comme il ne figure jamais, pour les raisons que tu sais, parmi les données de nos écrits populaires, les hommes des sciences futurs, qui exploreront nos vestiges, auront beau jeu de prétendre que nous ne le connaissions pas. Et ils soutiendront cela pendant des décennies et même ils l'enseigneront avec beaucoup d'autres aberrations. C'est ainsi !

- *Maître, notre serment d'initié ne nous oblige-t-il pas à conserver ces choses par devers nous. Ce qui expliquerait ce mutisme !*

- *En Égypte, Shem'sou, C'est par crainte, que le peuple n'en dévoie l'usage et ne l'utilise qu'en profitabilité au détriment de la raison spirituelle. Alors que dans le futur lointain que souvent j'évoque...*

En un éclair, Shem'sou se remémora que Pêr-Ahâ avait, pour de mystérieuses raisons, un sérieux compte à régler avec cette civilisation du futur. Il abrégea de manière courtoise mais rapide la conversation :

- *Hum ! Je te prie de m'excuser Maître, c'est très intéressant, très inté... Mais, je me dois de satisfaire à la tâche que tu m'as confiée. À ce soir, Maître... Je reviendrai avec les douze Hiérarques du grand conseil, à la tombée de la nuit, bonne journée, Maître....*

Shem'sou disparut comme un coup de vent derrière la tenture. Mais, Héri-tep se dit qu'il trouverait bien une autre occasion pour l'entretenir de cette fichue civilisation où le mensonge est une institution.

Chapitre XVII

Une Lune rousse, engrossée par les vents du Sud, dispensait alentour sa lueur blafarde. Au hasard du relief, les découpes que formaient les ruines agrippaient de leurs doigts d'ombres les robes falotes des noctambules.

C'est en cette ambiance étrange qu'Héri-tep et le lion Hory avançaient en enfilade sur cette sente ensablée qui menait du port fluvial au plateau de Ro-Setaou. L'Our'ma distança les Hiérarques avec l'intention de gravir l'une des dunettes dominant le site. Parvenu au faîte, ayant posé son séant sur ses talons, il orienta son regard vers la plus mystérieuse des constellations. Les sept étoiles d'Orion scintillaient d'une clarté timide en ce début de nuit. Leurs beaux éclats bleus étaient altérés par l'intensité dominante de la Lune. L'attitude statufiée, la nuque droite, le regard extasié face à l'océan cosmique, l'Our'ma, ayant étendu les bras, confia sa requête aux entités de la nuit :

> *Sah ! Je suis heureux de ta prodigalité à mon égard...*
> *Fasse que je sois le témoin de ton authentique nature !*
> *Tu es croix de vie, l'utérus du monde, le lien invisible,*
> *Le cordon ombilical qui relie les êtres au divin.*
> *Fasse que mon nombre s'inscrive en ton éternité*
> *et que mon esprit demeure en ta lumineuse harmonie.*
> *Pour les nécessités de ma mission et le bien des humanités futures,*
> *je vais tenter de pénétrer en ce sanctuaire.*
> *Que mon ingérence ne perturbe pas l'intimité des dieux.*
> *Je réclame leur indulgence et ta céleste approbation.*

Une fois debout, il constata qu'Hory n'était plus à ses côtés. Sans s'inquiéter du fait, il empoigna son bâton patriarcal et s'en retourna en serpentant parmi les dunes. À deux pas d'ici, Shem'sou et l'ensemble des Hiérarques se tenaient accroupis à même le sable.

Tous se levèrent à son approche, et Em-Sa-Neset vint au-devant de sa personne :

- *Pêr-Ahâ, nous avons, les frères et moi, remarqué une chose curieuse. Alors que tu te trouvais en méditation sur le sommet du tertre, Hory a rebroussé chemin. Il est allé se coucher... Sais-tu où ? Devant l'Horakhti, le Grand Lion de pierre, près du temple des ancêtres... Ne trouves-tu pas ce comportement étrange ?*

Héri-tep escalada un espace en ruine où quelques Hiérarques se trouvaient là, en observation.

- *Tiens... Quelle mouche l'a piqué, pour agir ainsi face à l'Hor-Em-Akhet ?* s'exclama Shem'sou.
- *Ce n'est jamais qu'un Lion, en train d'observer un autre Lion !* remarqua un doyen à la voix éraillée.

Héri-tep voyait s'animer les torches des gardes à proximité de la place, mais malgré l'apport de la pleine Lune, il distinguait à peine la position de l'animal.

- *Alors même que nous nous apprêtons à pénétrer à l'intérieur de ce tombeau, l'attitude d'Hory m'apparaît riche d'enseignement.*

- *Que veux-tu dire, Pair ?*

- *Nous devons considérer que, sous l'influence de quelques instincts subtils, il cherche à nous indiquer un fait. « l'Horus en l'horizon » que représente ce Grand Lion de pierre n'est-il pas tourné vers le lever équinoxial, au juste-milieu du parcours solaire ?*
- *Oui, Pêr-Ahâ ! Rê est plein Est en ce jour.*

- *En quel signe galactique « Rê » se lève-t-il à notre époque ?*
- *En la constellation du Taureau, Pair !*

- *Ce lion contemplant le Lion de pierre, ne vous inspire-t-il pas une vision rétrospective ayant trait à une époque différente de la nôtre ?*
- *Se peut-il qu'Hory veuille nous signifier que ces grands travaux qui nous préoccupent ont été effectués sous l'Horakhti, lorsque le Soleil se levait dans la constellation du Lion ?*
- *Nous sommes en droit de le penser ! Les conjonctures, que nous avons suscitées, me paraissent avoir inspiré notre mascotte !*

Par ses paroles méditatives, l'Our'ma plongea l'assemblée dans de profondes réflexions. Shem'sou, qui s'était éloigné, regagna le groupe avec une physionomie maussade :

- *Il va te falloir patienter un peu, avant que tu ne tentes de pénétrer dans le mastaba, Pêr-Ahâ ! On me prévient qu'une coulée de sable a partiellement recouvert les marches. Les ouvriers s'activent au déblaiement... Ce ne sera pas long !*
- *Si la divine volition des choses l'exige ! Qu'y pouvons-nous ? Mettons à profit ce contretemps pour méditer, mes frères.*

Les douze Hiérarques et leurs subordonnés se regroupèrent en cercle autour de l'Our'ma.

- *Shem'sou, as-tu apporté, comme je te l'avais demandé, le présent de Soudda-Hi ?*

Le prêtre servant extirpa de sa hotte de jonc le précieux symbole. Aussitôt, une spirale de chuchotements parcourut l'assistance. Em-Sa-Neset, le premier, manifesta son admiration :

- *Quel beau joyau, Pair ! Au risque de me fourvoyer, je dirais qu'il s'agit là d'une représentation de la Terre et de la Lune, que magnifie la symbolique hathorique.*
- *Oui, mes Pairs Vénérables ! Et voyez-vous, j'ai le sentiment que cela n'est pas sans rapport avec ce que nous nous apprêtons à découvrir.*

Le symbole circula de main en main pour satisfaire à une observation plus minutieuse. D'une voix un peu cassée, l'un des patriarches interrogea l'Our'ma :

– *Pêr-Ahâ, peux-tu nous expliquer pourquoi nous voyons ces deux astres parfaitement sphériques. Notamment la Terre ? Alors qu'il nous est enseigné que cette dernière est aplatie aux pôles et renflée à l'équateur ?*
– *À l'échelle de ce joyau, mes frères, la différence est si faible qu'elle devient inapparente. À ce propos, qui, parmi vous, peut m'indiquer en kilomètres, la plus juste valeur de la Terre, lorsque celle-ci est mesurée d'un pôle à l'autre ?*

Un silence réfléchi succéda à ses paroles.

– *Je crois me souvenir, dit l'un des vieillards, que la distance est de 12 713,545 km, ce qui fait 6 356,773 km au rayon.*

– *Fort bien, mon frère. Pourrais-tu, dans le même et brillant allant mémoriel, m'indiquer la distance à l'équateur ?*
– *Hélas, Respectable Pair, pas au mètre près… à mon âge, la mémoire a ses lacunes…*
– *Il y a pourtant un moyen simple d'y parvenir. Je veux dire par-là, que lorsque l'on connaît l'un, on peut connaître l'autre.*
– *Tu nous vois confondus, Pair… Quel serait-il, ce moyen ?*
– *Il vous faut vous référer de manière constante à « La Symbolique Universelle » dans ce qu'elle a de plus dépouillé. Je fais allusion aux trois formes géométriques de base. Le cercle, présent dans la sphère, le triangle et le carré.*

– *Chercherais-tu, Pêr-Ahâ, à faire valoir certaines valeurs numériques, au sein des symboles géométriques, véhiculées par la tradition ?*
– *Oui ! C'est précisément là où il me plairait de m'attarder, mes frères. Le triangle par ses angles nous inspire le « 3 », vous êtes d'accord ? Le carré par ses pointes, nous inspire le « 4 », cela va de*

soi. Mais, au-delà, de ces évidences, la multiplication est représentée par le « 3 » et la division par le « 4 ». Je vous promets de vous expliquer pourquoi ultérieurement.

- Pair, avec ces deux chiffres « 3 » et « 4 », ambitionnerais-tu d'établir la valeur de la Terre à l'équateur, lorsque tu connais son diamètre aux pôles... Est-ce cela auquel tu prétends, Pair ?

- Oui, mes frères, de la manière la plus simple qui soit. « 3 » multiplié par π et « 4 » divisé par π combien cela fait... Shem'sou, toi le calculateur ?

- Un instant, Maître... enfin Pair ! Cela fait 9,424777959 pour l'un et 1,273239544 pour l'autre. Les deux peut-être... réunis, le résultat est égal à 10,6980195, Pêr-Ahâ...

- Parfait, Shem'sou ! Compte tenu que tu possèdes le total de ces deux nombres ! Je te prie de multiplier, cette valeur par deux... Cela fait bien 21, 396039... N'est-ce pas ?

- Oui, Maître... C'est ça, tu m'avais initié à cette merveille !

- Alors Shem'sou, termine de mémoire cette opération !

- Si j'ajoute cette valeur au diamètre de la Terre aux pôles, on obtient...on obtient...12713,54587 + 21,396039 = 12734,94192 c'est le diamètre moyen de la Terre et si nous ajoutons 21,396039 cela nous donne le diamètre à l'équateur 12756, 3380 km, Tu vois Maître je m'en souviens parfaitement

- Pair, par quel miracle, peux-tu être instruit de ces troublantes réalités qui ne peuvent que nous venir des dieux ?

- Oh ! Elles me furent enseignées par ces himalayens aux vêtements loqueteux, dont je vous ai parlé. Ils m'ont appris à connaître de façon semblable, tous les diamètres des planètes du système solaire. Leur foi en l'intelligence cosmique est absolue. Voyez-vous mes frères, la science ne devrait exister que pour chercher à corroborer La Tradition Universelle, fruit de l'immuable sagesse.

Hélas, dans les temps à venir, que j'ai eu le privilège de survoler, ça sera exactement le contraire. La science d'alors emploiera son génie en herbe à vilipender cette souveraine tradition pour imposer une rationalité issue de sa cogitation expérimentale, laquelle, d'excès en excès, conduira au reniement de la nature et à l'échec de la vie sur Terre.

Shem'sou se mit à craindre que Père-Ahâ ne se livre de nouveau à son ressenti sur cette civilisation, il se pencha sur son épaule :

- *Maître, le sable a été ôté des marches... Libre à toi d'entreprendre ce que tu envisages !*
- *J'envisage le plus simplement du monde, Shem'sou, de me faire agréer par les dieux pour qu'ils m'autorisent à restaurer le site. Ce n'est pas dit qu'ils acceptent !*
- *Personne en Égypte, Pêr-Ahâ, ne songerait à un Maître d'œuvre... plus érudit, plus digne, plus...*
- *Oh çà... C'est le point de vue des hommes, abusés par les références qu'ils vous octroient. Les dieux, eux, sont capables d'imposer un choix diamétralement différent, et de préférer même, à la surprise de tous, une entité peu estimable en conformation avec leurs secrets desseins.*
- *Une entité peu estimable, qu'elle pourrait-elle être, Pair ?*
- *Et bien... par exemple... un bandit venu d'un douar perdu en un coin du désert et de le choisir parmi des milliers pour référence morale. La justice divine invite à l'humilité, croyez-moi, il faut toujours la tenir pour omnipotente en l'esprit des événements.*
- *Un bandit... venu d'un douar du désert !* répéta à mi-voix Shem'sou, l'air soupçonneux.

***

Au-delà des parcelles pierreuses, ils étaient parvenus sur les lieux mêmes du chantier de fouilles. Debout dans la tiédeur de la nuit, trois gardes munis de torches patientaient à distance du monticule de ruines. En craignaient-ils l'enténèbrement ? L'Our'ma et son prêtre servant s'approchèrent de l'orifice. Celui-ci ressemblait à un vaste entonnoir, ils en firent prudemment le tour.

- Prépare les brûlots de senteur, Shem'sou, nous allons procéder à une cérémonie d'ouverture. Fais en sorte que l'on dispose les torchères en triangle et que l'assistance des hiérarques se place en demi-cercle autour de cet entonnoir. Je te précise qu'au cours des litanies d'approche les capuches des manteaux devront être rabattues sur les yeux et les bras élevés en adoration.

Ces recommandations formulées, le Pair des Pairs se laissa glisser vers l'amorce de l'escalier. Puis, sans plus attendre, il commença à dégager avec la main le peu de sable qui recouvrait la première marche. Ayant fait cela, il appliqua son front qu'il maintint ainsi, en la froide sensation de la pierre. Ses lèvres, alors, se mirent à marmotter une supplique à peine audible :

*Tu es **Shou**, la prime incarnation.*
Je suis Héri-tep !
Ouvre pour moi, je te prie, la seconde marche.
*Celle de ta sœur épouse **Tefnout**, chiffre « 2 »,*
mère universelle de la forme.
Ne me considère pas comme un intrus.
Je ne viens pas profaner ce tombeau.
Ne te courrouce point contre ton serviteur,
toi le premier des principes.
Je suis Héri-tep, esclave et disciple !
Puisse mon état de conscience plaire à ta raison.
Sois mon témoin.

Héri-tep procéda ainsi à des incantations jusqu'à la neuvième marche. Au niveau de cette dernière, il constata qu'un bloc monolithique de plus de cinq coudées de haut, reposait verticalement sur un seuil de granite ouvragé. Un immense Oudjat peint, à la prunelle incisive, paraissait s'enquérir des présences inopportunes. En décrochage, au niveau de ses pieds et dans le prolongement de la porte monolithique, se trouvait une poutre de seuil en granite de faible largeur.

Après avoir minutieusement observé la conformation de l'ensemble, Héri-tep constata qu'il était possible de glisser le pied dans l'interstice laissé par la dernière marche. Un homme pouvait même se tenir debout, à condition de maintenir son corps un instant plaqué contre la paroi. Ayant réfléchi, il calcula que son propre poids pouvait fort bien déclencher un mécanisme de roulade, lequel, par un jeu de bascule interne, pouvait s'avérer suffisant pour faire se mouvoir la pierre d'entrée.

La curiosité aidant, il ne tarda pas à mettre son projet à exécution. À peine avait-il placé ses pieds en ce repli que le vantail, en équilibre précaire, pivota brutalement sur ses gonds en un crissement réprobateur. Une averse de sable s'égraina sur son crâne et ses épaules. En un réflexe, il ferma les yeux et crispa ses membres dans l'attente du pire.

Alerté par ce bruissement peu ordinaire, Shem'sou se pencha au-dessus de l'ouverture. Sa position, toutefois, ne lui permettait pas de distinguer les dernières marches de la cavité où avait eu lieu la téméraire tentative de l'Our'ma.

- *Pair ! Est-ce... que ce... ça va... Très bien ?*

Héri-tep tarda à répondre. Lorsqu'il rouvrit les yeux, ce fut pour constater qu'en basculant sur elle-même la dalle avait livré passage sur un corridor, dans le prolongement duquel le regard entrevoyait une pièce plus large aux contours sombres. Les murs étaient constellés de petits cristaux. Ils scintillaient sous la lumière de la torche qui, miraculeusement, ne s'était pas éteinte. Shem'sou, qui était penché sur le bord de la cavité insista anxieusement !

- *Maître... Réponds-moi... Tout va-t-il pour le mieux... où tu es ?*
- *Oui, Shem'sou, oui ! Je vais avoir besoin de ton aide ! Peux-tu venir me rejoindre au bas de l'escalier ?*

Shem'sou s'engagea dans le cratère avec l'enthousiasme qu'il aurait mis à se glisser dans la gueule d'un crocodile. Après avoir effectué quelques pas dans l'obscurité, Héri-tep distingua dans l'axe de l'entrée une imposante statue de marbre noir. Les formes féminines qui la particularisaient s'ornementaient, au niveau des membres, de bracelets et de colliers en or dont la patine jouait avec les reflets de la flamme.

- *Ho, quelle œuvre admirable !* S'extasia-t-il dans un souffle.

S'étant approché, il constata que cette mystérieuse statue, d'une coudée plus haute que nature, tendait dans un geste d'offrande une coupelle taillée dans un bloc de basalte. Au fond de cette conque était un petit orifice qui n'avait pas de signification particulière. Contrairement à l'ancestrale tradition, l'aspect sommital de la statue était dépourvu de diadème. Cette absence de référence ne permettait pas, parmi la multitude de déités du panthéon égyptien, d'identifier cette représentation avec certitude. Absorbé par sa découverte, Héri-tep sursauta à cette main qui venait de frôler subrepticement son épaule :

- *Maître, est-ce possible... je n'ai... jamais rien vu d'aussi beau !*
- *Shem'sou, as-tu avec toi le symbole Terre-Lune ?*
- *Hum, oui le... Il est dans ce sac de lin, je ne m'en suis pas dessaisi de la soirée, il doit... Voilà, Maître.*
- *Tiens élevée cette torchère, veux-tu ! Il me faut vérifier quelque chose !*

Sous le regard abasourdi du prêtre servant, l'Our'ma grimpa allègrement sur le socle de la statue. Ayant fait courir ses doigts sur le dôme du crâne, il eut un sourire rayonnant :

- *C'est ce que je pensais Shem'sou ! Un emplacement est prévu pour recevoir un symbole consacré. Je ne serais pas surpris que notre disque Terre-Lune soit, en fait, la tiare, destinée de toute éternité à la statue de cette divinité.*
- *Maître, comment cela se pourrait-il... il y a des millénaires ?*
- *N'use pas inutilement tes méninges, tu auras sans doute d'autres occasions. Aide-moi, je te prie, à me hisser vers le haut !*

Quelques instants plus tard, juché précairement sur les épaules de Shem'sou, Héri-tep s'apprêtait à glisser le précieux objet offert par

Soudda-Hi en l'interstice rainuré. Le tout était de s'appliquer à ce que la Lune se trouve en bas du motif, les deux cornes ainsi situées, apparaîtraient dirigées naturellement vers le haut.

À l'instant précis où il insérait en la rainure prévue à cet effet le présent du maître himalayen, un mécanisme interne fit jaillir un bâtonnet au centre de la coupelle que tendait la divinité, et le couloir s'illumina soudainement d'une ambiance irréelle.

Devant la spontanéité du phénomène, Shem'sou effectua un pas d'épouvante vers l'arrière. Il heurta l'aspérité du dallage et s'étala le dos au sol, dans le fracas des ustensiles que contenait sa besace. En un ultime réflexe salvateur, Héri-tep encercla la statue de ses bras pour ne pas chuter avec Shem'sou.

- *Maître !* s'exclama le prêtre servant en se relevant précipitamment. *Toutes ces chandelles... toutes... Comment est-ce possible ?*
- Héri-tep, dont les deux pieds étaient soudainement sans appui, eut un soupir d'exaspération : *Shem'sou, ce ne sont pas des chandelles... relève-toi et soutiens-moi !*
- *Ce ne sont pas... Je soutiens tes pieds, Maître... Pardonne cette légère défaillance due à un léger déséquilibre de ma personne.*
- *Vois-tu ce petit bâtonnet qui vient d'émerger de la coupelle tenue par la divinité ? Ce ne saurait être un élément ordinaire, il s'agit d'un quartz aux propriétés spécifiques. Ce cristal est identique à celui qui m'a été offert par la Nin-Dingir. Je te l'ai dit, cela se passait en ce lieu magique qu'est le septième étage de la pyramide de Sumer. Cette lumière dispensée ne brûle pas, ne se consume pas. Elle est un produit de synthèse, comprenant de minuscules billes de silice ou autre chose, je ne sais quoi ! Ces cristaux entrent en phase d'harmonie sous l'action d'un rayonnement, émanant du quartz... Que te dire de plus ?*
- *Du quartz... un rayonnement... dis-tu ? Mais pourquoi tout ne rayonne-t-il pas selon ce même principe ? Regarde, il demeure des zones d'ombre... là-bas plus loin !*

- *L'être humain, n'a-t-il pas lui aussi des zones d'ombre, mon cher Shem'sou ! Trêve de mots que tout cela, nous avons autre chose à penser que de tenter de résoudre des problèmes de physique, ne crois-tu pas ?*
- *De métaphysique... Maître... méta...parce que ça ce n'est pas courant du tout, ça ressemble au soleil derrière un écran de fumée.*
- *Oui, bon, je vais maintenir le cristal dans mes mains, afin que les murs puissent s'enluminer au fur et à mesure de notre progression.*

- *Au fur à mesure... n'y a-t-il aucun risque à pratiquer de telles manipulations malignes, Maître ?*
- *Le risque, Shem'sou, serait de s'aventurer au hasard dans l'obscurité ou d'employer une torche. En cette atmosphère confinée, elle aurait tôt fait de nous intoxiquer et de laisser des traces de noirceur le long des murs, ce qui serait de surcroît blasphématoire.*
- *Si tu le désir, je peux aller chercher une vessie lumineuse, Pair, tu n'as qu'à dire ?*
- *À quoi bon, Shem'sou, n'est-ce pas plus simple et plus pratique d'utiliser ce quartz... Regarde... Regarde autour de toi !*

Héri-tep éleva le petit bâtonnet au niveau de son front et, aussitôt, le vestibule s'embrasa de fresques colorées. Cette lumière ciselait avec élégance les motifs inspirés par la mythologie traditionnelle. À pas de lynx, le regard extasié, les deux prêtres entreprirent de progresser vers l'extrémité de la galerie.

- *Quel ravissement, il me semble que je rêve, Maître !*
- *Oui, Shem'sou ! Ces bas-reliefs représentent la Genèse du monde, le panthéon égyptien avec les 102 divinités de nos divins ancêtres les Tepi-aoui-qerr-en-pet. Tout porte à croire que ces motifs sont les résumés de leurs exploits à l'époque lointaine du Zep-Tepi, autrement dit, de ce que nous qualifions nous de « Premier Temps ».*

Peu large, mais haute de plafond, la salle où ils se trouvaient était longue d'une vingtaine de pas. Un panneau ouvragé de facture identique aux autres clôturait le fond. Il étalait de droite à gauche ses motifs hiéroglyphiques, en forme de tau grec.

- *Voilà ce que je cherchais ! En ce bas-relief, se trouvent positionnés « Les 9 dieux primordiaux de la Genèse ». Il est logique que le dieu dominant soit Atoum-Ré, le Père créateur de l'ennéade. Regarde, là se trouve Horus le faucon ! Comme tu le sais, ce dernier incarne l'intelligence active, stimulée par la lumière de Rê. Observe cela, Shem'sou, tous les dieux tiennent un rôle numérique, géométrique et stellaire. Sans la présence de cette harmonie coordinatrice, nous ne pourrions envisager une description cohérente. N'oublie pas cette trilogie, (0) l'androgyne, le créé incréé, symbolisé par Atoum dieu de lumière, (1) masculin le nombre, (2) féminin la géométrie.*
- Je comprends pourquoi il y a 102 dieux et déesses, Atoum est au centre ! Pair, vois cela ! On dirait les contours à peine esquissés d'un rectangle, sur un fond de nuit étoilée ?
- *Ce n'est pas un simple rectangle Shem'sou... Celui-ci affiche le nombre d'or 1,618033 coudée. Sans doute, fait-il aussi office de porte !*
- Une porte... Es-tu sûr, Maître ! Il n'y a pas d'interstice où alors il est si faible que l'on ne pourrait pas y glisser une lame !
- *Nos ancêtres avaient l'art du secret. Ils savaient travailler la pierre et la rendre docile à leurs mesures. Nous ne savons plus faire cela. Il nous faut impérativement découvrir le mécanisme qui commande la poussée de cette porte.*
- Tu penses, Maître, à un système semblable à celui de l'entrée ?
- *C'est tout à fait probable. Dans les anciens tombeaux, des crapaudines étaient logées dans l'axe de gravité des portes, ce qui faisait que la poussée exercée permettait sans effort apparent le basculement des pierres d'obturation par un effet de contrepoids.*

Alors qu'Héri-tep faisait courir sa main le long de la paroi pour en discerner les aspérités, Shem'sou se mit à scruter avec attention le bas-relief :

- Vois, Maître... il y a là... un côté blanc et un côté noir !

- *Bravo, Shem'sou, voilà qui est curieux en effet ! Blanc-noir, bien-mal, ouvert-fermé, la clé se trouve peut-être dans les attributs des personnages. Tu peux observer que deux des angles de cette supposée ouverture coïncident avec l'effigie de ces dieux antagonistes que sont Horus et Seth. Or, selon la mythologie, le premier à un œil crevé par son adversaire. Il est normal qu'il occupe l'angle haut à droite de la porte, son visage implore le Ciel. Alors que Seth, le dieu vindicatif, a été émasculé par Horus, il occupe l'angle bas à gauche, sa main implore la terre. Il y a donc deux pôles placés en la diagonale d'un carré de clôture avec la racine carrée de « 2 ». Tu le sais comme moi, elle était considérée nombre irrationnel et sacrée chez les Akerou !*
- *En effet, il est dit dans les textes qu'à l'issue d'un combat, les dieux ont souffert ce type de mutilations. Mais, je ne vois pas le rapport qu'il peut y avoir... avec la porte ?*

- *Il se peut que ce rapport soit subordonné aux blessures des dieux, car les parties mutilées des deux corps affichent ici un relief prononcé. Regarde, en mythologie deux maux n'égalent-ils pas un bien !*

- *Je commence à entrevoir le parallèle que tu cherches à établir, Maître. L'œil, en raison de sa blessure, est inapte à voir, donc à évaluer, alors que le testicule, lui, a perdu sa faculté de se reproduire, donc procréer. Si par une pulsion de nature opposée, nous rendons aux deux leurs aptitudes réciproques... Nous procédons à l'ouverture de l'esprit et à sa pérennisation dans le temps.*
- *Shem'sou, tes déductions me fascineront toujours ! À cette exception près qu'il nous faut, il me semble, exercer une pression commune et instantanée sur les deux pôles.*
- *Tu veux dire par-là, que nous allons devoir agir l'un et l'autre en même temps ?*
- *Oui ! À mon signal, tu vas appliquer une pression sur l'œil d'Horus, en haut, alors que moi, je vais effectuer une pression identique sur l'emplacement de l'unique testicule de Seth, en bas. Es-tu prêt... Allons-y !*

Un bruit feutré se fit entendre, puis ce fut de nouveau le silence. Au regret de leur attente, rien, apparemment, n'avait basculé ou pivoté.

– *Ça n'a pas fonctionné, notre truc !* s'exclama Shem'sou, le visage contrit.
– *Mais si ! Ne vois-tu pas que la porte s'inscrit maintenant en un léger relief... Cela prouve qu'elle est débloquée ! Regarde... Sans doute suffit-il de la pousser pour que se meuvent les contrepoids dont je t'ai parlé.*

Sous le regard attentif de Shem'sou, Héri-tep plaça ses mains sur le panneau, lequel s'enfonça sur trois coudées de profondeur. Les deux prêtres se regardèrent en silence. Leur pâle sourire trahissait une légitime émotion, à moins que ce ne fût pour Shem'sou une certaine appréhension. Adoptant par nécessité la position des quadrupèdes, l'Our'ma s'engagea le premier dans l'étroitesse du passage. Aussitôt la muraille franchie, la pièce en laquelle tous deux venaient de pénétrer s'illumina, alors que derrière eux le couloir retombait dans l'obscurité.

– *Ça s'est tout éteint derrière moi !* s'inquiéta Shem'sou.
– *Ne te formalise pas, désormais, la lumière sera toujours devant nous !*

Au premier regard, ils furent frappés d'hébétude. En ces lieux, les murs étaient recouverts de hiéroglyphes, une multitude d'étoiles à cinq branches constellait de leur forme répétitive le bleu profond de la voûte. Ce qui leur apparut stupéfiant, ce fut la vision de statues représentants des dieux et des déesses, Héri-tep en compta quatorze alignées face à face sur deux rangs parallèles. La délicate anatomie de ces œuvres et leur hauteur de plus de cinq coudées provoquaient une sorte de crainte atavique où se mêlaient respect et appréhension. Ces sculptures faisaient l'objet d'une telle finition que l'on pouvait s'attendre à les voir s'animer d'un instant à l'autre. Aussi estimèrent-ils prudent de conjurer le sort par des formules propitiatoires à l'adresse de ce divin panthéon, offensé peut-être en sa séculaire sérénité.

- *Maître es-tu certain... que nous ne commettons pas un... sacrés...sacrilège ?*
- *As-tu réfléchi, Shem'sou, que si personne ne devait pénétrer en ces lieux, il n'y aurait pas de porte ? Or, il y en a une... de porte, celle par laquelle nous sommes passés !*
- *Il y en a peut-être u... une... Maî... tre... mais...*
- **Mais, quoi ?**
- *Mais elle... elle est tout de même dissimulée au regard !*
- *Comme toute chose précieuse en ce monde... Shem'sou.*
- *Oui, Maître ! As-tu toujours la té... téméraire intention... de pou... pousser... plus avant... Maître ?*
- *Quatorze dieux nous protègent, cela ne te suffit pas ? Cette pièce m'a tout l'air d'être l'antichambre du caveau que nous cherchons. Il faut donc que je l'examine pour inventorier ce qui s'y trouve.*
- *Pair, m'au... to... riserais-tu, Maître à aller informer les hiérarques sur l'avance... de l'avancée de tes découvertes... Pair ?*
- *Excellente idée, Shem'sou ! Il se peut en effet qu'ils s'inquiètent.*

Shem'sou n'attendit pas que l'Our'ma le presse de s'exécuter. En un rien de temps, il s'était carapaté par la petite ouverture. Resté seul, Héri-tep entreprit d'étudier l'une après l'autre ces gigantesques sculptures. Leurs yeux d'agates lustrés d'éclats blêmes semblaient jauger la profondeur de l'âme. Sur les bas-reliefs, parmi les colonnes de hiéroglyphes peints, évoluaient des personnages à l'allure altière et aux robes empesées. Alors qu'il était occupé à observer des symboles où s'impliquaient des nombres insérés en des domaines étoilés, son attention fut plus particulièrement attirée par une phrase lue au hasard du texte :

- *« L'esprit universel d'**Atoum** réside dans toute nature et concrétude en ce monde... mais il n'est pas en l'âme humaine, libre d'elle-même. À l'origine pourvue d'intelligence évolutive, l'âme a tenu à s'émanciper, avec le dessein exprimé d'assumer son libre choix pour cheminer vers l'amour divin. Depuis, **Atoum** attend patiemment le retour de cette affection qui tarde à se manifester. Toi* *qui te penche sur ce texte, réfléchis, évalue, mesure et ne te montre pas oublieux de ce qui t'est donné de connaître !* »

L'esprit de ce texte plongea un instant Héri-tep en une profonde perplexité. Prenant note de cela, il se fit un devoir de poursuivre sa visite, allant de l'une à l'autre de ces illustres représentations. Au gré de ses passages, il se plut, là à effleurer la robe échancrée de Séchât, plus loin il baisa les pieds entravés du dieu Ptah et caressa affectueusement la mèche tressée de l'enfant Hih.

Lorsqu'il parvint à hauteur de la déesse Hathor, il admira le disque d'or qui se trouvait enchâssé en sa tiare cornue. La déesse des cycles cosmiques se trouvait placée entre ses deux divinités parèdres qu'elle chérissait le plus. Une inscription sibylline énonçait solennellement :

« *Je suis Hathor déesse de l'équilibre équinoxial,*
Bastet est au solstice d'hiver, Sekhmet au solstice d'été.
Je suis maîtresse des cycles, je suis la vache céleste,
mon « pis » abreuve les cercles numérisés de l'univers. »

C'est en ce silence méditatif inspiré par les lieux, qu'il perçut comme un léger cliquetis, aussitôt réitéré d'un grincement plus significatif. Immédiatement, ses sens amplifiés par une légitime appréhension se mirent en éveil. Ce bruissement semblait émaner précisément de cet espace dégagée sur sa gauche à proximité de la déesse Sekhmet. Il n'ignorait pas que la rumeur populaire assimilait la planète à cette lionne, appelée communément « la lointaine », sans doute pour sa propension annuelle à fuguer loin du Soleil au solstice d'été. Le silence s'étant fait de nouveau et la curiosité aidant, il s'approcha, avec l'intention de plaquer son oreille contre le corps lisse de la divinité.

Mais à ce moment précis, à faible distance de l'endroit, un panneau qui avait vocation de bas-relief, pivota sur sa hauteur avec un bruit d'éboulement rocheux. Frappé alors d'une légitime crainte, Héri-tep rejeta brusquement son corps en arrière et tout son être se contracta en l'attente du pire. Il se distilla bientôt en cette cavité une blonde évanescence qui esquissa une forme féminine d'une infinie sveltesse.

Littéralement subjugué par ce phénomène insolite, l'Our'ma sentit ses genoux ployer, il bascula à terre en posture d'adoration et son front en sueur s'apposa brutalement sur le poli des dalles. Son cœur se mit à observer un tangage inquiétant, alors que son cerveau évidait instantanément toute forme d'intellection. C'est alors que de mélodieuses intonations, semblèrent quêter oreilles le long des parois.

- *Dis-moi, Héri-tep, depuis quand les Pairs d'Égypte flairent-ils le sol en présence d'une modeste fille du peuple ?*
- *Du peuple !* reprit l'Our'ma en un murmure bredouillé.
- *Mets-toi debout, Héri-tep, et regarde-moi ... Ai-je tellement changée physiquement que tu te montres incapable de me reconnaître ?*
- *Cette voix... N'était-ce point la voix de..., non, ce ne pouvait-être... Ce ne pouvait !* Il fit un sérieux effort pour relever la tête. Le mystérieux et suave organe de cette entité reprit alors sur un ton de reproche amical :

- *Cette attitude craintive n'est guère valorisante pour un Pair du peuple ! De surcroît, je n'ai rien d'une apparition spectrale. Je puis t'assurer qu'en cet instant... je suis bien en chair, et encline à un comportement des plus physiques qui soit !*
- **Ouâti** *! Par tous les dieux ! Mais... Que fais-tu en ce tombeau... Après tant et tant d'années, en cet instant précis de mon incursion en ces lieux que je côtoie pour la première fois ? Que me faut-il penser de cela Ouâti ?*
- *Ton étonnement m'amuse, Héri-tep il n'y a rien de mystérieux ! Un souterrain, dont l'entrée se situe sous le lion de pierre, communique avec cette chambre que tu qualifies de sépulcrale. Ayant été informée de ta visite, il m'a suffi d'emprunter cet antique réseau pour parvenir jusqu'à toi. Je désirais te revoir Héri-tep... sans témoins, afin que pour tout autre, je demeure une légende.*

L'esprit de l'Our'ma était mis à rude épreuve. Ses phrases, un instant déraisonnables, mutèrent en un laborieux amalgame péniblement cohérent :

- *Il y a si longtemps, Ouâti... si ! La dernière fois, souviens-toi, c'était pour cette fête donnée en ton honneur à bord de l'infortuné Meskhétiou... depuis... rien ?*
- *Oui ! Je me souviens avoir pleuré le reste de la nuit. Mon intuition particulière m'avait renseigné sur le sort réservé à ton équipage. Il était inéluctable. Aussi ne pouvais-je tenter de modifier ce destin, sans provoquer l'ire des dieux ! Heureusement... ils ont su t'épargner.*

À cette évocation, tous deux observèrent un silence peiné. Héri-tep, qui ne pouvait s'empêcher d'embraser du regard cette chère apparition, reprit sur un ton chancelant :

- *Tu es aussi seyante que lorsque je t'ai connue. Comment fais-tu, toi... pour ne pas décliner en apparence... comme tout un chacun ?*
- *Hum ! Je crois avoir un truc astucieux*, confia-t-elle en se rapprochant de lui. *Je joue aux dés avec le Temps, il est vieux, voit mal, et je me plais à lui dérober chaque fois quelques années.*

Tous deux rirent de ces tendres retrouvailles. Le regard ardent de la jeune femme cherchait à fixer celui un rien éperdu d'Héri-tep.

- *Sais-tu que je t'ai suivi de loin en loin en ce long voyage !* lui confia-t-elle, d'une voix émue. *Oserais-tu me prendre dans tes bras, il y a des années que j'attends cet instant, sans avoir trouvé de conjoncture favorable qui n'aurait pas perturbé ta quête ?*

La belle sauvageonne, qui n'avait, des années durant, eu de cesse d'occuper ses pensées, se tenait là, avec un émoi avoué, tendrement blottie contre lui ... était-ce un rêve ?

- *Ouâti... ce n'est pas, crois-moi, l'absence de désir... Non, aux dieux ne plaisent, tu t'en doutes, mais, mais je pense que le lieu où nous sommes présentement, n'est pas vraiment indiqué pour de tels épanchements !*

En une approche qui aurait pu paraître impudente, Ouâti n'attendit pas qu'Héri-tep eut achevé ses adolescents atermoiements, elle lui ligatura généreusement les lèvres avec un baiser qui n'avait rien de protocolaire. Lorsqu'ils émergèrent tous deux de ce ravissement, la jeune femme eut un sourire complice :

- *L'engagement d'amour n'est-il pas l'acte le plus merveilleux qui soit, Héri-tep ? Dommage qu'il ne nous soit point permis d'en jouir autant qu'il conviendrait... N'est-ce pas ?*
- *À l'évidence Ouâti, oui, c'est précisément ce que je voulais te signifier, entre l'amour que j'ai pour toi depuis notre première rencontre et mon devoir d'initié, qui plus est... cette fonction suprême... désormais ce n'est pas... !*

Ouâti appliqua une main enrobée de tendresse sur les lèvres de l'Our'ma, puis elle relâcha sa tension pour laisser vagabonder son esprit :

- *Laisse-moi m'imaginer, toi le Pair des pairs, aller conter aux hiérarques, que tu as rencontré en ce tombeau une jeune femme exquise, avec laquelle tu n'as pu refréner de coupables épanchements.*

- Héri-tep étouffa un rire qu'il ne jugeait pas de circonstance. *Je me sentirais grandement blâmable, Ouâti. Cela me discréditerait à jamais auprès des miens ! D'autant que ce tombeau est le sceau divin par excellence, n'est-ce pas celui d'Osiris... si cher à mon cœur.*

- *Mais au mien aussi, crois-le, Héri-tep ! Cependant, ne pense pas que ma présence en ce lieu constitue un sacrilège. D'ailleurs, la dépouille du dieu ne se trouve pas en cet endroit. Ici, ne sont rassemblés que les éléments les plus représentatifs de sa symbolique.*

Par la grâce d'Atoum, Osiris a depuis bien des Lunes disséminé les fruits de son corps en d'autres lieux.

- *Pardonne-moi, Ouâti, comment peux-tu appréhender de façon aussi... assurée, les aspects les plus occultes de la tradition ? Ce n'est en rien chose futile que l'interprétation de la symbolique !*

- Elle eut un sourire indulgent, celui-là même qui décuplait son charme : *Je pense que, parmi tous les menus défauts que je discerne en toi, Héri-tep, celui qui m'intrigue le plus, c'est peut-être cette candeur à débattre des choses relevant de l'existentialité. Tu devrais plus souvent faire appel à l'aspect féminin qui réside en toi ! Ainsi, en appariant tes cortex, tu te trouverais mieux informé sur les paradoxes de ce monde !*

- *Par Seth, comment sais-tu... que je pourrais avoir un aspect féminin en moi, Ouâti ?*
- *Tous les êtres possèdent une présence implicite opposée à leur nature sexuée. Ne me dit pas que tu serais un cas unique, Héri-tep ?*
- *Non... sans doute as-tu raison, Ouâti. Je vais veiller à être plus à l'écoute de cette présence, simple question d'égo masculin !*
- *Pour en revenir aux dieux, est-ce que ce serait là un domaine qui t'es réservé, auquel moi, Ouâti, il ne me serait pas possible d'accéder par l'intuition, la réflexion, l'étude et le comportement ?*
- *Par la divine ennéade, jamais, Ouâti, je ne penserais chose aussi humiliante. D'autant qu'à plusieurs reprises, ta conduite spirituelle nous a étonné, stupéfait, confondu même. Mais, pour l'homme mortel que je suis, tes attitudes sont parfois... imprévisibles et singulières, enfin, je veux dire peu ordinaire, Ouâti, reconnais le !*
- *Peux-tu me donner un exemple ?*
- *Anecdotique, alors oui, je remarque... qu'en ce lieu même, tu ne te montres nullement étonnée de ce qui nous entoure, alors que je suis personnellement subjugué par les arts de cette statuaire. Autre exemple, l'originalité de cette lumière féerique que j'utilise, il semblerait qu'elle te soit familière. Pour une personne... normale... enfin... je veux dire ordinaire... c'est une des singularités qui l'aurait interpelé, qu'elle aurait remarqué en premier. Il en est*

beaucoup d'autres, Ouâti... beaucoup, le lion, les ventre-pattes, les apparitions, les disparitions, ton éternelle jeunesse et je ne sais quoi d'autre !

- Me ferais-tu reproche, Héri-tep, de manquer de discernement ? As-tu toi-même distingué que je n'avais nulle lanterne, lors de ma venue en ces lieux ? Et pour compléter tes interrogations, n'as-tu jamais eu l'idée de voir si d'autres que toi pouvaient tirer le même usage de ce quartz dont présentement tu fais usage ?

- Non, Ouâti,... non, l'occasion, ne s'est pas présentée !

- Si tu en tentais l'examen, tu risquerais d'être surpris ! Sache qu'il faut trois sources pour alimenter cette ambiance, que tu qualifies de féerique. Celle qui se trouve répartie en la nature pierreuse, celle qui a trait aux propriétés du quartz lui-même, et celle déployée par tes aptitudes cognitives. S'il venait à manquer une seule de ces références, la clarté en question ne se produirait pas. Trois, la matière, la lumière et l'esprit. Me trouves-tu toujours aussi superficielle en matière de symbolique ?

- Veux-tu dire, que si je confiais mon quartz à une autre personne, telle que toi par exemple, la clarté ne pourrait s'établir ?

- Moi ! Oh, je pense ne pas être le sujet expérimental idéal, objecta-t-elle en un sourire discret ! *Cessons, veux-tu, ces tergiversations collégiales et allons plutôt à l'essentiel ! J'ai des choses importantes à te dire. Il y a dans cette salle une trappe d'accès donnant sur le tombeau... Tu m'écoutes, Héri-tep ?*

L'Our'ma était désappointé par les connaissances d'Ouâti, de ses brusques reconversions où se mêlaient sans discernement le passé, le présent, le futur. Il l'était tout autant par l'audace et la désinvolture qu'elle affichait concernant le sacré. Il hésita un instant avant de la questionner plus avant sur le caractère de sa démarche, dont il ne saisissait pas clairement la finalité :

- Ouâti, je ne te cache pas que toutes ces applications me paraissent effarantes, un rêve ! Tu émerges du passé, en un endroit aussi sacro-saint que celui-ci, chargé de la symbolique des âges. Tu emploies un langage si peu conventionnel, tu te livres à des opérations, comme si tu étais une familière des lieux... Il y a là, un

je ne sais quoi d'anormal... de surnaturel... Ne le prends pas mal, car je ne sais autrement te l'exprimer !

- Ta curiosité est légitime, Héri-tep. Fais-toi à l'idée que je suis la gardienne d'une Tradition Primordiale Universelle. Celle-là même qui est en train de s'émousser en la mémoire des hommes. Mais je ne puis pour autant t'indiquer le rôle précis qu'il m'est demandé de tenir en ce monde !

- En ce monde... N'aurais tu pas voulu dire en ce lieu, Ouâti !

- Ses lèvres affichaient un sourire énigmatique : J'ai bien dit : En ce monde ! Il y a un temps pour tout, Héri-tep. Un temps pour examiner, un temps pour comprendre, un temps pour agir ! Peux-tu m'aider à faire se mouvoir cette statue... afin que se joue le fermoir, il nous faut la faire pivoter d'un quart de tour.

L'esprit de plus en plus embué, Héri-tep cessa de se poser des questions, il aida Ouâti à faire se mouvoir la représentation du dieu Haroéris, Horus l'ancien. Sans un bruit aucun, le panneau alors coulissa à l'endroit indiqué. Il laissait entrevoir une pièce obscure, d'où il émanait un suave parfum de fleurs sèches.

- Commences-tu à ressentir en toi, Héri-tep, les prémices de cette ivresse spirituelle, en laquelle il serait bon que tu t'immisces pour franchir une étape... peut-être décisive, de ta vie ?

- Ouâti, cet endroit est pour moi digne du plus profond respect. Voudrais-tu dire qu'il est dans l'intérêt de ma mission de pratiquer office en ce lieu ?

- Oui, Héri-tep, je vais t'expliquer comment tu devras procéder, mais avant cela, il est bon que je t'informe de l'importance de l'endroit que nous fréquentons ! Il est l'un des sept points géo-harmoniques de la planète. Le premier est dans les Himalayas, à l'emplacement où l'amas des roches forme un quadrilatère, et sur lequel tu as reçu la connaissance prophétique. Le second se trouve sous la ziggourat d'Ur, dans les quatre régions de Sumer où tu bénéficias de la Révélation Intérieure. Le troisième est ici, sur ce plateau de Ro-Setaou que dominent les trois pyramides. L'épicentre est représenté par la forme rectangulaire de ce catafalque où tu recevras l'initiation intemporelle attachée à l'éternel présent. Le

quatrième est en territoire celtique où ta conscience identitaire devra se rendre un jour, pour parfaire la mission qui est la tienne dans les âges.

– *Par quel don, Ouâti, es-tu informée de toutes ces implications, que ma formation initiatique me fait tenir pour vraies ? Faut-il admettre que la sauvageonne inculte que jadis tout un village conspuait... était déjà missionnée par l'esprit universel ?*

– *Si je suis ici, c'est que nos deux missions se conjuguent, Héri-tep, et qu'il nous faut tous deux s'apparenter. Tu te dois de prendre conscience des divers aspects de ta quête. Le maître d'aujourd'hui doit initier le maître de demain.*

– *Pardonne-moi, Ouâti... mais je crains que tu n'aies pas répondu à ma question ?*

– *Je ne puis répondre à ta question, Héri-tep ! Je peux seulement te suggérer ce que tu te dois de faire, libre à toi d'agir... selon ta conscience.*

– *As-tu l'intention de demeurer à mes côtés pour procéder à l'inventaire de ce sanctuaire, Ouâti ?*

– *Non, je ne dois pas, certains principes s'en trouveraient à jamais modifiés. Le périmètre de ce sanctuaire, qu'il est impropre d'appeler « tombeau », est un lieu où le temps a une propension discontinue !*

– *Où le temps... Par tous les dieux du ciel, Ouâti, qu'entends-tu par-là ?*

– *Ce cristal de roche s'est présenté à toi dans une coupelle que maintenait la divinité factionnaire du serdab. As-tu remarqué, avant que tu ne poses sur sa tête le disque témoin d'Atoum, un petit orifice placé au centre de cette coquille ?*

– *Oui ! J'ai prêté attention à ce détail, car c'est précisément de cet endroit qu'a jailli le quartz que voici.*

– *Tu vas retrouver un orifice identique sur le sarcophage. Il est placé à l'intersection des sceptres, ceux-là mêmes que ce gisant de pierre maintient croisés sur sa poitrine. Cet endroit précis symbolise le point vernal, mais également une situation cruciale se situant au croisement des quatre étoiles, cadre de la constellation d'Orion.*

– *Ne me dis pas, Ouâti, que je dois introduire ce cristal de roche au cœur de cette dépouille sacrée ?*

- *Il le faut, Héri-tep ! Je te rappelle qu'il ne s'agit pas d'une dépouille, comme tu l'énonces, mais d'une simple effigie en pierre du dieu ! Le moment venu, ton geste aura pour effet de faire défiler les âges à l'extérieur de la crypte.*

- *Les âges... Par tous les dieux réunis, tu sous-entends... les siècles peut-être ?*

- *Pour être plus globale, je dirais le temps d'un cycle précessionnel. La moitié de ce cycle est matérialisée par la hauteur de la Grande Pyramide.*

- *Je savais cela, mais pourrais-tu me donner, plus de précisions, Ouâti, en ce qui concerne la poursuite de ma mission ?*

- *Le cycle en question se divise en trois âges qui d'ailleurs n'en font qu'un. Le plus grand, est de 25 920,90327 années. Le plus court est de 25 852,94905 années, c'est celui que tu te devras d'utiliser pour la chronologie au sein de la pyramide. Le troisième est intermédiaire des deux extrêmes, 25 886,92616 années, il est proche de cet espace-temps en lequel tu vas devoir t'intégrer.*

- *En gros, l'espace-temps d'une vie humaine séparerait le plus grand cycle du plus petit.*

- *Exact, mais revenons à ce que tu vas devoir faire ! Hormis les légers troubles physiques pouvant affecter les personnes, aucun autre élément ne viendra modifier intra-muros l'aspect des choses. Considère que ce sanctuaire d'Osiris est à l'image d'un vaisseau sur l'océan des âges. Tu effectueras la distance de port à port, sans que l'esquif ne change en quoi que ce soit. Est-ce que je suis claire dans mes descriptions, Héri-tep ?*

- *Oui, Ouâti, mais de nombreuses questions se présentent à mon esprit. Je présume que la longueur du quartz doit représenter... une échelle de temps, en rapport avec ce que tu viens d'énoncer ?*

- *Un demi-cycle précessionnel précisément, soit 12 926 années. Néanmoins, tu devras veiller à ne point aller tout à fait au terme de ce demi-cycle, afin d'atteindre un âge et une date précise.*

- *Serait-ce celle moralement abjecte que j'ai survolée en les Himalayas ? Il s'agit d'une époque où il est question, pour la première fois, d'un homme marchant sur la Lune.*

— Héri-tep, ce tombeau est resté fermé des millénaires avant que tu ne viennes l'ouvrir. Après ton passage sur Terre, il restera clos de nouveau pendant des millénaires, sensiblement jusqu'à cette ère que nous évoquons et que tu perçois comme une aberrance sociétale. Elle se situe à environs cinq cents ans avant la fin du demi-cycle précessionnel, représenté par la montée en altitude de la constellation d'Orion.

— Ouâti, mais pourquoi particulièrement à cette époque ? La civilisation en question se montrera iconoclaste pour tout ce qui touche à l'esprit de tradition, dont elle ne saisira pas le sens déterminant. Ses mœurs seront dépravées et sa condition existentielle sera vouée à un matérialisme éhonté, dont il n'est même pas décent de faire état. Rien de bien ne pourra émerger de cette civilisation, si ce n'est à échéance son autodestruction, par ignorance et dénigrement des souverains principes.

— Oui, précisément ! Cette civilisation s'avérera, sous des apparences non alarmistes, la plus dense, la plus égoïste, la plus amorale que l'humanité n'ait jamais produit. C'est précisément en raison de ses carences que tu te dois de lui venir en aide. Par leur appétence inassouvie du profit, par leur inconséquence sur les méfaits occasionnés à la nature, les êtres qui concevront une telle société mettront en péril la planète entière. Tu auras donc, Héri-tep, un rôle important à tenir, celui d'une passerelle entre passé et futur. Puisque tu ne saurais douter que le futur dépend des critères du passé, il t'appartiendra d'enseigner cette notion, selon une formule originale.

— Je ne saisis pas très bien l'utilité de mon implication, Ouâti. Insinuerais-tu que je dois me projeter dans le temps, pour tenter d'agir sur les règles sociales de ce lointain futur ? Tu n'es pas sans savoir que chaque être vivant, chaque civilisation, se doit de réagir par elle-même à ses faiblesses. Cette époque serait-elle à part, pour susciter autant d'indulgence ?

Un voile de tristesse recouvrit le visage d'Ouâti. Elle ferma un instant les paupières, comme si elle devait maîtriser une vision intérieure qui cherchait douloureusement à s'imposer à elle :

- Oui... Héri-tep. C'est dans l'ignorance la plus totale que cette civilisation atteindra, au cours de sa folie expansionniste, qu'elle nommera « croissance », un cap de non-retour. Elle fera alors fi de cette logique d'équilibre indispensable à la pérennité des espèces et au renouvellement de la vie. Les ploutocrates en tête de cette société la ruineront matériellement et moralement avec cet outil fallacieux qu'ils nommeront sans humour aucun... démocratie, autrement dit, pouvoir du peuple. Les dirigeants de ce système mensonger nieront jusqu'aux extrêmes limites la réalité du danger qu'ils feront encourir à la planète. Ils mentiront pour détourner à leur profit les suffrages d'une population abêtie, conditionnée par la toute-puissance des méthodes d'information. Toutefois, sache que les dieux se sont rassemblés en « l'absolu présent » qu'est le Nou. Bien qu'ils ne puissent agir directement selon les lois universelles, ils ont décidés de donner à cette civilisation de l'extrême une chance ultime de modifier sa logique pernicieuse.

- Mais, Ouâti, que vais-je faire seul... en pareille galère ?

- La réussite de cette opération sera fonction de tes propres travaux sur la Tradition Primordiale. Ce sont là des critères susceptibles de sensibiliser les derniers justes indignés de ce monde futur en perdition. Mais dis-toi que les êtres les plus éclairés de cette époque ne vibreront, pour quelques-uns d'entre eux, qu'à une réalité mathématique... Et nous avons à charge que celle-ci soit manifeste, pour leur donner à réfléchir sur la justesse des faits que nous livrerons à leur discernement. Nous faciliterons ainsi, non point le retour à un dogme religieux suranné, mais à une espérance spirituelle. Elle pourrait être l'ultime tentative, apte à susciter une réforme populaire de la dernière chance.

Ouâti eut alors un sourire triste, elle posa sa main à plat sur la poitrine de l'Our'ma, tout en ajoutant sur un ton peiné :

Je ne te cache pas que la chance de succès d'une telle opération est faible, Héri-tep, mais nous nous devons de la tenter toi et moi !

- Je suis séduit par tes propos, Ouâti. Ma conscience ne saurait faillir à ce qu'elle estime être son devoir ! Néanmoins, il me reste à connaître de quelle façon je puis être utile, tenant compte du pouvoir *limité qu'est le mien. Ensuite, si ce « bâtonnet des âges » m'envoie renifler cette civilisation, comment ferai-je pour regagner notre époque ? Je ne tiens pas à vivre le reste de mon existence avec ces êtres superficiels qui ne cultivent que l'apparence.*

- Non, ce n'est pas le projet de la tentative, une fois que tu auras introduit le quartz dans l'orifice, et que tu auras gagné l'ère que nous évoquons, il te faudra trouver en tâtonnant plus finement, la date d'ouverture de ce tombeau. Si tu es attentif, elle se manifestera par un petit « clic » que déclenchera le bâtonnet lors de sa descente dans l'engagement.

- Ferais-tu allusion à une date précise, qui figurerait en cette période de temps dont nous parlons ?

- Exactement. Il te faudra chercher, par de petites impulsions sur le cristal, l'instant où aura lieu l'exploration de ce sanctuaire où nous sommes. Les fouilleurs de terrains dont il est question, se nommeront « égyptologues ». Tu tenteras alors de lier conversation avec ces découvreurs, sans grand espoir toutefois de les convaincre. Il est fort probable qu'ils s'imagineront êtres victimes d'hallucinations. C'est alors qu'un événement très important aura lieu qui justifiera pleinement cette entreprise. À la suite de cette première expérience, réussie ou non, il te suffira de retirer graduellement le quartz de sa cavité, pour réintégrer l'âge précessionnel qui est le nôtre. Si tu procèdes selon mes conseils, il n'y aura aucun risque pour vos personnes, Héri-tep !

- Comment, Ouâti, pourrai-je savoir avec précision que je me trouve à cette époque lointaine que tu définis, puisque je serai versé dans l'isolement et l'obscurité ?

- Je te l'ai dit, ce tombeau restera inviolé pendant une période de 4 440 ans. Ce qui signifie que nul être humain ne pénétrera à l'intérieur au cours de ces longues années. Après ce petit « clic » ressenti au niveau de tes doigts, il te suffira alors de diriger ton regard sur l'entrée, lorsqu'une lumière brillante apparaîtra, venant des lampes de ces « égyptologues », ce sera le signe qui te permettra de voguer en esprit dans la raison de ces personnages. Tu ne te subsisteras pas, tu ne pourras au mieux que flâner en leur état mental.

Oh ! Une chose encore : il se pourrait que, par la suite, tu aies à gérer la présence d'une entité inconnue, que le pouvoir de ce lieu aura capturée en sa sphère d'intemporalité. Si un tel événement venait à se produire, sache que la présence de cette personne parmi vous devra être limitée dans le temps. En aucun cas son initiation aux valeurs égyptiennes, que vous aurez devoir de lui enseigner, ne devra dépasser neuf jours. Je ne puis t'en dire d'avantage, Héri-tep, sans aller au-delà, de ce qu'il m'est permis de révéler... As-tu d'autres questions ?

- *En toute logique, la situation ainsi décrite devrait m'apparaître des plus insanes, Ouâti... Seule mon intuition me dit que tu as raison, mais, pour l'amour du ciel... Ouâti...Qui es-tu ?*

Ouâti s'apprêtait à répondre lorsqu'une voix aux intonations oscillantes se fit entendre avec insistance au-delà de l'orifice d'entrée.

- **Maître...** *m'entends-tu...* **Maître...** *Je peux entrer... Vénérable Pair...c'est Shem'sou ?*
- **Patiente un instant, Shem'sou...** *Je termine avec... avec... ce que j'ai entrepris !* La voix de l'Our'ma se ravala rapidement en un murmure précipité à l'adresse d'Ouâti : *C'est Shem'sou, que faut-il faire, peut-il entrer, te voir... te parler ?*
- *Shem'sou a l'âme pure et l'intelligence vive. Toutefois, pour son équilibre personnel, dû à son excessive émotivité, il n'est pas utile que tu l'entretiennes de ma visite en ce lieu. Je vais me retirer en empruntant le même chemin.*
- **Ouâti !** *Quand nous reverrons-nous ? Je... Je t'aime, Ouâti, oui... je suis ardemment épris de ta personne... depuis le premier jour, je ne te l'avais jamais dit, hé bien voilà, je serai parvenu à te le dire, cette fois, Ouâti...je ne sais pas comment !*

Contre toute espérance, la jeune femme ne répondit pas à cette déclaration maladroite autant que précipitée. Elle lui tourna le dos, en pivotant promptement sur elle-même, sa voix, jusqu'alors éloquente resta muette un cours instant. Puis, sans se retourner, elle reprit en un murmure à peine audible :

- *Nous... nous reverrons, je te le promets, Héri-tep ! Mais ce ne sera... Ce ne sera pas avant longtemps, il ne peut en être autrement !*

Ouâti revint sur ses pas en détachant de son cou ce bijou d'or fin qu'elle portait en pendentif. Son regard de jais brûlait d'une émotion mal contenue :

- *Prends cette croix, comme tu t'en doutes, elle n'est pas simplement un vague emblème, c'est la croix d'Orion, elle relève d'une haute symbolique, le cercle au centre à une circonférence délimitée, que tu retrouveras dans la base de la Grande Pyramide. N'hésite pas à faire usage de ses possibilités, lorsque cela te semblera judicieux.* Avec des gestes affectueux, Ouâti plaça le cordon autour du cou de l'Our'ma. *Nous sommes à jamais réunis, Héri-tep, moi aussi... Je t'aime et je serai omniprésente... là où tu seras !*

Leurs lèvres proches l'une de l'autre étaient sur le point de s'unir, mais Ouâti en un ultime réflexe rejeta son buste en arrière. Le temps d'un battement d'ailes, la silhouette souple de la jeune femme disparut en l'obscurité du souterrain, alors qu'un bruit cruel de fermeture venait clore le passage.

- **Maître**, *que t'arrive-t-il... Quel est ce bruit, Maître... Maître... Réponds-moi... Vénérable Pair... ça ça ça va ?*
- *Oui... Shem'sou... la porte... c'est la porte du tombeau qui vient de s'ouvrir, enfin, se fermer... de se refermer... brusquement... Oui, tu peux rentrer.*

L'Our'ma respira à fond pour reprendre haleine. Alors que Shem'sou pointait son visage dans l'orifice pratiqué sur le bas-relief.

- Oh...là...là... tu devrais aller prendre le dehors, Maître... tu as une mine d'outre-tombe ! Oh, quelle est cette croix que tu portes en pendentif ?
- Cette croix... Oh... Elle m'a été donnée... par... une déesse !

- Ah... ben tu vois, Maître, qu'elles ne sont pas aussi statufiées que ça ! Ce n'est d'ailleurs pas pour me rassurer ça.

- Shem'sou, aurais-tu... amené en ta hotte, un encensoir ? Avant de franchir le seuil, j'aimerais... que tu déambules dans cette antichambre et que tu effectues douze allers-retours de trente pas.

- Douze allers récités... Bien, Pair, j'ai ce qu'il faut pour cela. Nous ne pouvons en effet, pénétrer en ce lieu, dont je crois deviner ici l'entrée, sans l'assentiment préalable des divinités... Tu as raison, oui !

- À vrai dire, Shem'sou, j'ai besoin de récupérer un peu ! Je vais m'accroupir en cet endroit-là et m'adonner à quelques réflexions personnelles, en attendant que tu aies terminé les prolégomènes d'entrée.

L'esprit songeur, Héri-tep alla se placer au pied de Séchât, la conseillère de Pharaon, dont la tiare était composée de 7 pétales. L'encens répandu par le prêtre servant enivrait les sens, et la présence d'Ouâti en ce lieu hantait ses pensées. En vertu de ce qu'il lui fut suggéré par son étrange présence, il se devait de consulter en urgence cet autre lui-même qu'était sa polarité intime :

- ** *Nadjelda, puis-je connaitre ton avis sur tous ces événements que nous venons de vivre ... Nadjelda... Nad...jel...*
- ** *Je t'écoute, Héri-tep ! Je constate qu'il faut que quelqu'un te conseille pour que tu daignes t'informer de ma façon d'interpréter les choses.*
- ** *Oui, c'est Ouâti, il s'agit d'une vieille connaissance, Nadjelda ! Comme moi, tu as vu et entendu ce qui s'est passé. Je ne peux me faire à l'idée, par trop simpliste, qu'elle soit apparue*

incidemment, en ce lieu privilégié qu'est ce sanctuaire. Par ailleurs, sachant combien il est légitime que tu te montres... un peu défiante, eu égard à sa condition féminine. Je tiens à m'expliquer auprès de toi, de cet amical épanchement qui a précédé notre entretien.

- *** Si par le terme « amicale épanchement » tu fais allusion à se baiser, quel plaisant euphémisme ! Sache, Héri-tep, que si je suis méfiante sur le pouvoir d'influence des femmes qui ont un corps pour aimer, je n'aurais pas la stupidité d'être jalouse... d'une déesse. Ce serait une offense faite aux dieux.*
- *** Une déesse... Là, tu y vas fort, Nadjelda, mesure tes propos voyons, ce ne saurait être...*

- *** Ne joue pas avec moi les hypocrites, Héri-tep, toi-même à la fin de cet entretien tu as émis cette éventualité... N'ai-je point raison ?*
- *** Oui, à un moment il est vrai, j'ai pensé... mais je puis t'assurer, Nadjelda, qu'Ouâti est bien en chair... D'ailleurs, lorsque nous nous sommes emb... brassés !*

- *** Fais-moi grâce de ce genre de détails ! Feindrais-tu de t'apercevoir que cette entité accompagne tes pas de loin en loin dans cette vie, de la manière la plus étrange qui soit ? Tu admettras, cette petite intervention buccale mise à part, que pour une amie chère, elle sait se montrer plus que discrète à ton endroit ?*

- *** Exactement, Nadjelda, ce qui justifie ce petit baiser furtif de retrouvailles... rien de compromettant, je t'assure !*
- *** N'aggrave pas ton cas, par une défense malheureuse, Héri-tep. Ne lui as-tu pas dit que tu l'aimais ?*
- *** Oui... Elle m'est sympathique, il est vrai... Je n'ai pas à le cacher, mais nous nous voyons si peu...*
- *** Héri-tep, montre-toi lucide avec moi ! Il est flagrant que cette divinité t'a embrassé devant le panthéon des dieux, dans l'unique dessein de sceller avec toi « le principe spirituel d'un pacte hiérogamique ». En ce lieu précis, qu'est ce sanctuaire, cet acte se devait d'être semi-charnel, il le fut. Ainsi, l'animisme corporel, que*

tu sais manifeste en chaque divinité statufiée, aura été témoin de votre engagement réciproque.

- ** Tu... tu prétends à un pacte, lequel aurait eu pour témoin le panthéon et tu insinues que ce baiser aurait été une sorte de... de sceau ? Je suis affligé, Nadjelda. Selon toi, cette rencontre n'aurait pas l'innocence qu'on pourrait lui prêter, mais dans quel but, alors ?
- ** La seule innocence que tout un chacun pourrait constater... C'est la tienne, Héri-tep.
- ** Tu me trouves naïf à ce point, c'est un comble... Et quel serait le nom de la divinité incarnée par Ouâti ?
- ** Je l'ignore, Héri-tep ! Peut-être est-elle parèdre d'Hathor, la déesse des cycles ou est-ce Isis elle-même ? Je te rappelle, au cas où tu l'aurais oublié, qu'une déesse n'est pas une femme, c'est un principe féminin... Ce qui est tout à fait différent.
- ** Que nous nous en tenions ou non au principe, qu'est-ce qui t'incite, Nadjelda, à faire des rapprochements aussi... osés ?
- ** Mon intuition... mais pas seulement ! Lorsqu'elle était près de toi son entité m'apparaissait diffuse, comme irradiante et sa présence sexuée secondaire commune à tous les êtres... était absente.
- Absente... tu veux parler de son double masculin, absent !
- Oui ! Et en ce qui concerne Hory, as-tu réfléchi à la fréquentation singulière de ce lion, qui inhale assidûment tes chaussures, n'est-il point l'ambulante allégorie de Sekhmet la lionne qui va chercher aux confins de son territoire sa substantielle nourriture ?

- Ah non ! Là, c'est franchement excessif... Franchement, là, **je ne peux pas te laisser dire ça !**

- Mais... Ce sont les psaumes traditionnels... en pratique dans tous les temples d'Égypte, Vénérable Pair. **Je n'invente rien !**

- Oh... mais... Oui... Bien sûr... Shem'sou. Bien sûr que tu n'inventes rien... Pou pour... poursuis ton travail... mon frère, je rêvais à voix haute... sans doute, pardonne-moi !

Lorsque Shem'sou eut bouclé les trois cent soixante pas, Héri-tep vint le rejoindre. La conscience quiète du devoir accompli, mais l'esprit en ébullition. Ils entamèrent alors une ultime oraison avant de se placer sur le seuil de la chambre sépulcrale.

Face à cette ouverture donnant sur un autre univers, tous deux furent frappés d'une crainte révérencielle. Ils effectuèrent quelques pas indécis, en direction de cette béance, d'où exsudait une atmosphère fleurée d'écorces parfumées. En cet instant même, sous l'influence des ondes émises par le cristal, la pièce s'illumina. Héri-tep retint un cri d'admiration, dont ne put s'abstenir Shem'sou :

- **Ouah !** Maître… *Quelle merveille !*

Au centre, posé sur un catafalque de marbre vert, reposait un sarcophage d'une prodigieuse beauté. Trois couleurs ornementaient ce linceul de pierre, le vert sombre, le noir et l'or. Dans la partie excavée était allongé un gisant de pierre, dont le corps nu avait été taillé dans un bloc de diorite. Les parois du tombeau répondaient à une géométrie rigoureuse et semblaient être étudiées au plus juste de ses formes. Quelques indices spécifiques ne laissaient aucun doute sur l'identité du personnage. Les traits de ce Roi gisant étaient à l'effigie d'Osiris, principe sommital de la mythologie originelle, dieu mort et perpétuellement renaissant.

Au pied du cénotaphe, une sobre inscription, expliquait qu'Osiris dieu de lumière, avait été, en son temps, disséqué par les forces obscures de la matière non évoluée. Depuis l'origine de l'humanité, le dieu souffrait d'être ainsi disséminé en elle, sans pouvoir se réunifier. Toutefois, il était précisé que, dans les âges, son omnisciente sagesse sublimerait une partie de cette matière pensante, grâce à l'apport bénéfique de l'intelligence horienne.

Le rectangle représentant le sarcophage était coupé en son milieu par le tracé au sol d'une pyramide vue à la fois en plan et en coupe. Les lignes en sillons étaient composées de myriades de fragments mosaïques de couleur gris-perle. D'autres lignes se projetaient en une fresque anthologique, probable synthèse de formules géométriques et numériques. Intrigué, Héri-tep tendit l'oreille au silence du lieu !

- *Quel est ce léger bruit que l'on entend ?*

- *Maître... ce sont... ce sont peut-être un peu mes dents...dents, qui cla...cla...ques, Maître... pourquoi... Osiris est-il nu... Maître ?*
- *Il est nu, Shem'sou, parce que son corps incarne celui de l'homme, et que chaque organe important sur le plan de la symbolique est souligné par le passage d'une ligne géométrique.*
- *Je vois... C'est l'emplacement de l'hypothalamus. Regarde... Maître, c'est aussi la position du cobra royal.*
- *Oui, il emblématise le front, ensuite viennent les yeux, le nez, la bouche, le larynx, le cœur, le plexus solaire, le nombril, le sexe, les cuisses, les genoux, les mollets, les chevilles et les pieds. Cela fait combien d'après toi ?*
- *Ce sont les... les quatorze morce...morceaux, Maître !*
- *Exact, et quelle est la mesure intérieure du sarcophage ?*

Shem'sou fouilla au fond de son bissac, pour en retirer une coudée de bois tremblotant, qu'il appliqua répétitivement le long de la paroi interne :

- *Trois coudées quarante-trois. Ce qui fait un mètre quatre-vingts de hauteur pour ce gisant. Il nous faut peut-être le diviser en 14 morceaux osiriens ? Soit, 14 par 1,80 égal 7,7777777. Ce beau nombre a-t-il une signification, Maître ?*
- *Il en a une, nous en parlerons ultérieurement ! Je pense qu'il y a là un hermétisme représentatif d'une ère lointaine où les hommes-dieux étaient imprégnés, plus que nous encore, de la portée des symboles. Ils considéraient à juste titre que la symbolique sous tous ses aspects les reliait au divin. Ces deux sceptres en sont un exemple, ne font-ils pas partie intégrante de l'effigie du dieu.*

L'Our'ma se pencha avec respect sur les attributs royaux que le dieu maintenait croisés sur sa poitrine. Il s'aperçut que le petit orifice décrit par Ouâti était bien visible au point précis d'intersection des deux emblèmes.

- Ces sceptres, ont-ils quelque chose de… particulier, Maître ?
- Non, leurs formes sont semblables à celles que nous a transmis la tradition, à quelques détails près, entre autres ce petit orifice placé au centre. La croisée des sceptres est l'un des plus grands mystères… Sais-tu ce qu'elle représente, Shem'sou ?
- Selon moi, elle exprime les deux aspects du pouvoir, Maître. Le Neheh masculin détecte et chasse ce qui est indésirable ou inopportun. Alors que le crochet du Heka féminin retient ce qui est délectable et… édifiant.

- Cette version est la plus répandue, en effet. Mais il en est de plus ésotériques que celle-ci ! Les sceptres symbolisent avant tout la croix d'Orion, base de la connaissance mystique, Shem'sou. Je pressens que les sceptres Heka et Neheh ainsi placés en croix sur la poitrine du dieu, forment l'angle de base de la Grande Pyramide, l'angle doit réaliser 51°51'14"31. Regarde avec ton rapporteur Shem'sou ?
- Ahou, c'est exact Maître ! Si j'ai bien compris, chaque détail exprimé n'est pas seulement dû à une intention esthétique, c'est une synthèse de la symbolique de connaissance ?
- C'est l'évidence même, Shem'sou ! Regarde de nouveau ce point placé sur le front du dieu, il recoupe exactement le centre du cercle représentant la Terre et la Lune.
- Ho, vois cela, Maître, ce tracé est la fidèle représentation du bijou que t'a offert Soudda-Hi dans les Himalayas.
- Oui, Shem'sou et l'emplacement du cœur se trouve sur le pôle sud de la circonférence terrestre, c'est un signe ça !
- Ah, je comprends pourquoi, Pair. Celui-ci est attiré par l'autre polarité excentrée, cela fait battre son cœur… nord… sud… nord… sud.
- C'est sans doute quelque chose comme ça, oui ! Et le nombril, observe l'emplacement du nombril, ne vois-tu pas qu'il est au centre de la Lune, aspect féminin par excellence ! Alors qu'en sa ligne de circonférence la plus basse, le cercle de Terre définit par sa courbe la rondeur des deux seins… Tu vois ?

- *Et la circonférence même de la Lune détermine la situation de la femme enceinte, le ventre rond en lequel se tient le bébé... La Lune est-elle ici à l'exact rapport de dimension, Maître ?*
- *Oui, Shem'sou, rigoureusement. Cela relève d'études hermétiques peu répandues chez les initiés d'Égypte, on la nomme la symbolique des échelles de valeurs.*

Mesure en main et pieds légers, Shem'sou fit rapidement le tour du catafalque :

- *Maître, le pourtour extérieur du sarcophage réalise exactement 6 mètres et l'intérieur aux deux colonnes 1,80 m, soit 3,60 m.*
- *La Terre est ainsi liée au Ciel. Tu remarqueras que les pieds d'Osiris se trouvent sur la base même du sarcophage.*
- *Osiris est l'homme vert de la mythologie, le dieu de la germination et du renouveau de la nature. C'est franchement inouï, Maître, cette perfection géométrique. Et sur un plan numérique, cet ensemble doit dissimuler des révélations, plus importantes encore, que celles que nous appréhendons ?*
- *Les circonférences de la Terre et de la Lune sont ici réduites à dix millions de fois, et le Soleil en bas à un milliard de fois. Il y a, vois-tu, tellement de valeurs à décrire, qu'en une semaine nous n'arriverions pas au bout. C'est pourquoi il devient urgent de passer à autre chose, cela s'avère tout aussi sérieux et complémentaire à notre découverte.*
- *Ah oui... C'est quoi... l'autre chose, Maître ?*
- *Shem'sou, je n'ai pas eu encore le temps de t'en parler. Nous avons tous deux une mission importante à accomplir. Très importante même.*
- *Une mi...mi Maître mission !*
- *Oui ! Il ne s'agit rien moins que nous effectuions l'un et l'autre un saut dans le temps.*
- *Un saut si saut... dans... le temps... Maître... Oui... C'est...Oui ! Rien de plus banal...sa dépend du saut, Maître.*

– *Nous ne nous attarderons pas en ce voyage… notre merveilleuse Égypte nous manquerait !*

– *Je ne te cache pas maî… m… maître, que tes propres… pro… pos m'e… m'effrayent quelque que peu ! Mais, mon… devoir est de te suivre jusqu'à la… mo… mort, Pair… si si s'il le faut… bien sûr !*

– *J'espère ne pas t'entraîner aussi loin, l'opération toutefois est délicate. Pour que ce déplacement s'effectue au mieux de nos intérêts, je dois introduire ce bâtonnet de quartz dans le petit orifice que tu remarques ici, situé à la croisée des sceptres.*

– *Dans, dans… quel bu but, tu tu tu fais ça Maître ?*

– *C'est une mission… de caractère divin, Shem'sou, une légitime et belle mission.*

– *Ah oui, faut faut qu'elle soit belle, Pair, ta mission, pour aller ainsi dans la nuit des temps, sans même un âne pour le retour.*

– *Oui elle est… Bon ! Écoute-moi, je te prie ! Dès l'instant où j'aurai glissé ce cristal au centre des sceptres, ce sanctuaire deviendra un vaisseau qui nous permettra, quasi instantanément, de nous projeter à une époque précise du futur… Exactement en cette époque que tu exècres autant que moi, où sévit un matérialisme exacerbé, et un reniement systématique des valeurs traditionnelles. Après quoi… nous essaierons de revenir !*

– *Nous essaierons… nous essaie de… re re… Ah si… Ça ne me rendait pas ma… malade, ça serait une belle mission d'aventure, Maître, un un vrai plaisir ! mais pourquoi… fais-tu tu cela… Pair ?*

– *À vrai dire… je l'ignore, Shem'sou. Nonobstant, ce dont je suis sûr, c'est que nous l'apprendrons à notre retour ou au mieux, au cours du voyage. Je sais seulement qu'il est de notre devoir, de contacter deux égyptologues !*

– *C'est… quoi cette chose… Maître ?*

– *Les êtres humains de cette civilisation qualifieront ainsi le métier de ces hommes, en principe de sciences, qui fouillent les sables pour soutirer quelques vestiges. Il se pourrait que ce soit des objets de notre époque qu'ils qualifieront de primitive. Pour ces gens-là, nous construisons des pyramides, mais nous n'avons pas découvert la* roue, parce qu'ils ne la voient pas sur nos fresques... tu vois ! Ceux à qui nous aurons à faire pénétreront pour la première fois dans ce sanctuaire où nous nous trouvons, Shem'sou. Notre mission consiste donc à parvenir au moment précis où ils s'infiltreront en ces lieux, à 4 440 ans de notre époque.

– *Quatre mille...ce n'est pas demain ! Mais pourquoi, Pair, désirent-ils envahir cet endroit sacro-saint ?*

– Ils nourrissent l'espoir d'en tirer profit sous un prétexte culturel. Peut-être pour en faire un musée touristique rentable.

– *Un mumu... rentable !*

– Oui, un mumu ! Enfin, un lieu de visite pour tout le monde, comme les jardins de Per-Aou ou les ruines de Nagada, tu vois ?

– *C'est exaltant... tant, Pair, vrai... vraiment, c'est...fou ce truc !*

– Il nous faudra leur parler, Shem'sou, mais, comme nous n'aurons pas de corps physiques pour remplir cet office, nous devrons utiliser leurs propres voix et leurs propres oreilles. Par télépathie ce qui, bien sûr, n'ira pas sans difficulté !

– *Avec leurs... oreilles dans nos voix, Maître... C'est sûr que... ça va pas bien aller pour voir comment on pourra s'écouter, c'est sûr !*

– Nous verrons bien, Shem'sou ! À partir de maintenant, tu te dois de garder le silence. Je te définis ta mission, tu vas tourner ton regard vers la porte d'accès, Shem'sou. La pièce autour de nous va s'obscurcir. Au terme de quelques minutes, je devrai, moi, ressentir une légère résistance sous mon bâtonnet de quartz. À la suite de cette constatation, tu devrais alors ne pas tarder à percevoir une lumière ponctuelle dans le cadre de cette porte. Dès que tu la verras, cette lumière, préviens-moi immédiatement. Sinon... nous risquons d'aller nager à la fin du cycle précessionnel, ou je ne sais où... et pour le retour... Ça serait plus coton... enfin... plus incertain !

Héri-tep essaya de se concentrer sur sa tâche. Autour d'eux, un silence ô combien lourd d'appréhension, s'établit.

– *Écoute, ça revient... on entend de nouveau ce bruit... curieux ?*

– *Ce sont tou... jour mes de...dents dents qui clac clac toutes seules !*

- *Ah... J'avais oublié ! Malgré ta crainte de l'inconnu, Shem'sou, es-tu prêt à franchir les siècles sur les ailes de ta foi en notre science, avec l'appui des légendes et des dieux... Réponds ?*
- *Ouou... oui, maî... aître, j'youi, je n'ai pas le choux... oix !*
- *Bien, j'admire ta courageuse sérénité... Alors, on y va !*

Avec une infinie précaution, Héri-tep glissa la pointe de son quartz dans l'orifice. À mi-trajet de la longueur du bâtonnet, l'obscurité se fit. Il sut immédiatement qu'ils venaient de pénétrer dans le futur. Une légère résistance freinait le glissement, cela lui permettait de doser convenablement la pression à exercer. Il était presque parvenu à l'extrémité du cristal, lorsque la voix de Shem'sou se fit entendre :

- *Maî... aître... aître... La lu... lu... mière... Pé Pair !*

À proximité du sarcophage, un rayonnement lumineux intense partait d'un point précis, pour tracer un rond mobile sur la surface des murs.

- *Je crois, Shem'sou, que nous sommes parvenus à destination !*
- *Maître, regarde... C'est comme si c'était moi qui tenait en main cette lumière, je la tiens... mais je ne peux pas la diriger, c'est bizarre ce truc ?*
- *Oui... bon... pas dans mes yeux ! Tu ne vois donc pas que cette chandelle est trop forte... et qu'elle éblouit ?*
- *Qui m'éblouit..., mais... où es-tu... toi qui dit ça ! Tu... tu t'es déguisé... je ne te reconnais pas... Maître ! C'est quoi ce truc à la con... vla que je parle tout seul maintenant... !*
- *Qui s'est déguisé en quoi... vous devenez fou Jérrison. Que je me présente, Héri-tep, c'est quoi ta tripette... à toi ?*
- *Mais c'est pas ma tripette qui parle...bordel ? C'est... moi Maître... je... peux pas... l'écouter en parlant ? C'est lui qui... qui la dit ça... qui la dit... ?*
- *On devient fou... en ce tombeau, Shem'sou, au moment où il écoute c'est lui qui parle ! Quoi qui dit celui-là, qui peut pas écouter*

quand y peut plus pouvoir entendre, rien que quand il parle... C'est un comble... alors.

- Professeur Hader, peux pas parler tout seul après le tombeau du fantôme qu'il est là, quand y parle, c'est qui que j'écoute... là ?
- Hein ! Vous lui...foutez de moi Jérisson...pour un échange incompréhensible, vous qui comprend pas si quand vous parlez, quand lui, enfin raisonnable...bordel...de bordel !
- ** Nadjelda... Nadjelda... je t'en supplie Nadjelda ! J'ai besoin de tes services...il y a là, tu l'entends, une totale confusion des langages !
- ** Oui... Héri-tep, Ne hurle pas... J'ai compris le problème. J'essaye depuis un moment de rentrer en contact avec le double féminin de ce professeur, mais la chose n'est pas facile !
- ** Fais ce que tu peux, Nadjelda ! Sinon l'entretien va verser dans une complète cacophonie, sans que nous puissions établir un contact profitable !
- Ma...lade, je suis, sans pouvoir que je parle pour moi quand il écoute, professeur vomir partout si lui continue pas de sortir ce putain d'endroit... rempli fantômes dangereux ! Je t'y demande pro... pro pour toi la permis fesseur pour sortir avec mon moi malade, si y te plaît à toi comprendre... merci !
- Foutez-moi le camp, allez dégueuler ailleurs, Jérisson ! Si y te plait à toi comprendre ! Qui est-ce qui m'a foutu des collaborateurs incapables de dominer une situation, et qui perdent les pédales à la moindre étrangeté... c'est incroyable ça... bordel ?
- ** Héri-tep, ça y est, elle s'appelle Nelly ! Elle dit que son double est bougon, mais que c'est un brave type. Il faut lui exposer la conjoncture... et elle est complexe !
- ** C'est bien là, toute la difficulté, Nadjelda. Essaie d'obtenir de la part de Nelly, qu'elle tente de le calmer, afin qu'il garde le silence pendant les quelques secondes où je vais tenter de lui exprimer la chose !
- Monsieur le professeur Hader, n'ayez aucune crainte, je ne vous veux aucun mal. Je suis cependant contraint de m'exprimer par votre organe, car je n'ai momentanément aucun autre support physique. J'ai tenté la télépathie, mais cela ne marche pas avec vous.

- *Mais qui êtes-vous, bon dieu... un revenant ?*

- *Oui... enfin presque... mon nom est Héri-tep, je suis originaire d'une époque lointaine, celle que vous appelez la IVème dynastie. Vous êtes le premier à pénétrer en ce sanctuaire et je suis chargé d'une mission, disons... de contact relationnel !*

- *Ah, ben ça alors... C'est pas banal comme truc ! Ça c'est pas... C'est pas... J'aurais tout vu dans ce putain de métier... tout... vérole de vérole. Un fantôme maintenant... qui parle par ma bouche dans un tombeau !*

- *Monsieur le professeur, si je puis me permettre, je vous suggère lors de notre conversation, de suivre un code. Comme je ne peux m'exprimer que par votre bouche, lorsque j'aurai fini de parler, je dirai « ouf ». Vous saurez alors que c'est votre tour, autrement nous allons cafouiller, comme tout à l'heure... Ouf !*

- *Ah, bien dites donc... vous... vous manquez pas de toupet, vous êtes un fichu farceur ! Pourrais-je savoir... ce que vous attendez de moi ? Hein... ah, c'est vrai...* **Ouf** *!*

- *Je ne suis pas plus sourd, que vous ne l'êtes, monsieur le professeur ! Eh bien, à dire vrai, je tenais à vous signaler que ce lieu était, il y a quelques millénaires, un sanctuaire sacré. Et qu'il vous incombe, puisque vous en êtes, à votre époque, le découvreur, de le protéger et surtout de lui accorder l'immense respect qu'il mérite qu'on lui porte. Ouf !*

- *Ça veut dire quoi ça... mon vieux ? Vous appartenez à une civilisation, soit ! Moi j'appartiens à une autre, et les mœurs voyez-vous sont différentes. Des gens ont financé cette campagne de fouilles, ils m'ont fait confiance, et vous voudriez que je leur dise : En inspectant le tombeau, j'ai rencontré un fantôme qui m'a dit, motus rebouche le trou ! Je passerai pour un timbré... un galvanisé, un songe-creux, avec une cervelle écrémé... et qui plus est, en étant victime d'un ensorcellement sépulcrale aliénant, vous imaginez la situation mon vieux... moi pas, Ouf !*

- *Cherchez plutôt, monsieur, à faire valoir l'extraordinaire intérêt qu'auraient vos commanditaires à envisager que ce cénotaphe soit considéré comme étant le symbole concret d'une mystique ancestrale respectable. Bien plus qu'une banale découverte* archéologique, ce sanctuaire constituerait pour votre civilisation en déclin, un principe de résurgence à caractère intemporel agrégé, je puis vous l'assurer, par le Principe Créateur. Cette reconnaissance vous honorerait, et ce lieu deviendrait une référence pour votre humanité en souffrance. Si vous deviez envisager la chose sous cet angle, votre découverte revêtirait une toute autre signification et gagnerait en dignité tout autant qu'en popularité. Ouf !

- Ah, mon pauvre vieux, vous appartenez vraiment à la IVème dynastie, vous ! J'ai passé trente ans de ma vie à faire des fouilles, dans la chaleur, le sable, la poussière, les vapeurs d'ammoniaque pour trouver quoi... des poissons et des chats empaillés. Et le jour... le jour... où j'ai le pot de découvrir le tombeau d'Osiris, excusez-moi du peu, il me faudrait en parler en des termes incompréhensibles au commun ? Me déchausser peut-être en entrant et effectuer les salamalecs d'usage ! Mais vous planez, mon vieux, les gens n'en ont rien à foutre de la spiritualité, en matière de découverte ! Ce qu'ils veulent c'est du sensationnel, du rêve, de l'or, des bijoux, des célébrités historiques, comme la découverte du tombeau de Toutankhamon... Ça... oui, c'est du concret ! Et, je tiens à faire valoir ma découverte sous cet angle. Même s'il y a peu d'or, il y a l'intérêt mythologique qui compense, mon vieux... Le tombeau d'Osiris, des générations d'égyptologues le cherche depuis des décennies, sans même avoir une idée ! Moi je le trouve... et vous, vous me dites, circulez y a rien à voir, ça va pas, mon vieux. Ouf...ouf !

- C'est qui... Toutankhamon... Ouf !

- Oh... ! Un roi de la XVIIIème dynastie, après votre époque. Non, mon cher fantôme, je ne peux pas, et ne veux pas accorder crédit à cette requête. Votre histoire ésotérique, ça, c'est votre truc, mais ce n'est pas le mien. Chaque civilisation a son dada, mon vieux ! Avec cette trouvaille, je peux espérer dégoter une chaire dans les plus grandes universités, une réputation mondiale et vous voudriez que je coure le risque de passer pour un brelot, en alléguant qu'il faut prendre au sérieux vos histoires de dieu coupé en morceaux, d'animaux porte-plume, de serpents à pattes et autres divagations. Mais ils me ficheraient au cabanon... mon vieux... au cabanon d'aliéné... Ce ne sont pas des tendres ceux qu'ont le pognon aujourd'hui, crois-moi mon cher Sacripette... Ouf !

- Je constate que nos points de vue sont divergents, Monsieur le professeur. En ce cas, je crains que vous ne puissiez exploiter votre découverte, avec le succès que vous ambitionnez. Ouf !

- Ah ben, vlà autre chose... vlà qui menace maintenant cet Ostrogoth ! Je vous énonce que je n'ai besoin, ni de vos conseils, ni de votre autorisation pour savoir ce que j'ai à faire. Allez vous faire pendouiller chez les numides, fantôme de mes deux. Ouf... Ouf... Ouf... et bon vent !

- ** Héri-tep, mon aimé, je suis désolé que tu te sois fait insulter par cet universitaire que prétend être ce monsieur. C'est un mufle, un rustre... un goujat... je ne sais trop comment le qualifier !

- ** Oh, J'en ai vu d'autre, Nadjelda. D'autant que je lui réserve une surprise pas très agréable ! Merci, tout de même pour le contact avec Nelly... sa moitié !

- ** Elle pleure, maintenant Héri-tep ! Elle est désolée du comportement de sa partie masculine, elle me dit qu'il a beaucoup souffert dans sa vie et qu'il est devenu amer en vieillissant et matérialiste à tout crin.

- ** Bon, je tiendrai compte de cela, pour la suite à donner à...

- **Maî... Maître...** oh... la... la !

- Qu'est-ce qui t'arrive Shem'sou... Ah... Non, v'là qui revient cet animal ?

- Je ne reviens pas, je parle à Shem... Sacré bon sang de foutre, qu'est-ce qui branle ce d'Jérisson qu'à dégueuler dehors pour la peur du fantôme.

- Voilà qu'vous lui apprendre à parler le fantôme du tombeau, qu'en... je l'entends. C'est bizarre ce bordel... tout de même !

- ** Nadjelda... entends-tu, le bafouillage recommence, c'est à devenir fou ! Veux-tu dire à Symoua, le « double » féminin de Shem'sou, que nous rentrons à la maison, je n'en puis plus ! Lui-même comprendra, il est suffisamment intuitif pour ça. Je vais glisser immédiatement le cristal de roche au centre des sceptres pour effectuer le parcours inverse.

Presque aussitôt l'obscurité se fit, un silence glacé fit place à la cacophonie délirante, due aux tentatives de dialogues infructueuses avec ce lointain futur. Le corps des deux prêtres s'allégea, au point de perdre toute substance, puis une bienfaisante chaleur circula de nouveau à l'intérieur de leurs organes et membres. Le quartz alors, reprit fidèlement sa fonction d'éclairage public.

- *Maître, ils sont devenus fous là haut... ils sont... je n'ai jamais vu ça... Des milliers de déments...d'hallucinés... Maître...*

- *Qu'est-ce que c'est encore que ce délire ? Ils me l'ont complètement esquinté, ce pauvre Shem'sou !*

- **Maître** ! *Il faut me croire, Maître... Ils sont des milliers dehors, qui attendent que l'on sorte... pour nous faire notre fête. Tous plus fous les uns que les autres !*
- *Calme-toi Shem'sou, calme-toi... Nous sommes de retour chez-nous... Tout va bien !*
- *Maître, je ne sais... comment te décrire cette situation... Ils m'ont entouré, ils étaient des dizaines autour de moi à me tirailler en tous sens... pire que si j'avais volé une oie... Maître... pire !*

- *Qui... ils ?*

- *Les détraqués d'en haut, Maître ! Je te précise qu'il fait jour, alors qu'il devrait faire nuit et que les hiérarques ont disparu. Ceux qui les remplacent ont des barques qui volent comme des oiseaux, avec des rames qui tournent au-dessus des mâts, en jappant plus que chiens enragés... avec un bouillon d'orage abominable, Maître !*
- *Calme-toi, veux-tu, je te répète que nous avons regagné l'Égypte, qu'il n'y a plus de danger... plus... de... danger ! En ce moment, tu nous fais un rêve éveillé en lequel tu t'imagines être encore dans le futur ! Alors que nous sommes...* **de retour en Égypte** *!*
- *En Égypte... on est de retour et tu ne me le disais pas, chez nous, mais pourquoi Maître, ne me l'as-tu pas dit tout de suite !*
- *N'oublie pas, Shem'sou, que ce lieu est sacré, et que l'on ne doit pas hurler comme tu le fais... Exprime-toi avec tempérance. Quant aux gens dont tu parles, il s'agit probablement d'un rassemblement*

populaire appartenant à l'époque que nous venons de quitter... Ce que tu décris et prétends avoir vu n'était que le produit de leurs techniques... Probablement.

- Mais pourquoi m'ont-ils sauté dessus, Maître, je ne leur demandais rien. Ils tenaient braqués sur moi des pommeaux de cannes en bronze, avec d'énormes yeux glauques de batracien verruqueux. Ils parlaient tous en même temps en agitant ces serpents à têtes muselés, qu'ils voulaient à tout prix me faire avaler. Je t'assure, Maître, je n'ai jamais eu si peur de ma vie. Ils m'appelaient... Jérisson... Jérisson ! J'avais beau leur dire que ce n'était pas moi, c'était pire, Maître... Ils me disaient : Qu'est-ce qui se passe Jérisson... Quelques mots... S'il vous plaît ! Et moi je leur disais : Mais, je ne suis pas Jérisson, et ça, ça avait l'air de les inquiéter bougrement, Maître.

- Shem'sou, tu étais momentanément dans la peau de ce personnage, lequel à la suite de notre intervention a été atteint d'une peur panique telle que cela l'a poussé à gagner l'extérieur du sanctuaire. Quant aux gens à qui tu as eu à faire, leurs mœurs, je te l'ai dit, sont différentes des nôtres. Il y a chez eux des gens dont le métier consiste à voir et écouter à la place des autres. Ils réitèrent ensuite l'événement sous forme d'écrits, d'images ou de paroles à une généralité, non présente, au moment où cette actualité se produit... Que s'est-il passé ensuite, tu te souviens ?

- Ensuite... hé bien... Je les ai bousculés en me précipitant vers l'échelle de descente pour te retrouver, Maître... Tu avais toujours ton déguisement et tes moustaches... mais je t'ai reconnu au son de la voix !

- Shem'sou, nous nous devons de remercier les dieux pour leur assistance à notre égard, au cours de cette périlleuse mission, où nous faillîmes l'un et l'autre perdre la raison.
- Et l'âme...Maître, et l'âme, par un phénomène de panurgisme indémontrable et gravissime, Maître !

- *Oui... Oh, je n'irais pas jusque-là, Shem'sou ! Mais tu as raison : cette époque est dangereuse à plus d'un titre. Osiris nous a assistés, à notre tour de le protéger.*
- *Que veux-tu dire, Maître ?*
- *Je veux dire, que nous allons faire tout ce qui est en notre pouvoir, tant sur un plan matériel que spirituel, pour que ce sanctuaire, découvert par ces deux profanateurs, ne soit plus, par eux, exploité.*
- *Ah... Ah oui, je vois... ça... c'est une bonne idée, Maître !*
- *Allez, Shem'sou au travail, place tes talons sur ton séant, les mains fermées, nous allons un peu méditer sur un plan spécial. Tu vois... ce que je veux dire ?*
- *Oui, Maître... je vois... je vois !*

Les deux prêtres disposèrent alors un voile sur leur tête, s'assirent à la manière égyptienne, bras repliés, poings fermés, le regard dirigé sur le sol de la chambre sépulcrale.

Un instant plus tard, ayant l'un et l'autre repris leurs activités pratiques, l'Our'ma décida de recopier certains textes muraux qu'il jugeait importants. Dans ce dessein, il demanda instinctivement à Shem'sou de lui libérer les mains en prenant lui-même le cristal de roche. Mais à leur grande surprise, dès que le prêtre servant se fut emparé du bâtonnet, la lumière ambiante s'abaissa graduellement, jusqu'à extinction. D'abord déconcerté, Héri-tep se souvint de la mise en garde d'Ouâti.

- *Ce n'est rien Shem'sou... Il y a omission de ma part ! J'ai oublié un détail de procédure que l'on m'avait cependant précisé... Redonne-moi le quartz, veux-tu ?*

La lumière revint, sans que Shem'sou, harcelé par tant d'invraisemblances, ne prête une attention substantielle à l'incident.

- *** Nadjelda, tu avais raison en ce qui concerne Ouâti, je suis maintenant convaincu qu'il s'agit d'une divinité incorporée en une femme d'apparence humaine.*

- ** *C'est l'évidence même, Héri-tep. Comment aurait-elle pu te révéler la disposition des lieux, la procédure à adopter et, surtout, la coïncidence de l'ouverture du tombeau à 4 500 ans d'intervalle ?*

- ** *Je te remercie de ta participation et je reconnais avoir manqué de discernement, Nadjelda. Toutefois, il aurait pu s'agir d'inspirations médiumniques. Comment as-tu pressenti qu'Ouâti avait un comportement supra-humain ?*

- ** *Le moyen est très simple, Héri-tep ! Comme tu le sais, tout être vivant a un double sexuel identitaire, opposé à celui qu'affiche son apparence. Les doubles entrent parfois en contact avec leurs semblables, à l'insu même de la personnalité incarnée. C'est ce genre de relation qui favorise la sympathie ou l'antipathie envers les êtres que l'on côtoie ou simplement que l'on croise, sans qu'aucune logique plus subtile n'intervienne. Il arrive même que les doubles est un allant de sympathie réciproque sans que celui des deux qui est corporifié ne ressente d'attrait particulier. À moins qu'il ne soit très intuitif.*
- ** *C'est intéressant ce que tu me décris là Nadjelda.*
- ** *Et puis, il existe d'autres doubles, ceux que toi et moi personnifions, ceux-là ont une liberté d'échange relationnelle avec leur entité incarnée. Ils sont aussi dotés d'un privilège, celui de détecter les faux humains, des humains authentiques. Dans l'hypothèse d'une rencontre avec une divinité dont l'apparence est humaine, le double humain qui devrait logiquement accompagner celle-ci est absent ! Ce qui oblige à conclure que dieux et déesses ont uniquement le sexe apparent qu'ils arborent. Qui plus est, ils sont accompagnés d'un rayonnement visuel qui les entoure telle une aura, Ce qui nous oblige en tant que doubles incarnés, à nous tenir respectueusement à distance. Cela n'exclut en rien, les sentiments de sympathie ou d'antipathie que nous pouvons ressentir pour leurs personnes.*

- ** *Décidément, avec toi je ne cesse d'apprendre sur moi-même et sur la nature des choses, Nadjelda !*

- ** *C'est précisément la réflexion que je me fais, en ce qui te concerne, Héri-tep.*

- ** *Mais dis-moi... Nadjelda, tu aurais dû me signaler il y a bien longtemps ces critères de procédures et jusque à ce jour, tu n'en avais rien fait... je demande à comprendre ?*
- ** *Pour une seule et évidente raison, Héri-tep, tu ne m'as jamais interrogée sur ce point. Mon rôle en ta personne est auxiliaire, il ne consiste en aucun cas à t'instruire de faits qui n'affleurent pas ta conscience, mais seulement de te donner mon avis ou de t'informer sur les interrogations sollicitées par cette conscience. Si tu intègres cela, tu auras perçu l'essentialité de ma présence au sein de ton système de raisonnement.*
- ** *Oh, oui, cela va de soi, Nadjelda. J'avais oublié cet important détail... merci de me le rappeler !*
- *Shem'sou, apprêtons-nous à fermer le tombeau ! Pour cela, il va nous falloir faire pivoter la statue d'Haroéris de trente degrés sur la gauche. Ensuite, nous nous dirigerons vers la trappe en chicane du couloir, il nous suffira de la glisser jusqu'au déclic. Après quoi, nous n'aurons plus qu'à retirer le disque Terre-Lune et le conserver par-devers nous, en vue d'une autre utilisation.*

***

Ils étaient parvenus au pied de l'escalier d'accès qui menait au cénotaphe. Avec des gestes empreints de respect et de suppliques appropriés, Héri-tep retira le disque sur la tête de la divinité.

L'obscurité envahit la cavité sablonneuse au fond de laquelle ils se tenaient. La torche à l'entrée était depuis longtemps éteinte. Au-dessus d'eux apparaissait en ses profondeurs insondables la coupe étoilée du Ciel. Était-ce cette vision rassurante qui exhorta l'Our'ma à arborer sourire indéfinissable :

- *Il y a un proverbe himalayen qui dit ceci : « Lorsqu'une grenouille au fond d'un puits regarde le Ciel, elle ne voit qu'un rond.*

Mais, si elle fait l'effort de grimper sur la margelle, c'est le puits qui n'est plus qu'un rond ».

- *Ces gens de haute montagne sont des contemplatifs, Maître !*
- *Et surtout, de grands penseurs qui ont su rester humbles. Nous allons refermer « La porte témoin du Ciel ». Aide-moi à peser en contrepoids sur cette dalle, il faut que l'effet de compensation soit progressif.*

Lentement, sans laisser le moindre interstice, l'énorme pierre bascula sur son axe avec un grincement plaintif, elle vint alors s'ajuster contre la paroi de la neuvième marche.

- *À défaut d'un texte plus approprié, il nous reste, Shem'sou, à réciter le rituel eschatologique de fermeture. Le panthéon devrait nous absoudre, pour notre intrusion en ce lieu d'éternité... espérons-le ?*
- *Certainement, Maître ! Je ne souhaite nullement être changé en crocodile !*
- *Ce serait dommage pour notre communauté... toi qui a déjà un solide appétit, nous aurions quelques craintes pour nos personnes !*

Il parut à Héri-tep que Shem'sou maugréait en sourdine, mais déjà, la litanie rédemptrice des indulgences montait du fond de l'obscur entonnoir vers le scintillement approbateur des myriades étoilées.

Là-haut, la Lune avait disparu du champ de vision. Seuls quelques astres piquaient de leur pointe de feu, le tissu pâlissant du Ciel. Une aube frileuse imprégnait l'air de sa fraîcheur humide. Ils gravirent les barreaux de l'échelle, rehaussèrent leurs vêtures de lin, puis tous deux se dirigèrent vers ces formes blanchâtres que la percée du jour animait sur le fond des dunes.

Chapitre XVIII

Héri-tep et Shem'sou n'avaient parcouru qu'une faible distance sur la sente ensablée, lorsque, émergeant de nulle part, une douzaine d'hommes en armes firent leur apparition.

- *D'où sortent ces lanciers, Shem'sou... Appartiennent-ils à la Garde cléricale ?*
- *Oui, Maître, je crois reconnaître Adjéou, leur capitaine.*
- **Ça y est**, *Respectable Pair, il est hors d'état de nuire... ?*

Hurla de loin l'officier des gardes à l'adresse de leurs éminences, puis il ajouta sans doute pour les rassurer : *Nous l'avons empoigné au sortir du mastaba !*

- *Qui... **il**... Qu'est-ce qu'il nous chante celui-là ?*
- *Le démon, Respectable Pair... Je veux parler du **démon** !*
- *Du quoi ?*
- *Je crois comprendre, Maître, qu'il est question d'un démon qu'ils ont capturé, lequel se serait échappé de la béance du sanctuaire que nous venons de quitter.*
- *C'est insensé... **insensé** ! S'il y avait eu un démon en ces lieux, nous aurions été les premiers à flairer sa présence !*
- *Peut-être que ces hommes de troupe ont eux la cervelle dérangée par ces journalistes, avec lesquels j'ai eu moi-même des désagréments.*
- *N'aggrave pas la situation par une logique de basse-cour, Shem'sou. Il est décidément difficile de rendre les choses intelligibles en ce pays.*

Les hommes d'armes se rapprochèrent des deux prêtres et mirent aussitôt genoux à terre.

- *Peut-on savoir où se trouve ce démon, Adjéou ?*

- *Près des Hiérarques, Divin Pair ! J'ai placé alentour des hommes en faction au cas où il s'échapperait de nouveau. En fait, Divin Pair c'est plutôt une... démone !*

- *Une démone ! Par Thot, s'ils m'ont capturé Ouâti, tout le panthéon des dieux va nous bosseler le crâne.*

- **Ouâti**... *Mais, pourquoi... Ouâti, Pair ?*

- *Pourquoi ! Oh une idée comme une autre, Shem'sou. C'est la présence d'Hory sur le plateau qui m'incite à penser à elle.*

- *Regarde, Maître... Em-Sa-Neset vient à notre rencontre, il a l'air très agité.*

Le doyen des Hiérarques éleva sa canne patriarcale en signe d'accueil.

- *Très Respectable Pair, es-tu satisfait de ta quête... A-t-elle porté ses fruits ?*

- *Oui, mon Noble Frère. Au-delà de mes espérances. Les choses se sont passées au mieux... si ce n'est cet incident que me rapportent les lanciers... De quoi s'agit-il au juste ?*

- *Tu veux parler de la fille aux cheveux de sable ! Les frères et moi, nous nous sommes interrogés sur ce qu'il nous était donné de constater. Elle a jailli du gouffre où vous vous teniez, un instant avant votre venue, tel un fennec sortant de son trou. Les deux bras en l'air, elle s'est alors mise à crier comme si le ciel venait de lui chuter sur la tête. Depuis, nous tentons de l'apprivoiser, mais elle n'est guère causante. Elle a même mordu l'un de nous à la main... C'est te dire son tempérament !*

- *Je n'ai pas la moindre idée de ce que vous décrivez ! Shem'sou et moi n'avons vu aucune femme en ces lieux... enfin... hormis les déesses, bien sûr !*

- *J'ignorais, Pair, que les vieux tombeaux recelaient des créatures aussi étranges, sans cela, j'aurais insisté pour vous accompagner !*

assura avec un sourire espiègle Em-Sa-Neset : *Notre démone, nous est apparue nue comme un vase d'albâtre. Aussi, avons-nous dû l'envelopper dans une gandoura, pour la protéger des regards par trop caressants de certains pairs.*

***

En ce jour à peine éclos, de dolentes nappes de brumes stagnaient au ras du sol comme autant de voiles jetés sur ces lieux de mystère. Leurs évanescences baignaient le cercle des Pairs, dont les blanches corolles se déployèrent à l'approche de l'Our'ma. Près d'eux était une forme humaine indistincte, dont le corps, replié sur lui-même, semblait attendre un dénouement.

Après avoir salué l'assemblée des hiérarques, Héri-tep s'avança, le regard absorbé par ce mystère vivant sorti des abysses de la terre. Les cheveux en désordre, le menton appuyé sur les genoux, la jeune femme regardait venir à elle ce personnage de haute stature, vers lequel tous se courbaient avec une complaisance non feinte.

Maintenant, elle l'identifiait avec certitude, c'était l'un des deux prêtres qu'elle avait vu officier à l'intérieur de la chambre sépulcrale. L'âge mûr de celui qui venait à elle et ce gracieux sourire qu'il affichait étaient plutôt rassurants. Mais comment être certaine qu'il n'était pas l'un des artisans de ce tour de magie, dont elle s'estimait victime.

En une approche apaisante, l'homme s'accroupit devant elle. Ce regard sombre et humide, commun aux gens du Sud, provoquait chez elle un attrait envoûtant. Avec une douceur particulière, il avança la main vers sa joue qu'il effleura d'une caresse. Lui fallait-il craindre le pire ? Ce geste paternel pouvait bien dissimuler une tentative perverse de mise en confiance. Elle prit le parti de ne pas broncher. Une réaction de sa part risquait d'être mal interprétée. Elle avait maintenant la certitude que le pouvoir exercé par cette étrange assemblée ne laissait aucune place à l'initiative personnelle. Il lui fallait observer comment la situation allait évoluer pour tenter d'élaborer une stratégie.

Em-Sa-Neset se pencha sur l'épaule de l'Our'ma et lui murmura à l'oreille :

- *Pair, as-tu déjà vu au cours de tes voyages, une femme dont les cheveux sont comme la houle des blés, et les yeux couleur du Ciel ?*

- *Il est des régions boréales du globe, mon frère, où les gens sont ainsi. Je ne suis pas insensible à ce type de beauté. Regarde son nez comme il est amusant, sa bouche est bien dessinée et ses mains ont la finesse des sages-femmes du harem royal.*
- *Elle n'a pas encore souri, peut-être n'a-t-elle plus de dents, la pauvre ?* mâchouilla un Pair, qui n'en avait visiblement plus beaucoup.

- *Lui avez-vous offert quelque chose à boire ?*

- *Oui, un lait d'ânesse, enrichi de farine de graminées, elle l'a bu en grimaçant un peu tout de même, Respectable Pair !*
- *Shem'sou, veux-tu te rendre au petit temple désaffecté du site, afin qu'il nous soit cuisiné un repas convenable pour elle et nous. Ensuite, envoie un émissaire prévenir la Maîtresse du Palais de l'arrivée d'une pensionnaire, dont il lui faudra prendre le plus grand soin.*
- *Je m'y rends, Pair, il sera fait selon tes vouloirs.*

Héri-tep se tourna de nouveau vers cette énigmatique créature, dont les yeux agrandis par l'anxiété allaient de l'un à l'autre de ses ravisseurs sans se fixer sur aucun.

- Em-Sa-Neset adopta une physionomie sourcilleuse : *Qu'en penses-tu, Pair ? Devons-nous considérer que cette fille est une racoleuse en goguette, une pouponnette de caravane, fugitive de harem ou bien...une authentique démone ?*

- *Je n'ai rien à retenir de ton effroyable énumération, Em-Sa-Neset. Pour moi, il ne fait aucun doute, que cette jeune femme nous* vient d'un ailleurs... un ailleurs lointain... sans doute... très lointain.

- D'un ailleurs très lointain ! À quel pays étrange fais-tu allusion, Respectable Pair ?
- Je veux parler d'une civilisation différente de la nôtre. J'ai de bonnes raisons de penser que la sienne devrait se situer dans le futur à environ quatre mille cinq cents ans de notre ère.
- Quatre mille... de nous... c'est invraisemblable... Comment cela se peut-il, Pair ?

- C'est très rare, mais nullement impossible, mon frère. En état de transe médiumnique, j'ai déjà effectué deux voyages de ce type. Mon esprit seul accompagnait ma conscience, mais, selon toute apparence, cette jeune personne a réussi à y adjoindre son corps physique. Cela relève d'un tout autre exploit !

Les Pairs autour d'eux émirent un brouhaha de ruche renversée, qu'Em-Sa-Neset interrompit aussitôt d'un revers de main :

- Mes frères, nous vivons des instants privilégiés, taisons-nous, observons, et laissons notre Respectable Pair agir selon son inspiration. Cette personne n'est peut-être pas ce que nous pensions.

Héri-tep se leva. Il fit quelques pas en direction d'un amas de ruines où dominait une colonne tronquée, sur laquelle il appuya ses deux mains en une attitude méditative :

- ** Nadjelda, souffre une fois encore, que j'ai recours à tes services ! Cette histoire de fille sortie du gouffre n'est pas banale. Comment nous serait-il possible de rentrer en communication avec elle ?
- ** Je n'ai pas attendu que tu me sollicites Héri-tep pour t'aider à y réfléchir. Dès que j'ai vu cette jeune femme, j'ai cherché à contacter son « double » masculin. Mais là, les choses se compliquent sérieusement, Héri-tep, cette jeune personne... apparemment, n'a pas de « double » masculin.

- ** *Pas de... pas de « double » ! Mais alors, selon les critères que tu m'as toi-même exposés, ce serait... une... déesse !*

- ** *Non, pas nécessairement, Héri-tep... Cesse, je te prie d'en voir partout, cela ne facilite pas la situation. Pour moi, je te l'ai dit, une déesse est accompagnée d'une aura lumineuse intense... ce n'est pas son cas ! Quoique son état de conscience soit exceptionnellement élevé. Face à ce cas hors-normes, je n'ai pas d'avis et je ne sais quoi supposer !*

- ** *N'oublie pas, Nadjelda, qu'elle nous vient d'un pays lointain incluant un immense décalage de temps ! Peut-être est-il question d'un Ka concrétisé... mais alors, pourquoi chez nous, en Ta Méri, à des millénaires de distance !*

- ** *Héri-tep, qu'elle nous vienne du passé, du présent ou du futur, elle ne peut échapper à la règle immuable et universelle, de la « double entité ». C'est sur cela qu'il nous faut réfléchir !*

- ** *N'y aurait-il pas quelques exemples d'aspect temporaires qui dérogeraient à la standardisation du principe que tu décris, Nadjelda ?*

- ** *Oui, il y en a, les malades mentaux, les zombies, les sorciers, les grands criminels, leur double le plus souvent les fuient où les boudent. Mais cette jeune femme ne répond apparemment à aucun de ces critères, Héri-tep.*

- ** *C'est terriblement compliqué ! Il nous faut pourtant trouver le moyen de savoir qui elle est, Nadjelda.*

- ** *Attend un peu... Il y a aussi ... mais, oui, ça y est... ça y est, Héri-tep, je pense avoir trouvé ! Les « doubles », inconscients mais vivant, ayant versé dans une sorte d'évanouissement, un sommeil léthargique, un coma. Elle aurait pu alors être victime d'un accident ou d'une maladie. Il se peut que ce soit ce type d'hypothèse qu'il nous faille retenir.*

- *Un coma ! Si je te suis bien, Nadjelda, il s'agirait d'un dédoublement corporel ? Cette jeune personne afficherait une apparence physique, mais seulement en sa demi-entité, l'autre moitié, si l'on peut dire, se trouverait ailleurs... c'est ça ou j'ai mal compris !*

- ** *Oui, c'est ça ! Son « double masculin » inhérent à sa conscience incarné serait alors corporifié, quelque part alité sur une couche hospitalière. Ce « double » en question se trouverait en un état léthargique ou comateux, et momentanément privé de facultés pensantes et agissantes.*
- ** *Et que représenterait cette présence parmi nous ?*
- ** *Cette jeune personne, démunie de son double corporel masculin, n'aurait psychiquement que sa représentation féminine, ce qui bien sûr, la fragilise.*
- ** *Toute équation mathématique me semble beaucoup plus simple que cette situation. Si son véritable corps demeure en sa civilisation, peut-être sur un lit d'hôpital, comment expliquer sa double corporéité parmi-nous ?*
- ** *Je n'ai pas de réponse, Héri-tep, si ce n'est un corps d'emprunt temporaire !*
- ** *Un corps d'emprunt, mais d'où viendrait-il ?*
- ** *Pour l'instant, je ne sais pas, mais il nous est obligatoirement contemporain, sinon il n'existerait pas. À moins que tu envisages l'aspect fictionnel d'une dématérialisation et d'une rematérialisation !*
- ** *Non, je sais que ce n'est pas possible sur Terre, en notre dimension cellulaire. Et l'autre corps, alors, celui qui serait l'objet de soins en cet ailleurs anachronique... que devient-il, selon toi ?*
- ** *Ce « double » corporel à l'état inerte bénéficie probablement d'une assistance thérapeutique. Sinon, l'autre moitié que nous avons ici serait en proie à un tourment incontrôlable, que nous ne pourrions maîtriser. Apparemment, ce n'est pas le cas... Elle est sereine !*
- ** *Le mieux serait alors de tenter d'effectuer avec elle une rétrospective de son passé immédiat pour que nous puissions avoir une idée de la chose !*
- ** *Oui... Tu pratiques avec succès la science de l'hypnose, peut-être pourrions-nous, par ce biais, parvenir à un résultat ? Il nous faut toutefois agir en symbiose sur un autre registre !*
- ** *À quoi penses-tu ?*

- ** *Il faut que je tente de m'immiscer en elle et d'essayer de traduire concrètement ses pensées en fonction de son état de conscience. Je ferai en sorte que la langue employée au cours de sa narration des faits soit celle qui nous est commune. Ainsi, je pourrai agir en tant que complément opérateur, et toi en tant qu'élément stimulateur de référence.*

- ** *C'est osé, Nadjelda, mais je veux bien essayer, d'autant que nous n'avons guère le choix. Comment devons-nous procéder, alors ?*

- ** *Lorsque tu auras placé cette fille en condition de somnolence hypnotique, demande-lui de répéter son nom. Celui-ci je crois, s'apparente à Mood, Maud... ou Maut. Il est nécessaire de la mettre en confiance dès les prémices de l'entretien, sinon, elle rentrera dans sa coquille et nous aurons les pires difficultés à l'en faire sortir.*
- ** *Merci, Nadjelda, nous allons expérimenter l'affaire !*

L'air songeur, mais la démarche résolue, l'Our'ma revint près de l'assemblée des Hiérarques. Les vieillards paraissaient fort occupés à émettre des hypothèses sur la meilleure façon de cuisiner cette blonde entité.

- *Mes Pairs, je vais questionner cette jeune personne pour tenter de savoir qui elle est, et comment il se fait qu'elle a soudainement émergé de cette excavation que nous avons creusée pour une tout autre raison. Je vous demande le silence, car c'est un exercice innovant, qui requiert une grande concentration.*

S'étant assis face à la jeune femme, Héri-tep essaya de capter son attention, mais ses prunelles fugitives n'avaient de cesse de billebauder de la curiosité à l'effroi. À la dévisager ainsi, il se souvint avoir admiré sur les hauts plateaux de l'Indus, des petites fleurs bleues tout à fait semblables aux tons violacés de ses yeux.

- *Maut... Tu t'appelles... Maut ?*

À la prononciation de son prénom, la belle captive montra un grand étonnement, elle entrouvrit les lèvres, mais aucun son n'en émana. Depuis peu, son propre regard était assujetti à ces prunelles de sulfure noir, dont l'insondable abîme attirait son âme. Inconsciemment, elle décrispa ses mains. Ses jambes résolument repliés sous elle-même parurent se détendre.

- Écoute-moi, Maut... Personne ici ne te veut du mal...Tu seras traitée avec respect ! Il te faut abandonner tes craintes, me faire confiance et ne pas te monter défiante envers ces hommes fervents de spiritualité que nous sommes !

Cette voix était chantante, profonde et douce, elle imprégnait les jardins secrets de son cœur. Hélas, les mots qui lui venaient à l'esprit étaient affectés par une grande confusion. Fallait-il qu'elle fasse confiance à ce personnage ? Quelque chose de très subtil en elle lui susurrait que oui. Elle parvint à ânonner son propre nom, puis à le prononcer de façon correcte :

- Oui... j'appelle me... je... je m'ap... pelle... **Maut** !

Les Pairs eurent unanimement un « ah » profond et admiratif.

- Maut, je suis Héri-tep ! La langue en laquelle je t'invite à t'exprimer est la nôtre. Toutefois, les mots prononcés ne sauraient altérer ou transgresser le choix de tes pensées. Celles-ci te sont propres et le demeureront jusqu'à l'instant où tu éprouveras le besoin de les énoncer.

La jeune fille ne répondit pas, mais elle eut un clignement d'yeux qui laissa supposer qu'elle avait compris l'essentiel.

- Nous avons besoin de savoir ce qu'il s'est passé à l'intérieur de ce sanctuaire, que certain prennent peut-être pour un tombeau. Il s'est passé en ce lieu des événements importants qui ont évidemment une relation avec ta présence ici, Maut.

- *Le tombeau... glissée... moi, j'ai glissée... je suis... chuté dans le sable... au fond... tombée...* Maut porta une main au sommet de son crâne, *moi... tapée... au tête, et après grand noir, rien... voir plus !*
- *Bien... bien, Maut ! Maintenant sois attentive : Tu vas nous expliquer ce que tu faisais dans cet endroit... Pourquoi étais-tu là ? Pourquoi te trouvais-tu à proximité de cet entonnoir d'accès aux fouilles, te souviens-tu de cela ?*
- *Pourquoi... mais... il... il... il le fallait que je sois... que je sois présente, sur... sur les lieux, pour assurer... le reportage ! Monsieur Servantez, le directeur, me... l'avait demandé. Il m'a bien dit : « Je te fais confiance, petite... ramène-moi de la copie, première... main... ! »*

Par cette soudaine façon plus compréhensible de s'exprimer, Maut provoqua l'enthousiasme des Hiérarques. Em-Sa-Neset dut refréner leur ardeur, un peu trop manifeste. Pour Héri-tep, il ne faisait aucun doute que Nadjelda y était pour quelque chose, ce qui l'incita à reprendre sur un ton de tempérance :

- *Reportage signifie journalisme, n'est-ce pas, Maut ? Tu étais donc en reportage sur les lieux où se trouve le tombeau. Autrement dit, à proximité de l'endroit en question ! Peut-on savoir maintenant de quel pays tu venais ? Tu n'es pas Égyptienne ?*
- *Je suis originaire d'un pays qui se nomme France, c'est... en Europe !*
- *J'ai été informé des défauts et qualités de ce pays. Je sais qu'il jouera un rôle primordial dans la réforme salvatrice qui se prépare, cela impliquera le monde futur, d'où tu viens.*

Maut sourit alors pour la première fois puis, détournant son regard, elle explora le panorama alentour et sa physionomie se rembrunit. Avant même qu'une autre tentative linguistique fût tentée par Héri-tep, elle se mit subitement à s'exprimer en un langage correct, avec des intonations bien senties.

- *Ce paysage qui nous entoure m'angoisse plus qu'il ne me rassure. Je ne reconnais pas le plateau de Gizeh où se déroule l'actualité dont* nous parlons. Ce site est habituellement composé de sable et de ruines. Apparemment, nous nous trouvons ici dans une palmeraie, parsemée de fanums et d'édifices variés. Si j'essaye d'être logique avec moi-même, je suis encline à penser que je contemple le même site, avec… avec un report dans le passé de…de plusieurs milliers d'années. Elle ajouta anxieuse avec d'énormes larmes dans les yeux : *Ce constat n'est pas fait pour me rassurer…* !

Comprenant que Nadjelda avait réussi dans sa tentative de traduction, Héri-tep afficha un sourire de compassion. Les Hiérarques se montraient maintenant littéralement interloqués par ce soudain et brillant développement dialectal. Le regard songeur, Maut reprit sur un ton interrogatif :

Par contre, lorsque je contemple les trois pyramides, je les trouve en mauvais état. Comment se fait-il, qu'en des âges supposés antérieurs, elles se montrent autant dégradées ? En tenant bien sûr pour admissible le fait que j'aie pu changer d'époque ! Mon désarroi est grand, je… je ne sais plus ce qu'il convient de penser, Héri-tep… C'est bien votre nom… c'est drôle, c'est comme si ce nom était inscrit à l'intérieur de moi.

D'un geste rapide, la jeune femme essuya un pleur qui perlait à ses cils. En ce regard se lisait sa détresse intime.

- Oui, Maut ! Ces pyramides sont beaucoup plus âgées que, pour d'obscures raisons, on persiste à vous l'enseigner. Telles que tu les vois, elles ont sérieusement besoin d'être restaurées. Elles le seront par nous-mêmes prochainement !

- Si tu le veux bien, reprenons le sentier des événements que tu as vécus : Ta nationalité est française, tu exerçais le métier de pigiste, lors de l'événement, qui consistait à pénétrer pour la première fois dans ce sanctuaire. Afin de couvrir l'information, tu te trouvais à proximité de la cavité d'accès, que l'on qualifie d'entonnoir. Tu devais, si j'ai bien compris, écrire un article sur l'événement pour une publication que dirige un nommé Servantez. C'est cela…Maut ?

- Oui, c'est un magazine de vulgarisation scientifique. À l'âge que j'ai, il est normal que j'effectue des petits boulots pour contribuer à *payer mes études. Je n'ai pas encore terminé mon égyptologie et ce n'est guère facile de coordonner le tout. Je suis très peu aidée en ce sens... par ma mère seulement... un peu ! Pardonnez-moi... Héritep, comment se fait-il que vos questions soient aussi précises, on pourrait penser que vous lisez à l'intérieur de moi ou que vous-mêmes connaissez la civilisation... d'où je viens ?*

- Maut, je prendrai le temps ultérieurement de t'expliquer certaines incohérences chronologiques que nous sommes parfois appelés à vivre, nous, les Grands Prêtres. Pour l'instant, tu dois me dire, selon toi, ce qui a motivé l'ouverture de ce que tu nommes « le tombeau », ainsi que l'incident ou l'accident qui a été à l'origine de ta chute ?

- Je vais essayer ! dit-elle en gratifiant l'assistance d'un sourire. Le regard en errance sur la cime des palmiers doums, Maut parut faire un effort pour rassembler en elle des souvenirs épars : *L'égyptologue Hader et son assistant Jérisson défrayaient déjà depuis quelque temps la chronique, lorsque que nous... journalistes, avons été informés de leur récente découverte sur le site de Gizeh. Selon les agences internationales, ces deux chercheurs s'apprêtaient à pénétrer à l'intérieur d'une sépulture ancienne. Très ancienne même puisque, prétendaient-ils, elle avait des caractéristiques prèsdynastiques. À la suite d'un mail, nous avisant que la date d'ouverture avait été définie avec précision, ce fut dans les rédactions spécialisées, comme un vent de folie. Au rythme auquel ces deux savants effectuaient des découvertes, que s'apprêtaient-ils à dévoiler de nouveau ?*

Connaissant mon amour pour l'Égypte et sachant par ailleurs combien ce type d'exploit me passionnait, notre directeur fit le nécessaire pour me concéder le reportage. Le jour « J », je me trouvais en compagnie de plusieurs confrères. Nous étions aux abords de cet entonnoir sablonneux, qui servait d'accès à la chambre sépulcrale. Sur les lieux mêmes, je ne vous cache pas que c'était un bordel pas possible !

- C'est quoi... un bordel, Maut ?

- Oh, hum... C'est une expression estudiantine... toute faite, sans intérêt particulier... un grand désordre, voilà ! Les flics... Je veux dire... les forces de l'ordre étaient visiblement dépassées par l'afflux

de cette masse humaine. Des hélicoptères tournoyaient alentour... Je veux parler d'engins volants que l'on habite pour se déplacer ! On entendait des gens s'exprimer en toutes les langues. Les caméras... Il vous faut penser à des boîtes de prises d'images, celles-ci étaient aussi nombreuses que les têtes que l'on apercevait.

- Je t'en prie, Maut, conte ton histoire sans te soucier de notre entendement. Sinon... ça deviendra vite le bordel !

- Stupéfaite par cette appropriation triviale, elle eut un rire spontané : *Ok, Héri-tep !* Ce que je voulais dire, c'est que nous pressentions qu'il ne s'agissait pas seulement de la mise à jour d'une sépulture. Nous espérions un apport de connaissances nouvelles. Cette découverte n'était-elle pas susceptible de raccorder notre civilisation à la dérive à son cordon ombilical originel, plus valorisant que le darwinisme ? J'ai personnellement toujours adhéré à une tradition de base, que je pensais Primordiale sur le plan de la connaissance. Mais, je me dois de poursuivre mon histoire ; depuis le début de la matinée, les deux archéologues étaient au fond de cet entonnoir et personne ne savait ce qu'il advenait d'eux. Il faisait de plus en plus chaud, j'avais soif et les sacoches commençaient à peser lourd sur mes épaules. Pathos, mon photographe, décida de s'éloigner pour nous chercher à boire. Je restai parmi d'autres journalistes en équilibre au bord de l'entonnoir quand, d'un seul coup, ce fut un brouhaha général suivi d'une subite bousculade.

- Dis-moi, Maut, il n'y avait pas de protection autour de ce trou, pas de barrières de sécurité ?

- Non... Enfin, si, mais elles se bornaient à un cordon de plastique rouge tenu par des piquets. Il y avait aussi un ou deux militaires qui étaient censés en interdire l'approche, mais ils furent très vite dépassés.

- Je vois, Maut, le rempart était inefficace en raison de la bousculade. Poursuis, je te prie !

- D'abord, je n'ai rien compris à ce qui se passait. Puis, en tournant mon regard vers le bas, j'ai vu Jérisson, l'adjoint du professeur Hader, il essayait de gravir la rampe d'aluminium. Son comportement était indécis, étrange, ses gestes vifs et désordonnés, *il observait ce qui l'entourait sans comprendre, semblait-il, où il se trouvait. On eut dit, qu'il était parachuté au centre d'un cercle diabolique ! Enfin... je veux dire d'un cartel hostile... vous voyez ! Il parvint ainsi en haut de l'échelle. C'est alors que les reporters en masse compacte se précipitèrent pour l'interviewer, et il s'ensuivit un indescriptible chahut. Je n'étais pas au centre de cette activité, mais je fus violemment bousculée à deux reprises, je perdis pied, glissais sur le sable mou, passais malgré moi sous le cordon de sécurité, et dévalais la pente de la cavité. Réalisant alors le danger que je courais, je tentais de m'agripper à tout ce qui se présentait, mais il n'y avait que du sable, sans aucune aspérité. Je roulais ainsi jusqu'aux premières marches. Sans doute me serais-je fracassée les os sur les dalles d'accès au tombeau si je n'avais entraîné dans ma chute une quantité de sable. Rétrospectivement, je suppose, que celui-ci contribua à amortir le choc sur les dalles du fond ! Je me souviens avoir eu très mal à la tête et aux côtes, mais curieusement cette douleur s'estompa totalement, pour laisser place à une sorte d'état second, que je qualifierais de semi-lucide. Je n'avais encore jamais ressenti cette sensation d'être sans être, qui imprégnait ma nature. Je me relevais, avec beaucoup de difficultés pour trouver mon équilibre. Par-dessus tout, j'étais en rage de m'être laissée avoir de la sorte, d'autant que j'étais seule à avoir chuté ainsi.*

Maut redressa son corps endolori, comme pour se prouver à elle-même que l'histoire qu'elle contait n'avait rien d'un rêve éveillé. Puis elle reprit sur un ton moins attisé :

Vue du bas, la cohue était indescriptible et personne, apparemment, ne s'était aperçu de ma mésaventure. Il fallait me rendre à l'évidence ; l'attention générale était captivée par l'arrivée de Jérisson sur le plateau et mon accident était tout simplement passé inaperçu. Je commençais à remonter la pente en bougonnant, lorsqu'une idée à priori absurde, me traversa l'esprit.

Je me dis que si personne ne m'avait vu débouler cette pente, une chance inespérée s'offrait à moi, celle de pouvoir contourner l'interdit de pénétrer en ces lieux. Peut-être qu'à l'insu de tous, il me serait donné d'entrevoir, ne serait-ce qu'un instant, comment se présentait cette énigmatique sépulture. Alors que l'attention générale se portait ailleurs, je me précipitais vers la bouche d'accès. La dalle à bascule franchie, je fus saisie d'admiration ! Les peintures murales de ce corridor étaient si fraîches que l'on aurait pu imaginer qu'elles avaient été peintes la veille.

À l'incidence de la faible lumière du jour, je découvris une pièce en forme de tau grec dans le prolongement du couloir central. Sur le panneau du fond, au niveau du sol, une trappe était ouverte d'où il émanait une faible lumière. J'hésitais, tout en me persuadant que je serais idiote de m'en tenir là et de ne pas aller plus avant dans cette incursion ! Puisque j'avais fait ce choix, je devais l'assumer courageusement jusqu'au bout. Je franchis donc cet étroit passage à quatre pattes, comme me l'imposait la configuration et je me retrouvai dans une salle sombre à l'odeur étrange. En ce lieu étaient alignées, en un ordre magistral, de gigantesques statues des dieux les plus représentatifs de l'Égypte ancienne.

Ce qui était le plus frustrant, c'est que je ne possédais pas de lampe de poche, j'avais, de ce fait, beaucoup de difficultés à percevoir les détails. Mes yeux finirent progressivement par s'accoutumer. Après un rapide tour d'horizon, je distinguais une pâle lueur qui provenait d'une ouverture pratiquée dans un des panneaux muraux. Je n'eus alors aucun doute, il s'agissait de la mystérieuse chambre sépulcrale. En m'approchant, je perçus un bruit de voix, ce ne pouvait être que celle du professeur Hader, puisque Jérisson son adjoint était à l'extérieur. Je m'étonnais, car il nous avait été dit, que Hader avait souhaité n'être accompagné d'aucun ouvrier alors que je l'entendais parler... Mais avec qui ? Je risquais alors un regard et fus saisie de stupéfaction. Campé devant le mausolée, le savant en question discourait en gesticulant comme s'il tentait de convaincre une mystérieuse assemblée. Ce comportement irrationnel du personnage me fit peur. Je réalisais subitement mon imprudence, n'étais-je pas en train de commettre une sorte de sacrilège ? Il me fallait rebrousser chemin au plus vite. Au moment où je m'apprêtais à mettre mes pensées à exécution, j'entendis que l'on venait derrière moi à pas précipités. Je me trouvais donc prise entre deux risques de dévoilement aux conséquences insoupçonnables.

Le professeur Hader paraissait très occupé à dialoguer avec lui-même, dans une langue que je ne comprenais pas. Je décidai de réintégrer la chambre sépulcrale et de me confondre en la pénombre, en attendant une occasion plus favorable. Je me posais la question de savoir comment cette aventure qu'il m'était donné de vivre allait se terminer.

Maut s'arrêta pour reprendre son souffle. Visiblement, elle était encore affectée par ce qu'elle venait de vivre. Elle enchaîna un instant plus tard sur un ton apaisé :

Mon intention était alors de filer à la première occasion. Hélas, l'arrivée de Jérisson transforma radicalement ce projet. Il était très excité et ne cessait de jeter des regards en arrière sur l'unique ouverture, par laquelle tous trois nous étions venus. Peut-être cherchait-il à s'assurer que personne ne le suivait. Le mieux, pour moi, était de temporiser et de profiter de l'inattention des deux archéologues pour quitter précipitamment les lieux. J'étais comme enivrée par les senteurs mystiques qui émanaient de l'endroit, j'avais, de surcroît, la sensation étrange que celles-ci me baignaient l'âme. J'essayais de comprendre ce dont il était question, parmi le fatras de paroles démentielles qu'il m'était donné d'entendre. Je me souviens avoir eu très nettement le sentiment de m'être immiscée en une salle de soin d'un asile d'aliénés, tant les propos que tenaient les deux archéologues me semblaient incohérents. Ces paroles étaient accompagnées d'une gestuelle désordonnée qui ne m'apparaissait guère appropriée à leur découverte. Soudain, Hader se déplaça pour venir se camper à hauteur du sarcophage, il étendit résolument ses mains sur le gisant de pierre, alors que Jérisson se recroquevillait en une posture fœtale, autant déraisonnable qu'incompréhensible. Le professeur prononça alors quelques mots et l'obscurité se fit dans la pièce... J'eus alors vraiment très peur. Un froid intense tétanisait mes membres et bloquait ma colonne vertébrale. Mes chairs étaient comme flottantes et je pense avoir sombré en une brève léthargie. J'étais privée de toute réaction corporelle, mon cerveau subissait de curieux éblouissements internes inexplicables. Au terme d'un laps de temps que je ne saurais définir, la lumière revint, une lumière bizarre, qui semblait poindre des murs. En lieu et place de Hader et de Jérisson se trouvaient deux inconnus aux crânes rasés, vêtus de longs habits blancs. Héri-tep, vous étiez l'un d'eux, je pense.

- Oui, Maut, je veux bien être le personnage que tu supposes. Je te demanderais toutefois de poursuivre, sans omettre de détails pour notre compréhension mutuelle des faits !

À ce stade du récit, Maut adopta un air perplexe :

- Oui ! Donc il s'agissait de vous, Héri-tep, et d'un autre personnage, qui s'est éloigné il y a un instant ! Je ne vous cache pas que vous m'apparûtes joyeux d'une farce que vous auriez jouée à quelques drôles ? Alors consciente des risques encourus, désemparée et tremblante de tous mes membres, je m'apprêtais à vous manifester ma présence, lorsque vous vous mîtes à genoux, yeux baissés en état d'invocation. Vous me tourniez le dos, alors que sur ma gauche, la trappe demeurait ouverte, juste à portée d'un petit bond. L'occasion était belle, je ne m'accordais plus aucun délai et m'y engouffrais la peur au ventre. C'est alors que je réalisais que j'étais nue, sans pouvoir raisonnablement me l'expliquer. Ce corps d'ailleurs me paraissait bizarre, comme différent du mien, mais l'instant ne se prêtait pas à une inspection anatomique. Dans le contexte, je me dis que c'était encore le moindre mal, car le plus surprenant m'attendait !

Maut s'interrompit. Elle jeta un regard circulaire sur son auditoire. La plupart des Hiérarques avaient les prunelles attisées par cette narration. Certains demeuraient la bouche à demi ouverte, dans l'attente d'un complément d'information. Elle poursuivit :

Lorsque j'eus franchi le passage du corridor, je fus frappée par l'obscurité qui avait envahi le lieu. Le cœur battant, les jambes flageolantes, je m'astreignais à longer le mur de droite, jusqu'à la pierre de bascule qui en clôturait l'accès. Je levai la tête et là je n'en crus pas mes yeux ! Le temps avait dû s'écouler très vite, car il faisait nuit à l'extérieur, l'air était humide. Une multitude d'étoiles, comme je n'en avais jamais vues, brillaient dans le Ciel. L'entonnoir, formé par la cavité d'accès au tombeau, était de deux tiers moins élevé qu'il ne m'était apparu lors de ma chute. Le praticable en aluminium aux larges marches avait laissé place à une échelle artisanale en bois. La chose m'interpella, mais je n'étais, hélas, pas en mesure de l'élucider. Un silence confondant lestait le paysage alentour. Ce sont peut-être les aboiements d'un chien dans le lointain qui me rassurèrent. Aussi, décidais-je de gravir les échelons. À peine étais-je parvenue au sommet, que je vis surgir au-delà des bouquets de végétation, des hommes d'un autre âge, munis de lances et de boucliers. Ils étaient semblables à ceux que j'avais étudiés dans mes livres scolaires... Je fus effrayée, avais-je changé d'époque, faisais-je un mauvais rêve ou étais-je devenue folle ?

Inutile de vous dire que mon angoisse se modifia instantanément en une peur panique. Je m'imaginais immergée en un rêve singulièrement réaliste. Étant dans l'incapacité de faire le point, l'instinct de survie me poussa alors à courir aussi vite que je le pouvais, pour m'éloigner de ce gouffre de toutes les détresses. Mais les hommes que j'avais repérés étaient diablement agiles, ils eurent tôt fait de me rattraper et de me ligoter au sol... Vous connaissez la suite...Je n'ai pas à vous la dépeindre !

Un instant, la jeune femme sembla se contenter d'examiner les physionomies bon enfant des Hiérarques. Leurs bienveillants sourires tempéraient son désarroi intime. Héri-tep s'exprima de nouveau et elle retrouva ce regard obsédant, dont le feu secret courtisait son âme.

- C'est une bien troublante histoire, Maut. Je ne doute point cependant que cela se soit passé ainsi. L'endroit du sanctuaire, que tu nommes « chambre sépulcrale », est un lieu consacré à Osiris. Selon les rites psalmodiés, les choses les plus étranges peuvent se produire. Entre autres, la possibilité pour le visiteur des lieux, de voyager en l'espace-temps.

- Vos commentaires me laissent supposer que ce n'est pas un leurre... Ce n'est pas non plus une plaisanterie douteuse dont je pourrais m'estimer victime ? J'ai bien quitté l'époque à laquelle je vivais, pour me retrouver en arrière de... je ne sais combien de siècles ou de millénaires... C'est cela... n'est-ce pas ?

- *C'est bien cela, en effet, Maut, mais avec des nuances qu'il sera nécessaire que nous examinions. L'époque où tu vivais jusqu'ici se situe à environ de 4 500 ans de celle où nous nous trouvons présentement. Pour ton information d'archéologue, il faut situer ta présence parmi nous au début de l'âge des grandes restaurations concernant les 14 pyramides les plus représentatives. Vos spécialistes affirment que ce sont là des périodes d'édifications, attribuées par eux aux IVème et Vème dynasties. Mais, ces rois et architectes qu'ils désignent ne sont que de piètres restaurateurs. Ces pyramides sont beaucoup plus anciennes et ont une toute autre destination au regard du monde que celui, simpliste, qui leur est attribué. Ce plateau où nous sommes se nomme « Près du haut », vous l'appelez Gizeh. Il fait partie du nome la Muraille Blanche de Ro-Setaou... et... et mais... Tu pleures !*

Ne pouvant retenir plus longtemps ses larmes, Maut plongea la tête entre ses mains. Son corps était secoué par un afflux de sanglots. Réalisant soudainement le désarroi qu'était le sien, Héri-tep la pressa contre sa poitrine, tout en caressant sa chevelure avec une sollicitude paternelle.

- *Maut !* implora-t-il, en s'efforçant d'être convaincant : *Regarde-moi, je te demande un peu d'attention, ma petite fille.*
- *Je... je ne comprends pas... je ne sais plus ce qu'il m'arrive... Aidez-moi, Héri-tep, j'ai confiance... en vous !*
- *Je te promets de faire ce qui est en mon pouvoir pour que tu réintègres ton époque. Il serait pourtant dangereux de tenter d'effectuer ce rapatriement trop tôt... Je veux dire, dans l'instant. Comprends-tu cela ?*
- *Est-ce que je vais continuer à vivre, Héri-tep ? Si je n'ai pas d'autre choix, comment vais-je m'organiser en attendant... sans demeure, sans famille, sans amis ! Je vais mourir par défaut d'assimilation, d'ennui, de folie... ou je ne sais quoi d'autre ! C'est impensable ce qui m'arrive... Personne ne peut se mettre à ma place... C'est trop injuste !*
- *Rien n'est injuste en ce monde, Maut, si ce n'est le jugement que nous portons sur les événements ! Je te le dis, les pleurs que tu verses en ce moment pour avoir quitté ta civilisation ne sont rien en*

comparaison de ceux que tu verseras... lorsque tu devras nous quitter et regagner ta civilisation !

Cette dernière phrase eut un effet magique sur le comportement de la jeune femme ! Maut cessa instantanément de pleurer. Héri-tep n'ajouta rien à sa prédiction, il se leva et se tourna vers les Hiérarques :

- *Mes Vénérables Pairs, nous avons besoin de nous restaurer. Shem'sou a dû faire le nécessaire. Le petit temple en question est à deux pas d'ici, derrière la butte, je vous invite à nous rendre en ses dépendances.*

Un cri soudain les fit tous se retourner. Le regard horrifié, Maut suivit un instant encore cette énorme crinière fauve qui marchait précipitamment en direction d'Héri-tep. Puis, malmenée par ces brutalités successives, telle une gerbe tendre qu'aurait couchée l'orage, la jeune femme s'effondra sur elle-même pour ne plus bouger.

- *** Nadjelda... Nad...*
- *** Héri-tep, il m'est difficile de veiller à la fois sur Maut et de tempérer les excès de conduite d'un lion. Je te rappelle qu'étant privée de polarité masculine, cette jeune personne s'avère beaucoup plus fragile qu'une femme normale, tu en as un exemple à tes pieds !*
- *** Je n'y suis pour rien, Nadjelda ! Tu l'as vue, elle a eu peur d'Hory venant me faire la fête ! Comme moi en sa civilisation, j'ai eu peur, il m'en souvient, d'un gros camion phares allumés qui venait sur moi. Il n'y a pas là de polarité qui joue... mais un stress à l'échelle humaine, légitime et compréhensible !*
- *** C'est étrange, Héri-tep, mais face à ce syndrome conjectural que tu me dépeins, je sens que moi aussi, je vais m'évanouir... et te laisser seul te débrouiller !*
- **Ah... non**... *Ne me fais pas ce coup-là !*
- *Non, ce n'est pas un coup... Respectable Pair, elle a eu peur seulement...*

Quelques instants plus tard, Shem'sou, qui soutenait la nuque de Maut, se montra satisfait que cette blonde entité ingurgite sa médication sans grimaces et même, lui sembla-t-il, avec une absolue confiance.

- *Es-tu sûr d'avoir dosé convenablement les ingrédients de ta préparation, Shem'sou ?*
- *Respectable Pair, ma réputation n'est plus à faire en ce domaine. Douterais-tu de mes aptitudes en matière de soin ? Ne m'as-tu pas vu réanimer quantités de moribonds... enfin, je veux dire... des gens qui étaient considérés comme tels.*
- *Oui, Shem'sou, il est exacte que cette dernière nuance est plus appropriée à tes compétences.*

Le prêtre servant fronça les sourcils, mais il les agrandit presque aussitôt !

- *Vois, Maître, elle revient à elle... J'espère maintenant, qu'elle ne va pas s'évanouir en constatant que tu es encore vivant ?*
- *J'apprécie ton humour, Shem'sou, mais il serait plus utile que tu ailles rassurer les Pairs sur l'état de santé de leur protégée !*
- *Maut, ma petite fille... Ça va... Réponds-moi !*
- *Le lion... J'ai eu si peur... Il était apprivoisé ?*
- *À dire vrai, c'est plutôt lui qui m'a apprivoisé, on s'est promis l'un et l'autre de ne pas tenter de se dévorer. Jusque-là, j'ai tenu parole, tu vois, il est toujours là... vers la porte !*

Malgré le tournoiement de ces événements successifs, Maut fit un effort pour s'asseoir en s'efforçant de sourire.

- *Vous tentez de me distraire, pour essayer de minimiser les choses et de rompre la glace entre vous et moi... N'est-ce pas ?*
- *Ce n'est pas une manœuvre concertée, Maut, mais les initiés que nous sommes souffrons que tu ne te sentes pas en confiance parmi nous... Nous sommes des gens parmi les plus pacifiques du monde, tu sais !*

- J'ai compris, Héri-tep. Cela, en effet, ne servirait à rien que je me morfonde, les choses sont ainsi… Nous n'y pouvons rien.

- Rien, ce n'est pas dit, nous aviserons en temps utile ! Mais, c'est tout de même une bonne résolution que d'opter pour une sereine humeur face à l'épreuve. D'autant que, dans les jours à venir, tu risques d'avoir l'esprit dissipé par ce que tu es appelée à découvrir. Aussi, se peut-il que ton état mental ne soit pas apte à narrer les choses avec autant de facilité que tu t'exprimes aujourd'hui.

- Venons-en au fait, Héri-tep, qu'attendez-vous de moi ?

- Que tu nous dépeignes dans les grandes lignes ce qu'est actuellement ta civilisation, le rôle que tu y tiens et de manières plus factuelles, l'influence qu'eurent les recherches effectuées par Hader et Jérisson sur la scène mondiale.

- Mais, Héri-tep, je ne tiens aucun rôle important dans ma civilisation et je ne sais si je suis capable d'une telle rétrospective ! Le monde dans lequel je vis… ou plutôt je vivais… est extrêmement complexe !

- Écoute-moi, Maut, nous avons la chance d'avoir réussi à établir un lien sous semi-hypnose, avec le concours d'une sorte de génie corporel… capable d'établir un rapport cognitif entre ta nature et la nôtre. Sans lui, sans elle… enfin sans cette présence… parapsychologique, les échanges que nous avons s'avéreraient beaucoup plus difficiles, voire impossibles… Tu comprends ?

- Merci au génie des mythologies, je crois que tous ce qui nous parait incroyable a un fond de vérité, que nous nous devons de découvrir ! Mais vous vous doutez bien, Héri-tep, que j'ai autant de questions à vous poser sur la société dans laquelle je me trouve brutalement projetée, que vous sur la mienne. Cela étant, il est évident qu'en ce qui me concerne, je ne pense pas que ce soit le moment. Plutôt vais-je tenter de ne pas vous décevoir en vous décrivant grosso modo ce qu'est ma civilisation.

L'esprit attentif, les Hiérarques pour lesquels cette aventure était débordante d'enseignements, se placèrent en hémicycle autour de la jeune femme. C'est alors que Maut remarqua que l'un d'eux s'astreignait à réciter à voix basse une liste de mots qu'il avait hâtivement griffonné lors de l'exposé précédent.

- *Hélicoptère – confrère – flic – caméra – photographe – bordel - entonnoir sablonneux – dégringolade - civilisation à la dérive - échelle d'aluminium vers le bas et échelle artisanale vers le haut... lampe torche ?*
- *Oh !* s'exclama-t-elle, ravie. *C'est la plus belle prose anthologique que je n'ai jamais entendue sur ma civilisation. Je vous félicite monsieur l'hiérarque... vraiment !*
- *Merci, beaucoup... mais je n'ai fait que noter ce qui est pour nous, difficilement compréhensible !*
- *C'est précisément pour cela que je vous félicite !* crut bon de préciser Maut, l'esprit décidément très éveillé. *J'appréhende tout de même que vous ne saisissiez tous les termes que je risque d'employer ?*
- *Les Pairs ici présents sont des êtres possédant d'exceptionnelles facultés, capables de retenir les détails les plus anodins de ton exposé. Quant à la compréhension, nous en débattrons ultérieurement. Conte-nous les faits, tels que tu les ressens, sans te préoccuper de notre compréhension, Maut.*
- *Bien... dans ce cas, je commencerai par une pensée qu'il m'est agréable d'évoquer. Celle que mettait en évidence mon grand-père, avant tout débat sur le futur. Beaucoup le prenait pour un vieil original pas très crédible, mais moi, je l'aimais et le respectait :*

Il était né en 1934 de l'ère de ma civilisation. Mon grand-père se plaisait à souligner une évidence, dont personne à part lui ne semblait se préoccuper. Il disait : « Lors de ma naissance, la Terre était peuplée d'environ deux milliards d'individus, et en mon grand âge, elle avoisinera les huit milliards. Quel est l'être, soulignait-il avec indignation, qui au cours des siècles a vu de son vivant se multiplier par quatre l'effectif humain qui existait lors de sa naissance ? »

Mon grand-père ajoutait la mine attristée : « À elle seule, cette constatation n'est-elle pas terrifiante ? Elle n'a nul besoin d'autre comparaison, pour démontrer le degré atteint par l'inconséquence humaine. Il ajoutait : l'involution des qualités morales est aujourd'hui inversement proportionnelle à l'évolution démographique. » Hélas, à l'époque, je ne comprenais pas suffisamment la profondeur des déductions de mon grand-père !

Un hiérarque hocha gravement de la capuche :

- *Selon nos critères de référence, ton grand-père était un Sage, Maut, car aucune collectivité n'est envisageable sans civisme et ce dernier ne l'est pas moins sans morale individuelle ! Lorsque les hommes sont en trop grand nombre, ils prennent la place des oiseaux, des animaux sauvages, des plantes, autrement dit, des indispensables références dont ils ont eux-mêmes besoin pour leur équilibre. C'est comme s'ils dévoraient le bateau sur lequel ils se trouvaient en train de naviguer !*

Tous acquiescèrent, alors qu'Héri-tep affichait un sourire d'une immuabilité impénétrable. Maut, alors, poursuivit sa narration sur un ton qui devint calme et réfléchi :

- *Le dernier siècle, qui a précédé l'an 2000 de mon ère, a vu naître et s'effondrer dans des fatras d'illusions les plus ambitieuses idéologies. Ces tentatives d'amélioration du genre humain, pour peu qu'elles furent sincères, se soldèrent par des millions de morts. Le plus souvent dans des conditions odieuses d'asservissement, de criminalité, de dévastations et de disette. Bien que fondamentalement distincts dans leurs inspirations, ces mouvements de pensées étaient animée d'une ambition dominatrice commune. Quand il ne s'agissait pas de manière plus expéditive, d'instaurer un système doctrinaire par une soumission des individus. Pour d'autres personnages, moins connus du fait de leur nombre restreint, ces conflits étaient générateurs d'immenses profits industriels, dont ils tiraient parti quels que soit les belligérants. Il me semble nécessaire de vous énumérer brièvement les courants de pensée les plus manifestes, qui ont été à l'origine des haines et dysfonctionnement de ces tentatives de conditionnement.*

Le communisme, *une idéologie qui se voulait équitable pour tous, mais qui s'est rapidement dénaturée par l'émergence en surface d'un instinct primaire dominateur. Cette communisante conception* *est devenue criminelle par l'effet d'une sélectivité arbitraire de la junte au pouvoir. Ce fut alors l'élimination progressive de ceux qui n'avaient pas une soumission inconditionnelle au régime. On bannissait au goulag, sur simple dénonciation, ceux dont l'individualisme était trop affiché ou l'enthousiasme trop réservé.* **Le nazisme**, *un néo-socialisme perfide, engendré et entretenu par une disparité raciale aux prétentions dominantes. Ne reculant devant aucune atrocité pour asseoir sa suprématie.* **Le fascisme**, *un sectarisme de pouvoir, une prépondérance dominatrice faite de pseudo vérités autocratiques où étaient exclues toutes dissidences.* **L'extrémisme religieux,** *par un radicalisme du dogme, érigé en manipulation des masses, il séduit le plus souvent des individus en insuffisance de culture générale dû à la désinformation et au grégarisme. Il engendre des mentalités qui se complaisent dans une bestialité inversement proportionnelle à l'évolution spirituelle. Agir dans l'esprit et au nom de Dieu que ce soit dans un sens ou dans un autre, est pour moi d'un nonsense abyssale, c'est le témoignage d'une totale ignorance des souverains principes qui régissent l'univers.*

Mais le pire, à mes yeux, de tous les systèmes politiques, celui qui engendre le plus d'êtres corrompus, le système le plus mensonger et parallèlement le plus indécelable, le plus inodore et qui passe d'ailleurs pour le plus crédible auprès de ses victimes mêmes, c'est sans conteste possible, **la démocratie** *à vocation mondialiste. Elle est la synthèse de toutes les rouerires et de toutes les dépravations. Aujourd'hui, la démocratie est le système d'enrichissement idéal pour ceux qui placent leur conscience sous la semelle de leur chaussure. Pour avoir plus de souplesse en leur démarche, ceux-là savent s'entourer d'une armée stipendiée de juristes, rompus à utiliser les lois comme tremplins du profit. C'est donc une autre façon d'être que la civilisation à laquelle j'appartiens se doit d'envisager, avant d'atteindre le fond du gouffre, trouver sur tous les continents les milliers de sages aptes à diriger le monde de demain.*

- Une question, Maut : Ces gouvernants qui ont dirigé et dirigent encore l'époque lointaine où tu vis, aussi excessifs et dangereux que tu les dépeins, ne peut-on imaginer qu'ils étaient à la base, constitué de gens sincères ? Ne serait-ce pas l'effondrement ou la

détérioration graduelle des valeurs spirituelle de base qui les a conduits à ces extrêmes ? Quand il n'y a plus de support à l'âme, l'homme redevient un accident de la nature, dont il essaye de tirer les meilleurs avantages en sa période de vie.

- Une minorité, il est vrai, demeure envers et contre tout fidèle à un état de conscience, mais le pourcentage est faible ! Pour les autres, le venin que distille la réalité du système s'infiltre dans leurs sentiments, remanie leur personnalité, déguise leur loyalisme originel et travestit leur façon d'appréhender les choses. L'intégrité populaire, hier encore naturelle, s'altère de génération en génération par effet de capillarité, le mot honnête devient alors synonyme de naïf.

Avec une moue attristée, la jeune femme marqua une pose silencieuse, que les hiérarques respectèrent, puis elle reprit le cœur au bord des lèvres, comme blessée par ses propres déductions :

- Le mal est aujourd'hui si grand qu'il couvre tous azimuts : Il tient pour partie aux disparités économiques exploitées par les multinationales qui acquièrent le plus souvent une puissance hégémonique supérieure à leur pays d'origine. Ces dissidents du capital mondialisé, que l'on englobe sous le terme de lobbies d'intérêts, exercent une autorité de tutelle sur les élus des sociétés humaines. Au point de rendre caduque toute réforme de changement équitable, lesquels devraient s'imposer comme la vocation première des démocraties. Ce qui fait que l'illusoire « pouvoir du peuple » se manifeste par des tergiversations infinies sur des options de détail que l'on considère être des « avancées » comme c'était le cas au XIXème siècle, alors qu'au XXIème, c'est notre vision globale du monde qu'il nous faut modifier en urgence. Tous ces débats inopérants sont commentés comme des matchs sportifs par des groupes financiers, possesseurs de dizaines et parfois de centaines de titres en matière de supports informatiques. Ainsi bouclée, toute réaction est évincée, édulcorée, travestie ou ridiculisée, car il est un nouvel adage qui dit que tout changement est périlleux pour le profit. La maîtrise aujourd'hui est tentaculaire et parait inébranlable, mais elle a un point faible, le risque d'implosion interne du système.

Chaque jour, ce danger est un peu plus apparent. Lorsque l'on engendre l'amoralité, on ne domine plus l'étendue de ses racines. De souterraines à l'origine, elles sourdent en surface, deviennent défiantes, pernicieuses et imprévisibles. Un jour viendra ou pauvre et riche y laisseront toutes plumes de leur corps, peut-être les plumes de Diogène qui voyait en l'homme un animal affolé lorsqu'il perdait l'apparence.

- *Maut, comment la situation que tu décris a-t-elle pu dégénérer et proliférer ainsi sans système d'alerte. As-tu une idée sur la question ?*
- *À l'instar de la langue d'Ésope, la fin du XXème siècle sut mêler le meilleur et le pire. La croissance démographique atteignit les six milliards d'individus, et personne ne sembla vraiment s'en inquiéter. Cela devint un truisme d'une banalité inéluctable. Et puis, les prévisions n'affirmaient-elles pas, qu'un « point » de stagnation serait atteint vers les huit milliards, et qu'il n'y avait nulle urgence à s'alarmer de l'effet de prolifération démographique. Il faut dire, que cette pléthore humaine abondait dans le sens des nantis. Les trois cent mille individus, qui arrivent au monde chaque jour, ne sont pas pris en compte en tant qu'individus aptes à perpétrer l'espèce humaine, mais en tant qu'éléments consommateurs. Pour vous donner un exemple vous concernant : en ma période existentielle, le lieu où nous sommes présentement est attenant à une grande cité que l'on nomme Le Caire. La ville et sa région immédiate, regroupent près de quinze millions d'êtres humains, c'est-à-dire quatre à cinq fois plus que la population de la planète entière à votre époque !*

Un *houhou...* unanime prolongea les dernières paroles de la jeune femme. L'Our'ma murmura à Maut de poursuivre si elle le désirait :

Désespoir, isolement, chômage, paupérisation des deux-tiers de la population mondiale, ces maux récurrents deviennent les fléaux de la civilisation qui m'a vu naître. À la fin du siècle dernier, quatre sociétés industrielles dans le monde détenaient plus de pouvoir financier que cent trente démocraties. Et moins de trois cents familles possédaient plus d'argent que trois milliards d'individus, soit, près de la moitié de l'humanité. 87% du marché mondial était entre les mains de financiers spéculateurs, alors qu'une personne mourait de faim toutes les 4 secondes. En deux décennies, les bénéfices des vingt compagnies les plus riches du monde avaient augmenté leur capital de 362 % et ce sont de vieilles statistiques dont je me fais l'écho, les actuelles sont indécentes. 1% de la population détient la moitié des richesses du monde. Dans un souci de précaution, la communauté des nantis s'inquiète de ne point trop accentuer ce déséquilibre des extrêmes. Mais le temps, cet infatigable dépréciateur de la stabilité, menace du doigt ce nébuleux édifice des convenances. Aujourd'hui, s'il n'est plus de mise que les puissances au pouvoir astreignent, déportent ou tuent en masse, le dénuement psychologique pour une quantité croissante d'êtres humains est plus cruel qu'il ne l'a jamais été dans l'histoire des âges. Le mal aujourd'hui est à l'intérieur, suicide, drogue, prostitution, banditisme, maladies implacables, se mêlent à un sentiment d'inanité sur l'évolution de la condition humaine. Les idéologies précédentes avaient rivalisé dans l'art de placer des chaînes autour des pieds. À mon époque, c'est le contraire, il s'agit de pieds que l'on place autour des chaînes, dites commerciales. La souveraine démocratie, illusoire patrie des droits pour tous, a laissé la porte ouverte aux oligarchies montantes, cheval de Troie de la finance internationale. L'art consiste à entretenir l'illusion d'une légalité en matière de choix politique, d'où la façade démocratique la meilleure qui soit, celle du sieur Machiavel en constante amélioration.

Les yeux larmoyants, Maut paraissait se parler à elle-même, elle semblait même affectée par sa propre narration, plusieurs fois elle s'interrompit pour déglutir et reprendre son souffle :

À cette fuite des valeurs usitées, s'ajoutent corrélativement les dramatiques répercussions de nos inconséquences. Dans les villes, la qualité de l'air s'altère de jour en jour et provoque des irritations des voies respiratoires. Les industries qui se développent proportionnellement à l'accroissement de la population produisent des émanations nocives. On observe un réchauffement graduel de l'atmosphère, ce qui fait que les changements de température entraînent toutes sortes de bouleversements climatiques. Des déchirures se forment dans l'ionosphère en laissant passer de dangereux rayonnements. En tous points du globe, on voit poindre des risques nucléaires ou chimiques. Des troubles méconnues font leur apparition. Les aliments de consommation produits en quantité industrielle perdent de leurs qualités nutritives. Les médicaments pris en excès perturbent les organismes et endommagent les états psychiques. En maints endroits sur la planète, l'eau potable devient rare quand elle n'est pas saturée d'impuretés. Toute une biodiversité s'effondre sur elle-même, comme si elle n'avait plus de ressource pour trouver remède aux maux dont elle doit se guérir.

- Dis-nous, Maut, d'où te viennent ces chiffres et comparaisons, aurais-tu, dans ta civilisation, longuement médité sur les conjonctures qui affectent ton époque ?

- Je n'adhère à aucun parti, à aucune association et ne pratique aucun dogme religieux. Mais la vie m'a contrainte à une méthode de raisonnement adaptée à la conjoncture. Des années durant j'ai observé et souffert de ne pouvoir m'exprimer. Aujourd'hui, parmi vous mes Pairs, je ne sais pourquoi, les phrases me viennent à l'esprit, sans qu'il me soit besoin de les formuler. Elles sont comme le trop-plein d'une conscience longtemps mise à l'épreuve. À mon époque, dans cette civilisation que je vous décris, plus personne ne s'exprime objectivement. Non que la chose soit interdite, mais l'accablement, l'isolement individuel ont eu raison de toute idée novatrice, de tout sursaut salvateur. Quand tout un chacun ne cesse d'être alarmé, on s'interroge sur la santé mentale de celui qui persévère à tirer l'alarme, comme s'il ignorait que le signal ne motive plus les secouristes. Ce dont a besoin le monde où je vis, ce n'est pas de collectionner les évidences... c'est de prétendre à des solutions.

Un des Hiérarques porteur d'un grand Ouas attira son attention. Il s'exprima avec une petite voix chétive sans grande conviction :

- Maut, je vais me faire... à dessein, l'avocat de Seth ! Ne crois-tu pas que d'autres civilisations, en dehors de la tienne, ont connu au cours des siècles les déconvenues que tu dépeins, et si c'est le cas, apparemment cela n'a pas empêché la Terre de tourner !

— *Ce raisonnement, Vénérable Pair, est celui que tient une faible fraction irresponsable de la société. C'est le plaidoyer-type de l'individu que son standing intégré maintient sur le haut de l'échelle sociale. Pour la simple raison qu'il tire avantage, sans morale excessive, des conjonctures que j'ai citées. Un tel raisonnement est trompeur, car s'il est exact que les êtres humains ont connu aux cours des âges toutes sortes de tourments, jamais ils n'ont eu à aborder une déliquescence généralisée à l'échelle planétaire.*

— *Peut-être ceux-là espèrent-ils qu'une volonté politique et scientifique parviendra à pallier toutes ces maladresses ?*

— *De ce point de vue aussi, il s'agit d'un leurre, car lorsque une science, qui ne se trouve pas trop tributaire des lobbys est en mesure de redresser une partie des dégâts occasionnés par l'expansion, la pollution et la dégradation générale ont progressé plus encore. C'est pour cela que le lièvre ne rattrapera jamais la tortue pour la bonne raison qu'elle est sur un tapis roulant !*

— *Ton raisonnement se tient, Maut ! Mais alors, quelle espérance ta société peut-elle entrevoir, puisque apparemment, tu ne lui laisses aucune issue ?*

— *Vous êtes son espérance mes Pairs... Sa seule issue ! Je ne pense pas me trouver parmi vous par hasard. J'ai sans doute à dispenser un important message d'ordre spatio-temporel, mais je ne suis pas encore en mesure de le définir. Je sais que vous êtes détenteurs d'une « Tradition Primordiale », je la ressens intuitivement, comme étant un principe souverain. Hélas, dédaigné par ma civilisation où prédomine cette fatuité en l'acquis, qui témoigne du bornage culturel !*

— *Par Thot et tous les dieux ! En quoi notre façon de voir les choses, nos rituels, nos croyances, nos mesures sacrées, peuvent-ils modifier le comportement d'une société insensibilisée par tout ce que tu viens d'exposer et si éloignée dans le temps ?*

— *Il est vrai que le raisonnement des habitants du XXIème siècle n'est en rien comparable à celui de l'Égypte ancienne. Nul n'est besoin pour vous de preuves tangibles, pour vivre votre spiritualité. Cette dernière, il me semble, est attachée à vos personnes, comme le sont les membres de votre corps. Seulement voilà, la civilisation en laquelle j'évolue ne saurait se contenter d'envisager ainsi l'existence. Elle tient d'ailleurs pour primaire ce mode de raisonnement. Ce qui n'est pas scientifiquement démontré n'a pas de valeur avérée. Dans le meilleur des cas, la chose est reléguée au rang des utopies. En ce qui concerne les études plus spécifiques sur le pourquoi des pyramides, les chercheurs qui s'y livrent, sont qualifiés par les prétendants au savoir de pyramidiots.*

- C'est insensé, Maut ! Un fait peut exister sans qu'il soit encore découvert, il peut aussi ne pas se résumer à des preuves tangibles. Ta civilisation aurait-elle la prétention de tout connaître, en ce qui concerne la phénoménologie existentielle ?

- Par sa progression technologique, ma civilisation est tellement imbue d'elle-même, qu'elle ne saurait estimer et même concevoir, un système existentiel supérieur au sien. Depuis le XVIème siècle, la science s'est posément installée à la place occupée jadis par les religions. D'une manière générale, ne pas adhérer ou simplement douter, à certains moments, du bien-fondé de certaines pratiques scientifiques, c'est avoir au regard de la collectivité un comportement rétrograde. À fortiori, tout universitaire suit aveuglément ce principe, ainsi que la majeure partie de la population, laquelle n'a d'autre alternative que d'entériner la voie que lui désignent ceux qui sont sensés penser pour elle. Nous sommes loin du point de vue que vous soutenez, de considérer qu'il va de pair d'élever le niveau de conscience des êtres humains à la hauteur même où on élève le niveau des technologies. J'affirme toutefois que la totalité des scientifiques ne sont pas assujettis à cette productivité à œillères. Certains sont conscients du danger que représente une pléthore déferlante de procédés et systèmes, livrés sans précaution à l'exclusive profitabilité. Ne désespérons pas toutefois, des chercheurs redécouvrent en vos mythologies et principes liturgiques des arguments à méditer. Les critères que vous avez utilisés pendant des millénaires sont aujourd'hui passés au crible et mis en relation avec les lois répertoriées de notre univers sensible. On cherche depuis peu, parmi les vestiges encore debout, à décrypter les rares témoignages d'une tradition perdue. En tant qu'étudiante, je me sens personnellement solidaire de ces gens à l'esprit ouvert, non obnubilés par ce qu'ils ont appris, mais par ce qu'il leur reste à apprendre. Aussi, me suis-je dit, que si des changements radicaux s'opéraient dans un avenir proche, il pourrait

en résulter une réflexion à l'échelle mondiale et que celle-ci serait susceptible d'influencer positivement les événements futurs. S'il m'était permis d'anticiper sur les options du siècle en cours, je dirais qu'un raisonnement issu d'une découverte à base concrète aurait des chances de s'imposer. À condition qu'il soit évocateur d'un Principe Créateur Universel fédérateur des états de conscience. J'imagine qu'à l'origine des temps, ce Principe Créateur a laissé à l'intelligence humaine le libre choix de son comportement, cela afin que ce soit elle, et elle seule, qui influe sur son propre destin.

Un brouhaha persistant monta de l'assistance. Il était motivé par l'originalité des propos que tenait cette jeune personne, extraite un instant plus tôt du néant. Il y avait aussi cette émotion créée par l'implication de l'Égypte, terre-mère, gardienne des secrets de tradition. Mais l'Our'ma estima qu'il était temps de conclure :

- Gardons-nous, mes frères, de porter à l'aune de nos connaissances, un jugement trop hâtif sur ce qui vient d'être dit. Nous aurons, je pense, le temps d'évoquer et d'approfondir la portée de ces divulgations. Je vous propose de laisser se terminer cet exposé.

Troublée par l'intérêt qu'elle avait suscité, Maut reprit sur un ton qu'elle aurait souhaité plus persuasif :

- Maintenant, peut-être êtes-vous mieux à même de comprendre le réel intérêt qui a motivé mon déplacement en Égypte, le jour où j'ai appris que deux chercheurs réputés avaient découvert une très ancienne sépulture sur le site de Gizeh. Lors de cet événement, le hasard a voulu que je sois postée au bord même d'une cavité inclinée, emblématique d'un voyage dans le temps. Je nourrissais l'espoir que cette découverte allait être à la base de nouvelles révélations, susceptibles de guider le monde à venir vers une autre réalité... Les choses ne se sont pas présentées de la sorte, mais peut-être sont-elles plus subtiles que nous le pensons, c'est bien ainsi !

Afin de demeurer un instant encore sous l'ascendant de ce surprenant témoignage, pendant plusieurs secondes, l'assistance garda un silence méditatif. Puis, d'une façon insolite, le doyen des Hiérarques clama à voix haute :

- *Mes Pairs, dans la nuit de l'espace, aucun être vivant, jamais, n'a vu le rayon... Nous percevons seulement ce qu'éclaire... le rayon !*

Curieusement, l'aréopage reprit en chœur cette phrase sibylline, comme un aphorisme à méditer. Était-il besoin d'ajouter un point final à une aussi singulière conclusion. L'Our'ma s'exprima alors sur un ton paternel :

- *Il importe que notre lointaine voyageuse recouvre son indépendance de comportement. Mon intention est de la confier à la Princesse Seba-Senet, la sœur de Pharaon ! N'ont-elles point âge semblable ?*
- *Il ne peut y avoir de meilleur choix, Pair Vénérable. La Princesse est un esprit éclairé, son charme à réputation dans les foyers les plus humbles d'Égypte. Toutefois, si ta protégée ne peut s'exprimer qu'en ta présence, comment les choses se passeront-elles, sans possibilité d'échange linguistique ?*
- *Son encéphale à d'étranges ressources, il a déjà assimilé très vite les rudiments de notre langue, nous l'aiderons en cela. Shem'sou, mon frère, trouve-lui un manteau de lin pour qu'elle puisse, sans trop attirer l'attention, gagner le quai où est mouillée la flottille royale. Mes Pairs, je désire que les témoins de cet événement garde le silence, et sous aucun prétexte, qu'ils ne livrent mot de cette surprenante histoire.*

L'ensemble des Hiérarques se courba obligeamment à l'énoncé de ce souhait, lequel par le fait même, devenait un ordre impérieux. Les voiles pourpres du Soleil enflammaient l'horizon, ils tissaient une toile de fond ocrée autour de l'abondance végétale. L'Our'ma tendit la main à Maut pour l'inciter à se mettre debout. En cet instant, il fut comme sensibilisé par un appel intérieur.

- *** Es-tu satisfait de cet entretien, Héri-tep... J'ai réussi le tour de force de lui faire dire ce qu'elle pensait de manière franche et* *spontanée, mais aussi cohérente, alors qu'elle n'aurait pas été à même de s'exprimer ainsi en animant sa seul personnalité ?*

- *** Je sais cela... Merci, Nadjelda ! Cette jeune personne est un don du Ciel, elle vient à point pour dispenser le divin message. Un jour proche, je lui ferai effectuer le voyage en sens inverse avec pour bagage « L'esprit de Connaissance ».*

- *Tu m'as parlé, Maître... !* interrogea le prêtre servant.

- *Non... non... Shem'sou... Je réfléchissais peut-être tout haut ! Rê, de l'horizon, gravit les nues et il est temps pour nous de prendre du repos.*

Aux pas lents, l'aréopage des Grands Hiérarques prit le chemin des crêtes. Les claires silhouettes se profilèrent au levant, comme aspirées par l'étendue du Ciel. Parmi eux, une petite forme chancelante trébuchait à chaque pas. Mais les Pairs du royaume murmuraient qu'avec l'apport de la mystagogie ce serait elle, la petite Maut, qui allait dans 4500 ans, changer la face du monde.

GLOSSAIRE

Apollonius de Tyane – *(Contemporain de Jésus-Christ) Né en l'an 4 - pythagoricien – thaumaturge – philosophe – prophète - C'est le magicien le plus célèbre de la Grèce antique –*

Afrit – *(Afrique) - Génies assimilés aux djinns, esprits mythique dotés de pouvoirs magiques.*

Atharvan – *(Elam) Prêtre du feu dans les religions primitives des haut plateaux iraniens –*

Arani – *(Religion védique) Allume-feux dans la liturgie du dieu Agni – origine aryenne en Inde –*

Ahura Mazda – *(Iran et Indo-Européens) – « Seigneur Sage » dieu grand des religions primitives connotation mithra et Zarathustra – il proclame Ahura Mazda créateur universel –*

Anaïta – *(Iran) – l'Immaculée – Déesse trivalente – en son temple feu perpétuellement allumé –*

Amourrous – *(Sumer) Le mot vient peut-être d'Amorites IIIe millénaire av J.C – Moyen-Euphrate -*

Brahman – *(Inde) – Etre semi-divin - il préside aux rituels liturgique – Il récite les mantras -*

Betyle – *(Hébraïque) – La maison de Dieu – Bethel – Beith-el – symbole de la science Sacrée –*

Ba – *(Égypte) – âme – représentation symbolique avec l'oiseau âme le jabirou -*

Coussous - *(Provence Alpille) – Grands paturages incultes consacré à la nourriture des troupeaux.*

Dionysos – *(Grèce) – dieu de la végétation assimilé à Osiris – Les mystères dionysiaques –*

Dubshar – *(Sumer) Scribe secrétaire – Assistant de personnalités –*

Djinns – *(Isllam) génies créés par Allah à partir du feu – ils habitent les ruines, les déserts – ils peuvent êtres bons ou mauvais, ils procurent le discernement – ils sont à l'origine de faits inexplicables.*

Dilmun – (Sumer) – Sorte d'Eden où règne la vie en sa plénitude – cité du dieu En-Ki ou Enki maître -

Daïmonn – Iran) – Démons, le bon et le mauvais -

Elam – *(Iran actuel) Sud ouest du plateau iranien – cité capitale Suse – Alliée et rivale de Sumer -*

Émeraude – *(Pierre de connaissance) – références Coran – Hermès Trismégiste – graal – Lucifer -*

Eggregore – *(Penser collectivement) – appel à l'inconscient collectif – la conscience universelle –*

Eurydice – (Épouse d'Orphée) – Mordu par un serpent elle va aux Enfers ou Orphée va la chercher.

Guémétria – (Religion juive) – *Gal Enai – C'est le calcul des équivalences numériques avec les lettres.*

Girru – *Girsu – (Sumer) dieu du feu – Nusku dieu de lumière –*

Hiérogamie – (Racines crèques) - Mariage sacré d'un dieu et d'une déesse – Union Ciel Terre –

Hémione – (Asie centrale) Âne sauvage, morphologie proche de celle du cheval -

Imam – (Islam) – Un des successeurs de Mahomet – les imâms dirigent les prières dans la mosquée –

Kalam – (Origine Mésopotamie – Égypte) El Kalam, la plume avec laquelle est écrite la loi, le Coran –

Ka – (Égypte) – Force vitale de l'être – double énergétique d'une personne après sa mort –

Koël – (Oiseau Asie) – Le coucou Koël, famille des cuculidées – Le chant du Koël –

Kélek – *(Sumer) Bateau en roseau ou en bois utilisée pour le transport des marchandises* –

Lao-Tseu – *(Chine) – 600 av J.C – Le vieux maître – contemporain de Confucius – le Tao-te-King* –

Lucifer – *(Christianisme) – ange déchu précipité sur Terre – épreuves humaine – porteur de lumière* –

Lotus – *(Inde – Égypte) – fleur de basin - le lotus du cœur – éveilleur de conscience – les huit pétales* –

Lion – *(En Égypte) – Symbole de la Terre-Mère – hat, haty = cœur – Routy, les lions divins* –

Lugh – (dieu celtique) – Irlandais - dieu aux multiples fonctions - Roi - Guerrier – polytechnicien –

Maât – (Déesse égyptienne) – L'ordre social et cosmique – Gardienne de la morale et des rites –

Massagètes – (Iran ancien) Comme les Scythes se sont des nomades iraniens du Nord -

Némésis – (Déesse grecque) – Elle est l'instrument de la vengeance divine – Elle combat les excès –

Nephtys – (Déesse égyptienne) – Sœur d'Isis – Déesse de charme elle séduit Osiris – Épouse de Seth

Orphée – (Héros grec) – Pouvoir d'enchantement – Poète – chanteur-musicien, il envoûte au moyen de son art les dieux et les hommes. Orphée a épousé la nymphe Eurydice –

Pandore – (Héroïne grecque) – Piège et séduction, Pandore entraîne les hommes à leur perte.

Parsua – (Iran) – Diminutif les Parses – ancêtres des Mèdes -

Rosmerta – (Déesse gallo-romaine) – Elle est la providence, celle qui fournit ce qui est nécessaire.

Seth – (dieu égyptien) – Il passe pour l'incarnation du mal – Mais son rôle est beaucoup plus subtil.

Thot – (dieu égyptien) – Secrétaire des dieux au secret pouvoir – Juge – magicien - guérisseur –

Nout – (Égypte) – Déesse du Ciel – son époux Geb la Terre – Elle eut 5 enfants la Genèse égyptienne

Mout – Égypte) – Mou signifie eau le (t) à un sens féminin – Mout = Mère universelle –

Melchisedeq – (Hébreux) – prêtre du très haut – pontife et roi de Salem – maître de justice –

Maghavan – (Iran) « généreux » Mage Mèdes - chefs religieux - (magu = mage dans l'Avesta)

Pentagramme – (étoile à 5 branches) – Elle symbolise l'homme tête en haut, la femme tête en bas –

Phylactère – (Hébreux) amulette - talisman – il se porte attaché au front au bras à la poitrine –

Paryanka – (Orient) – Sorte de nacelle tressée ajustée sur le dos des animaux de bât.

Papaios - (Scytes) – Apia - Père – dieu du ciel, époux de la Terre – chez les iraniens dieu de l'eau –

Parsua – (Elam) Ancêtres des Mèdes et des perses avec les Madas -

Rishi – (Inde) Les 7 Rishis grands sage du passé – en Inde ils sont nés de la pensée de Brahmâ –

Réincarnation – (toutes les religions de l'antiquité par des voies claires ou nuancées) – Capacité de l'être humain à renaitre en une autre personne – la métempsychose est une réincarnation en un animal – l'âme est immortelle – le karma est une sorte destin justifiant des actions commises en des vies antérieures –

Rab-Mag – (Elam) Supérieur des mages chez les Mèdes – Ils rendaient la justice -

Sica – (Proche Orient) – Poignard – Arme de poing à lame recourbée – Les sicaires coupeurs de têtes

Sekhât – (Égypte) Lièvre du désert – le son oun (ounen) idéogramme d'exister – Rapport à Osiris -

Templiers – (France par extension Europe) – 1099 après J.C – Prise de Jérusalem – les croisés – ordre

Tétraktys – *(Doctrine de Pythagore)* – somme des 4 premiers 1+2+3+4 = 10 – l'esprit de la matière –

Trimardeur – (France) Vagabond allant de ville en ville à la recherche de subsistances.

Yourte – (Mongolie origine) Maisonnée en matériaux divers selon les lieux d'habitation -

Zaotar – *(Elam) Chef religieux – Responsable de communautés -*

En paix dans l'amour -

La suite avec le troisième tome « **Maât** » ou « l'initiatrice ».

Déjà parus

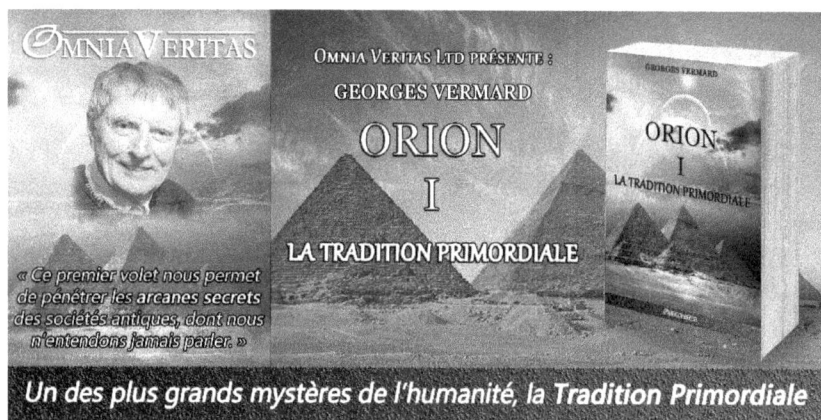

www.omnia-veritas.com

www.ingramcontent.com/pod-product-compliance
Lightning Source LLC
Chambersburg PA
CBHW050122170426
43197CB00011B/1676